KB176179

崛起

朴正熙 經濟强國 崛起18年

② 우리도 할 수 있다

심융택

동서문화사

박정희 경제강국 굴기18년

2 우리도 할수있다

차례

역사를 위하여

제7장 정치제도개혁의 구상

역사를 위하여

심융택

한국근대화의 시대를 이끌어 나간 박정희 대통령이 우리 곁을 떠난지도 어언 40여 년이 지났다. 대통령의 운명이 도무지 믿어지지가 않던 충격과 슬픔의 시간도 흐르는 강물처럼 지나갔고, 무심한 세월만 흐르고 또 흘러 그가 역사에 남긴 지대한 발자취만이 사람들의 입에 회자되면서 때로는 그의 업적이 높이 평가되기도 하고, 때로는 그의 천려일실(千慮一失)이 비판되기도 한다.

박정희 대통령은 20세기 후반의 한국과 한국인에게 어떤 존재였나? 과연 누가 어떤 말과 글로 이 물음에 완전하고 극명하게 해답할 수 있을까? 앞으로 두고 두고 역사가들의 연구가 필요할 것이다. 나는 앞으로 국내외 역사가들의 연구에 필요한 자료를 정리해 두어야겠다는 생각으로 대통령의 사상과 정책에 대해 내가 알고 있는 사실들을 기록으로 남겨두는 작업에 착수했다.

우리는 공화국 수립 뒤 이 나라를 통치한 역대 대통령들에 대해서 별로 아는 것이 없다. 대통령 자신들이나 또는 역사가들이 그들의 업적과 실책, 공적과 과오를 모두 담은 전체 모습을 오랜 시간이 지난 먼 뒷날까지 남아 있게 할 수 있는 역사적 자료와 기록을 보존해 놓은 것이 거의 없기 때문이다.

우리는 우리의 후손들이 우리나라 대통령들에 대해서 알기를 원할 때 그들이 읽고 연구할 수 있는 많은 자료와 기록을 남겨두어야 한다. 그런 자료와 기록이 많으면 많을수록 역대 대통령에 대한 부분적 지식도 그만큼 많아질 것이며, 여러 사람이 여러 각도에서 본 부분적 지식이 많으면 많을수록 대통령들의 전체 모습을 알 수 있는 지식도 그만큼 축적될 수 있을 것이다.

1961년부터 1979년까지 18년여 동안 한국인의 생활에는 혁명적 변화가 일어났고, 한국의 민족사에는 획기적 전환점이 마련되었다는 것은 세계적으로 공인된 역사적 사실이다. 그 역사적 시기에 나는 대통령을 보필할 수 있는 영광된 기회를 얻었다. 그리고 그 귀중한 기회에 나는 대통령의 국정운영에 대해 많은 것을 보고 들었으며, 또 많은 것을 기록해 두었다.

박정희 대통령이 어떤 여건과 상황 아래서 이 나라, 이 민족을 이끌어 왔으며, 대통령을 괴롭히고, 고통스럽게 한 것이 무엇이었고, 대통령을 고무하고 용기를 준 것이 누구인지를 지켜 보았다. 대통령이 국가가 직면하였던 문제상황을 어떻게 규정했고, 그 문제상황을 극복하기 위해서 어떤 정책을 결정했는가를 보았다. 또, 정책을 추진하는 과정에서 정치인과 공무원, 기업인과 근로자, 농어민과 교육자, 학생과 언론인, 과학자와 문화인 등 우리 사회 각계각층 국민을 상대로 때로는 설명하고 설득하며, 때로는 교육하고 계몽하며, 때로는 칭찬하고 격려하고, 때로는 따지고 나무라며 그들이 분발하고 피눈물나는 노력을 하는 국가건설의 역군으로 거듭나게 만들 때 대통령이 그들에게 어떤 말을 했고, 어떤 글을 남겼는가를 주의 깊게 지켜보았다.

박정희 대통령이 남긴 이런 말과 글 속에는 한국근대화와 부국강병 등에 대한 대통령의 신념과 소신이 살아 숨쉬고 있다. 대통령의 이런 말과 글은 대통령이 여러 행사장에서 행한 연설문, 여러 공식, 비공식 회의에서 천명한 유시와 지시, 여러 분야 인사들에게 보낸 공한과 사신, 국내외 인사들과 나눈 대화, 외국 국가원수와의 정상회담, 대통령의 저서, 그리고 대통령의 일기 등에 온전히 보존되어 있다.

1972년 2월 22일, 닉슨 대통령이 베이징에서 마오쩌둥 주석과 회담할 때 '마오 주석의 글들은 한 나라를 움직였고, 세계를 바꿔놓았다'고 찬사를 보내자 마오쩌둥은 '나는 그렇게 하지 못했다. 나는 다만 베이징 근처의 몇 군데를 바꿔놓을 수 있었을 뿐이다'라고 대답했다고 한다. 이 말은 중국인 특유의 겸양이었고, 사실은 닉슨의 말 그대로였다. 대통령도 그랬다. 18년 동안의 통치기간 동안 대통령의 말과 글은 서울 근처 몇 군데만을 바꿔놓은 것은 아니다. 대한민국 전체의 모습을 새롭게 창조했고, 우리 민족 역사의 방향을 바꾸어 놓았으며, 세계사 흐름에도 영향을 미쳤다. 그 시대 대통령의 말과 행동은 한국 현대사에서 가장 역동적이고 생산적이었던 시대에 열심히 일한 우리 국민의 말이었고 행동이었다.

박정희 대통령의 말과 글들은 대통령이 추진한 국가정책과 함께 그의 시대에 이 나라의 정치·경제·사회·문화 등 모든 분야에서 이루어진 발전과 변화의 경로를 밝혀 주고 있다. 국가정책은 우리나라가 놓여 있는 특수한 상황에서 우리 국민들이 가장 먼저 풀어야 할 국가적 과제를 위해 대통령에 의해 결정되고 추진되었다. 따라서 국가정책을 올바로 이해하고 평가하기 위해서는 그것이 결정되고 추진된 그 무렵 특수상황을 정확하게 숙지하고 있어야 한다. 그래야만 국민들이 가장 시급히 해결해야 할 국가적 과제가 무엇이었고, 그 과제를 해결하기 위해 어떤 정책이 필요했던 가를 올바로 이해할 수 있다.

정책을 결정할 무렵에 우리가 직면해 있던 국내외 상황을 잘 검토해 보면 대통령이 왜 그 상황에서 그 정책을 결정했는지를 이해할 수 있을 것이다. 예컨대, 대통령은 왜 5·16군사혁명을 일으켰는가? 왜 공업화에 국운을 걸었는가? 왜 대국토종합개발과 경부고속도로 건설을 추진했는가? 왜 향토예비군을 창설했으며 방위산업 육성을 서둘렀는가? 왜 주한미군 철수를 반대했는가? 왜 새마을운동을 전개했는가? 왜 남북한 간의 체제경쟁을 제의했는가? 왜 국가비상사태를 선언했는가? 왜 남북대화를 시작했는가? 왜 중화학공업과 과학기술혁신, 농촌근대화와 수출증대에 총력을 기울였는가? 왜 10월유신을 단행했는가? 왜 생명의 위험을 무릅쓰고 핵무기개발을 강행했는가? 등의 의문에 대한 올바른 해답을 얻으려면 그런 정책들이 결정된 그 무렵의 국내외 상황을 정확하게 알고 있어야 한다.

이 정책들은 우리 민족사의 진로를 바꾼 발전전략의 핵심사업들이었으며, 또한 대통령의 통치기간 내내 야당이 반정부 극한투쟁의 쟁점으로 삼았던 정책들이었다. 이런 정책들은 대통령이 그 정책들을 결정할 무렵의 국내외 상황에 정통해야만 올바로 이해될 수 있는 것이다. 정책 결정 때 상황을 정확하게 알고 있지 못한 사람들로서는 왜 그런 정책이 필요했으며, 또 불가피했는지를 이해하기가 어렵다. 시간의 흐름에 따라 어떤 정책이 어떻게 바뀌었으며, 새로운 정책은 어떤 시대적 연관성 속에서 결정되었는가를 올바로 파악하기 위해서는 그 시대 상황의 특수성에 대해 올바로 알고 있어야 한다.

　루소는 《에밀》 제2권에서 역사적 사실에 대해 이렇게 말했다. '역사 서술은 결코 우리에게 현실의 여러 가지 사실들을 충실히 모사(模寫)해주지 않는다. 현실의 사실들은 역사를 서술하는 사람의 머리 속에서 그 형태를 바꾸고, 그의 관심에 맞도록 변화하며, 그의 선입견에 의해서 특수한 색채를 띠게 된다. 발생 무렵 사건의 모습을 관찰하기 위해, 그 무대가 되는 장소에 정확히 다시 가 볼 수 있게 하는 기술에 도대체 누가 정통할 수 있겠는가?

　박정희 대통령이 추진한 국가정책은 그것이 결정된 무렵의 상황에서 정통하지 못한 사람들에 의해서 올바로 이해되지 못하고, 그들의 선입견에 의해서 또는 그들의 관심과 목적에 맞도록 황당하게 왜곡되었다. 대통령이 정책을 결정할 무렵의 상황에 가장 정통한 사람은 말할 것도 없이 대통령 자신이다. 그러나 통탄스럽게도 80년도 초에 은퇴 예정으로 자서전을 집필하기 위해 기본자료를 수집하고 정리하던 중에 작고했다.

　박정희 대통령 말고도 그 무렵 상황에 정통한 사람들은 대통령비서실과 특별보좌관실, 행정부 장차관, 국책연구기관, 여당간부 등 대통령의 정책결정에 직간접적으로 참여했거나 자문에 응한 사람 등 많이 있다. 그러나 이런 사람들이 그때 상황에 대해 알고 있는 것은 아주 일부분에 지나지 않는다. 왜냐하면 그 무렵 국내외 상황은 복잡하고 많은 요소로 구성되어 있어서 모든 국가정보망을 장악하고 있는 대통령 이외의 사람들은 상황의 모든 요소를 알 수 없었기 때문이다.

1963년 중반부터 1978년 말까지 거의 16년 동안 국가재건최고회의와 대통령 비서실에 근무하면서 대통령의 연설문, 저술, 공한, 각종 회의록 등을 정리하는 실무자의 한 사람으로서 나는 대통령의 정책이 결정되고 추진된 그 무렵 상황에 가장 가까운 위치에서 대통령이 추진한 정책의 전후 인과와 맥락, 그리고 정책성과 등을 기록해 두었다. 물론 대통령의 통치철학과 대통령이 추진한 국가정책과 관련된 역사적 사실들 가운데 내가 기록해 둔 것은 부분적인 것이다. 그러나 부분적인 사실이나마 기록으로 남겨둔다면 후세 역사가들의 연구에 다소나마 보탬이 되지 않을까. 또 내가 알고 있는 부분적인 역사적 사실들이 다른 분들이 알고 있는 부분적인 역사적 사실들과 종합적으로 연구된다면 대통령의 정치사상과 국가정책에 대해 보다 폭넓고 깊이 있게, 그리고 보다 자세하고 정확하게 이해하는 데 하나의 길잡이가 되지 않을까 생각했다.

　박정희 대통령은 우리나라가 나아가야 할 미래의 방향과 목표에 대해 많은 지침을 남겨 놓았다. 다음 세대들은 그들 세대의 새로운 국가적 목표와 그 목표를 이룰 수 있는 새로운 실험과 창조적인 모험을 하는 과정에서 대통령의 정치사상과 국가정책, 그리고 그 지도력에서 귀중한 교훈을 얻을 수 있으리라고 믿는 마음에서, 비록 부분적이고 불완전한 내용이나마 세상에 내놓기로 했다.

　사람들은 박정희 대통령 시대를 우리 민족사에서 획기적인 분수령을 이룬 시기라고 말한다. 한 시대를 다른 시대와 구분하는 기준을 '변화'라고 한다면 그의 시대는 분명히 역사적 전환기였다고 할 수 있다. 확실히 대통령의 시대는 비생산적인 정치적 불안과 사회적 혼란에 종언을 고하고, 정치안정과 사회질서 속에 생산과 건설의 기풍이 진작되고, 국가발전의 목표와 방향이 뚜렷하여 국민들이 희망과 자신을 가지고 분발함으로써 조국의 근대화를 이룩한 변화의 시대였다.

박정희 대통령 시대에 우리 국민들이 이 땅에서 목격한 거대한 변화의 충격은 마치 육지와 해양의 모습을 바꿔놓은 대화산의 폭발과 같이 한반도의 남반부를 전혀 '딴 세상', '다른 나라'로 완전하게 탈바꿈시켜 놓았다. 그래서 절대다수의 국민들, 그중에서도 시골 마을의 어르신들과 농민들은 천지가 개벽했다고 놀라워하고 감탄했다.

대통령이 이 나라를 통치한 1960년대와 1970년대에 과거 선진국들이 100년 또는 200년에 걸쳐 이룩한 근대화가 20년도 채 안 되는 짧은 기간에 압축되어 이루어졌다. 그것은 전 세계의 경탄을 자아내게 한 위대한 실험이었고 모험이었다. 정녕 대통령은 세계에서 가장 가난한 약소국가였던 이 나라를 세계의 경제강국 수준으로 끌어올려 놓음으로써 '기적의 나라'로 만들어 놓았다. 그리하여 우리 국민들은 선진국 국민들이 여러 세대에 걸쳐 단계적으로 겪었던 변화들을 한 세대 동안에 한꺼번에 겪었다.

우리 역사상 그토록 많은 국민들이 그토록 짧은 기간 동안에 그토록 다양한 변화를 겪은 시대는 일찍이 없었다. 그러나 대통령이 기적적인 변화를 지속시켜 나간 그 역정은 결코 순탄한 것이 아니었다. 그것은 실로 격동과 시련, 고통이 중첩된 가시밭길이었다. 대통령은 그 형극의 길을 뚫고 나와 국가건설에 몰입하여 심신을 불살랐다. 국가건설의 길은 온 국민이 함께 가는 길이었고, 이 땅에서 근대화를 태동시킨 창조적 시대로 통하는 길이었다.

확실히 대통령은 1961년 5월 16일부터 1979년 10월 26일에 이르는 18여 년 동안 자립경제와 자주국방의 과제를 해결하기 위해 개방과 개혁 등 혁신적인 정책을 추진하여 세계인들이 감탄하는 '한강의 기적'을 이룩하였다. 그러나 대통령은 한강의 기적이란 결코 기적이 아니라고 생각했다. 그것은 대통령 자신과 우리 국민 모두가 한 덩어리가 되어 흘린 피와 땀과 눈물의 결정이라고 생각했다. 대통령과 우리 국민들이 자립경제와 자주국방 건설을 위해 피땀을 흘린 그 끈질기고 지속적인 노력의 과정은 한두 마디의 수사나 한두 줄의 단문으로 설명될 수 있는 것이 아니다. 불신과 체념, 좌절과 절망 속에서 시작되어 각성과 용기, 희망과 자신으로 이어져 마침내 우리 민족의 무한한 저력이 분출되고, 그 저력이 가난하고 힘이 없는 이 나라를 번영되고 힘이 있는 부국강병의 나라로 탈바꿈시킨 18여 년의 전 과정은 실로 끝없이 이어지는 장대한 서사시(敍事詩)라고 해도 과언이 아니다.

나는 1979년 대통령이 서거한 직후부터 박정희 대통령이 국민들과 함께 자립경제와 자주국방건설 완성을 위해 뼈가 가루가 되고 몸이 부서지도록 최선의 노력을 다한 헌신 봉공의 18년 기록을 정리해 둔 사실그대로 30년 세월바쳐 써 나아갔다. 이제《박정희 경제강국 굴기18년》으로 편찬하여 10권으로 역사에 남기기로 한다.

제1장 그리운 대통령

왜 박정희를 존경하나

무릇 한 나라의 통치자들은 짧게는 그의 집권 기간 동안, 길게는 그 뒤 몇 세대 동안이라는 시차는 있어도 시간이 흐르고 세상이 바뀌면 국민의 뇌리에서 잊혀지게 마련이다. 그러나 이와는 반대로 한 차례 국민의 망각 속에 빠지는 고비를 넘고 나서 다시 되살아나 국민의 영원한 추모와 숭앙의 대상이 되는 통치자도 있다. 이것은 그 통치자가 국민의 마음 속에 부활하고 있음을 뜻하는 것이다. 오늘날 박정희 대통령은 우리 국민의 마음 속에서 부활의 영광을 누리고 있다.

1979년 10월 26일, 대통령이 서거한 뒤 몇 달 동안은 마치 폭풍 전야의 정적과도 같이 겉으로는 조용한 분위기가 이어졌다. 그러나 김대중과 김영삼 등 대통령의 정적과 그 추종세력들이 이른바 민주 장정을 결성하고 민중혁명을 선동하면서 사태는 급변했다. 그들이 선동하는 대통령 공격 여론의 급류 속에 대통령에 대한 모든 진실이 영원히 묻혀 버릴 것처럼 보였다.

대통령의 재직시에 칭찬받던 업적이 비난받고, 지지받던 정책이 비판받았다. 대통령의 정책과 사상과 업적에 대한 합리적이고 공평한 의견은 억압되고 왜곡과 거짓이 난무했다. 대통령의 정적과 그 추종 세력은 대통령이 비극적인 최후를 마친 것으로 만족하지 않았고, 그의 명예를 깎아 내리고 권위를 짓밟기 위해 독재자라는 오명을 덮어 씌우고 온갖 욕설과 폭언을 퍼붓기 시작했다. '적을 죽이는 것은 충분치 않다. 적은 먼저 불명예스럽게 만들어야 한다'라는 19세기 러시아 혁명가 '세르게이 네카예프(Sergei Nechayev)'의 말을 그대로 실천하는 듯했다.

그들은 대통령에 대한 개인적인 원한의 감정을 쏟아냈고, 대통령을 중상하고 모함했으며, 그런 모함과 중상의 내용을 엮어 편집한 단행본과 팸플릿을 정치적 선전물로 전국에 뿌리고 다녔다. 그들은 대통령이 쿠데타로 민주주의를 질식시켰고, 독재로 장기집권을 했다고 비난하는 것만으로는 성이 차지 않은 듯 대통령은 바로 악의 화신이었다고 비난했다. 그들은 대통령에 대해서 호의적이고, 긍정적으로 말하는 사람은 민주주의에 대한 반역자이며, 독재자의 앞잡이라고 매도했다. 그것은 마치 대통령이 피고인도 없고 변호인도 없는 궐석재판에서 원고들로부터 온갖 욕설과 비난의 화살을 맞고 있는 형국이었다. 한 마디로 대통령의 정적들의 위압적인 비난의 목소리는 대통령에 대한 찬양의 목소리를 침묵시켰다.

대통령의 정적들이 퍼붓는 공격 때문에 역사적 진실이 왜곡되고, 그들의 악의에 찬 비방 때문에 대통령의 명예와 존엄이 손상되고 있는 때에 대통령에 대한 역사적 진실을 증언해야 할 책임 있는 사람들은 공포 분위기에 질려 벙어리가 되었다.

그러나 사태는 이것으로 끝나지 않았다. 정치세력의 판도가 역전되자 대통령을 지지하고 따르던 여권 정치인들이 삼삼오오 모여 옹

내 一生 祖國과
民族을 爲하여
1974. 5. 20.
大統領 朴正熙

성대며 우왕좌왕했다. 지조와 기백이 있는 사람과 비겁하고 나약한 사람이 뚜렷하여 드러났다. 지조 있는 사람들은 자신에 대한 위해를 두려워하지 않았고, 국가를 위해 필요한 대책을 강구하거나 훗날을 도모하면서 조용히 은둔의 길을 택했다. 그러나 비겁한 자와 나약한 자들은 대통령 서거 뒤에 자신의 운명이 어떻게 바뀌게 될 것인지를 걱정하고 두려워하는 나머지 책임을 회피하는 구실만을 찾고 자기 혼자 살아남을 길을 찾아 동분서주했다. 일신의 보신(保身)이나 또 다른 영화를 위해 변절과 거짓말을 서슴지 않는 자들이 나타났다.

그들은 그들이 왜 지난날 정부와 여당에 참여하게 되었는가 하는 것을 국민들에게 어떻게 설명하는 가에 따라 자신들의 정치적 운명이 좌우된다고 생각했다. 정치적 책임을 회피하기 위해서는 국민들이 고개를 끄덕이며 수긍할 수 있는 충분한 변명거리를 준비해야 한다고 생각한 듯 그들은 갑자기 유신체제를 비난했다. 강제로 여당에 동원되었다고 볼멘소리를 했다. 무덤 속에 잠들어 말이 없는 대통령에게 모든 책임을 떠넘기는 데 급급했다. 대통령이 장기집권을 했기 때문에, 대통령이 독재를 했기 때문에 암살되었고, 자기들은 낙동강 오리알 신세가 되었다고 소리내어 주절댔다. 바로 얼마 전까지만해도 대통령을 '세종대왕 이래 처음 나온 위대한 통치자요, 한국근대화의 아버지'라고 입에 침이 마르도록 찬양하던 바로 그 입으로 말이다.

특히 대통령의 생존시에는 유신체제를 지지하고 홍보하는 데 누구보다도 앞장섰던 유신정우회 소속 국회의원들이 유신체제를 부정하고 자기들이 직능대표 국회의원으로 추천받은 데 대해 비루한 변명을 늘어놓았다. 즉, 자기는 십수년 전에 정치를 포기했는데 '강제 징집'을 당했다느니, 자기는 피동적이었고, 협조하라고 해서 할 수 없이 협조했다느니 하는 등으로 비열하게 처신했다. 여기에 이른바 신군부와 그 추종세력이 가세했다. 유혈쿠데타로 집권한 이들은 형식과 절차로는 유신체제와 다를 게 없는 정치제도에 이름만 바꾸어 달고 '유신잔당 소탕' 운운하면서 유신체제를 부정하고 공격했다. 뿐만 아니라, 그들은 대통령의 지워질 수 없는 업적을 지워버리기 위해 해괴한 행동도 서슴지 않았다. 한 가지 예로 이들은 대통령의 친필 휘호로 제작된 당제터널 현판을 없애 버렸다. 경부고속도로의 마지막 공사였던 당제터널은 너무나 난공사여서 희생자가 많이 생겨 그 공사가 완성된 날 공사 근로자와 기술진들이 산 언덕에 올라 눈물을 흘리며 대한민국 만세를 부른 뜻깊은 곳이다. 그래서 대통령은 이를 기념하기 위해 친필휘호를 써서 이것으로 현판을 만들도록 한 것이다. 80년 이후 언제인지는 정확치 않으나 이 현판이 없어져 버렸다. 일선 공무원이 5공에 대한 과잉 충성에서 저지른 행동인지 또는 5공 최고책임자의 지시로 없애 버렸는지는 확실하지 않다. 휘호현판을 없앤다고 대통령의 고속도로 건설 업적이 없어진다고 생각한 그 치졸한 행위가 바로 대통령의 집권 시기에 그를 하늘처럼 생각하던 사람들에 의해 저질러진 것이다.

이렇듯 국내에서 대통령에 대한 정적들의 비판이 고조되고 있을 때 국외에서 대통령을 평가하는 눈은 달랐다. 어떤 일본학자는 일본에서는 박정희 대통령을 높이 평가하고 있는데, 한국에서는 그를 비판하는 소리가 있다는 것은 이해할 수 없다고 말했고, 미국의 저명한 교수도 미국에서도 박정희 대통령을 비판하는 사람이 있는 것은 사실이나 그들 또한 박정희 대통령이 유능한 지도자였다는 점은 부인하지 않는다고 말한다. 이처럼 외국에서는 대통령이 한국의 위대한 통치자였다는 평가가 널리 공인되고 있었다.

그러나 대통령의 고매한 인격과 뛰어난 지도력을 누구보다도 높이 평가하고 있는 사람은 바로 절대다수의 대한민국 국민이었다. 대통령에 대한 그 누구의, 어떤 비난이나 공격도 대통령에 대한 우리 국민 절대 다수의 마음을 조금도 바꾸어 놓지 못했다. 온갖 중상과 허위 사실로 대통령을 매도하는 그의 정적들의 비난이 최고조에 이르렀을 때조차도 절대다수의 국민들은 말없는 침묵 속에서 대통령의 지도력을 찬양했고, 대통령의 불멸의 업적을 기리고 있었다.

새로운 사업을 일으키고 많은 일을 성취한 위대한 통치자는 그의 생존시나 사후에 많은 논쟁을 일으킨다. 왜냐하면 많은 일이 이룩되는 과정에서 또는 그 결과로 절대 다수의 국민은 이익을 얻지만 아무런 혜택을 못받거나 또는 고통을 받은 사람도 있을 수 있기 때문이다. 통치자는 많은 일을 추진하는 과정에서 성공도 하고 실패도 한다. 그는 또한 인간으로서의 장점과 약점, 미덕과 악덕, 이성과 감정을 함께 지니고 있다. 아무리 위대한 통치자도 결코 한 점 흠도 없는 완전무결한 인간이 아니며, 성취한 일이 많은 만큼 실패한 일도 많고, 잘한 일도 많지만 잘못한 일도 적지 않다. 그래서 그에게는 존경하는 동지도 많지만 원한이 맺힌 적도 적지않기에 한편으로는 존경도 받지만 다른 한편으로는 비난도 받는다. 통치자로 인해 혜택을 본 사람은 그를 존경하고, 고통을 겪은 사람은 그를 비난하는 등으로 통치자를 다르게 평가하는 것은 너무나도 당연한 일이다.

한 나라의 최고 통치자는 재임 중에 수많은 일을 처리해 나간다. 그에게는 공인(公人)으로서의 인격이 있고 사인(私人)으로서의 인격이 있다. 수천만 국민이 보는 통치자의 얼굴이 있고, 소수 측근만이 보는 통치자의 얼굴이 있다. 동지가 보는 모습이 있고, 정적이 보는 모습이 있다. 동지와 정적은 저마다 통치자의 다른 면모만을 보려고 한다. 그들은 자신들의 생각과 관점에 적합하지 않은 사실은 지나쳐 버리고, 공정한 관점에서 보면 동등하게 중요시되어야 할 사실은 젖혀두고 특정사실에만 초점을 맞추어 통치자를 높이 평가하거나 낮게 평가한다. 그 결과 통치자에 대한 동지와 정적의 평가는 너무나 다르고 극단적인 경우에는 정반대인 것도 있기 때문에 그들이 평가하고 있는 통치자가 한 사람의 똑같은 통치자라는 것을 믿기 어려울 때도 있다. 이는 세 명의 장님이 코끼리를 만져 보고는 저마다 코끼리의 모습을 다르게 말했다는 우화를 떠올리게 한다. 통치자의 동지와 정적은 서로 다른 관점에서 통치자의 어느 한 면만을 자기 방식대로 보고 평가하기 때문이다.

대통령은 18년 통치기간 동안에 천지개벽과도 같은 엄청난 변화의 물결을 한반도 남반부에 일으켰다. 20세기 후반 어느 나라보다도 크고 빨랐던 그 변화의 힘으로 우리는 세계 10대 경제대국의 목표를 이루기 위해 계속 성장했다. 그러나 그런 급속한 성장과 발전은 불가피하게 여러 가지 부작용을 낳았다. 변화와 발전의 혜택을 남보다 더 받은 사람이 있는 반면 남보다 덜 받은 사람도 있었고, 또 지역적으로 그런 혜택을 더 받은 지역이 생겼고, 덜 받거나 못받은 지역도 생겼다. 그리하여 계층 간, 지역 간에 이른바 발전상의 격차와 소득격차가 생긴 것이다. 따라서 혜택을 많이 받은 계층과 지역의 사람들과, 혜택을 적게 받은 계층과 지역의 사람들은 대통령을 저마다 다르게 평가한다. 그러나 대통령에 대해 가장 극명하게 대조되는 평가를 하고 있는 사람들은 바로 대통령의 동지와 정적이다. 대통령의 동지들은 위대한 것이라고 인정할 만한 그의 업적만을 크게 부각시켜 이를 모두 그의 공로로 돌리고 대통령을 칭송한다. 그러나 대통령의 정적들은 그가 저지른 실책만을 부각시키며 이를 모두 그의 잘못으로 돌리고 대통령을 비난한다.

　예컨대 대통령을 존경하는 동지들은 그의 시대를 정치적 안정과 경제적 번영을 이룬 시대로 기억하지만 대통령을 비판하는 정적들은 그의 시대를 정치적 탄압과 경제적 불평등의 시대로 생각하고 있다. 또한 대통령의 동지들은 대통령이 이룩한 경제발전과 자주국방의 성과는 그것을 성취하는 과정에서 불가피하게 따른 희생과 고통을 보상하고도 남는다고 믿고 있다. 그러나 대통령의 정적들은 경제발전과 자주국방의 성과가 아무리 크다고 하더라도 그 때문에 발생된 희생과 고통이 너무나 심각한 것이어서 그런 성과를 상쇄하고 말았다고 생각한다. 특히 그 시대에 정치적 자유가 제한되고 처벌의 고통을 당했던 사람들은 대통령이 추진한 경제개발과 자주국방 정책은 오직 정권욕을 위장하기 위한 것이라고까지 극언한다.

그러나 대통령의 어느 한 측면만을 보는 대통령의 동지와 정적의 눈을 통해서는 대통령의 전체 모습을 올바로 볼 수 없다. 동지와 정적이 보는 대통령의 모습은 부분적이고 일면적인 것이기에 이런 부분적인 모습만으로는 수많은 부분적 모습들로 구성된 대통령의 다양하고 복잡하며 다면적인 통일체로서의 전체 모습을 설명하거나 평가할 수 없는 것이다.

비유해서 말한다면 나무 한 그루 한 그루를 보는 데에만 역점을 두면 그 부분에 대한 평가는 정확할 수 있을지 모르나 숲 전체를 보는 눈과 판단은 그만큼 흐려지고 부정확할 수밖에 없는 것과 같은 것이다. 따라서 대통령의 전체 모습을 볼 수 있으려면 대통령에 대한 동지와 정적의 찬반시비를 넘어서는, 그 두 개의 평가를 하나로 수렴할 수 있는 눈을 가져야 한다. 그런 눈을 가지고 있는 사람들이 바로 국민들이다. 국민들은 대통령의 동지도 정적도 아니다. 국민들은 대통령의 동지들이 보는 측면도 보고, 정적들이 보는 측면도 본다. 대통령의 공적을 보고 평가하며, 그의 실책을 보고 비판한다. 국민들은 대통령이 잘한 일은 잘했다고 말하고 잘못한 일은 잘못했다고 지적한다. 그리하여 국민들은 대통령의 업적과 실책을 하나로 묶어 이를 종합한 하나의 평가를 내린다. 즉 국민들은 공정한 관점에서 보면 누구나 똑같이 중요시해야 할 사실에 중점을 두고 대통령을 평가한다.

1989년 10월 26일, 대통령의 10주년 추도식을 전후한 시기부터는 마치 오랜 장마와 태풍이 그친 뒤에 나타난 찬란한 햇빛과 같이 대통령을 기리는 국민들의 예찬의 화음이 대통령에 대한 정적들의 비난의 소음을 잠재우며 농촌과 도시에서 울려 퍼졌다.

해마다 10월 26일이 되면 전국 방방곡곡에서 비가 오나 눈이 오나 대통령 묘소를 찾아 추모 행렬을 이루고 있는 많은 국민들은 그들과 함께 고난과 영광의 길을 함께 걸어온 대통령을 추앙해 왔다. 대통령 사후에 계속 실시된 여론조사에서 대통령은 역대 대통령들 가운데 가장 많은 일을 하고 성취한 가장 훌륭한 대통령으로 꼽히고 있었다.

1987년 동아일보는 한길리서치연구소에 의뢰, 전국 유권자 3000명을 상대로 여론조사를 실시, 그 결과를 4월 1일 동아일보 창간 77주년 기념일에 발표했다. 그 조사에서 우리나라 역대 대통령들 가운데 직무를 가장 잘 수행한 대통령은 누구라고 생각하느냐는 설문에 대해 75.9%가 '박정희 대통령'이라고 응답했다는 것이다.

1989년 9월 1일과 3일 사이에 〈주간조선〉이 창간 21주년을 맞아 한국갤럽조사연구소와 공동으로 전국 20세 이상 남녀 1500명을 대상으로 실시한 '해방 이후 각 시대별 이미지와 역대 통치자의 업적 평가'에 대한 조사 결과에 따르면 대다수 국민들은 역대 대통령 가운데 가장 많은 업적을 남긴 지도자로 박정희 대통령을 손꼽고 있는 것으로 나타났다. 대통령의 18년 통치시대에 대해서는 안정(68.1%)과 상승(45.1%), 밝음(36.4%)과 풍족(35.8%)의 시대로 평가했다.

대통령의 공과에 대해서는 잘한 것이 더 많다는 응답이 84.7%로 절대다수가 그의 업적을 긍정적으로 평가했으며, 그 가운데에서도 으뜸가는 것으로는 경제발전(47.8%)이었고, 그 다음이 새마을운동과 농촌발전(36.4%)이었으며, 그 다음이 정치사회안정(10.2%), 도로건설(9%)이 꼽혔다. 잘한 것이 더 많다는 평가는 20대가 80.6%, 30대가 83.3%, 40대가 88.1%. 50세 이상이 89.7%로 나이가 많을수록 높은 비율을 보였다. 한편 대통령이 잘못한 것으로는 독재(42.2%), 장기집권(18.5%), 유신헌법(11.3%) 순으로 대답했다.

미국 역사가들은 대통령의 위대성을 평가할 때 다음과 같은 기준을 적용한다고 한다.

대통령이 국가를 영도하던 시기가 순탄한 때였는가, 어려운 때였는가?

대통령이 사건을 지배했는가, 사건에 지배당했는가?

대통령이 그 직위와 권한을 공공복리를 증대시키기 위해 사용했는가, 사용하지 못했는가?

대통령이 정부 요직에 유능한 인재를 효과적으로 기용했는가, 기용하지 못했는가?

대통령이 외국과의 관계에서 국익을 수호했는가, 수호하지 못했는가?

대통령이 정치문제에 창조적으로 접근했는가, 접근하지 못했는가?

대통령이 국가의 장래 운명에 중대한 영향을 미쳤는가, 미치지 못했는가?

대통령이 정치적 압력에 직면할 때 자신의 기본원칙을 끝까지 지켰는가, 지키지 못했는가?

대통령이 국민을 대표했는가, 대표하지 못했는가?

이런 기준에 따라 미국의 역대 대통령들을 평가해 보면 위대한 대통령들은 모두다 강력한 대통령이었고, 무능한 대통령은 한결같이 유약한 대통령인 것으로 평가받고 있다. 예컨대 위대한 대통령들은 링컨이나 프랭클린 루스벨트처럼 대통령의 권위와 권한을 활용하여 공공복지와 국익을 증진시키고, 유능한 인재들을 국가발전의 일꾼으로 동원하여 그 시대의 긴장과 위기를 극복했으며, 국가 운명을 개척하는 데 결정적 공헌을 했고, 민족의 역사에 지울 수 없는 영향을 미친 강력한 대통령들이라는 것이다. 그러나 무능한 대통령들은 율리시스 그랜트나 워런 하딩처럼 다른 집단에 대해 대통령 권한을 방어하지 못하여 공공복리와 국익을 증진시키지 못하고, 국가의 앞날을 위태롭게 만든 유약한 대통령들이라고 한다.

미국과 같은 대통령 책임제를 채택하고 있는 우리나라에서 위의 기준으로 박정희 대통령을 평가하면 그는 분명히 위대한 대통령이다. 즉 대통령은 우리나라가 정치, 경제, 군사 등 모든 면에서 가장 어려운 시기에 국가를 영도했고, 모든 사건을 지배했으며, 대통령직의 권위와 권한을 국민복리를 위해 사용했고, 정부 요직에 유능한 인재를 썼으며, 대외관계에서 국익을 증진, 수호했고, 정치문제에는 창조적이고 생산적으로 접근하여 개혁을 이끌었으며, 미래 국운에 결정적인 영향을 미쳤고, 국내외 정치적 압력에 굴하지 않고 자신의 원칙과 신념을 관철했으며, 장기간 동안 절대 다수 국민을 대표했다.

빈곤의 고통과 전란의 위험 속에서 경제개발과 자주국방 건설을 위해서 대통령과 함께 피와 땀과 눈물을 흘리면서 같은 시대를 살아온 우리 국민들은 대통령이 국가를 위해서, 국민을 위해서 헌신하고 봉사했으며, 부국강병의 제단에 자신의 모든 것을 바쳤다는 사실을 너무나 잘 알고 있었다. 우리 국민들의 절대다수가 우리 현대사에서 가장 위대한 대통령은 '박정희 대통령'이라고 한결같이 내세우는 이유는 바로 여기에 있다.

그러나 위대한 대통령이라고 해서 모든 국민의 신뢰와 지지를 얻고 있는 것은 아니다. 아무리 위대한 통치자라고 하더라도 전체 국민의 신뢰와 지지를 받는 일은 거의 없다. 1964년 중국의 어느 국경일에《중국의 붉은 별》을 지은 에드거 스노가 그 무렵 중국 공산당 국가주석이자 최고 통치자인 마오쩌둥 옆에서 대행진을 지켜보고 있다가 그가 어딘지 우울한 표정을 짓고 있는 것 같아서 어디가 편찮은지 물었다고 한다. 플래카드를 높이 들고 환성을 울리면서 그의 앞을 지나가는 군중을 바라보며 마오 주석은 이렇게 중얼거렸다고 한다. '저 군중은 크게 셋으로 나뉠 수 있다. 하나는 충성스러운 마오주의자, 다른 하나는 남들이 그렇게 하니까 나도 그렇게 한다는 영합주의자, 그리고 나머지 하나는 겉으로는 아무리 마오주의자인 척해도 속마음은 의심할 여지가 없는 반(反)마오주의자이다.'

또한 통치자에 대한 국민들의 신뢰와 지지는 변덕스럽다. 좋은 평가를 받던 통치자가 시간이 지남에 따라 나쁜 평가를 받기도 하고, 거꾸로 나쁜 평가를 받던 통치자가 좋은 평가를 받기도 한다. 나폴레옹은 처음에는 아주 좋게 평가를 받았다가, 나중에는 나쁜 평가를 받은 대표적인 예라고 할 수 있다. 부르봉 왕조 때 자애로운 박애주의자요 가난한 사람들의 벗으로 평가받았던 나폴레옹은 30년 뒤에는 권력을 찬탈하고 자유를 유린하며 개인적 야망을 채우기 위해 300만 명을 학살한 잔인한 전제군주로 비판받았다.

절대다수 프랑스 국민들이 나폴레옹을 영웅으로 칭송할 때에도 웰즈라는 사람은 나폴레옹을 미워했기 때문에 그를 영웅으로 인정하기를 거부하고, 허영과 탐욕으로 가득찬 교활한 인간이며 원숭이처럼 카이사르를 흉내내고 똥더미 위를 걸어다니는 숫병아리처럼 기회의 산 위를 활보하는 인간이라고 혹평했다고 한다.

드골 대통령은 프랑스의 위대함을 추구할 때 가장 큰 장애물들은 프랑스인 자신들이라고 자주 말했다고 한다. 그는 조국 프랑스를 다시 한번 세계의 정상으로 끌어올리려고 안간힘을 썼지만 국민들은 그를 따르지 않았다. 1969년 그가 연설을 통해 프랑스를 휩쓸고 있던 사회혼란의 종식을 호소했을 때 국민들은 이에 호응하지 않았다. 그같은 국민들에게 넌더리가 난 드골은 측근들에게 이렇게 말했다고 한다. '프랑스인들은 소떼야, 소떼. 프랑스라는 국가에 대해서 그토록 헌신적이었던 애국적인 지도자가 프랑스 국민들에 대해서는 그처럼 언짢다는 말을 했다는 것이 이상하게 보일 수도 있다. 그러나 드골에게 프랑스는 곧 프랑스 국민들의 집합체 이상의 뜻을 지닌 것이었다. 국민들이란 저 멀리 지평선을 바라보는 것이 아니라 바로 발밑 땅바닥을 내려다보는 현세적이고 불완전한 사람들이었지만 위대한 프랑스는 그 이상의 것이었다는 것이다. 1968년 드골을 거부했던 프랑스 국민들은 오늘날에는 그를 20세기에, 프랑스가 낳은 가장 위대한 통치자였다고 찬미하고 있다.

박정희 대통령에 대한 우리 국민들의 평가는 세월이 지나도 변함이 없다. 오히려 세월이 지날수록 국민들은 대통령의 통치철학과 지도력을 더욱더 높이 평가하고 있다. 이것은 무슨 조화일까? 대통령의 18년 집권 기간은 우리 민족의 현대사에서 국민을 잘살게 만드는 것이 통치의 최대, 최고 목적이었던 시기였고, 그 시기는 절대다수 국민들이 안정과 평화 속에서 번영을 누리며 열심히 일하는 데서 삶의 보람을 찾고, 한국인이라는 사실에 긍지를 느끼며 살기 시작한 시대였다는 사실을 잘 알고 있기 때문일 것이라고 말하는 사람들이 많다. 그것은 물론 사실이다. 그러나 그보다는 1980년 이후에 집권한 후임자들이 계속 실정을 거듭하면서 국가가 쇠퇴하고 국민생활 수준이 향상되기는커녕 정체되거나 저하될 뿐 아니라 종북 좌파 집단이 득세하는 불안하고 위험한 사태를 겪은 국민들이 박정희 대통령이 우리 역사와 민족에게 남긴 업적이 너무나 크고 유익하다는 사실을 새삼 깨달았기 때문일 것이다. 대통령에 대한 국민들의 신뢰와 지지와 존경의 지수가 이들 후임자들이 퇴임한 뒤에 계속 올라가고 있다는 사실은 우리 국민들의 이런 마음을 증명하고 있다.

창조적 지도자

철학자 헤겔은 역사란 칸트의 '우울한 유연성'이나 괴테의 '폭력과 무의미의 혼합'을 초월한 필연성과 규칙성을 갖고 있으며, 프랑스혁명은 그것을 분명히 보여 주었다고 말한다. 그는 다른 학자들이 역사에는 우연과 예측불가능한 요인이 작용하고 있으며 따라서 돌발 사건과 일반화할 수 없는 특수한 사실들이 역사를 이루고 있다고 보고 있는 것과는 달리 역사는 미리 예정된 행로를 따라 발전하고 있다고 보았다.

헤겔은 역사는 필연적인 과정을 밟아나가지만 사람들이 마치 스스로 역사를 창조해 가는 것처럼 착각하고 있는 것은 절대 정신이 이렇게 착각하게 만들었기 때문이라고 하며 이를 '역사의 간계'라고 말한다. 아무리 위대한 사람이라도 역사를 창조하거나 이끌어 갈 수는 없으며, 개인의 의지와는 비교가 될 수 없는 거대한 힘의 도움을 받을 뿐이며, 위대한 정치가는 그 자신의 능력이나 의지만으로 되는 것이 아니며, 그 시대를 움직이고 있는 힘과 그 자신을 일체화시킬 수 있기 때문이라는 것이다. 즉, 위대한 정치가는 역사의 이면에 놓여 있는 비인간적인 사회적 힘의 도구에 지나지 않으며, 그는 역사 안에서 아주 제한된 역할만을 실행할 수 있을 뿐이라는 것이다. 인간은 '시대의 정신'이나 '거스를 수 없는 역사적 흐름'이나 '개인의 마음을 사로잡고 홍수처럼 밀어닥쳐 개인을 밀고 나가는 운동'에 따라 갈 뿐이라는 것이다.

이런 역사 관념에 따르면 인간의 의지나 목적은 그가 살고 있는 사회나 시대에 아무런 뜻을 갖지 못하게 되며 위대한 지도자의 결정과 행동도 역사에서는 그 영향력이 보잘것 없고 미미한 것이 되고 만다. 다시 말해서 역사에서 발전이 이루어질 때 그것은 지도자의 현명한 계획과 생산적인 노력에 따라 이루어진 것이 아니고, 예정된 결과를 지향하고 있는 역사의 필연성에 따라 이루어진 것이며, 지도자는 역사의 창조자가 아니라 필연성의 도구일 뿐인 존재가 된다. 그러나 이런 역사관은 지도자의 결정과 노력이 국가를 어떻게 변화시키고, 또 역사의 방향을 어떻게 바꾸어 놓는가를 직접 보고 몸으로 겪은 사람들로서는 선뜻 수긍하기 어려운 이야기이다.

헤겔은 무엇이든 존재하는 것은 정당하고, 무엇이든 존재하는 것은 신에 의해서 예정된 것이라고 말하고 위인들의 업적과 그들이 속한 국가에 대해 평범한 윤리적 가치 기준을 적용하는 것을 거부했다. 위인들은 그들의 일이 끝났을 때 역사적 과정에 따라 폐기되는 불행한 도구이며 그들은 정복자 알렉산더 대왕처럼 요절하거나 카이사르처럼 암살되며 나폴레옹처럼 추방된다. 그것이 위인들에게는 위대성의 대가이면서 그들이 겪을 수 있는 비운이나 고난일 수도 있지만 역사는 언제나 그들을 옹호한다는 점에 유의해야 한다. 위인들은 그들의 시대를 만든 역사의 필연적인 논리에 따라 그들이 취해야 할 행동을 취하는 것 말고는 달리 방도가 없기 때문에 역사는 언제나 그들의 행위를 옹호하게 되고, 윤리적 가치를 기준으로 평가하지는 않는다는 것이다. 개인의 행동은 모두가 필연적인 역사의 논리에 지배된다고 믿는 헤겔의 철학적 관점에서 보면 이는 자연스러운 결론이다.

만일 역사가 필연적인 과정이고, 인간의 의지가 아무런 역할도 하지 못한다면 자신의 행동에 책임을 져야 할 지도자는 있을 수 없게 된다. 결국 역사의 필연성의 논리는 무도하거나 무능한 통치자가 국가를 쇠잔케하고 국민을 고통 속으로 몰아 넣었다고 하더라도 그 책임을 회피할 수 있는 도피처를 제공하게 된다. 그러나 역사는 무도하고 무능한 지도자의 행동까지 옹호하지는 않으며, 현명하고 유능한 지도자의 행동은 찬양한다.

미국 닉슨 대통령이 중공을 방문하기 전에 마오쩌둥을 잘 알고 있는 전 프랑스 문화예술부 장관 앙드레 말로에게 마오쩌둥에 대한 자문을 구하자 앙드레 말로는 이렇게 논평했다고 한다.
'마오쩌둥은 처칠이나 드골, 간디와 같은 위대한 지도자들은 다시는 이 세상에서 일어날 수 없는 악몽같은 역사적 사건을 통해 창조되었다고 믿는다.' 이것은 사실이다. 그러나 마오 자신을 포함해 그들 위대한 지도자들은 그들 자신들이 원했던 방향으로 역사의 진로를 바꿔 놓았다는 점에서 새로운 역사를 개척한 인물들이라는 것 또한 사실이다.

이렇게 보면 위대한 지도자란 그가 살고 있는 시간과 공간에서 성장한 그 시대와 사회의 산물이요 상징인 동시에 새로운 역사의 창조자이자 그 대변자이기도 한 것이다. 새로운 역사가 창조되었다는 것은 세상이 새롭고 크게 변화하고 발전했다는 것을 뜻하며, 그런 변화와 발전은 창조와 혁신의 능력을 갖고 있는 특출한 지도자가 시작하고 추진한 것이다. 이들은 인간 능력의 한계를 확대하고 기적이라고 생각되는 일을 해냄으로써 그 시대와 그 사회의 변화와 발전을 이룩한 것이다. 따라서 이른바 역사의 필연적인 흐름 즉, 역사의 밑바닥에 숨어서 흘러가고 있는 거스를 수 없는 대세라고 하는 것도 알고 보면 특출한 지도자들이 비상한 능력을 발휘하여 일으킨 변화의 파도이며 발전의 흐름이라고 할 수 있다.

이런 뜻에서 역사는 일정한 시기와 장소에서 조성된 여건에 의해 필연적으로 예정된 방향으로 흘러가게 되어 있다는 주장은 인간이 겪은 역사적 사실과는 맞지 않는 이야기이다. 한 시대의 흐름이 아무리 강력하게 전진한다고 하더라도 그것은 결코 직선적으로 이어지는 것은 아니다. 시간과 더불어 그 흐름 속에는 새로운 현상들이 생겨나 흐름의 방향이 멈추거나 거꾸로 흐르기도 한다. 시대 흐름이 이처럼 유동적이기에 미래 역사는 우리가 하루하루의 결정과 행동을 어떻게 선택해 나가는 가에 달려 있고, 그런 결정과 행동은 상호

작용하면서 시대 흐름을 결정하는 것이다.

특히, 역사가 진전되는 결정적 계기에 통치자가 어떻게 처신하느냐에 따라 역사의 결과에는 커다란 차이가 생기게 된다. 이런 뜻에서 역사는 닫혀진 것이 아니라 열려 있는 과정이며, 비록 역사의 물결이 어느 한 쪽으로만 흐른다 할지라도 그 결과는 미리 필연적으로 결정된 것이 아니고 다양한 요인이 작용하고 있는 유동적인 상태에 있는 과정이라고 할 수 있다. 역사에서 통치자 역할의 중요성이 강조되고 있는 것은 바로 이런 점 때문이다.

누가 또는 무엇이 역사 발전에 얼마나 큰 역할을 하느냐 하는 것은 그 자체가 하나의 역사적인 문제이다. 통치자나 국민들의 힘이 미치지 못하는 국제환경의 급격한 변화가 그 국가와 시대 현실을 변화시키기도 한다. 이것은 역사 발전에서 통치자의 능력이나 국민적 노력의 한계를 시사하는 것이다. 이런 뜻에서 역사는 흘러가는 것이라고 할 수 있다. 그러나 통치자와 국민이 합심단결하여 피나는 노력을 함으로써 그 시대와 사회의 상황을 근본적으로 변화시킬 때 이런 변화를 통해 역사는 발전한다는 점에서 인간이 역사를 창조한다고도 할 수 있다.

수많은 국가들의 흥망성쇠의 기록들로 점철된 인류역사에서 국가통치자들 가운데에는 역사의 흐름에 수동적으로 따라간 사람도 있고, 역사의 흐름을 능동적으로 바꾸어 놓은 사람도 있다. 역사의 흐름을 자기가 원하는 데로 이끌고 나간 통치자는 그가 존재하지 않았더라면 일어나고 말았을 국가위기를 극복하거나, 그가 없었더라면 이룰 수 없는 일을 이루어 새로운 역사를 창조한 국가지도자였다.

인류역사에서 이런 창조적인 국가지도자들이 있었다는 사실은 인간의 역사를 필연의 산물로 설명하려는 모든 시도가 역사를 올바로 설명할 수 없음을 입증하고 있다. 우리나라 5000년 역사에서도 오욕된 역사의 흐름을 영광된 약사의 흐름으로 바꾸어 놓은 창조적인 국가지도자가 있었다. 일찍이 조선 시대에는 세종대왕이, 현대 공화국 시대에는 박정희 대통령이 가장 창조적인 국가지도자라고 국내외에서 공인되어 있다. 대통령이 성취한 업적을 연구하면 한국 현대사의 흐름을 바꾸어 놓은 것은 대통령의 창조적인 지도력이었다는 사실을 확인할 수 있다.

박정희 대통령은 단순히 역사의 산물이 아니라 역사 창조의 주역이었다. 대통령은 1961년 5월 16일 군사혁명을 통해 새로운 역사창조를 주도하게 되는 기회를 얻었다. 만약 그 무렵 혁명적 대응을 요구하는 국가위기 상황이 없었다면 그의 군사혁명은 있을 수 없었을 것이다. 이런 뜻에서 그는 그 시대의 역사적 상황의 산물이라고 할 수 있다. 그러나 그는 단순한 역사적 상황의 산물로 끝나지 않았다. 그는 새로운 대응을 요구하는 국가위기 속에서 모험과 혁신의 능력을 발휘하여 새로운 역사를 스스로 창조했다. 박정희 대통령은 개인이나 민족의 운명은 그 개인이나 민족이 무엇을 하고자 하느냐에 달려 있다고 믿고 있었다.

역사 발전이나 인간의 미래는 의지나 목적이나 소망과는 관련없고, 인간으로서는 어떻게 할 수도 없고, 알 수 없는 필연의 힘에 묶여 있는 것처럼 생각하는 역사관은 자기 발전을 위한 인간의 생명력과 창조력을 부정하고 불모의 숙명론을 부추기는 것이라고 보았다. 박정희 대통령은 역사를 움직이고 그 방향을 바꾸어 놓을 수 있는 원동력은 인간의 신념과 의지, 창조적 노력이라고 믿고 있었다. 역사를 창조하는 인간의 능력에 대한 대통령의 신념은 대통령과 다른 정치인들이 구별되는 국가지도자로서의 특성들 가운데 하나이다. 박정희 대통령은 아무리 어려운 상황이나 위급한 시기에도 인간이 생각하고 행동할 수 있는 국면이 존재하며 좌절하거나 포기하지 않고 신념을 가지고 헤어날 길을 찾는 사람에게는 반드시 길이 있다고 확신하고 있었다.

박정희 대통령은 무기력한 숙명론을 배격하고, 생산하고 건설하며 개척해 나가야 하며, 그런 창조적 노력을 통해 국가의 쇠퇴를 막고, 발전을 촉진함으로써 빈곤의 역사를 번영의 역사로, 굴욕의 역사를 영광의 역사로 바꾸어 놓아야 하고, 그렇게 할 수 있다고 확신하고 있었다. 우리 민족은 도대체 어디에 위치해 있으며, 어떻게 살아가고 무엇을 해야 할 것인지를 우리가 알게 된 때가 바로 박정희 대통령 시대였다. 그의 시대에 이르러 비로소 우리는 민족의 사명을 깨닫게 된 것이다. 민족의 사명을 깨닫고, 우리도 무엇인가 창조할 수 있다는 자신과 신념, 그리고 좌절을 모르는 줄기찬 분발과 노력이 1960년대에 이르러 이른바 '한강의 기적'으로 세계에 알려진 대한민국 발전의 원동력이 된 것이다. 어느 민족의 역사에서나 그 민족들이 자신들의 사명을 깨닫고 자신들이야말로 민족의 운명을 새로 개척하고 역사의 방향을 바꿀 수 있다고 굳게 믿었던 때가 있었으니 대통령 박정희의 시대가 바로 그런 시기였다. 그리고 그 시기는 한민족 5000년 역사에서 참으로 오랜만에 새로운 역사가 창조된 분수령이었다.

절대빈곤의 퇴치

1960년대는 전세계적으로 '개발의 연대'로서 세계 모든 나라들은 이념이나 선후진 구별 없이 경제성장을 추구했으며, 국민총생산의 연간 증가는 한 나라가 발전하고 있는가를 헤아리는 잣대가 되었다. 바로 그 670년대 초에 우리나라는 조국근대화 과업에 착수했고 연간 10%를 넘는 국민총생산 증가를 지속시켜 나갔다. 그리하여 60년대와 70년대에 우리나라는 전통적인 농업사회에서 현대적인 산업사회로 탈바꿈했다. 또한 이 기간 동안 경제가 꾸준히 성장하면서 절대빈곤이 사라지고 번영과 풍요의 시대가 열리기 시작했다. 급속한 공업화와 도시화, 인구팽창, 국민소득 증가, 수출신장 등 모든 것들이 경제발전과 번영을 웅변으로 보여 주고 있었다. 전란이 할퀴고 간 폐허의 잿더미 위에 초고층 현대 건물이 즐비한 대도시가 건설되고, 잡초가 무성하고 인적조차 없었던 황무지에서 생산의 굉음이 울려퍼지는 거대한 공장들이 우뚝우뚝 솟아 올랐다.

가난과 혼란에 빠져 있던 1960년대 초 농업사회 모습과 100억 달러 수출의 공업국가로 성장한 1970년대 말 공업사회 모습은 너무나도 대조되고 그 차이는 엄청난 것이었다. 1950년 6·25전쟁 이후 동북아시아 지역의 화약고로 공인된 가장 위험한 지역에서 가장 가난하게 살던 우리나라는 급속한 경제발전을 통해 선진공업국가에 도전하는 경제강국 반열에 올라설 수 있는 확고한 기반을 닦아 놓았다. 그리고 경제발전을 모태로 하여 다른 분야의 성장과 발전이 이루어짐으로써 경제성장은 모든 분야에서 근대화가 이루어질 수 있는 주춧돌이 되고 바탕이 되었다.

그러나 대통령이 근대화의 대열을 정비하는 일은 그리 쉽지 않았다. 분열과 상쟁, 나태와 안일 속에 무엇인가를 생산하거나 이루어 보겠다는 의욕이 없고 정신이 죽어 있는 국민을 일으켜 무엇인가를 생산하고 건설하고 이루어 보겠다는 의욕을 북돋우고 정신이 살아나게 하기 위해서 대통령 자신부터 노력하고 또 노력했다. 마침내 허다한 곡절과 어려움 속에서 대통령은 경제에서 시작하여 정치, 사회, 문화, 과학, 군사 등 우리 생활의 모든 분야에 근대화의 파도를 일으켰다.

드디어 우리 국민들은 조국근대화를 이룩하며 잘사는 나라를 건설하고야 말겠다는 의욕과 자신감을 가지고 밤낮없이 피눈물나게 일하고 또 일했다. 그것은 우리 국민들이 일찍이 가져본 적이 없는 의욕과 자신감이었고, 일찍이 흘려본 적이 없는 피와 눈물이었고, 일찍이 해본 경험이 없는 작업이었고 노력이었다. 그리하여 대통령의 시대에 우리 국민들은 그들이 성취하고자 갈망했던 근대화를 성취하며, 그들이 이루고자 염원했던 번영된 삶의 수준에 이르렀다. 60년대와 70년대에 조국근대화 작업에 참여했던 이른바 근대화 세대들은 그들과 그들 자손들의 삶이 과거시대와는 비교될 수 없을 만큼 향상되고 변화되었으며, 그들의 조상들이 과거에 성취하지 못한 일들을 성취했다는 사실에 비할 데 없는 보람과 긍지를 안고 살았다.

이런 뜻에서 대통령의 시대는 우리 국민들이 빈곤과 전란에 시달리면서 그토록 소망했던 번영되고 평화로운 잘사는 나라가 건설된 시대였다. 다시 말해서, 대통령의 시대에 우리 국민들은 가슴 속에 맺혀 있던 가난과 굴욕의 한(恨)을 풀고 마음 속으로 열망해 온 풍요와 평화의 꿈을 실현함으로써 부국강병의 시대를 열어놓았다. 그리하여 대통령의 시대는 구 시대가 끝나고 새시대가 시작된 역사의 전환점이 된 것이다.

이제 우리 국민들은 국내에 살거나, 해외에 살거나, 세계 어디를 가거나 '나는 한국인이다'라고 자신과 긍지를 갖고 말할 수 있게 되었다. 가난과 전란에 찌든 조국을 떠났던 수많은 해외 동포들도 이제는 그들이 살고 있는 곳이 선진국이건 후진국이건 한국인임을 자랑스럽게 내세울 수 있게 되었다고 감격해 하면서 대통령의 지도력을 높이 평가했다.

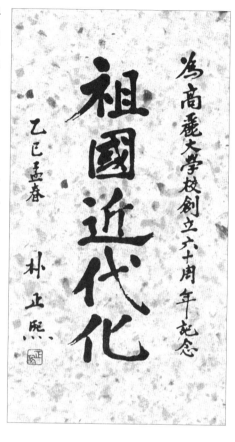

통치자는 그가 이룩한 국가발전의 업적을 상징하는 역사적 현장의 자취를 남긴다. 눈부신 업적을 많이 이룩한 통치자일수록 역사적 현장의 자취를 그만큼 크고 뚜렷하게 남긴다. 그리고 그것은 세월이 지나고 세대가 바뀌어도 더욱더 빛나는 광채를 발산한다. 그리하여 동시대 사람들이나 다음 시대 후손들은 그 역사적 현장에 남아 있는 기념비적인 업적을 금자탑이라고 부르며 기억한다.

1961년부터 1979년까지 18년 동안 이 나라의 방방곡곡에 남긴 국가발전의 금자탑은 이루 헤아릴 수 없이 많다. 그리하여 오늘날 우리 자신이나 외국인들은 이 나라의 구석구석에서 발견할 수 있는 그런 금자탑을 보면서 박정희 대통령은 국가와 민족을 위해 정말 많은 일을 해낸 애국자라고 감탄을 한다.

1960년대와 1970년대에 대통령이 이땅에 완성한 조국근대화의 업적은 한국 현대사에서 대통령의 위치를 확고부동한 것으로 만들었다. 18년 동안 이 나라를 통치한 대통령이 무엇을 잘했고 무엇을 잘못했는가 하는 문제는 보는 사람의 관점에 따라 다를 수가 있다. 그러나 그 누구도 다음 한 가지는 부정할 수 없을 것이다. 즉 1960년대와 1970년대의 18년 동안 대통령은 세계에서 가장 눈부신 경제 발전을 이룩했고, '잘사는 나라', '힘 있는 나라'의 주춧돌을 마련했다는 사실 말이다.

대통령만큼 무서운 신념으로 민족사의 진로를 자기가 바라는 방향으로, 자기가 바라는 방식대로 개척한 지도자가 우리나라 역사상 과연 몇분이나 있는가? 한 개인의 반생도 안 되는 짧은 기간 동안에 국민의 생활 여건을 근본적으로 바꾸어 놓았고, 우리 사회의 모든 분야에 혁명적인 변화를 가져온 통치자를 굳이 찾아보려 한다면 아마도 세종대왕 시절까지 거슬러 올라가야 할 것이다.

앞으로 우리의 다음 세대들이 이 나라를 더욱 번영되고 평화롭고 통일된 국가로 건설하게 되는 날이 오면 그 주춧돌인 조국근대화의 성과는 더욱 값진 것으로 기억될 것이다. 그것은 시간의 이끼가 이 땅을 뒤덮을 먼 훗날까지도 찬양의 대상이 될 것이며, 그런 의미에

서 조국근대화 업적은 불멸의 성좌에 올라있다고 할 수 있다.

앞으로 이땅에서 살아갈 우리 후손들은 한국의 근대화는 한민족의 삶에 다른 어떤 역사적 사건보다 훨씬 깊고 지속적인 영향을 미쳤음을 확인하고 뿌듯한 긍지를 느끼게 될 것이다. 그리고 억척스럽고 피눈물나게 일하고 또 일했던 선조들의 노고에 진심으로 감사하게 될 것이다.

대통령이 조국근대화와 민족중흥을 위해 자신의 모든 것을 바쳤던 그의 반생은 그의 일생에서 신념이 넘치고 영감에 가득한 가장 역동적인 시기였다. 대통령은 비명에 숨을 거둔 그 순간까지도 국가와 민족에 대한 무한한 애정과 사명감을 지닌 채 성실하고 진실된 삶을 살아왔다. 그래서 많은 국민들은 그를 진정으로 위대한 대통령으로 존경하고 있으며, 시간이 흐를수록 대통령에 대한 국민의 회상과 사랑은 커지고 있다. 우리나라 현대사에서 전례없는 극적인 상황들이 폭발적이고 지속적으로 전개되었던 시련과 격동의 시대를 잊지 않는 한, 그리고 그의 통치시대에 우리 국민이 되찾은 민족적 긍지와 자신과 활력을 그대로 간직해 나가는 한, 그는 영원히 국민 마음 속에 남아 있을 것이다.

지금도 국내외에는 대통령을 깊이 존경하고 흠모하는 많은 인사들이 있다. 그들은 대통령이 세종대왕 이후에 나타난 가장 위대한 인물이라고 평가하면서 선동가나 위선자들은 1년에도 수만 명씩 태어나지만 대통령과 같은 인물이 태어나려면 수세기가 걸릴 것이며, 앞으로 수세기 동안은 대통령이 우리 민족사에 남긴 업적에 필적할 공적을 남길 수 있는 인물은 나올 수 없을 것이라고 말한다.

대통령은 1978년 9월 10일에 발행된 저서 《민족중흥의 길》머리말 첫머리에서 우리 민족은 오랜 침체에서 벗어나 보람찬 새 역사의 문을 열었고 우리 국민의 얼굴은 활기와 의욕에 빛나고 있으며, 세계 어느 곳에서나 한국과 한국인의 약동하는 맥박을 느낄 수 있다는 소회(所懷)를 피력하고 있다.

'지난날 우리 선대들이 살고 간 역사의 발자취를 돌이켜보고, 우리의 후손들이 살아갈 조국의 내일을 내다보면서, 나는 오늘의 우리 세대야말로 정녕 영욕이 무상했던 민족사의 도정에 있어서 참으로 획기적인 시대에 살고 있음을 실감하게 한다.

우리는 그간 온 국민이 땀흘려 일한 보람으로 오늘의 이 70년대를 우리 역사상 가장 뜻깊은 연대로 기록하게 되었다. 과거 그 어느 민족, 어느 국가도 당해 보지 못한 엄청난 시련을 이겨내고, 세계사의 대열에 당당한 발걸음을 내디딘 것이다. 실로 우리 민족은 이제 오랜 안일과 침체에서 벗어나 보람찬 새 역사의 문을 열었을 뿐 아니라, 5천년 유구한 전통 속에 가다듬어 온 민족의 저력을 유감없이 발휘하기 시작했다.

오늘날 이 땅의 어디를 둘러보아도 변화와 발전의 기운은 역력하다. 빈곤과 실의 대신 풍요에의 꿈과 자신이 넘치고, 불안과 혼란 대신 안정과 질서의 반석이 다져지고 있으며, 사대와 의타의 그늘을 헤치고 자주와 자립의 기상이 용솟음치고 있다. 이제 그 어느 한국인의 얼굴을 보더라도 활기와 의욕에 빛나고 있으며, 세계 어느 곳을 가보더라도 한국과 한국인의 약동하는 맥박을 느낄 수 있다.

금세기의 여러 연대를 거치는 동안, 우리 겨레가 이처럼 밝고 떳떳한 모습을 보인 일은 일찍이 없었다. 우리 세대가 걸어온 30여 년의 가시밭길을 생각할 때, 오늘날 격세지감을 느끼는 것이 결코 나쁜이 아닐 것이다.'

대통령은 이어서 우리 민족사에서 손꼽힐 만한 중흥기였다고 할 수 있는 신라의 삼국통일 시대와 조선 세종대왕 시대에 이어 참으로 오랜만에 다시 한번 오늘의 우리 세대가 통일과 중흥을 이룩할 수 있는 귀중한 기회를 맞이하게 되었다고 말했다.

'5천년 긴 우리 역사에서 민족의 중흥기라고 할 수 있는 시기가 과연 몇 번이나 있었던가. 우리 민족사를 회고해 보면, 국민 누구나 착잡한 심경을 금할 수 없을 것이다. 어떻게 보면 우리 겨레는 너무도 불리한 역사적 환경 아래 허리 한 번 제대로 못펴고 살아왔다. 좁은 땅에 인구는 많은 데다가, 이렇다할 천연자원조차 없이, 천년이 하루같은 가난 속에 지내온 것이다. 조상 대대로 물려받은 논밭 몇 마지기에 온 식구가 매달려 근근히 연명하는 어려운 생활 속에서 좀처럼 발전의 여력을 축적하기 어려웠다.

거기다 우리 민족은 여러 주변강국들에 둘러싸여 하루도 마음 편한 날이 없었다. 대륙이나 해양에 새로운 세력이 대두하기만 하면 그것은 어김없이 한반도에 대한 침략으로 나타났고, 그로 인해 우리 민족이 당한 고난은 이루 형언할 수 없는 것이었다. 거듭된 난리로 국토는 짓밟히고 국민의 생명과 재산을 빼앗긴 것은 물론, 더러는 길게 더러는 짧게 외적의 압제에 시달리는 비극을 겪기도 했다.

그러나 그토록 숱한 파란과 곡절을 겪으면서도 우리 조상들은 5천년 긴 역사와 전통을 이어왔다. 이것은 실로 우리 민족에게 숨은 저력이 있고, 불굴의 생명력이 있음을 말하는 것이라고 아니할 수 없다. 이러한 민족의 저력이 가장 찬연하게 발휘된 때에는 반드시 우리 역사에 커다란 분수령이 이루어졌다. 확실히 신라가 삼국을 통일해 단일민족국가의 터전을 세웠던 무렵이 우리 역사에 중요한 전환기였다고 한다면, 문무가 함께 융성하여 국력이 내외로 뻗어나던 이조의 세종대왕 시절은 민족사에 손꼽힐 중흥기였다고 할 수 있을 것이다. 바야흐로 우리 세대는 근세 1백년의 비운을 박차고 일어나, 참으로 오랜만에 다시 한번 통일과 중흥을 이룩할 수 있는 귀중한 기회를 맞게 되었다.'

대통령은 이어서 저서의 마지막 부분에서 온갖 시련과 고난을 극복해 온 우리 민족은 이제 '민족의 저력'을 바탕으로 이땅에 새로운 운명을 태동시킬 창조적 시대에 살고 있다고 천명했다.

'5천년의 긴 역사를 통해 우리 겨레가 이처럼 크고 벅찬 도전을 맞아본 일이 과연 몇 번이나 있었는가. 이것은 실로 우리 자신에 대한 도전이며, 위대한 새 역사 창조의 기회이다. 우리가 겪고 있는 온갖 변화와 충격은 결국 낡은 껍질을 벗는 고통이며, 밝은 미래를 개척해 나가는 진통이다. 그 진통, 그 고통을 이기지 못한 채 우리의 선대들은 근세 백년의 역사에 지울 수 없는 한을 남겼다. 그러나 이제 우리는 그 뼈저린 교훈을 거울삼아 자자손손이 자랑할 민족중흥의 새 역사를 만들어 가고 있다. 참으로 오랫동안 시련과 고난을 극복해 온 우리 민족은 이제 그 저력을 바탕으로 찬연한 새 문명을 이 땅에 태동시킬 창조적 시대의 문을 연 것이다. 우리의 목표는 선명하며 우리의 길은 뚜렷하다. 누가 이 길에서 낙오하겠는가. 누가 이 벅찬 사명과 보람을 외면하겠는가.

민족중흥의 길은 실로 온 국민이 함께 가는 길이며 함께 창조하는 역사이다. 지금 우리는 모두가 이 창조의 시대에 살고 있다.'

시대적 과제 해결

어느 시대 어느 국가나 그 시대에 그 국가가 가장 시급하게 풀어야 할 국가적 과제를 안고 있다. 그런 과제는 결코 논리의 조작이나 상상의 산물이 아니라 살려고 몸부림치는 그 국민들의 급박하고 일상적인 요구와 필요, 다시 말해서 그 시대의 국민들이 추구하는 지배적인 가치와 소망을 중심으로 제기된다.

위대한 지도자를 말할 때 역사가들은 그 시대의 국가적 과제를 올바로 보고, 그 과제를 해결할 수 있는 가장 적절한 정책을 통해 그런 가치와 소망을 구현하는 데 성공함으로써 권위를 획득하게 되고 국민의 지지를 받게 된 지도자를 꼽는다.

20세기 위대한 정치 지도자로 공인된 영국의 처칠, 프랑스의 드골, 미국의 프랭클린 루스벨트는 바로 이런 지도자의 대표적인 예라고 할 수 있다. 이들은 굳센 의지와 신념으로 국가 위기에 정면으로 맞서맞서 그 시대의 국가적 과제를 풀어나갔다는 하나의 공통된 특성을 지니고 있다.

　루스벨트는 그의 모든 권한을 효과적으로 행사하여 미국이 직면해 있던 경제공황을 극복했고, 제2차 세계대전에서 연합국의 승리를 이끌었다. 그 무렵 미국의 최고 지성인인 월터리프만은 '루스벨트는 인상은 좋지만 대통령이 될 만한 자격이 없으면서 대통령이 되려는 의욕만은 대단한 사나이'라고 혹평했다. 그러나 그 루스벨트는 미국 역사상 최초의 4선 대통령이 되었고, 가장 위대한 대통령들 가운데 한 사람으로 추앙받고 있다. 이것은 그가 독재자라는 비난을 무릅쓰고 그 시대의 과업에 대담하게 도전해서 이를 해결했기 때문이다.

　처칠과 드골은 때를 만나지 못했던 지도자들이었다. 아무리 위대한 지도자 자질이 있는 인물도 때를 만나야만 큰 일을 성취할 수 있다. 처칠과 드골은 한때에는 그들의 국민들 가운데 누구도 그들의 경고를 들어주는 사람이 없었고, 누구도 그들의 자질을 인정하지 않았으며, 누구도 그들의 봉사를 요청하지도 않은 외로운 인물이었다. 그러나 국가적 위기는 처칠과 드골을 역사의 무대로 끌어냈다. 제2차 세계대전과 그 후의 위기는 뛰어난 지도자를 요구했으며, 위대한 드라마로 연출될 수 있는 역사의 무대를 제공했다. 그들은 바로 이 역사의 무대에 등장해서 불후의 업적을 이룩했다. 그러고는 역사의 뒤안길로 사라지는 듯했으나 다시 정치 무대로 돌아와서 그들의 조국과 세계의 평화를 위해서 중요한 역할을 수행했다. 그들은 게임은 죽음의 순간까지 끝나지 않는다는 말로서 인간의 자유와 자기변신의 능력을 옹호한 장 폴 사르트르의 말 그대로 정치적 패배로 얼룩진 그들 자신의 과거를 극복하고 그 시대의 국가적 과제를 해결하는 데 성공한 것이다. 그래서 처칠과 드골은 그들의 국민들로부터 그들 나라의 역사상 가장 위대한 정치 지도자로 숭앙받고 있다.

우리나라의 경우 이승만 대통령은 그의 시대에 가장 시급한 과제였던 대한민국을 창건하고, 북한의 6·25남침을 격퇴하는 뛰어난 외교적 수완과 능력을 발휘하여 공화국의 공산화를 막는 데 성공했다. 장면 총리는 인격이나 지식, 교양 면에서 그 무렵의 정치 지도자들 가운데에서 손꼽히는 사람이었다. 그러나 그는 그 시대의 가장 시급한 국가적 과제였던 '빈곤'과 대결해서 이를 해결하는 데 실패했다. 그래서 무능했다는 비판을 면치 못하고 있다. 1961년 5월 16일 박정희 대통령이 군사혁명을 통해 이 나라의 최고 통치자가 되었을 때, 케네디 대통령이 집권하고 있었던 미국과 흐루쇼프 수상이 통치하고 있던 소련은 첨예한 대결을 이어 가고 있었고, 일본과 독일은 패전의 폐허를 딛고 눈부신 경제성장을 누리고 있었다. 그 후 수많은 국가와 민족들이 발전하기도 하고 또는 쇠퇴하기도 했으며, 또 많은 통치자들이 성공하거나 실패하면서 역사의 한 페이지를 장식했다.

박정희 대통령은 동서냉전 시대였고 또 개발연대였던 1960년대와 1970년대의 18여 년 동안 세 차례 개헌과 네 차례 국민투표, 세 차례 대통령 직접선거와 두 차례 대통령 간접선거를 통해 계속 집정하며 이 나라를 통치했다. 어느 누구의 이익도 대통령 이익과 같을 수 없고, 어느 누구의 지식도 대통령에게 불가결한 것이 될 수 없다는 그 고독한 대통령의 자리에서 그는 국가 원수로서, 행정부 수반으로서, 집권여당 총재로서, 국군 통수권자로서 그 시대의 국가적 과제에 도전했고 이를 해결하는 데 성공했다. 박정희 대통령은 이 땅에서 가난을 몰아내고 번영을 이룩했으며, 전쟁 위험을 제거해서 평화의 보루를 구축했고, 민주화의 기반을 조성했으며, 남북대화와 화해를 통한 평화통일의 기초를 다짐으로써 그 시대의 국가적 과제를 해결한 것이다. 대통령으로서 자신의 조국과 민족을 위해 남겨놓은 업적을 놓고 볼 때, 또 국가의 대권을 맡게 된 집권의 계기와 지도자로서의 경륜과 개성을 놓고 볼 때, 박정희 대통령은 1960년대에 '위대한 프랑스'를 재건한 드골 대통령과 비교될 수 있을 것이다.

대통령의 통치권을 강화하여 경제번영을 이룩하고, 그 바탕 위에서 국방의 자주성을 강화해 나갔으며, 국제사회에서 국익을 증진시켜 조국의 영광을 빛냈다는 점이 두 대통령의 공통점이다. 두 대통령은 또한 집권기간 중에는 정적으로부터 '제왕적 대통령'이니 '독재자'라는 공격을 받았으나 사후에는 절대다수 국민들로부터 가장 위대한 대통령이었다는 평가와 존경을 받고 있다는 점이 공통점이다. 즉 두 대통령은 자신들의 조국이 급박한 위기에 직면해 있을 때, 다른 사람들이 피하려하는 비바람 속으로 뛰어들어 다른 사람들이 이룩할 수 없는 큰 일을 성취했고, 다른 사람들이 해낼 수 없는 엄청난 변화와 발전을 자신들의 조국에 가져온 구국의 지도자였다는 점이 또한 공통점이다.

제2장 기민하고 단호한 지도력

'하면 된다'

1960년대는 유엔이 정한 '개발연대'라고 해서 세계 모든 국가들이 선후진을 떠나 경제발전을 추구하여 국가적 독립과 민족의 자주성을 확보하려고 몸부림을 치고 있었다. 즉 세계는 자국의 경제발전과 위대성을 위해 적자생존의 법칙에 따라 치열한 경쟁을 벌이는 수많은 민족국가들의 각축장이었고, 이 경쟁에서 남보다 앞서 나아가는 국가는 크게 발전하고, 남보다 뒤처져 후퇴하는 국가는 국제사회의 경쟁무대에서 영원히 낙오자가 될 것은 불을 보듯 뻔한 일이었다.

국제사회는 서로 적대하는 국가들로 가득 차 있다. 경쟁과 투쟁은 국제사회에서의 생존의 조건이다. 지난 수천년 동안에도 그랬고, 1960년대에도 변함없이 냉엄한 적자생존의 법칙이 지배했다. 이런 국제사회에서 우리나라는 모든 면에서 우리보다 훨씬 앞서 있는 선진공업국들과 경쟁해야 하는 처지에 놓여 있었다. 선진공업국들은 예전에 그들의 발전과정에서 오늘날 우리가 안고 있는 종류의 문제로 고민하거나 시달린 경험이 없었다. 그들은 공업기술 발전을 계기로 급속한 경제발전을 이룩했고, 목숨을 걸고 싸워야 할 침략세력의 위협도 없었고, 피나는 경쟁을 해야 할 경제대국도 없었으며, 다른 나라의 압력이나 간섭 때문에 시달린 적도 없이 순조롭게 민주주의의 길로 들어선 나라들이다. 그리고 그들은 증강된 경제력과 군사력을 앞세워 식민정책을 강화하고 약소국가들의 부를 착취해서 그들의 경제력과 군사력을 더욱더 발전시켰다. 더군다나 시간조차도 우리에게는 불리하게 작용하고 있었다. 선진국들이 빠른 속도로 발전해 나감에 따라 우리가 경제발전을 서둘러서 급속한 성장을 하지 못한다면 시간이 흐를수록 우리나라와 선진국 간의 발전상의 격차도 크게 벌어져 우리가 그들을 따라잡는다는 것은 불가능하게 되고 만다는 것이 국내외 공통적인 중론이었다.

이런 상황에서 대통령은 모두가 안 된다고 하는 불가능한 일에 도전했다. 즉 세계적인 개발경쟁에 다른 개발도상국가들보다 한발 뒤늦게 뛰어든 우리나라가 여기서 낙오자가 되지 않으려면 선진공업국들을 따라잡아야 한다는 것이다. 이것이 불가능한 일이라고 체념하거나 자포자기한다면 우리는 낙오자가 될 수밖에 없고, 후진과 빈곤의 굴레에서 영원히 벗어날 수 없게 된다. 그러나 이것이 결코 불가능한 일이 아니며 우리의 노력 여하에 따라서는 가능한 일이라는 희망과 자신을 가지고 남보다 수십 배 희생적인 노력을 한다면 우리는 틀림없이 선진강대국을 따라잡을 수 있다는 것이다. 그러나 '희생적인 노력'은 특별한 것은 아니었다. 오늘 우리 세대는 희생하더라도 내일의 우리 후손들에게 평화롭고 번영되며 부강한 국가를 물려주기 위해서 우리가 피땀 흘리며 부지런하게 열심히 일하자는 것이었다. 지난날 외국원조에 기대어 살아온 의타와 안일의 타성을 버리고 우리의 운명은 우리의 자조와 자립정신으로 개척해 나가자는 것이다. 이런 정신과 투지로 앞으로 10년, 20년 꾸준히 일하고 또 일해 나간다면 우리는 반드시 선진공업국들을 따라잡을 수 있다는 것이다. 이것이 바로 대통령이 제1차, 제2차, 제3차, 제4차 경제개발 5개년계획을 추진하면서 기회가 있을 때마다 우리 국민들에

'하면 된다' 대통령은 모두가 안 된다고 하는 불가능한 일에 도전했다.

게 강조한 '하면 된다' '할 수 있다'는 행동철학이었고 희망의 메시지였다.

그 무렵 우리 국민들은 어떤 일이 불가능한 것처럼 보이면 해보지도 않고 그대로 체념하거나 포기하는 데 익숙해져 있었다. 대통령이 어떤 정책이나 계획을 발표하면 그것은 '안 된다'거나 '불가능하다'고 말하는 사람들은 늘 있었다. 그들은 그런 일은 이전 선진국가에서도 이룬 적이 없다는 이유로 너무 쉽게 그 일을 불가능한 것이라고 단념해 버렸다. 그러나 대통령은 결코 한번 결정한 국가정책에 대해서 그것이 불가능한 일이라는 반론이 있다고 해서 그 정책을 포기하는 일은 없었다. 불가능하다고 해서 해보려고 노력도 하지 않는 사람은 가능한 일도 성취하지 못한다고 하면서 그 정책을 과감하게 추진했다.

결과는 대통령이 옳았음을 입증했다. 즉 사람들이 불가능한 일이라고 포기했던 일이 하나하나 가능한 일로 현실화된 것이다. 이 과정에서 대통령은 '하면 된다'는 생각을 확고한 신념으로 굳혔다. 그리하여 '하면 된다'는 이 한 마디는 1960년대와 1970년대의 공업화 시대에 있어서 창조적 정신과 생산적 활력을 가장 극명하게 상징하는 대통령의 행동철학이 되었다.

대통령은 '하면 된다'는 신념을 가지고, 국민의 앞장에 서서 근대화 작업의 고된 일에 솔선수범했다. 대통령은 일에 대해서 놀라우리만큼 도전적이었고 적극적이었으며 정열적이었다. 자신이 가지고 있는 정력의 마지막 한 방울까지 모두 소진시키려는 사람처럼 근대화 작업에 몰입했다. 일하는 것이 바로 생활이고, 취미이자 오락인 것처럼 오로지 일에만 열중했다. 대통령은 하나의 일이 성취되면 무엇인가 그 일보다 더 커다란 분투를 요구하는 또 다른 일에 도전했다. 그것은 바로 창조적인 인간의 모습이었다. 한 마디로 대통령은 국민에게 약속한 대로 '일하는 대통령'이 되었다.

그러나 대통령은 대통령 혼자 열심히 일하는 것만으로는 충분하지 않고 우리 국민 모두가 조국근대화와 부국강병을 위해 미치도록 일을 해야 한다고 생각했다. 국민들이 잘 살아보겠다는 의욕과 희망을 가지고 땀 흘려 일을 하려 하지 않는다면 아무리 유능하고 의욕이 넘치는 국가지도자라고 할지라도 그 능력을 발휘할 수 없으며, 그의 정책을 성공적으로 추진할 수 없다는 것을 대통령은 통찰하고 있었다. 조국의 근대화라는 거창한 작업이 순조롭게 추진되려면 국민 모두가 우리도 피땀 흘려 일하고 또 일하면 잘살 수 있게 된다는 생각을 가져야 하고 또 잘살아 보겠다는 의욕과 희망을 가져야 한다는 것이다. 그래서 대통령은 자신이 먼저 근대화 작업에 솔선수범하면서 국민들에게도 헌신적인 노력을 요구했다.

과거의 나태하고 안일하며 낭비하는 생활습관을 버리고, '근면·검소·저축'의 생활태도로 허리띠를 졸라매고 일하고 또 일을 할 것을 촉구했다. 조국의 근대화나 부국강병이라는 거창한 국가사업은 대통령 혼자만의 신념이나 노력만으로는 이룩할 수 없으며, 국민 모두가 개척정신과 모험정신을 발휘해야 되겠다고 호소했다. 대통령은 국민들이 하려고 하지 않는 일을 하게 했고, 하기 좋아하는 일을 하지 못하게 하면서 국민들이 나가야 할 목표로 지도해 나갔다. 국민의 욕구를 억제하고 희생을 요구하는 대통령이 국민들에게 인기가 있을 리 없다는 것을 대통령도 잘 알고 있었다. 그러나 대통령은 결코 국민의 인기나 환심을 사려하지 않았다.

대통령은 우리 국민들이 근대화를 위해 피땀 흘려 노력하면 반드시 그런 노력의 성과가 나타날 것이며 그것은 근대화를 추진하는 과정에서 따르는 피할 수 없는 국민들의 고통과 희생을 보상하고 정당화해 줄 것이라고 확신하고 있었다. 대통령은 그런 확신이 있었기에 국민들에게 일하는 국민이 되어야 한다는 것을 강조했다. 그러나 국민들은 오랫동안 외국원조에 기대어 살아온 타성을 털어 버리지 못한 채 자립을 위한 자조적 노력을 하려 하지 않았다.

대통령은 그런 국민들에게 정부와 국민이 마음을 합쳐 앞으로 이 땅에서 구현해야 할 미래의 꿈과 희망에 대해 이야기하면서 10년 또는 20년 후의 미래에 우리는 모두가 못사는 현재보다는 모든 국민이 함께 잘사는 시대를 맞이하게 되리라는 확신을 가지도록 열심히 설명하고 설득했다. 아무 일도 하지 않으려는 그들의 손을 잡고, 절망하는 그들의 눈을 들여다 보면서 대통령은 잘사는 나라, 힘 있는 나라를 만들기 위해 오랜 체념과 나태의 잠에서 깨어나 땀을 흘리고 눈물을 흘리며 부지런히 일해 보자고 간곡히 호소하고 당부했다.

대통령은 우리 국민들의 정신과 가슴 속에는 위대한 저력이 잠재해 있다고 믿고 그 잠재적인 저력을 계발하기 위해 국민들을 계몽하고 지도하는 데 헌신적인 노력을 계속 경주했다.

5·16 군사혁명 직후 대통령이 가장 크게 걱정한 것은 정부의 무능과 부패, 정치불안과 사회혼란, 극심한 민생고 때문에 국민들이

무엇을 해보겠다는 의욕과 자신감을 상실한 데다, 나태하고 의존적이며 상쟁하는 정신자세와 태도가 고질화되어 있었다는 사실이었다. 모든 것을 운명이요 팔자라고 체념해 버리는 숙명론, 자기가 할 일도 남에게 미루고 남에게 기대려는 의타주의, 굿이나 보다가 떡이나 먹자는 방관주의 등 퇴영적인 정신자세와 태도가 만연되어 있어서 이것이 근대화 작업을 추진할 때 가장 큰 걸림돌이 될 수 있다고 대통령은 우려했다. 따라서 대통령은 근대화를 성공적으로 완수하기 위해서는 먼저 국민들의 정신자세와 행동을 근본적으로 변화시켜야 한다고 생각했다. 그래서 대통령은 국민들에게 부지런히 일하는 자세, 절약하고 저축하는 자세, 스스로 돕는 자족적인 태도, 스스로의 힘으로 일어나겠다는 자립적인 태도, 그리고 근대화 과정에 따르는 희생과 고통을 참고 견디어 내겠다는 인내심, 이런 정신과 자세로 증산과 수출과 건설에 힘써줄 것을 호소했다. 그리고 체념과 좌절 속에 헛되이 세월만 보내고 있는 국민들에게 우리도 '하면 된다', '할 수 있다'는 자신감과 성취의욕을 고취하는 데 심혈을 기울였다.

그러나 국민들은 되지도 않을 일을 가지고 왜 그러느냐고 관심 없다는 표정을 짓고 있었다. 그 무렵 국민의 70%가 넘는 농민들은 해마다 춘궁기가 되면 굶주리고 있었다. 도시 소비물자의 대부분이 미국 원조물자였다. 얼마 되지 않는 공장들은 전쟁으로 파괴되었다. 공장을 세울 수 있는 기업인도 없었고, 공장에서 일을 할 수 있는 숙련공도 없었다. 국민들이 먹는 것은 보리밥이나 꿀꿀이죽이었고, 입는 것은 물감을 들인 미군 군복이었다.

이런 상황에서 대통령이 우리도 하루 속히 경제자립을 이룩해야 하고 선진공업국가를 따라잡아야 한다고 강조하였으니 그것이 가능한 일이라고 믿으려는 사람이 없었던 것이 오히려 당연했다. 실제로 1962년 1월 5일 혁명정부가 제1차 경제개발 5개년계획을 발표할 무렵 국내외 전문가들은 이 계획을 비현실적이고 무모한 계획이라고 비판했다. 더군다나 이 계획은 뜻하지 않은 자연재해 때문에 1차년도부터 큰 타격을 받았고, 또 한일회담과 월남파병 문제를 둘러싸고 2년여 동안 이어진 정치불안과 사회혼란은 이 계획을 추진하는 데 상당한 차질을 가져왔다.

그러나 대통령은 어떤 난관이나 애로라도 극복하고 기어이 이 계획을 성공시키고 말겠다는 굳센 의지로 세차게 밀고 나갔다. 제1차 5개년계획은 공업화에 중점을 두었기 때문에 공업부문을 우선적으로 발전시켜 나갔다. 생산성이 낮은 농업부문으로부터 노동인구를 공업부문으로 이동시킴으로써 1인당 생산성이 크게 향상될 수 있기 때문이다. 공업은 도시에 집중되었으며, 농촌의 노동인구가 도시로 이주함에 따라 도시화가 급속도로 이루어졌다. 국내소비재와 수출상품을 생산하기 위해 많은 공장이 건설되었고, 발전소·철도·도로 등 수송수단과 숙련기술훈련소 등 공업 하부 구조도 건설되었다. 외자도입법(外資導入法)을 제정해서 기업들로 하여금 적극적으로 외자를 유치하여 수출산업을 일으키도록 지원했다. 이에 따라 고용과 소득이 늘어나기 시작했다. 1966년도 식량생산은 5,200만 석으로 60년도에 비하면 거의 두 배였다. 그리하여 우리 농촌이 해마다 겪어 왔던 이른바 춘궁기라는 것이 자취를 감추게 되었다.

이런 경제발전은 주로 외국자본과 기술, 경영도입을 통한 근대공업 개발이 그 원동력이 되었다. 이 과정에서 미국과 서독, 그리고 일본 등의 경제원조와 외국자본과 제휴한 민간자본이 큰 역할을 했다. 또한 이 과정에서 가장 중요한 역할을 한 것은 정부였다. 외국원조와 외국차관은 우리나라의 경제계획과 경제정책 등과 깊은 관계를 가지고 있었기에 외국의 신뢰를 얻을 수 있는 경제계획을 수립하고, 일관된 경제정책을 강력하게 추진한 정부가 가장 큰 역할을 수행한 것이다. 특히 전력, 제철, 기계, 화학비료, 제당 기타 기본적인 공업부문에서 정부가 개발계획을 주도함으로써 공업발전을 촉진했다. 정부는 또한 도로, 교통, 항만시설 등의 정비와 교육 보급에도 힘썼고, 특히 전문교육 보급과 교육수준 고도화에 주력했다.

정부는 또한 1차 5개년계획 후반기에 금리현실화, 조세정책 강화, 단일변동환율제 채택, 무역자유화, 외자도입 강화, 재정안정 계획 등 체계적이고 일관된 개발정책을 강력히 추진했고, 경제의 전반적인 안정기조를 유지해 나갔다. 이런 여러 시책들이 주효해서 생산능력이 확장되고, 기존시설이 효율적으로 활용되었으며, 산업기술과 영농방법이 개선됨으로써 우리 경제의 모든 부문에 걸쳐 지속적이고 급속한 성장과 확장이 이루어진 것이다.

한 마디로 전력이나 시멘트, 석탄, 비료, 식량생산에서 짧은 기간에 큰 성과를 거둠으로써 앞으로 얼마 동안의 고비만 넘어서면 경제발전이 급속히 이루어질 수 있는 튼튼한 기초가 마련된 것이다. 그리고 국민들은 대통령의 교사와 같은 지도와 계몽에 의해 나태하고 의존적이던 누습을 박차고 일어나 스스로 돕고 서로 협동하는 생산적인 국민으로 거듭나고 있었다.

오랫동안 실업과 경기침체에 시달리던 국민들은 새로운 일자리를 얻고 소득이 증가하자 경제개발에 대한 의욕과 희망을 가지게 되었고, 정부를 믿고 생산과 건설과 수출의 현장에 적극 참여하여 피와 땀을 흘리며 일하기 시작했다. 그런 노력의 과정에서 우리 국민들은 생산과 건설과 수출의 현장에서 국내외의 많은 사람들이 절대로 불가능하다고 말하던 그 어려운 일을 거뜬히 해냈으며, 자신들의 노력으로 이룩한 괄목할 성과를 보면서 우리도 '하면 된다', '할 수 있다'는 자신감을 가지게 되었다.

경제개발의 붐이 일어나고, 제1차 5개년계획이 성공적으로 추진되는 과정에서 국민들이 과거에는 불가능한 일이라고 생각하고 있던 일들이 하나하나 가능한 일로 눈앞에 드러나고, '하면 된다'는 신념을 가지고 일하는 대통령의 모습을 보면서 국민들도 일에 눈을 떴고, 일의 의미를 깨달았다. 그리고 드디어 근대화 작업의 고된 일을 마다않고 일에 몰두하기 시작했다. '일하는 대통령'과 '일하는 국민'이 바로 대한민국의 산업화, 공업화 시대의 국가지도자의 모습이었고 우리 국민의 모습이었다. 국민들은 '하면 된다'는 신념으로 실패와 좌절을 딛고 일어나 일하고 또 일함으로써 그들이 지난날 불가능하다고 하던 일들을 가능한 일로 만들었다. '하면 된다'는 말은 60년대와 70년대에 이른바 개발도상국들의 경제개발 경쟁에서 최후의 승리자가 된 한국국민들이 성공할 수 있었던 비결 가운데 하나였다.

이 말은 우리는 아무것도 할 수 없다고 체념하는 국민들에게 우리도 남들처럼 할 수 있고, 남들보다 더 잘할 수 있다는 확신을 가지게 했고, 실패할 것을 두려워해서 새로운 것에 도전하기를 주저하는 국민들에게 성공에 대한 신념을 심어 주었다. 그리고 그런 신념으로 분발한 결과 예상되었던 성과가 성취됨으로써 '하면 된다'는 신념의 필요성이 증대되었고, 그 정당성은 더욱 강화되었다.

우리도 '하면 된다', '할 수 있다'는 말만큼 대통령의 시대를 극명하게 상상하는 말도 없을 것이다. 그것은 1960년대에 우리 국민의 정신면에서 일어난 위대한 각성이었고 자각의 메아리였다. 자포자기는 자기 힘으로는 아무것도 할 수 없다는 체념과 나태를 영혼 속에 주입함으로써 사람들을 절망의 구렁텅이로 빠뜨린다. 각성과 자각은 자기 힘으로 무엇인가 해낼 수 있다는 의식이다. 사람들은 자각을 통해 자신의 노력으로 극복할 수 없다고 생각해 온 운명을 자신의 노력으로 극복할 수 있다는 사실을 발견함으로써 오랫동안 젖어 있던 체념과 나태의 오염에서 정화되어 희망과 의욕, 자신감을 가지게 되었다. 이것이 1960년대 초반에 제1차 5개년계획을 추진하면서 우리 국민들이 겪은 정신적 체험이었다. 제1차 5개년계획이 착수된 62년 초만해도 우리나라에서는 아무도 이런 자신을 가진 사람이 없었다.

그러나 이제 우리 국민들은 극복할 수 없을 것처럼 보이던 난관을 극복하였고, 제한된 자원으로 많은 성과를 올렸으며, 서구 선진국 전문가들이 불가능하다고 한 그런 어려운 환경 속에서 바로 그 서구의 자본과 기술을 도입하여 금세기 안에 그들을 따라 잡을 수 있다는 희망과 자신을 가지고 일에 대한 의욕에 불타고 있었다. 국민 모두가 하면 된다는 그 한마디를 소리치며 두 눈에 불을 켜고, 발이 닳고, 손이 터지도록 이를 악물고 일하고 또 일해 왔다. 그래서 숨겨져 있던 민족의 저력은 힘차게 용솟음쳐 솟아올랐고, 우리 자신도 미처 알지 못했던 잠재력이 있음을 온누리에 증명했다.

60년대 초반 우리 국민들은 증산과 수출과 건설의 현장에서 우리도 할 수 있다는 자신과 용기를 가지고 불가능에 도전하여 무(無)에서 유(有)를 창조했고, 새로운 가능성의 길을 개척했다. 특히 젊은 세대들은 전통적인 규범에 구속받지 않고 낡은 인습의 껍질을 박차고 일어나 부의 축적과 물질적인 만족을 추구했고, 이를 위해 어려운 일, 더러운 일, 위험한 일을 가리지 않고 하루 24시간을 3교대로 나누어 생산과 건설현장에서 살았다. 그들은 5천년 민족 역사상 어느 시대의 선조들보다 부지런히 일했고, 세계 어느 나라 국민들보다 억척스럽게 일했다. 그 결과 그들의 생산성은 방대하게 증가했다. 그리고 그들의 높은 생산성은 경제성장의 동력이 되었다. 우리 한국이 20년도 안 되는 짧은 기간 안에 어떻게 기적적인 경제발전을 이룩할 수 있었는가에 대한 정확한 대답은 바로 여기에 있다.

많은 외국인들은 한국이 불과 20년 안에 현대적인 공업국가로 발전한 것은 경제기적이라고 말한다. 그러나 그것은 결코 기적이 아니었다. 그것은 실로 조국근대화 작업에 자발적으로 참여한 4천만 국민의 피나는 노력과 온갖 시련을 이겨낸 용기와 인내와 희생의 결실이었다.

많은 사람들은 경제발전이 경제개발 5개년계획을 통해 이루어졌다고 생각한다. 개발계획에 따라 이루어진 사회간접자본 확충, 외자도입, 기술혁신 등 눈에 보이는 요인들이 경제발전을 촉진한 것은 사실이다. 그러나 경제발전은 그런 외형적인 계획이나 정책만으로 이루어진 것은 아니었다. 경제발전에서 가장 중요한 요인은 눈에 보이지 않는 요인인 정신자원, 국민들, 그들 가운데에서도 젊은 세대들의 헌신적이며 생산적인 정신적 태도와 자세였다.

경제발전을 위해서는 자원과 자본, 기술과 노동의 적절한 결합이 필수적인 것이라고 믿는 경제이론가나 합리적인 개발계획의 입안자들의 눈에는 국민의 의욕과 자신감 등 정신자원을 강조하는 것이 참으로 무모한 행동이며, 실패할 수밖에 없는 것으로 보였을 것이다. 그러나 자원과 자본과 기술의 부족을 극복하고 눈부신 경제발전을 이룩한 그 성장의 원동력은 대통령이 고취시킨 우리도 하면 된다, 할 수 있다는 자신감과 우리 국민들의 근면, 자조, 협동의 생산적 자세였다. 다시 말해서 그것은 우리 국민들의 정신자원이었다.

이런 정신력과 생산적인 힘이 있었기에 우리 국민들은 과거에는 도저히 극복할 수 없는 것이라고 생각하던 장애와 시련을 능히 극복할 수 있었고, 자기들의 힘으로는 도저히 해낼 수 없다고 생각했던 생산과 건설과 수출을 스스로의 노력으로 해나갈 수 있었다. 그리하여 그토록 짧은 기간 안에 한국은 산업혁명을 이룩할 수 있었던 것이다. 정부 주도의 노력에 국민들의 협조가 어우러져 경제개발계획의 목표를 초과달성함으로써 우리나라 경제개발 가능성이 확인되었고, 특히 경제발전에 대한 국민들의 희망과 의욕과 자신감이 창출되었다.

60년대와 70년대에 우리나라가 우리보다 앞서 있었던 세계의 모든 개발도상국가들을 제치고, 가장 급속하고 눈부신 발전을 이룩할 수 있었던 것은 바로 '근대화'의 목표를 확고히 세우고, 이를 이루기 위해 국민의 생산적인 노력을 분출시킨 대통령이 있었고, 그런 대통령의 지도에 따라 생산적이고 희생적인 정신적 자세와 노력으로 근대화 작업을 위해 피와 땀과 눈물을 쏟은 국민이 있었기 때문이었다. 그것은 50년대의 우리 사회와 비교해 보면 실로 역사적인 변화였다. 대통령은 경제성장이라는 눈에 보이는 성과보다도 우리 국민들의 자신감과 의욕이라는 눈에 보이지 않는 성과야말로 1차 5개년계획 추진과정에서 얻은 가장 값진 성과요 소득이며 자산이라고 평가하고, 그것은 근대화의 원동력이 된다고 확신하고 있었다.

대통령은 또한 조국근대화와 부국강병의 과업을 추진할 때 현장 담당자들인 공무원들이 '하면 된다'는 신념을 가다듬고 국민의 앞장에 서서 선도적인 역할을 다하도록 만드는 데 각별한 노력을 기울였다. 이를 위해서 대한민국의 어느 공직자보다 가장 열심히, 가장 많이 일하는 자세를 대통령 자신이 견지해 나갔다. 그리고 공무원들에게 기회가 있을 때마다 조국근대화의 일꾼이라는 긍지와 사명감을 고취함으로써 '일 안 하는 공무원'을 '일하는 공무원'으로, '국민 위에 군림하는 공무원'을 '국민을 위해 봉사하는 공무원'으로, 공직자의 자세를 근본적으로 바꾸어 놓았다. 그것은 우리나라 공직사회에서 실로 혁명적인 변화의 출발점이었다. 그날부터 18여 년 동안 중앙정부의 각 부처는 물론이고 지방자치단체의 모든 공무원들은 지위의 높고낮음을 떠나 그들의 일생에서 가장 열심히 피눈물나게 일했고, 또 일을 하는 데 가장 큰 보람을 느끼며 살았다. 5천년 해묵은 빈곤의 한을 씻고, 우리도 한번 잘 사는 나라, 힘 있는 나라를 만들자는 근대화작업을 선도하고 있다는 긍지 때문에 자기도 모르게 신명이 나서 일했고, 그 일에 커다란 긍지를 느꼈던 것이다.

대통령은 조국을 무척 사랑했고, 우리 국민을 자랑스럽게 생각했다. 대통령이 매우 두려운 존재로 느껴진다고 말하는 사람도 없지 않았지만 그의 근엄한 모습 안의 저 깊은 곳에는 조국과 국민에 대한 따뜻한 애정이 담겨 있었다. 대부분의 우리 국민들과 같이 가난한 농부의 아들로 태어나 젊은 시절에 전장을 전전했던 대통령은 아침 일찍 일어나 하루 세끼 간단한 식사를 하는 시간을 빼고 남은 시간은 일하고 또 일했다. 그는 먼지 나는 건설현장을 돌아보았고, 기름 묻은 생산의 일꾼들과 함께 식사를 했으며, 그들이 복된 미래에 대한 희망을 갖고 일할 수 있도록 그들을 격려하고 그들의 희생과 노고를 위로했다. 농촌에 가서는 한편으로는 나태하고 낭비하는 농민들의 태도를 준엄하게 힐책했지만 다른 한편으로는 근면, 자조, 협동의 정신을 일깨워 그들에게 자립의 길을 열어주려고 심혈을 기울였다.

대통령은 나라와 국민을 이끌어 나가면서 정치가 조용한 때나 폭풍에 휩싸였던 때나 오직 경제개발과 국가안보에 모든 관심과 노력을 기울였다. 치정(治政) 18년 동안 사람을 접견하고, 현장을 시찰하며, 국민 앞에서 연설하는 등 대통령 일과의 대부분은 자립경제와 자주국방 건설에 대한 것이었다고 해도 과언이 아니다. 텔레비전이나 라디오를 이용해서 연설할 때나, 기자회견을 할 때나, 또는 9개 도청을 순시하면서 농민들과 대화할 때나 또는 수많은 공장, 발전소, 광산, 도로공사, 항만건설 현장, 기술고등학교, 전시회, 농업협동조합, 새마을 등을 순방하면서 연설하거나 대화를 나눌 때 그 주제는 언제나 경제개발과 국가안보에 대한 것이었다. 그리고 낮이면 생산과 건설과 수출현장을 돌아보고 밤이면 서재에 앉아 관련 서적을 정독하고 계획을 구상했다. 그것도 1년 열두 달 하루도 쉬지 않고, 18년 동안 되풀이했다. 그리하여 대통령이 잘사는 나라를 건설하겠다고 동분서주하며 땀 흘리는 모습을 보면서 국민들과 공무원들은 경제건설의 현장에 합류하여 땀 흘리며 일하고 또 일했다.

자립경제 건설과 국가 안보를 위해 솔선수범하는 대통령을 보면서 공무원과 기업인, 근로자나 농민들은 희망과 자신을 가지고 저마다 맡은 일에 최선의 노력을 다 했던 것이다. 세계가 놀라워하는 이른바 '한강의 기적'은 바로 대통령과 모든 국민들의 피눈물 나는 노력의 결과였고 합작품이었다.

만약 모든 사람들이 불가능한 일이라고 단념하고 있던 그 거창한 근대화 작업을 위해서 불철주야, 동분서주하며 고생하는 대통령에게 우리 국민들이 두터운 신뢰와 지지를 보내고, 시행착오를 용인하고, 근대화의 성과를 참을성 있게 기다리면서 희생적인 노력을 다하지 않았더라면 경제의 급속한 발전과 성장은 결코 이룩될 수 없었을 것이라는 것이 대통령의 생각이었다. 그래서 대통령은 외국 국가지도자들이나 언론기관이 이른바 '한강의 기적'을 이룩한 비결이 어디에 있느냐고 물을 때마다 그 비결은 바로 '우리 국민 모두의 피땀 어린 희생적 노력'이라고 자랑스럽게 이야기하곤 했다. 물론 그것은 사실이다. 그러나 모든 국민들로 하여금 그런 희생적 노력을 기꺼이 하게 만든 것은 국민들을 끊임없이 격려하고 설득하며, 그들과 대화하면서 그 어렵고 힘든 근대화 작업을 위해 솔선수범한 대통령이었다. 그래서 대통령은 국민들로부터 존경받는 대통령으로서, 신뢰받는 국가지도자로서 국민들의 마음 속에 자리잡고 있었고, 세월이 지날수록 대통령에 대한 국민의 존경과 신뢰는 더욱 증대되고 있는 것이다.

선견지명
지도자라는 말은 안내자로서의 능력과 현재를 넘어서 계속 나가야 할 미래의 길을 선택할 수 있는 능력을 겸비한 인물을 뜻한다.

여러 갈래의 길이 갈라져 있는 황야에서 사람들이 방황할 때 하나의 바른 길을 선택해서 그들을 인도하는 사람이 바로 지도자다. 정치지도자가 국민을 어느 길로 이끌어 갈 것인가를 아는 것, 앞날의 일을 미리 아는 밝은 슬기, 그것은 바로 선견지명이며, 선견지명은 지도자의 핵심 자질들 가운데 하나이다. 대통령의 지도력 가운데 당대 정당 정치인들과 가장 분명하게 차별화되는 지도력이 바로 선견지명이다.

대부분의 정치인들이 눈앞에 보이는 당장의 이해와 국민들의 현재 요구에 얽매여 앞을 내다보지 못할 때, 대통령은 국가백년대계를 위해 언제나 긴 안목으로 앞일을 내다보았다. 정치인들이 미래에는 눈을 감은 채 현재 속에 안주하려고 할 때, 대통령은 미래를 내다보고 그것에 대비했다. 대통령은 투철한 역사관으로 우리 민족의 과거와 현재를 통찰하고 적어도 10년 또는 20년 앞을 내다보고 국가정책을 결정했다. 고속도로 건설, 방위산업 육성, 중화학공업 육성, 과학기술교육 확대, 새마을운동과 농촌근대화 정책들은 20년 뒤 그 정책들이 이룬 성과에 의해 자립경제 건설과 자주국방 건설을 위한 장기적인 미래발전 전략이었음이 입증되었다.

1965년 제2한강교 준공식장에서 대통령이 앞으로 한강에는 이런 다리를 열 개쯤 더 만들어야겠다고 말했을 때 그 말을 곧이곧대로 믿는 사람은 없었다. 그러나 그로부터 15년이 지난 70년대 말 한강에는 얼마나 많은 다리가 세워졌는가. 자유당정권이 무너진 뒤 민주당정권이 들어서기까지 과도정부 수반이었던 허정(許政) 씨는 새로 개발된 경주를 둘러보는 자리에서 '대통령은 정말 선견지명이 있는 분이었다. 혁명을 한 분이 어떻게 그런 안목이 있었는지 모르겠다.

도로, 항만, 도시계획을 해놓은 것을 보면 우리보다 낫다'라고 회고했다.

대통령은 60년대에 성공적으로 추진된 제1차, 제2차 경제개발 5개년계획에 이어 70년대 초에 중화학공업과 방위산업, 새마을운동과 농촌근대화, 획기적인 수출증대 등을 추진해 나간다면 80년대 초반에는 자립경제 건설과 자주국방 건설이 완성될 수 있다고 내다보고 있었다. 대통령은 이런 계획들은 우리나라가 잘사는 나라가 되고 힘 있는 나라가 될 수 있는 부국강병을 위한 핵심사업으로서, 80년대 이후 10년 또는 20년까지도 우리나라가 경제대국으로 뻗어나갈 수 있는 새로운 성장동력이라고 내다보고 있었다. 즉 철강, 조선, 기계, 전자, 석유화학, 비철금속을 생산하는 중화학공업, 잠수함, 전투기, 탱크, 미사일을 생산하는 방위산업, 농수산물을 생산하고 가공하며 식량증산, 산림녹화 등 녹색혁명을 주도하는 새마을운동, 그리고 다양하고 품질 좋은 한국제품을 세계 각국에 내다파는 수출에서 방대한 국부가 창출됨으로써 우리나라는 2000년대 무렵에는 선진공업국에 버금가는 경제강국이 될 수 있다는 것이다.

대통령은 70년대 현존하는 북한의 전쟁도발 위협을 억지하고 부국강병 정책을 추진하기 위해서는 안정과 능률을 보장하는 헌정체제가 필요하다고 판단하고 유신개혁을 단행했다. 그리고 안정과 능률의 바탕 위에서 부국강병을 위한 핵심사업들을 하나하나 차질 없이 매듭지었다. 대통령이 예단한 대로 70년대에 부국강병을 위한 핵심사업들이 성공적으로 추진되었고, 그것은 20년 뒤 우리나라가 세계의 경제대국으로 발돋움할 수 있는 지속적인 성장과 발전의 원동력이 되었다. 이것은 대통령의 정책목표와 방향이 얼마나 장기적이고 선견지명이 있는 것인가를 입증하는 것이며, 국가의 흥망성쇠를 좌우하는 것은 앞일을 멀리 내다보고 이에 대비하는 국가정책을 마련하는 통치자의 통찰력과 혜안임을 보여주는 사례로 평가되고 있다.

무서운 추진력

대통령이 18년의 '계속집정' 기간 동안에 자립경제와 자주국방 과업을 추진해 온 그 과정은 순탄한 것이 아니었다. 그것은 실로 험난하고 위험한 가시밭길이었다.

하나의 장애가 제거되면 또 다른 장애가 앞을 막았고, 하나의 위기가 극복되면 또 다른 위기가 닥쳤다.

5·16군사혁명을 주도하고, 공화당을 창당하여 새로운 민주정부와 집권세력을 확립하는 과정에서 도태된 야당과 그 추종세력들은 60년대와 70년대 내내 한 해도 거르는 일이 없이 반정부 극한투쟁을 일삼았고 정부의 모든 정책에 대해 사사건건 반대하고 나서서 국가건설 작업에 훼방을 놓았다. 국교정상화를 위한 한일회담을 반대하는 시위와 파괴행위는 1년여 동안 모든 것을 마비시켰다.

68년부터 격화되기 시작한 북한의 게릴라 침투와 무력도발은 자립경제와 자주국방 건설 작업에 중대한 위협을 가중시켰다.

71년 미국은 주한미군 1개 사단을 철수시켰다.

75년 4월 말에 베트남이 공산화되자 남침용 땅굴을 파내려 오던 북한은 무력적화 통일을 위한 위협과 도발을 노골화했다.

76년 미국 카터행정부는 주한미군 완전철수 계획을 발표하고 우리나라의 인권문제를 비판하는가 하면, 우리의 핵연료 재처리시설 건설 계획을 방해하고 이를 포기하라고 위협했다.

이렇듯 야당과 반정부 세력의 반정부 정권투쟁이 일상화되고 우리의 부국강병 정책에 대한 미국의 간섭과 위협이 가중될 때 대통령은 이들에 대한 분노와 고독의 아픔을 느낀 것이 한두 번이 아니었다. 그러나 그 누구도, 그 무엇도 자립경제와 자주국방건설에 대한 대통령의 신념과 의지를 꺾지는 못했고, 대통령의 정책을 중단시키지 못했다. 대통령은 어떤 위기와 고난이 닥쳐와도 이에 굴하지 않고 목표를 향해 꾸준히 전진해 나갔다.

'잘사는 나라' '부강한 나라'를 자신의 '계속집정'의 기간 동안에 건설하고야 말겠다는 그 확고한 신념, 그 투철한 사명감, 그 무서운 추진력으로 모든 시련을 극복했고, 온갖 난관을 돌파함으로써 모든 목표 고지에 안착했다.

대통령은 국가정책을 결정하고 추진할 때 이에 대한 비판과 반대에는 설득을 통해 이해와 협조를 구했다. 그러나 대통령의 설득이 전혀 통하지 않는 세력이 있었다. 우리나라의 야당과 외국세력이었다. 특히 야당은 1961년 5·16군사혁명 직후부터 대통령이 결정한 국가목표에 대해 반대했을 뿐만 아니라 그 목표를 이루기 위해 채택한 정책에 대해서는 사사건건 결사반대를 되풀이했고, 대정부투쟁을 능사로 삼았다. 따라서 대통령이 국가정책을 성공적으로 추진하기 위해서는 설득노력만으로는 충분하지 않았다. 야당의 반대를 위한 반대와 대정부투쟁에 굽히지 않고 이미 결정된 정책을 일관되게 끝까지 밀고 나가는 기민하고 단호한 추진력을 견지해야만 했다. 야당의 결사반대를 무릅쓰고 정책을 추진하겠다는 단호한 추진력을 잃으면 국가정책은 공전될 수밖에 없었다.

대통령은 국가정책을 결정할 때 야당의 반대와 외국의 부정적 반응들을 예상하고, 이 때문에 번뇌하는 경우가 많았다. 국민들은 대통령이 무슨 일이든 다 할 수 있는 전지전능의 권능을 가지고 있는 것으로 생각하기 쉬우나, 그것은 사실과는 거리가 먼 이야기이다. 대통령은 국가정책을 결정하고 추진할 때 야당의 극렬한 반대와 외세의 간섭 때문에 기쁨보다는 고통이 더 컸고, 만족보다는 좌절이 더 큰 경우를 자주 겪었다. 국민들은 대통령이 어떤 정책을 결정할 무렵에 어떤 요인이, 어떤 세력이, 어떤 압력이, 어떤 위협이 대통령에게 작용하고 있고, 대통령의 결정을 좌우하려고 기도하고 있는지를 알지 못한다. 따라서 국민들은 대통령의 국가정책 결정과정에서 대통령을 괴롭히는 불안과 분노와 번뇌같은 정신적, 심리적인 고통이 얼마나 큰지를 이해하기 어렵다.

  국민은 말할 것도 없고, 정부의 관련부처 각료나 대통령 비서실 보좌관들조차도 그것을 헤아리기가 쉽지 않다. 국가의 운명이 자신의 일거수일투족에 달려 있다는 막중한 책임감 때문에 대통령이 느끼는 고통이나 번뇌는 다른 사람들의 그것과는 비교될 수 없을 만큼 피말리는 것이다. 심약하고 의지가 굳지 못한 대통령은 이런 고통을 이기지 못하여 야당의 반대와 외세의 간섭에 굴복하고 자신이 추진하려고 했던 정책을 포기하거나 중단하고 만다. 그러나 대통령은 18년 치정 기간 중에 단 한 번도 자신이 결정한 국가정책을 야당이 반대하고 외세가 간섭한다고 포기하거나 중단한 일은 없었다. 심사숙고와 번민 끝에 일단 국가정책을 결정한 뒤에는 야당의 반대와 외세의 위협에 개의치 않고 확고한 신념과 강인한 의지력으로 끝까지 강력하게 밀고 나갔다. 야당의 어떤 반대와 저항도 대통령의 의지를 꺾지 못했고, 외세의 어떤 압력과 협박도 대통령의 신념을 약화시키지 못했다. 만일 대통령이 그런 의지력과 신념과 추진력이 없어서 야당의 반대나 외세의 압력에 굴복해 자신이 결정한 국가정책을 포기하거나 중단하는 지도자였다면, 야당의 반대를 위한 반대가 체질화되어 있고, 외세의 영향력이 강하게 작용하는 우리나라 현실에서는 아무 일도 할 수 없었을 것이다.

수출주도 공업화정책을 비롯하여 외자도입과 한일 국교정상화, 베트남파병과 경부고속도로 건설, 3선개헌, 그리고 중화학공업 건설 등은 그 결정 과정에서도 거센 반대가 있었다. 신념이 없고 의지력 약한 지도자라면 처음부터 포기하거나 중도에 중단하고 말았을 것이다. 파도를 따라 흘러가는 것은 쉬운 일이나 그 파도가 어디로 흘러가고 있는 지를 아는 것은 쉬운 일이 아니다. 이보다 더더욱 어려운 것은 뚜렷한 목표를 세우고 그 목표를 이루기 위해 풍파와 격랑에 맞서는 일이다. 그것은 누구나 할 수 있는 일이 아니다. 대통령은 폭력적인 반대와 저항의 광풍이 몰아치는 위기 속에서도 국가정책을 포기하거나 중단하는 일 없이 단호하고 기민하게 추진했고, 끝내 바라던 대로 소기의 성과를 거두었다.

오늘날 대통령의 결정을 그토록 반대했던 사람들조차 그 무렵 대통령의 정책이 옳았고, 그의 단호한 추진력이 없었다면 그 정책은 실현될 수 없었을 것이라는 것을 솔직하게 인정하고 있다. 대통령의 추진력은 이른바 '확인행정'의 현장에서 가장 극명하게 그 실체가 드러났다. 대통령은 청와대 집무실에 앉아서 보고 받고 지시하기보다는 공장건설 현장이나 댐건설 현장, 수자원개발 현장, 식량증산 현장, 농어촌 소득증대 사업현장, 식목현장, 축산현장 등 정부 정책이 추진되고 있는 현장을 수시로 방문하여 그 추진상황을 점검하고 애로사항을 즉석에서 해결해 주고 건설공사나 각종 개발사업들이 차질없이 완성되도록 관계인사들을 격려하고 지원했다.

경부고속도로나 포항제철공장은 어떻게 그토록 짧은 기간에 가장 적은 비용으로 건설될 수 있었던가? 대통령이 직접 건설현장에 자주 나타나 건설을 독려하고 애로를 해결해 주었기 때문이다. 대통령의 이런 현장확인 행정은 건설사업의 성공적인 추진을 보장했을 뿐 아니라 공무원 사회의 기강을 바로잡고, 공무원들의 생산적인 자세와 태도를 함양하는 데도 크게 기여했다.

대통령은 타고난 대중 연설가도, 현란한 몸짓이나 인상을 가진 지도자도 아니었다. 그러나 결정된 정책의 추진과정을 점검하기 위해 일하는 현장에 나가게 되면 그는 사람들의 혈관에 힘이 용솟음치게 만드는 신비로운 힘을 발산했다. 사람들이 그를 하늘이 내린 사람같다는 말을 한 것은 결코 아첨이나 거짓이 아니었다.

대통령이 야당의 반대나 외세 압력에 흔들리지 않고 국가정책을 강력하게 밀고 나가는 그 단호한 추진력은 어디서 나온 것일까? 그것은 국가의 통치자인 대통령이 야당의 반대나 외세의 압력에 굴복해서 한 번 결정한 국가정책을 취소하거나 중단하면 대통령이 결정하는 정책은 공신력이 떨어져 믿을 수 없는 것이 되고 대통령의 권위는 땅에 떨어지고 보다 큰 반대와 압력을 자초하게 되므로 야당의 반대나 외세의 간섭에 절대로 굴복해서는 안 된다는 대통령의 전략에서 나온 것이라고 말하는 사람도 있었다. 그것은 또한 시련과 역경에 부딪힐 때 좌절하거나 체념하지 않고 오히려 불굴의 투지와 용기를 발휘하는 대통령 특유의 강인한 개성에서 솟아나온 것이라는 견해도 있었다. 또 그것은 대통령으로서 자신이 결정한 정책은 국가와 민족의 발전을 위해 옳은 것이라는 확고한 신념에서 분출된 것이라는 주장도 있었다. 물론 이런 주장이나 견해는 모두 일리 있는 말이었으나 대통령의 비상한 추진력은 그의 전략이나 신념, 개성보다는 한차원 더 깊은 곳에 축적되어 있었다.

　그것은 역사의 심판에 대한 대통령의 확고한 믿음이었다. 대통령은 자신이 결정한 중요한 국가정책을 야당이 격렬하게 비난하고, 반대할 때마다 혹은 공개적으로 또는 사적으로 '나는 국가와 민족의 제단에 나의 생명을 바친 사람이다. 내가 결정한 국가정책에 대한 평가는 역사에 맡기겠다. 훗날 역사가 이를 공정하게 평가해줄 것이다'라는 확신을 피력했다. 대통령은 자신이 결정한 정책의 공과에 대해서는 그가 살았던 동시대인들보다는 먼 훗날의 후손들이 더 올바르게 평가해 주리라고 확신하고 있었으며, 대통령이 역사의 심판을 받겠다고 말했을 때 그것은 대통령의 이런 믿음을 표현한 것이었다.

　'자신의 생명을 이미 국가와 민족을 위해 바쳤기에 개인적인 영화나 당리당략을 위해 원칙 없이 양보하거나 타협하는 것을 단호히 거부하고 자신의 결정을 관철할 수 있었고, 자신의 정책에 대한 평가를 그 정책의 결과가 뚜렷한 자국을 남기게 될 먼 훗날 역사의 심판에 맡긴다고 생각했기에 당대의 반대나 저항을 두려워하거나 값싼 인기를 얻기 위해 대중에게 영합하지 않고 자신의 정책을 흔들림 없이 일관성 있게 추진할 수 있었던 것이다. 역사의 심판에 대한 대통령의 믿음은 먼 훗날이 아니라 대통령의 동시대인들이 생존해 있는 당대에 이미 옳았음이 입증되었다.

　1980년대부터 이 나라를 통치한 역대 대통령들이 자신들이 결정한 정책에 반대하거나 저항하면, 설득을 하거나 강행의 의지도 없이 그 정책을 포기해 버림으로써 국가를 위기로 몰아넣는 사태가 발생할 때마다 국민들은 박정희 대통령과 같은 분이 다시 나와야 한다고 말했다.

　국민들은 대통령이 자신을 사사건건 물고 늘어져 독재한다고 비난하는 야당의 반대와 투쟁에도 불구하고 국가발전을 위해 옳다고 믿는 국가정책을 확고한 신념과 의지력으로 끝까지 밀고 나간 대통령의 그 단호한 추진력을 높이 평가하고 있었던 것이다. 국민들은 연약한 지도자를 신뢰하지도 않고 존경하지도 않는다. 국민들이 신뢰하고 존경하는 지도자는 단호한 지도자이다. 당쟁과 외세에 시달리는 국민들의 마음속을 열어보라. 그들이 국가발전을 위해 꼭 해야 할 일을 해내고야 마는 단호한 지도자와 국내외 반대세력의 저항에 굴복하여 아무 일도 못하는 유약한 지도자들 가운데 누구를 신뢰하고 존경하는가를 명백하게 보여 줄 것이다.

반(反) 포퓰리즘

　대통령책임제 국가에서 국익에 대한 대통령의 판단이 국민여론과 일치할 경우 그것은 대통령의 행운이다. 대통령이 자신의 판단에 따라 행동하는 것이 국민여론에 따르는 것이 되기 때문이다. 그러나 국익에 대한 대통령의 판단이 여론과 다를 때, 대통령은 자신의 판단에 따를 것인가, 여론에 따를 것인가를 결심해야 할 중대한 선택 문제에 직면하게 된다. 그것은 참으로 어려운 문제이다.

　민주주의를 여론정치라고 주장하는 사람들은 대통령은 여론을 수렴하고 따르기만 하면 된다고 한다. 대통령이 여론을 무시하고 자신의 판단에만 따른다면 그것은 민주주의 원칙을 훼손하는 것이 된다는 것이다. 그러나 대통령이 여론만을 따른다면 그것은 국민을 지도

해야 한다는 대통령의 직무와 책임을 유기하는 것이 된다. 따라서 대통령은 국정운영을 할 때 어떤 경우에는 여론을 따르고, 어떤 경우에는 자신의 판단을 따를 것인가를 결정해야 한다.

대통령이 언론이나 텔레비전 등 대중매체에 반영되거나 또는 그것에 의해 형성된 여론을 존중하는 것은 국민주권을 존중한다는 의미에서 민주정치의 특징이며 장점이다. 그러나 대통령이 여론을 존중하는 데도 한계가 있으며, 그 한계를 무시하고 무조건 여론만을 추종하게 되면 올바른 국가정책을 결정할 수 없게 된다. 예컨대, 아침 저녁으로 발행되는 신문이나 시간마다 방송하는 텔레비전 뉴스에 나타나는 여론이나 인기에 너무 민감하게 반응하거나 영합하게 되면 중요한 국가정책을 결정하고 추진할 때 구체적이고 실제적인 요인들을 고려하여 그 정책이 필요한 것이고, 바람직한 것인가 아닌가를 판단하지 못하고, 그것이 국민들에게 인기가 있는 것인가 없는 것인가 하는 것을 기준으로 판단하게 된다.

그 결과 국가적으로 아무리 절실히 필요하고 불가결한 정책이라고 하더라도, 그 정책에 대한 여론의 반응이 나쁘거나 인기가 없다는 것이 밝혀지면 여론 악화나 인기 하락을 막기 위해서 그 정책을 유보하거나 변경하거나 포기하고 말게 된다. 국가와 국민을 위해 커다란 업적을 남기고 그런 업적 때문에 역사에 위대한 통치자로 기록되고 추앙받는 통치자들은 여론과 인기보다는 자신의 판단에 따라 자신의 소신을 관철할 지도자들이었다.

영국이 낳은 위대한 정치인인 윈스턴 처칠은 그런 지도자의 전형이다. 1920년 처칠은 '러시아의 볼셰비즘을 요람 속에서 죽여 버리지 않으면 그것은 세계의 위협이 될 것이다'라고 경고했다. 그러나 영국인들은 그를 머리가 돈 사람이라며 그의 말에 귀를 기울이지 않았다. 1933년 독일의 나치가 정권을 잡자 처칠은 '히틀러는 전쟁을 뜻한다. 영국은 군비를 증강해야 한다'라고 경고했다. 그러나 영국인들은 그를 전쟁광이라고 코웃음을 쳤다.

2차 세계대전 직후인 1946년 세계의 모든 국민들이 평화와 선린의 시대가 도래할 것이라는 희망에 들떠 있을 때 처칠은 소련의 팽창주의와 침략의 위험을 경고했다. 그러나 누구도 그의 말을 믿으려 하지 않았다. 이처럼 처칠의 경고는 그 당시에는 사람들의 희망에 찬물을 끼얹고 상식으로는 생각할 수 없는 것이었기 때문에 인기가 없었고 심지어는 비웃음거리가 되었다. 한때 영국 신문들은 처칠에게 '카산드라라'는 별명을 붙여 줌으로써 그가 영국 국민들이 경청하지 않는 예언자임을 강조하기도 했다. 카산드라는 호머의 시에 나오는 여자 예언자로 트로이의 멸망을 예언했다가 사람들에게 무시당한 사람이었다.

그러나 역사는 여론에 무시당하고 인기없던 처칠의 예언과 경고가 모두 옳았음을 입증하고 있다. 처칠은 일찍이 '인기가 없는 일을 하고, 불평을 무시할 준비가 되어 있지 않은 사람은 난세에 각료가 되는데 적당치 않다'라고 말했다. 또 프랑스의 드골 대통령은 '경륜 있는 사람은 남의 눈치를 살피는 데 너무 신경을 쓰지 않는다'라고 말했다. 변덕스러운 여론이나 대중의 값싼 인기를 추종하기보다는 자신의 판단과 신념과 소신대로 행동한 두 거인의 가르침이다.

영국 총리 체임벌린은 윈스턴 처칠과는 가장 대조되는 정치지도 자였다. 그가 1938년 독일 총리인 히틀러와 이른바 '뮌헨협정'을 맺고 귀국했을 때, 그는 영국에서 가장 인기가 높은 지도자가 되었다. 왜냐하면 그는 여론에 따라 독일에 대한 유화정책을 추진했기 때문이었다. 그러나 얼마 뒤 독일의 체코 침공으로 뮌헨협정이 파기되자 영국 여론은 그를 총리 자리에서 무자비하게 내쫓았으며, 그의 이름은 무능한 통치자의 대명사로 역사에 기록되고 말았다. 무능한 지도자는 민주적으로 행동한다는 명분 뒤에 자신을 숨기고 여론을 따른다. 그러나 여론은 바로 여론을 추종했기에 발생한 국가적 재난에 대해 결코 그 지도자를 용서하지 않으며, 무능하고 무책임하다는 비난의 화살을 퍼붓는다. 이것이 바로 여론의 속성이다.

원래 여론은 변덕스럽고 일관성이 없으며, 비합리적이고 통일된 하나의 목소리로 나타나는 경우는 아주 드물고, 수시로 변화한다. 이런 성향은 오늘날에는 과거보다 더 두드러지게 나타나고 있다. 여기에는 몇가지 이유가 있다. 첫째는 국민의 의견형성에 영향력을 미쳤던 신념들이 약화되거나 사라져 버렸기 때문에 수많은 의견들이 생겨날 수 있는 여건이 조성되었다. 둘째는 대중의 힘이 강대해지고 자제력이 없어지게 되면서 극단적인 생각이 아무런 방해도 받지 않고 나타날 수 있게 되었다. 셋째는 다양한 언론의 출현으로 하나의 의견과 반대되는 의견들이 계속적으로 대중의 주목과 관심을 끌게 되면서 하나의 지배적인 의견은 그것과 반대되는 또 다른 의견에 의해서 파괴된다. 그 결과 어느 의견도 널리 퍼지지 못하고, 오래도록 살아남지 못하게 되었다. 오늘날 그 누구의 의견도 많은 국민들이 비판적으로 수용하기도 전에 이미 자취없이 소멸되어 버린다. 따라서 국가의 통치자가 여론만을 추종하게 되면 여론의 변덕에 좌우되어 올바른 국가정책을 추진할 수 없게 된다.

우리나라의 짧은 헌정사상 통치자에게 저항하고 그를 비난하고 공격할 만큼 강력한 반대세력은 언제나 있었다. 그러나 오도된 여론에 홀로 맞서고 선동된 군중 앞에서 국가와 민족을 위한 자신의 소신과 신념을 굽히지 않고 이를 관철한 통치자는 몇분이나 있는가? 내통령은 바로 그런 지도자였다. 대통령은 동서고금을 통하여 당대에 인기를 얻어보려고 여론에 맹종한 통치자들은 거의 예외없이 아무 것도 성취하지 못하고 역사의 죄인이 되고 말았다는 역사적 교훈을 깊이 통찰하고 있었다. 대통령은 하나의 신념을 갖고 있었다. 국가의 통치자는 오늘의 세대가 아니라 내일의 세대를 생각해야 한다는 신념이 그것이다. 우리 민족이 영원히 살아남으려면 오늘의 우리 세대가 미래 세대들과 동일체라는 생각을 간직하고 우리 세대의 복리뿐만 아니라 다음 세대의 복리를 생각해야 한다는 것이다.

대통령은 우리의 선대들이 그들 세대만이 아니라 다음 세대를 위해 노력했기에 오늘의 우리 세대가 존재할 수 있듯이 오늘의 우리 세대도 다음 세대를 위해 노력해야 하며, 이것이 민족의 영속성을 보장하는 길이라고 믿고 있었다. 대통령은 내일의 세대를 생각하지 않는 사람은 다음 선거 밖에 생각하지 못하며, 선거만 의식하게 되면 인기만을 쫓게 되고, 인기에 매달리게 되면 시시각각 변하는 여론만을 추종함으로써 장기적인 국가정책을 생각하지 못하게 된다고 믿고 있었다.

모든 정치인에게 국민의 인기를 얻을 수 있는 정책을 내세우고 싶은 유혹은 감당할 수 없을 만큼 크다. 그래서 정치인들은 다음 선거를 생각하고 국민의 인기를 얻기 위해 실현 가능성 없는 달콤한 공약이나 정책을 남발한다. 그리고 그들은 국민을 주권자로 추켜세우며 그들에게 아첨하고, 그들의 환심을 사려고 국민의 요구라면 무엇이든지 들어주겠다고 무책임한 발언을 일삼는다. 대통령은 이처럼 국민의 인기를 얻거나 환심을 사기 위해서 공허한 약속을 하거나 실현 불가능한 정책을 내세우는 정치인을 가장 위험시하고 경계했다. 정치인들이 국민에게 인기있는 정책만을 추진하면, 그것은 국가의 재원을 탕진하여 국가의 쇠퇴와 국민의 불행을 초래하게 되며, 이런 결과를 뻔히 알면서 국민의 인기에 영합하는 정책을 남발한다는 것은 가장 무책임하고 부도덕한 행위라고 보았기 때문이다. 특히 사회의 모든 부조리와 인간의 불행이나 고통을 하루 아침에 해결할 수 있는 것처럼 큰소리치고 다니는 정치인들은 국민을 미혹시키고 속이는 사람들이라는 것이다.

대통령은 국민들에게 공허한 약속이나 헛된 희망을 가지게 하지 않았다. 정부가 할 수 있는 것은 할 수 있다고 말하고, 당장 할 수 없는 일은 할 수 없다고 분명하고 솔직하게 국민들에게 밝히고, 국민의 이해와 협력을 호소했다. 지킬 수 없는 약속이나 지키지 못한 공약은 곧바로 국민들에게 좌절감을 안겨주고 국민의 의욕을 위축시키고 정부에 대한 믿음을 파괴함으로써 국가발전의 저해요인이 된다는 것을 대통령은 누구보다 깊이 통찰하고 있었다. 그래서 대통령은 언제나 우리 여건에서 실현 가능한 일부터 하나하나 실현해 나가야 한다는 정책지침을 지켜나갔다.

대통령은 인기가 있는 정책이 반드시 옳은 것이 아니며, 또 올바른 정책이 반드시 인기를 얻게 되는 것도 아니라는 것을 분명하게 인식하고 있었다. 대통령은 국가정책을 결정할 때 여론이 쉽게 받아들일 수 있고, 높은 인기를 얻을 수 있는 정책보다는 당장은 여론이 쉽게 받아들이기 어렵고 인기도 없지만 국가발전을 위해서는 꼭 필요한 것이라고 판단한 정책을 결정했다. 20년 앞을 내다보는 장기적인 관점에서 국가정책의 필요성과 당위성을 중요시했으며, 그 정책이 당장 국민에게 인기가 있느냐 없느냐, 또는 여론이 그 정책을 찬성하느냐 반대하느냐에 대해서는 개의치 않았다. 국가와 국민의 앞날을 위해서 필요하다고 믿는 정책은 그것이 당장에는 인기가 없는 것이더라도 과감하게 추진해 나갔으며, 국가와 민족의 앞날을 위해서 크게 잘못되고 위험한 정책은 그것이 당장은 국민의 인기를 얻을 수 있는 것이라고 해도 그런 정책은 절대로 채택하지 않았다.

대통령은 특히 오도되고 선동된 여론은 단호하게 배격했다. 1968년 대통령이 경부고속도로를 건설할 때 먹고 살기도 힘들고 자동차도 못 만드는 나라에서 무엇 때문에 그 엄청난 돈을 들여 고속도로를 만드느냐고 여론의 반응은 싸늘했다. 일부 야당정치인들은 공사장에 드러누워 공사진행을 막았다. 1970년 7월 7일 경부고속도로가 완성되고 그 준공식을 한 뒤에도 고속도로를 주행하는 자동차가 몇 대 되지도 않는다는 비웃음 소리가 끊이지 않았다. 그러나 대통령은 그런 여론의 동향을 웃어넘겼다. 앞으로 10년도 안 되어 경부고속도로에는 승용차와 화물자동차의 물결이 넘쳐 흐를 것이라고 단언했다.

대통령이 확신을 가지고 그렇게 단언한 데에는 충분한 근거가 있었다. 대통령은 앞으로 우리나라의 수출입 물량은 해마다 급속도로 팽창하여 도로수송이 늘어날 것이고, 또 국민소득이 늘어나 중산층이 증가하게 되어 승용차 수요도 증가하며, 고속도로의 유용성이 머지않아 입증된다는 것이다. 대통령은 산업화 초기에 이미 산업화가 끝난 미래의 필요에 대비하고 있었던 것이다. 그래서 대통령은 경부고속도로에 이어 호남고속도로, 영동고속도로, 남해고속도로 건설에 착수했다.

한일 국교정상화와 베트남파병, 향토예비군 창설도 이에 대한 반대 여론이 비등했고 인기가 없는 개방정책이었고 국방정책이었다. 특히 한일회담과 베트남파병을 반대하는 여론의 파고는 정권을 뒤엎을 만큼 엄청난 해일을 이루고 있었다. 그리고 향토예비군 창설은 젊은이들에게는 인기가 없었다. 그러나 대통령의 소신은 확고했다. 그 거센 반대여론에 흔들리지 않았고 젊은이들의 인기에 연연하지 않았다. 외교와 국방에 있어서 변덕이 심한 여론을 따라 우왕좌왕하다가 국가를 위태롭게 하는 일이 있어서는 안 된다는 것이 대통령의 확고한 신념이었다.

대통령은 천하가 아무리 시끄러워도 해야 할 일은 어떤 일이 있어도 해냈고, 세상 사람들이 모두 떠들어도 해서는 안 될 일은 하지 않았다. 대통령은 대통령타도 구호까지 내걸었던 한일회담 반대여론은 정권타도를 노리는 야당과 일부 운동권학생들에 의해 오도되고 선동된 여론이라고 판단하고 있었으며, 따라서 이들의 여론몰이를 강력하게 차단했다.

그리스의 페리클레스는 국민을 추종하지 않았다고 해서 참된 민주주의자가 아니라는 비난을 받기도 했지만 그는 아테네에 부강과 영광을 안겨 주었고, 인류를 위해 파르테논 신전을 남겼다.
박정희 대통령은 여론을 따르기보다는 자신의 신념을 관철하는 과정에서 정적들로부터 독재자라는 비난을 받았으나 조국의 번영과 자유와 평화의 주춧돌을 다져 놓았고, 개발도상국가들을 위해 후진국 근대화의 모형을 남겼다.

탐구정신

시대가 변함에 따라 통치자의 자질도 변했다. 옛날 봉건적인 왕조시대의 통치자들은 그들이 이 세상에 태어난 이후에 갈고 닦은 역량과 지식과 인품보다도 타고나기 전부터 운명적으로 하늘처럼 생각된 사람들이었다. 그리하여 국민들은 이런 통치자들의 역량을 스스로 비판하거나 능력이나 자질을 따져 보려는 생각도 없이 그저 무조건 복종하고 순응했으며, 통치자들은 능력이나 자질과는 관계없이 세습적으로 통치자의 특권을 누렸다.

그러나 현대산업사회에 있어서 국가의 최고통치자는 고대의 농경사회의 군주와는 달리 국가경영에 필요한 기본적인 자질과 광범위한 지식을 겸비하고 있어야 한다. 즉 정치, 경제, 외교, 군사, 교육, 과학, 문화 등 국민생활의 모든 분야에 걸쳐서 현실에 대한 정확한 인식능력과 올바른 정책을 스스로 판단하고 결정하는 데 필요한 광범위한 지식을 갖추고 있어야 한다. 우리나라와 같이 대통령책임제를 채택하고 있는 국가에서 대통령은 학식이나 지식이 없어도 덕망이 높고, 청렴하면 된다고 말하는 사람이 있다. 대통령은 전문적인 지식이 있는 유능한 인재를 등용하면 된다는 것이다. 그러나 현대산업사회의 복잡한 국가적 과제들을 해결해 나가기 위해서는 대통령 자신이 많은 것을 알아야 하며, 측근 참모나 전문가들의 지식이나 학식은 결코 대통령의 무식이나 무지의 대용물이 될 수 없다. 전문가들이 건의하는 정책이 과연 필요한 것인지, 바람직한 것인지, 실현 가능성이 있는 것인지를 판단할 수 있으려면 대통령은 전문가들보다 더 많은 것을 알고 있어야 한다. 우리나라뿐만 아니라 지구 위 모든 나라의 정치, 경제, 사회, 문화, 역사에 관해서 일가견을 가지고 있어야 하고, 경제와 국방, 사회와 문화 등 각 분야가 서로 작용하고 있는 그 유기적인 상호관계까지도 알고 있어야 한다. 그래야만 국내외 현실을 올바로 인식하고 국가정책의 적절성에 대한 판단과 결정을 할 수 있다.

대통령이 판단을 하고, 결정을 해야 할 일들의 내용과 범위는 행정부 장관이나 국회의원 또는 대기업 경영자들이 판단하고 결정해야 할 일들과는 비교할 수 없을 만큼 크고 복잡하다. 대통령은 60만 공무원을 거느리고 있는 행정부의 최고책임자로서, 60만 국군의 통수권자로서, 정당의 총재로서, 그리고 100여 개 이상의 외국을 상대하는 국가원수로서, 그가 처리해야 할 과제는 수없이 많으며, 복잡할 뿐만 아니라 그 해결 또한 쉽지 않다. 대통령 아닌 어느 누구도 그처럼 다양하고 방대한 분야의 문제에 대해 최종적인 판단과 결정의 책임을 지고 있는 사람은 없다.

대통령은 국가의 최고통치자로서 국가의 존립과 발전을 좌우하는 모든 국가정책의 최종적인 결정권자다. 결정의 본질은 선택이다. 대통령은 자신이 원하거나 창조하지 않은 복잡하고 위험한 국내외 상황 속에서 국가의 활로를 찾고 긴급한 과제를 해결하기 위해 하루에도 수없이 많은 판단과 선택과 결단을 해야 한다. 따라서 대통령이 올바른 선택과 결정을 할 수 있으려면 대통령 자신이 국정에 관련된 모든 분야에 대해 많은 것을 알고 있어야 한다. 기본적으로 경국의 철학과 경륜과 지식을 갖추고 있어야 한다. 만일 경국의 철학과 경륜과 지식이 없는 사람이 대통령이 된다면 국가는 통치력의 위기를 맞게 된다. 왜냐하면 그는 올바른 판단과 결정을 요구하는 복잡하고 긴급한 국가적 과제를 해결할 수 없기 때문이다.

어떤 사람은 누구라도 대통령이 될 수 있으며, 대통령의 자리에 앉게 되면 무식한 사람도 국가경영의 경륜과 지식을 얻게 된다고 말한다. 제도 자체가 그 제도에 걸맞는 인간을 만든다는 것이다. 그러나 대통령직이라는 자리 자체가 무식한 사람을 유식하게 만드는 것이 아니다. 대통령의 막중한 임무와 책임을 수행하는 데 필요한 경국의 철학과 경륜과 지식이 없는 사람이 대통령 자리에 앉는다고 해서 그 임무를 수행할 수 있는 철학과 경륜과 지식이 하루 아침에 저절로 생기는 것이 아니기 때문이다. 그런 경륜과 지식을 쌓는 데는 상당한 시간과 노력이 필요하다. 이 나라를 크게 발전시켜 보겠다는 원대한 꿈을 지니고, 그 꿈을 실현할 수 있는 방책을 연구하고 다양하고 복잡한 국정의 전분야에 대해 공부하여 지식을 쌓고 또 계속 공부하는 고된 준비의 과정을 거치지 않고는 국가통치의 경륜이나 지식이 쌓일 수는 없다. 뿐만 아니라 그런 경륜과 지식을 지니고 있는 사람조차도 대통령의 책임과 사명을 차질없이 수행하려면 재직 중에도 끊임없이 연구하고 공부해야 한다. 왜냐하면 세상은 급변하고 있고, 이에 따라 새로운 국가적 과제가 등장하며, 그런 변화와 과제들은 최고통치자인 대통령에게 새로운 지식을 요구하고 있기 때문이다.

박정희 대통령은 뚜렷한 통치철학과 경륜과 지식을 겸비하고 있었을 뿐만 아니라 끊임없이 변천하는 상황에 대처하는 데 필요한 새로운 지식을 터득하고 보다 깊고 넓은 경륜을 쌓기 위해서 부단히 공부하고 연구하는 것을 한시도 게을리하지 않았다. 플라톤같이 생각하고 카이사르처럼 행동한다는 말이 있다. 대통령은 공부하는 지도자이자 행동하는 지도자였다. 대통령은 행동하는 지도자로서 공부했고, 공부하는 지도자로서 행동했다. 대통령은 놀라울 만큼 대단한 독서가였다. 하루 일과의 대부분은 손님을 만나고 회의를 하며 서류 결제로 바쁜 시간을 보내고도 저녁에 서재에 들어가면 밤늦도록 읽던 책을 완독했다. 그는 꾸준한 독서를 통해 지식을 추구하기도 했지만, 두뇌를 단련하고 마음을 가다듬었다. 그러나 그의 독서는 단순히 독서를 위한 독서가 아니었다. 정치, 경제, 외교, 국방, 문화 등 국정 전반에 대한 폭넓은 지식을 얻고 경륜을 쌓는 데 필요한 서적을 탐독하고 연구했다. 이처럼 많은 책을 읽고 깊이 생각하여 국가발전을 위한 새로운 구상과 정책을 창안했다.

특히 경제개발에 대한 국내외 학자들의 저서와 논문을 숙독했다. 반평생을 군인으로 지낸 대통령은 경제전문가로서의 교육과 훈련을 받을 기회는 없었지만, 5·16혁명 직후부터 경제개발에 대한 전문지식을 쌓기 위해 경제학자와 기업인을 초치하여 공부도 하고 자문도 구하였다. 일부에서 대통령은 군인 출신이므로 경제를 알지 못한다고 집요하게 비난하고 있을때 그는 경제를 공부하며 경제개발의 세부문제를 올바른 시각에서 볼 수 있는 높은 수준의 지식과 이론을 터득하고 있었던 것이다. 대통령의 이런 실력은 공무원들과 기업인들에게 국가의 경제정책이 올바른 방향으로 일관성 있게 추진될 수 있으리라는 신뢰감과 자신감을 심어 주었다. 대통령은 정치나 경제이외에 문화와 교육과 예술 등 많은 주제에 대해 누구와도 유익한 대화를 나눌 수 있을 만큼 폭넓은 지식을 갖고 있었으며, 또 끊임없는 독서와 대화로 관련 지식을 넓혀 나갔다. 그리고 감명깊게 읽었던 책은 행정부 장관이나 여당 국회의원들에게 읽기를 권고했고, 또

서독방문 박 대통령은 서독의 공업시설과 농촌을 살펴보고, 본~쾰른 간의 아우토반 고속도로를 160km로 달리면서 많은 것을 배우고 우리나라 고속도로에 대한 정책구상을 하였다(1964. 12. 7).

훌륭한 저서를 낸 학자들을 초치해서 장시간 그의 의견을 경청하고 더 많은 연구를 할 수 있도록 물심양면으로 지원했다.

대통령이 열심히 공부하고 연구한 또 하나의 분야는 역사에 대한 것이다. 역사는 그 시대의 증언이며, 과거를 비추어보는 거울이라는 말이 있다. 대통령은 동서고금의 역사는 정치지도자들이 배워서 실천해야 할 교훈의 보고라고 생각했다. 대통령은 일찍이 불우했던 시절 잠 못 이루는 밤에 국가와 민족의 앞날을 생각하면서 동서양 역사에 대한 서적을 정독했고, 흥망성쇠로 점철된 인류역사에 대해 해박한 지식을 축적했다. 많은 문명이 성쇠를 거듭했고, 수많은 나라들이 흥망을 되풀이한 동서양 역사에서 어떤 민족은 어떻게 해서 융성하고 발전했으며, 다른 민족은 무슨 결함 때문에 쇠잔과 퇴영의 길로 빠졌는가를 공부하고 연구함으로써 국가발전에 대한 안목을 키우고 지혜를 얻었다. 대통령은 또한 우리 역사를 깊이 연구했고, 우리 민족의 수난사에서 많은 교훈을 찾았다. 특히 국력 없이는 민족의 생존과 번영이 있을 수 없으며, 당쟁과 분열을 제거하지 못하고는 국력증강을 도모할 수 없다는 것을 뼈저린 교훈으로 간직했으며, 이 교훈은 그의 통치에 중대한 영향을 미쳤다. 이순신 장군의 《난중일기》, 《손자병법》, 토인비의 《역사의 연구》, 그리고 선진국의 산업혁명과 민주주의 발전 역사에 대한 서적은 대통령이 각종 회의 때 자주 인용한 책들의 일부다.

대통령이 이처럼 끊임없는 학구적인 열성과 전문가와의 대화, 그리고 자문을 통해 축적한 지식과 경륜이 국가발전을 촉진하는 데 있어서 커다란 자산이 되었음은 두말할 나위 없다는 것이 대통령의 자문에 응한 전문가들의 공통된 평가였다. 그러나 대통령의 공부는 독서에 국한된 것이 아니었다. 대통령은 국내외 산업현장에서 많은 공부를 했다. 1964년 말 독일연방공화국을 국빈자격으로 방문했을 때 대통령은 서독의 공업시설, 풍요하고 아름다운 농촌을 두루 살펴보고, 특히 직선으로 끝없이 뻗어나간 넓은 고속도로를 자동차로 달려보면서 서독 안내인에게 여러 가지 질문을 하고, 보고 들은 설명을 기록해 두는 등 우리나라의 공업화와 농촌근대화를 위해 무엇을 어떻게 해야 할 것인지에 대해 많은 공부를 했고, 여러 가지 정책과제를 구상해 두었다. 그리고 귀국 직후 동아일보에 기고한 〈방독소감〉에서 우리가 배워서 실천해야 할 독일의 교훈에 대해 국민들에게 자세하게 설명했고, 또 각종 회의와 연설에서 독일을 배워야 한다는 점을 강조했다.

미국방문 박 대통령은 미국 공업의 심장부인 공업도시 피츠버그를 방문하여 공업화에 관한 많은 것을 배웠다. 특히 철강회사를 살펴보고 종합제철공장 건설에 대한 결심을 굳혔다(1965. 5. 16).

1965년 5월 16일부터 열흘 동안 대통령은 미합중국을 국빈자격으로 방문했다. 이 무렵 대통령은 미국 공업의 심장부인 공업도시 피츠버그(Pittsburg)를 방문하여 공업화에 대한 견문과 관찰을 통해서 많은 것을 배웠다. 대통령은 피츠버그 시의 대표적 공장인 존스 앤 롤린(Jones&Lauglin) 철강회사의 앨리퀴파(Aliquippa) 작업장을 두루 살펴보았다. 그 당시에 대통령은 앞으로 부국강병의 목표를 이루기 위해서는 반드시 종합제철공장을 건설해야 한다는 결심을 굳혀놓고 있었다. 그래서 대통령은 각별한 관심을 가지고 이 회사 사장에게 여러 가지 문제를 물어보았다. 회사 사장은 거대한 용광로, 초현대적인 생산공정 등 공장시설과 공장운영에 대한 전반적인 사항에 대해 자세하게 설명했다. 대통령은 여기서 보고 듣고 배운 지식을 포항제철 건설 때 많이 활용했다. 대통령은 또한 미국의 우주기지인 케이프케네디(Cape Kennedy)에 있는 우주과학센터를 시찰했다. 이 우주센터의 디버스(Kurt H. Debus) 소장은 대통령에게 '이곳의 모든 것을 잘 보시고 돌아가시기 바란다'라는 인사를 하고는 8번 로켓 발사광경을 보여 주었다. 디서브 소장은 이곳에서 유도탄발사 광경을 직접 참관한 국가원수로서는 대통령이 최초라고 했다. 대통령은 각종 '로켓'을 시찰하고 '아틀라스' 달나라 로켓 조립현장을 두루 살펴보았다. 이곳에서 보고 배운 견문과 지식은 몇 년 뒤 대통령이 국산유도탄 개발을 계획하는데 많은 도움이 되었다.

대통령은 1966년 2월 7일부터 18일까지 12일 동안 말레이시아, 태국, 대만 등 동남아 3개국을 순방했다. 이 순방은 대통령이 아시아태평양 공동사회 건설을 구상하고 이를 실현하기 위한 정지작업의 하나로 계획된 것이었으나 이들 3개국은 경제개발을 위해 서로에게 도움이 될 수 있는 경험과 지혜를 공유하고 있는 국가들이었다. 첫 번째 방문국인 말레이시아에서는 말레이시아 국가개발상황실을 방문하고 나지브 라자크 부총리로부터 이 나라의 제2차 경제개발 5개년계획의 추진상황과 전반적인 국가개발과 경제발전 상황에 대한 브리핑을 들었으며, 특히 외자도입과 그 활용방법에 대해 여러 가지 질문을 하고 답변을 들었다. 이 상황실에는 세계 각국의 개발계획이 비치되어 있었는데 우리나라는 경제개발 5개년계획에 의해 연간 50% 소득증가를 올리고 있는 것으로 기록되어 있어서 대통령의 눈길을 끌었다.

대만에서 대통령은 먼저 동양제일의 다목적 댐인 스먼(石門) 댐을 시찰했다. 대만 북부에 있는 다쿠오칸 강을 막은 스먼 댐은 높이가 492피트, 둘레가 25마일인 인공호수로 14만 3천여 에이커의 논에 물을 대고 34만 명에게 식수를 제공하고, 8만 ㎾의 전기를 생산하고 있다. 대통령은 이 거대한 다목적 댐을 보면서 우리도 조만간 다목적 댐을 여러 개 건설해야 되겠다는 구상을 가다듬었다. 대통령은 또한 도원근교 구산촌에 있는 한 농가를 방문했다. 농가 주인은 64세의 여문산(余文山)이라는 사람이었다. 대통령이 먼저 주인에게 질문했다. '여선생은 큰 집과 넓은 정원을 가졌고, 자손도 많은 듯 한데 농사를 지어서 많은 가족을 거느리기가 어렵지 않습니까?'라고 물었다. 대통령을 안내하고 온 이 지방의 고급관리가 대신 설명했다. '3대가 한 집에 살고 있는 여문산 씨 댁에는 6명의 아들을 두고 있으며 9명의 손자와 6명의 손녀가 있습니다. 6명 아들들 가운데 막내가 군에 가고 나머지는 모두 이 집에 살며, 해마다 절약해서 모아두었던 돈으로 지난해 5월에 화물자동차 두 대를 사서 셋째와 다섯째 아들이 운수업을 하고 있어서 안정된 농가를 이루고 있습니다.'

대통령은 농사짓는 일에 대해 알고 싶다고 말하자 이 집의 장남이 설명했다. '이 대가족의 경제는 자기가 주관하고 있고 지난해 지출은 8만 원 정도인데 아직 3만 원 정도가 남아 있습니다.' 이에 대통령이 '나머지 3만 원은 자녀들의 교육비로 쓰려는 것이냐?'고 묻자 '교육비는 이미 사용한 8만 원에 포함되어 있고, 3만 원은 고스란히 남은 것입니다'라고 대답했다. 대통령은 이 농가에서 일할 수 있는 가족은 모두 부지런히 일하고 있다는 사실과, 장남이 가족을 책임지고 있는 지도자 역할을 하고 있다는 사실, 그리고 가족 모두가 근면하고 절약하며 열심히 살고 있다는 사실을 발견했다. 대통령은 이 사실에 크게 고무되었다. 대만의 이 농촌마을은 대통령이 우리나라에서 우리 농민들에게 강조해 온 근면, 자조, 협동의 정신혁명운동이 우리나라 농촌근대화를 촉진할 수 있는 최선의 방책임을 확인시켜 주고 있다고 확신할 수 있었기 때문이다.

대통령은 1968년 9월 16일부터 23일까지 국빈자격으로 방문했던 오스트레일리아와 뉴질랜드의 산업현장에서도 많은 것을 보고 배웠다. 오스트레일리아에서는 농공병진정책의 성과를 보면서 많은 시사점을 발견했고, 뉴질랜드에서는 현대적인 영농기술과 경영기법에 대한 귀중한 지식을 터득했다. 특히 뉴질랜드에서는 '존스턴 목장'을 방문하여 '존스턴' 씨의 안내로 1200여 에이커에 이르는 광활한 목장을 두루 살폈다. 대통령은 홀리오크 총리와 목장주인의 안내로 종우, 면양사육장과 축사 등을 둘러보면서 면양털을 깎는 기술자에게 여러 가지를 물어보고 격려했다. 대통령은 존스턴 목장주인에게 목초재배 방법과 건초저장 방법, 뉴질랜드의 토질에 대해 물어보았다. 대통령은 그 넓은 목장에 비행기가 비료를 뿌리는 장관을 보면서 현대적인 영농기술과 경영에 대해 많은 생각을 했다. 대통령은 또한 뉴질랜드에서 낙농이 가장 발달한 중부지방의 '코마코라우 치즈 공장'과 '리델 보로스' 낙농장을 시찰하면서 공장설립 비용, 젖소와 근무자 수송 등에 대해 자세히 묻고, 공장장의 답변을 일일이 기록했다. 대통령이 공장장에게 '우유로 치즈를 만들고 나면 무엇이 남느냐?'라고 묻자 '물밖에 없다'라는 대답이 나와 대통령은 크게 웃었다.

대통령이 낙농과 관련된 모든 부문에 대해 세밀한 문제까지 계속 묻고 설명을 듣고 기록해 두는 진지한 모습에 감명을 받은 홀리오크 총리는 대통령이 낙농에 대해 그토록 깊은 관심을 가지고 있는 줄은 미처 몰랐다고 놀라워하면서 뉴질랜드로서는 앞으로 한국낙농

발전에 적극적인 지원을 해주겠다고 약속했다. 대통령은 감사의 뜻을 표하고 빠른 시일 안에 방한하여 많은 조언을 해주기 바란다고 화답했다.

설득의 지혜

일반적으로 국가정책은 여러 단계의 과정을 거쳐 결정된다. 먼저 사실에 대한 합의를 형성하고, 국가 목표에 대한 합의를 도출하며, 문제를 정의하고, 가능한 해결방안들을 검토하며, 그 방안들로부터 얻을 수 있는 결과들을 분석, 평가한 뒤 하나의 정책대안을 선택하고 그 정책의 추진을 준비한다. 그러나 이것은 일반적으로 바람직하다고 생각되는 하나의 이상적인 과정이며, 실제로 정책이 결정되는 각 단계와 순서는 그렇게 기계적으로 지켜질 수가 없다. 사실에 대한 합의만 하더라도 그것은 결코 쉽게 이루어질 수 없으며, 사실의 존재여부가 논쟁 대상이 된다. 정책목표와 문제의 정의, 그리고 그 해결방안에 대한 합의 도출은 더욱 어렵다.

가치판단이 다름에 따라 무엇이 바람직한 것이고, 무엇이 국익이며, 무엇이 문제상황이고, 어떤 수단이 효과적인가 하는 데 대해서는 여러 의견이 있을 수 있기 때문이다. 현실적인 사람은 이상주의적인 사람과는 의견을 달리 하고, 보수적인 사람은 진보적인 사람과는 관점을 달리 하며, 서로가 자신의 관점에서 다른 사람의 관점에 반대한다. 따라서 사실 검토에서부터 최종 정책대안을 선택하는 여러 단계마다 여야 정당과 국회, 언론과 학계 심지어는 행정부 안에서도 의견이 갈리게 마련이다. 그 결과 실제로 결정된 정책은 모든 단계에서 완전한 합의가 이루어진 것이 아니며 하나의 정책이 결정되어 추진되는 과정에서도 이에 대한 반대가 이어지고, 여러 제약과 압력이 가해진다. 대통령책임제 정부에서 대통령의 권한은 막강하고 그의 권위는 거의 절대적이며, 따라서 대통령은 정부의 모든 정책을 자신의 신념과 소신대로 결정하고 밀고 나갈 수 있을 것이라고 생각하는 사람들이 많다. 그러나 실제에 있어서는 그렇지가 못하다.

미국의 트루먼(Harry S. Truman) 대통령은 '나는 하루 종일 여기 백악관에 앉아서 사람들에게 내가 설득하지 않아도 마땅히 해야 할 일들을 그들이 스스로 하도록 설득하는 일을 하고 있다. 그것이 바로 대통령 권한의 전부이다'라고 말했다고 한다. 케네디 대통령은 백악관을 방문한 한 손님에게 그의 집무실 책상을 가리키면서 이렇게 말했다고 한다. '저기 여러 개 단추들이 보이지요. 나는 그것들을 다 누를 수 있습니다. 그러나 아무 일도 일어나지 않습니다' 대통령은 단추를 눌러서 상하 양원의 정치인들이나 행정부 각료들 그리고 군 수뇌부들을 대통령 집무실로 불러들일 수 있고, 외국 국가원수들과 대화를 할 수 있으나 그 이상의 일은 하기 어렵다는 것이다. 의회는 의회대로 해야 할 중요한 일이 있으며, 행정부 각료들은 그들대로 수호해야 할 부처 이익을 갖고 있다. 외국의 국가원수들도 그들대로 증진시켜야 할 국익을 갖고 있다. 따라서 대통령이 어떤 정책을 결정하고 이것을 추진하려고 한다고 해서 대통령 뜻대로 쉽게 추진할 수 있는 것이 아니다. 그래서 대통령이 어떤 정책을 수립해서 이를 성공적으로 추진하기 위해서는 의회와 여야 정치인. 행정부관료, 외국의 지도자들과 협의도 해야 하고, 논쟁도 해야 하며, 감언도 해야 하고, 아부도 해야 하며, 설득도 해야 하며, 협박도 해야 하며, 보상도 해야 하고 보복도 해야 한다. 미국 역대 대통령들이 자기의 정책을 반대하는 상원과 하원 의원들에게 반대를 철회하도록 하기 위해 연방수사국(FBI)에서 조사해 놓은 이들 의원들의 비리를 폭로하겠다고 위협하거나 또는 이들 의원의 지역구에 재정 지원을 제공하겠다고 회유하는 일은 널리 알려진 비밀 아닌 비밀이 다. 이것은 미국뿐만 아니라 대부분의 서구 민주주의 국가에서는 흔히 있는 일이다. 이것은 미국과 비슷한 삼권분립제도를 채택하고 있 는 우리나라 대통령의 경우도 마찬가지이다.

대통령은 국가의 복잡한 권력구조의 정상에 앉아 있지만, 대통령 의 자유로운 행동과 결정을 제약하는 많은 세력들에게 포위되어 있 다. 대통령은 행정부 수반이다. 그는 행정부 관료들에게 지시하고 명령하고 이들을 지휘한다. 그러나 행정부처 관료들은 여러 가지 방 법으로 대통령의 행동이나 결정을 제한하고 방해한다. 대통령은 여 당 총재이다. 그는 여당의 당권을 장악하고 당을 지배한다. 그러나 대통령은 여당 정치인들의 이익이나 요구를 무시할 수 없으며, 여당 정치인들은 당과 국회에서 독자 행동을 함으로써 대통령의 행동과 결정을 견제하고 제약한다. 대통령은 야당의 정적이다. 야당은 대통 령을 적대시하며, 국회에서 또는 국회 밖에서 대통령을 비판하고 공 격한다. 대통령은 또한 대법원장을 비롯한 법관 임명권자이다. 그러 나 사법부는 독립을 유지하면서 대통령의 정책에 제동을 건다. 따라 서 대통령이 결정한 국가정책이 시대의 필요성을 반영한 것이고, 국 민들이 지지하고 협력해야 할 명분과 논리가 아무리 훌륭한 것이라 고 하더라도 이에 대한 찬반 논란과 비판과 제약은 따르기 마련이 다. 결국 대통령은 이러한 반대와 비판의 목소리를 내는 국가기관과 여야 정당, 언론계와 학계와 종교계 등의 이해와 협조를 얻기 위해 이들을 설득해야 한다.

대통령이 국가의 목표와 정책에 대해서 가장 먼저 설득해야 할 대상은 국가공무원이었다. 대통령은 국가목표와 이 목표를 달성하기 위한 수단인 정책에 대해서 국가공무원들에게 철저하게 주지시키는 것이 무엇보다도 중요하다고 생각했다. 대통령이 행정부처 연두순시 때 간부급 공무원들에게 국가의 목표가 무엇인가? 여러 가지 국가목표들의 우선 순위는 무엇인가? 그런 목표를 달성할 수 있는 정책대안들은 어떤 것이 있는가? 라는 질문을 하면 놀랍게도 그것을 올바르게 알고 있는 사람은 얼마 안 된다. 심지어는 엉뚱한 대답을 하곤 한다. 그렇다면 대부분의 공무원들은 업무시간의 상당 부분을 국가정책을 추진하는 일보다는 시급하지도 않고 중요하지도 않은 일을 하는 데 허비하고 있다는 결론이 나온다. 이것이 공무원사회에 있어서 이른바 '정책과 실천 사이의 간극'이다. 이래서는 국가정책이 성공적으로 추진될 수 없다. 따라서 대통령은 국가정책을 차질없이 추진하기 위해서는 국가목표와 정책에 대해 공무원들이 대통령과 인식을 같이 하도록 훈련하고 설득할 필요가 있다고 생각했다.

　공무원 한 사람 한 사람이 국가목표와 정책을 올바르게 이해하고 이런 목표를 이루기 위한 정책을 추진하는 데 그들의 잠재력을 발휘하도록 그들의 사명감과 책임감을 고취해야만 국가의 공무원 조직이 큰 힘을 낼 수 있고, 그런 힘이 국가목표 달성에 가장 큰 원동력이 된다는 것이 대통령의 생각이었다. 한 마디로 대통령은 모든 공무원들에게 일하는 동기를 부여함으로써 국가정책의 추진력을 공무원 조직 내부에서 이끌어내려 한 것이다. 그래서 대통령은 각종 회의에 국가정책을 실무적으로 추진하는 행정부처 각료와 고위관료들을 참석시켜 국가정책에 대한 참여의식과 지적분발, 그리고 사명감을 고취하기 위해 고된 설득의 노력을 기울였다.

대통령이 국가의 목표와 정책에 대해서 설득의 노력을 기울여야 할 또 다른 대상은 여당 당원, 특히 여당 국회의원들이었다. 여당 국회의원들은 대통령이 결정한 국가정책을 추진하는 데 필요한 법률제정이나 예산배정 때 국회에서 주도적인 역할을 맡는 집권세력이다. 국가정책에 대한 이들의 이해와 협조는 그 정책의 성패에 결정적인 영향을 미친다. 따라서 대통령은 이들의 협력이 필요한 중요한 국가정책에 대해서는 그때 그때 정부와 여당 연석회의를 청와대 대접견실에서 직접 주재하고 이들을 설득했다.

일반국민들이 간직하고 있는 대통령에 대한 이미지 가운데 사실과 가장 거리가 먼 것은 대통령이 겁에 질린 행정부 각료나 여당 간부들에게 불호령을 내리는 제왕같은 대통령이라는 것이다. 대통령은 자신이 결정하고 추진하고자 하는 국가정책에 반대하는 행정부 각료나 여당 국회의원에게 결코 자신의 결정을 무조건 지지하고 그것을 실행하는 데 협력하라고 명령조로 말하거나 압박하지 않았다. 대통령은 반대한 각료나 국회의원을 회의가 끝난 뒤 따로 불러 직접 설득하거나 그들과 친분이 두터운 동료들에게 설득해 줄 것을 당부했다. 베트남파병 때, 여당인 공화당의 한 중진의원은 국회와 언론을 통해 공공연하게 파병을 반대했다. 대통령은 정부와 여당 연석회의에서 그 국회의원의 이름을 거명하면서 그처럼 당당하게 자신의 의견을 개진하는 것이 바로 민주정치의 장점이라고 말하고, 동료의원들에게 그 의원을 설득해서 이해와 협조를 얻도록 힘써 줄 것을 부탁했다. 대통령은 그 여당의원의 당당한 논리전개를 높이 평가하고, 대통령 앞에서는 찬성하고 밖에 나가서는 반대하고 다니는 사람보다는 더 믿음직스럽고 존경할 만하다고 그 의원의 자세에 대해 칭찬했다. 그 의원은 공화당의 원내부총무인 서인석이었다.

대통령중심제 국가에서 대통령에 선출되는 사람은 그 직위와 함께 헌법에 규정된 권력을 인수받게 된다. 그러나 모든 대통령이 똑같은 권력을 행사하는 것은 아니다. 권력을 행사하는 데 능숙한 대통령은 그렇지 못한 대통령에 비해 자신의 권력을 신장시킬 수 있다. 권력은 명령을 내릴 수 있는 능력이라고 알려져 있다. 그러나 명령이 권력의 전부는 아니다. 설득의 노력을 다 하는 대통령은 명령보다도 더 효과적으로 사람들로 하여금 그가 바라는 행동을 하도록 할 수 있으며 이런 경우 대통령은 헌법이 대통령에게 부여한 권력 이상의 영향력을 행사할 수 있다. 대통령은 국가정책에 대한 설득방법에 의해서 헌법상의 고유 권한보다는 더 많은 영향력을 행사하여 많은 일을 성취할 수 있었다. 대통령은 여당 국회의원들을 설득해서 국회에서 그의 정책을 지지하고 입법화하도록 함으로써 대통령의 권한 이외에 헌법이 국회에 부여한 권한의 일부분까지도 자신의 정책 추진에 이용했고, 또 대법관들을 설득해서 법원이 대통령의 정책수행을 돕도록 할 수 있도록 함으로써 헌법이 대통령에게 부여한 권한조차도 다 행사하지 못하고 우유부단하게 행동해서 국가를 혼란과 위기로 몰아 넣은 다른 대통령과 박정희 대통령의 차이는 바로 이런 권한 행사에 대한 능력 차이에도 나타나고 있다.

대통령이 각별한 설득의 노력을 기울여야 할 또 다른 대상은 국민의 여론을 형성하거나 지도하고, 또 국민의 여론을 반영하는 사회 각계각층의 지도적인 인사들이었다. 대통령은 공식 또는 비공식으로 이들을 만나서 국가정책에 대해 협의도 하고 설득도 함으로써 이들의 이해와 협력을 이끌어냈다. 대통령은 그의 정책을 신랄하게 비판하는 학자나 언론인들을 자주 청와대 집무실로 초치해서 그들의 의견을 들었고 자신의 입장을 밝혔다. 그때마다 학자들과 언론인들은 한결같이 국정에 대해 진지하고 열정적으로 설명하는 대통령의 모습을 보고 있노라면 다른 사람에게는 느껴보지 못한 경외감과 존경심을 느끼게 된다고 말했다.

그들은 대통령이 국가와 민족의 발전을 위해 자신의 모든 것을 바친 신념과 헌신의 지도자이며, 참을 수 없는 비난과 공격을 정면으로 받아넘기면서 자신이 추진하는 정책에 대해 사람들을 승복시키는 설득의 명수라고 생각했다. 그리고 그들은 대통령에 대한 그들의 비판과 공격이 오해와 곡해에서 비롯되었음을 알게 되고, 대통령이 추진하는 정책을 새로운 각도에서 볼 수 있게 되었다고 말했다. 실제로 재야에 있을 때 대통령과 그의 정책을 그 누구보다도 가장 혹독하게 비난했던 학자와 언론인과 재야 인사 가운데에는 대통령의 설득으로 행정부 각료의 중책을 맡았고, 그들은 재직 기간에 가장 열렬하게 대통령을 존경하고 가장 충직하게 대통령을 보필했다.

대통령은 국회의원, 사법부 간부, 행정부 장·차관, 군 지휘관, 여·야 정당의 지도자들, 언론계 대표들, 학계 대표, 각종 민간기관의 대표, 외교 사절 등 각계각층의 지도적인 인사들과 정기적으로 또는 부정기적으로 자주 만나 나랏일을 협의한다. 그런 접촉 과정에서 대통령은 국가정책에 대해 설명하고, 그들은 대통령의 지도자로서의 자질을 알게 되고, 대통령을 평가한다. 그들이 대통령을 어떻게 평가하느냐에 따라 그들에 대한 대통령의 영향력이 늘어나기도 하고 줄어들기도 한다. 대통령이 국정을 운영할 때 국가발전에 필요한 정책을 훌륭하게 추진하여 큰 성과를 거둔다면 그들은 대통령의 지도력을 높이 평가하고 대통령을 신뢰하고 지지한다.

사회의 지도적인 인사들은 대통령을 평가할 때, 대통령의 업적이나 지도자로서의 자질과 개성 등을 고려하기도 하지만, 대통령이 일반국민들 사이에서 얼마나 신뢰받고 있느냐 하는 것도 고려한다. 따라서 대통령이 국민들의 절대적인 지지와 신뢰를 받고 있을 경우에 사회의 지도적인 인사들은 대통령이 원하는 대로 따르고 지지하며, 반대로 대통령이 국민의 지지를 잃었을 경우에는 그들도 대통령에 대한 지지를 철회한다. 즉, 그들은 대통령에 대한 국민의 지지를 가늠하면서 대통령에 대한 자신들의 지지 여부를 결정한다. 결국 사회의 지도적인 인사들로 하여금 대통령을 신뢰하고 지지하게 만드는 중요한 요인은 대통령에 대한 국민들의 신뢰와 지지였다. 따라서 대통령이 국가정책의 필요성과 그 유용성에 대해서 가장 중점적으로 또 가장 큰 정성을 기울여 설득해야 할 대상은 국민이었다. 실제로 대통령은 국가정책에 대해 국민의 이해와 협조를 얻기 위해 국민을 설득하는 데 많은 시간과 지속적인 노력을 기울였다.

동서고금의 역사를 통해 모든 창조적 행위는 특출한 지도자나 창조적 소수에 의해 이루어졌다. 서구 선진국가에서 민주주의와 산업화라고 하는 새로운 신조도 사실은 창조적 소수가 일으킨 횃불이며 대다수 국민들은 실제로는 여전히 저 거대한 민주화나 산업화의 물결이 일어나기 이전의 지적, 도덕적 수준에 계속 머물러 있었다. 창조적인 지도자나 그의 소수 추종자들이 이 무기력한 국민들을 동반자가 되게 하는 방안을 강구해 내지 못할 때 국민들은 뒤로 처지고 만다. 따라서 한 사회가 발전하기 위해서는 두 차원에서의 노력이 필요하다. 즉 국가의 정책을 국민에게 설득하는 지도자의 노력과 이것을 이해하고 지도자에게 협력하는 국민의 노력이다. 지도자가 설득을 통해 국민의 협력을 얻게 될 때 국가지도자와 국민들은 같은 방향, 같은 목표, 같은 변화를 향해 나아갈 수 있으며, 그 국가는 발전할 수 있다.

대통령은 국민들 가운데에는 국가정책을 올바로 이해하지 못하는 국민도 있고, 또 국가정책에 의해 유익한 영향을 받는 국민도 있는 반면 불리한 영향을 받는 국민들이 있다고 보고 국가정책에 대해서는 자세하고 충분한 설명을 통해서 국민들의 이해를 돕고, 적극 협력할 수 있도록 설득해야 한다고 생각했다. 대통령은 자신이 대통령으로서 무엇을 하고 있으며, 왜 그것을 하고 있는지, 그리고 왜 그것이 바람직한 일인지를 국민에게 자상하게 설명하고 이에 협력해 주도록 국민들을 설득하는 것이 가장 중요한 일이라고 생각한 것이다. 왜냐하면 아무리 훌륭한 정책이나 현명한 결정을 내린다고 해도 그것을 국민들이 머리로 이해하고 가슴으로 감동을 느끼고 기꺼이 지지하고 협력하도록 성의를 다해 설득하지 않으면 그런 정책이나 결정은 성공적으로 추진하기 어렵다고 생각하고 있었기 때문이었다. 대통령은 중요한 국가정책을 결정할 때마다 반드시 그런 결정과 관련된 모든 사실을 그대로 밝히고 왜 그런 결정을 하게 되었고, 그 정책의 목표가 무엇이며, 그 정책이 국가와 국민들의 앞날에 어떤 영향을 미치게 되리라는 점 등을 솔직하고 자상하게 국민들에게 설명하고, 이런 국가정책이 성공적으로 추진될 수 있도록 국민들이 적극 협력해 줄 것을 호소했다.

어떤 사람들은 대통령이 군대식으로 명령하고 지시했기 때문에 비민주적이었다고 말한다. 그러나 정책결정 과정에서 대통령은 그 어느 민주국가 대통령 못지않게 민주적이었다. 그는 서로 이해를 달리하는 국민들의 의견과 희망을 사전에 경청해서 이를 정책에 반영하고 결정된 정책의 당위성과 예상되는 효과에 대해서 설득의 노력을 기울였다. 대통령은 이런 설득을 통해 국민들의 마음속에 대통령이 결정한 국가목표와 정책을 지지하고 여기에 공명하고 참여하며 협조하려는 의욕을 불러 일으켰으며, 국민들의 이해와 협력의 힘을 바탕으로 정책을 추진해 나갔다. 다시 말해서 대통령은 국가정책에 대한 대국민 설득을 통해 국민들이 그들의 생활에 영향을 미치게 될 정책을 이해하고 그 정책 추진에 참여하고 협력하도록 지도함으로써 국민들의 마음속에 참여자로서의 긍지와 우리도 할 수 있다는 자신감, 그리고 일을 성취해 내는 활력을 불어넣었다.

대통령은 특히 국민들이 새로운 일이나 힘든 일을 하는 데 거부감을 보이는 어려운 고비마다 국민들을 설득하는 데 심혈을 기울였다. 그런 설득을 통해 대통령은 게으른 사람을 부지런하게 만들었고, 상쟁하는 사람들을 협동하게 만들었으며, 의타적인 사람들을 자조자립하게 만듦으로써 국민들이 스스로의 힘으로 새로운 일과 어려운 일을 추진하여 성과를 거둘 수 있도록 했다. 각종 공장건설, 고속도로 건설, 다목적 댐 건설, 향토예비군 창설, 새마을운동, 중화학공업 건설, 방위산업 육성 등을 추진할 때 그런 사업들이 필요한 까닭과 국가발전과 국민생활 향상에 이바지하게 될 파급효과에 대해 대통령이 기회가 있을 때마다 국민들을 설득하는 것을 기억하는 사람들은 대통령이 중요한 국가정책에 대해서 국민들을 설득하여, 국민들의 협조와 지지를 얻는 데 얼마나 많은 노력과 정성을 쏟았는지 잘 알고 있을 것이다.

대통령이 국가정책에 대해 국민들을 설득할 때 가장 많이 활용한 수단은 해마다 연초에 있었던 연두기자회견이었다. 대통령은 청와대 출입기자들과 오찬을 하거나 기자실에 들러서 비공식 회견을 하는 경우도 많았지만 해마다 있는 연두기자회견은 대통령의 정례행사로 제도화되었다. 민정 이양 뒤인 63년 연초부터 67년 연초까지는 대통령이 직접 국회에 출석해서 새해에 추진할 국가시책을 담은 연두교서를 발표했는데, 68년 초부터는 연두교서 대신에 연두기자회견을 열어 국민들에게 국정운영에 대해 설명했다.

텔레비전은 대통령이 국민의 안방을 향해 자신의 견해를 전달하는데 있어서 엄청난 힘을 지닌 설득 수단이 되었다. 대통령은 이 문명의 이기를 이용해서 기자회견 때마다 2시간 넘게 국가정책의 필요성과 앞날의 성과에 대해 국민들에게 직접 설명하고, 필요한 행동을 취할 수 있도록 국민들을 설득했다. 연두기자회견은 대통령과 기자 사이에 국가의 정책에 대해 질문하고 답변하는 대화 형식을 통해 국민을 계도하는 교실 역할을 했다. 대통령의 기자회견을 보면 마치 교실에 앉아 있는 국민들에게 강의를 하고 있는 것 같기도 하고 국민들에게 직접 접근해서 마치 사랑방에 앉아 나랏일을 의논하는 것과 같이 자연스럽게 편안한 분위기가 감돌았다. 기자회견은 대통령과 직접 만날 수 없었던 수많은 국민들에게 대통령이 국정에 대한 자신의 소신을 피력하고 회견 뒤 국민들의 반응을 들어서 국민들의 뜻을 살피는 기회였다는 점에서, 그것은 대통령과 국민들의 간접적인 대화의 광장이었고 소통의 통로였다.

대통령의 기자회견에서 가장 특이한 일은 회견내용을 준비하는 과정이었다. 비서실에서는 회견이 열리기 한달 전부터 예상질문서를 작성하고 그 답변자료를 관계부처와 협의해서 마련했다. 그러나 대통령은 이 자료에만 의존하는 것이 아니었다. 예상질문과 이에 대한 답변을 대통령 자신이 직접 구상하고 필요한 자료를 준비하도록 지시했다. 그리고 이 기간 중에 많은 외부인사들과 점심이나 저녁을 함께하면서 대통령이 예상하는 질문에 대한 조언과 의견을 청취했다. 대통령은 연말연시 휴가 때 조용한 사색의 시간을 가지고 최종 답변안을 세부내용까지 일일이 줄을 쳐 가면서 정리했다. 1960년대 후반까지는 청와대 회의실에서 여당 간부와 관계부처 장관 몇 사람이 배석한 가운데 회견이 진행되었지만 그 뒤부터는 중앙청 대회의실에서 무대장치도 정교하게 준비하고, 배석하는 사람도 국무위원 전원과 여당 간부, 각급 기관장들로 늘어났다.

이처럼 대통령은 국가정책에 대한 대국민 설득의 광장으로서의 연두기자회견을 대단히 중시하고 있었다. 한 마디로 대통령은 자신이 결정하고 추진하는 국가정책의 필요성과 유용성에 대해 일반국민을 비롯해서 사회지도층 인사, 여당 정치인, 공무원 등을 설득하는 국가최고지도자의 꾸준한 노력이 국가정책의 성공적인 추진을 위해 얼마나 중요한 것인가를 입증해 보인 '설득하는 대통령'이었다.

경청의 슬기

통치는 결정의 연속이다. 정책수립과 실행, 조직과 인선, 지휘, 통제, 개혁 등은 모두 중요한 결정이다. 중요한 정책을 결정할 때 통치자는 여러 대안 가운데에서 하나를 선택한다. 그러나 통치자가 선택해야 할 여러 가지 대안들은 확인된 사실로 구성된 것이 아니라는 데 난점이 있다. 일반적으로 정책결정은 확인된 사실에서 출발하는 것이 아니다. 따라서 정책결정 과정의 특징은 불확실성에 있다. 정책은 선례를 기준삼아 결정될 수도 없다. 왜냐하면 상황은 고정불변의 것이 아니며 상황변화에 따라 같은 문제의 해결 방안도 다를 수 있기 때문이다. 또 정책결정에 필요한 '정보'에도 한계가 있으며 그것은 결과의 예측을 불확실하게 만든다. 중대한 정책결정일수록 회의를 통한 결정이 필요한 이유가 여기에 있다. 통치자는 회의에서 중요결정에 대한 충분한 의견교환과 협의를 통해 선입견으로부터 벗어날 수 있고 반대의견을 하나로 모아 정책에 대해 선택 가능한 다른 정책을 준비해 둘 수 있다.

　대통령은 중대한 정책을 결정할 때 정부 관계기관의 정책협의회의를 중요시하고 회의를 직접 주재하는 경우가 많았다. 대통령은 국무회의나 행정 각 부처의 정책협의회에서 자신의 정책구상에 대해 각료들과 고위공무원들에게 소상하게 설명했다. 대통령은 자신의 의도를 분명하게 전달했으며, 각료들은 자신들의 주장을 개진할 수 있는 기회가 주어졌다. 대통령은 어느 분야에서도 관계 장관보다도 훨씬 더 많이 알고 있는 전문가였지만 관계장관들이 그들의 소견을 충분히 밝히도록 종용했고, 그들의 대화에서 많은 것을 배우고, 그들의 토론과 협의과정을 지켜보면서 많은 정보와 의견을 청취하고 정책입안과 그 집행과정에까지 깊은 관심을 보였다.

　대통령과 정부의 각료와 고위공무원들이 참석하는 정책협의회는 자유롭고 개방적인 분위기에서 진행되었다. 각료들과 고위공무원들은 그들이 보고 느낀 대로 문제상황을 진단하고 필요한 정책대안을 제시하고 옹호했으며, 대통령은 이들에게 문제점을 지적하고 질문을 하고 답변을 듣는 과정에서 그 정책의 타당성을 검토했다. 대통령은 정책대안을 설명하는 공무원에게 의표를 찌르는 날카로운 질문을 했고, 그의 눈을 똑바로 보며 경청하면서 깊은 관심과 주의를 기울였다. 비록 대통령이 조용히 듣고 있지만 언제 어떤 질문을 던져 어떤 말을 이끌어 내려는지를 알 수 없게 만들었으므로 공무원들은 계속 긴장했고, 열심히 공부하고 연구해야 되겠다는 각오를 새로이 했다.

　대통령은 각종 회의 때나 현장답사 때 관련공무원들에게 많은 질문을 했다. 그때마다 대통령은 실무공무원들이 잘하고 있는 점, 잘못하고 있는 점, 시정해야 할 문제, 계속 밀고나가야 할 과제 등에 대해 구체적으로 강평했다. 대통령은 이처럼 공무원들에게 질문하고, 그들의 답변을 경청하고, 대통령 자신의 생각과 소신을 밝히는 소통의 과정을 통해 대통령이 추진하는 국가정책에 대해 공무원들이 공명하고 사명감을 가지고 열심히 할 수 있는 동기를 부여했다. 그리고 대통령과 공무원들의 소통의 과정에서 공무원들은 끊임없는 연찬(研鑽)의 필요성을 절감했다. 왜냐하면 대통령이 실무담당자보다 더 많은 것을 알고 있기 때문이었다. 대부분의 공무원들은 대통령이 젊은 시절 한때 교사생활을 했지만 반평생을 군에서 보냈기 때문에 국방이나 안보 분야 외에는 그다지 아는 것이 없을 것이라고 보는 경향이 있었다.

　특히 5·16혁명 직후 각 행정부처의 이른바 엘리트 공무원들은 반생을 군대에서 잔뼈가 굳은 대통령이 국가정책에 대해서 무엇을 얼마나 알겠느냐고 무시했고, 국정운영에 대해서는 자기들이 대통령을 '교육'해야 한다는 생각을 가지고 있었다. 그러나 그것은 그들의 오판이었다. 그들이 국정운영에 대해 대통령으로부터 '교육을 받는 처지'에 놓이는 데는 그렇게 많은 시간이 걸리지 않았다, 대통령은 혁명 직후부터 경제개발을 가장 시급한 당면과제로 파악하고 개발 정책과 관련된 모든 분야에 대해 대학교수와 전문가들을 공관으로 초치해서 많은 공부를 하기 시작했다. 얼마 지나지 않아 대통령은 경제개발과 여기에 관련된 다른 분야에 이르기까지 광범위한 지식을 터득했고, 꾸준한 공부와 연구, 그리고 실천을 통해 더 많은 지식과 경험을 쌓았다.

　그리하여 대통령이 주재하는 각종 정책협의회에 참석한 고위공무원들은 자기 부처의 정책대안을 설명하는 과정에서 대통령이 정곡을 찌르는 질문을 하는 데 한 번 놀라고, 자기의 답변을 들은 대통령이 그 답변의 문제점을 지적하는 데 두 번 놀랐다. 그리고 그 정책대안은 시간을 두고 좀 더 연구해서 다듬어 보라는 지시를 받고는 그만 주눅이 들고 말았다. 대통령이 그 정책대안을 재검토해야 하는 이유를 조목조목 설명하고 나면, 관계공무원들은 대통령으로부터 많은 것을 배웠다는 생각과 앞으로 좀 더 연구하고 공부하는 자세를 견지해 나가야겠다는 생각을 가지고 회의장을 나왔다.

　대통령이 자립경제와 자주국방 건설을 위해서 여기에 관련된 모든 분야에 대해 끊임없이 깊이 있게 연구하고 공부하고 있다는 사실 앞에 고개 숙인 공무원들은 정부가 마련해 주는 국내연수나 해외연수과정에 참여하여 자신들의 전문능력을 향상시키는 데 각별한 노력을 기울였다. 이런 연찬을 통해서 뛰어난 공무원들이 배출되었고, 그들이 근대화 작업의 선봉으로서 국민을 계몽하고 지도해 나갔다. 대통령은 유망한 공무원들을 자극하여 끊임없는 공부와 연구를 통해 능력향상에 힘쓰게 함으로써 이들은 국가발전의 동량으로 키워낸 것이다.

대통령은 각종 회의 때마다 국가정책의 우선 순위를 정해서 가장 우선적인 정책부터 중점적으로 추진할 것을 당부했다. 그러나 행정부처들은 그들이 맡는 분야에 따라서 그 임무와 책임이 다르기 때문에 현실판단과 정책의 우선 순위에 대해 의견을 달리할 때가 적지 않다. 예컨대 국방부는 북한의 남침위협이 증대하고 있으므로 국군의 전력증강을 위한 자주국방 정책을 최우선적으로 추진해야 한다고 주장하면서 국방예산 증액을 요구한다. 그러나 경제기획원은 경제성장이 이루어져서 국력이 증강되어야만 국방력을 강화할 수 있으므로 경제의 고도성장 정책을 최우선적으로 추진해야 한다고 주장하면서 많은 예산을 생산시설과 사회간접자본의 확충을 위해 투자해야 한다고 강조한다. 이처럼 행정부처 간에 정책의 우선 순위에 대해 관계부처의 정책협의회에서도 합의를 이루지 못하면 최종적으로는 대통령이 결정을 내린다. 이때 대통령은 어느 한 부처의 주장이나 두 부처의 주장을 절충한 제3의 정책을 선택하기도 한다. 대통령은 최종결정 과정에서 어느 한 부처의 주장을 받아들이지 않은 경우에는 그 부처 관계자들을 불러 위로하고 그들이 긍지와 사명감을 잃지 않도록 격려했다.

대통령은 범할 수 없는 위엄을 갖추고 있었지만 회의참석자들 간에 격렬한 논쟁이 벌어지면 부담 없는 농담으로 회의분위기를 부드럽게 유도해 나갔다. 대통령은 회의 때 어떤 강열한 감정을 느낄 때조차도 억양을 높이는 일이 없었고 조용하고 차분한 투로 자신의 견해를 천명했다. 그는 결코 적당히 얼버무리려는 태도나 언동을 하지 않았다. 명쾌한 사고와 판단으로 문제를 여러 각도에서 분석해서 자신의 생각과 견해를 논리정연하게 표현함으로써 다른 사람들이 받아들이지 않을 수 없게 만드는 설득력을 발휘했다. 대통령은 회의 중에는 자신의 발언을 신중하게 했다. 만약 대통령이 회의과정에서 그 자신의 생각에 대해서 너무 일찍 암시를 주면 대통령의 권위, 회의 참석자들의 충성심과 '이기는 편'에 서려는 욕망 등이 자유로운 토론을 막아버릴 수 있기 때문이었다.

대통령은 행정부처 장관들의 자주성과 창의성을 존중하고 공로와 책임소재를 분명히 했으며, 그들의 국정수쟁에 지나치게 간섭하지는 않았다. 장관들보다도 대통령이 모든 일에 더 열성적이고, 부지런했던 것은 사실이었지만, 대통령이 직접 해야 할 일이 무엇이며, 행정부 관계 장관에게 시켜야 할 일이 어떤 것인가를 분명하게 구별하여 정책결정과 그 집행 과정에 혼란이나 차질이 없도록 했다. 대통령은 해마다 연초에 행정 각 부처를 순시했는데, 그때마다 각 부처가 추진해야 할 정책의 청사진을 제시하고 그에 대한 세부사항은 장관에게 일임해서 추진하도록 했다. 그러나 대통령이 모든 행정부처의 일선업무에 이르기까지 소상히 알고 있었기에 관계부처 장관들은 늘 긴장하고 열심히 일하지 않고는 견디어 내기가 어려웠다.

과거 행정부와는 전혀 다른 분야에서 교육훈련과 경험을 쌓은 사람이 장관에 임명될 때 그는 공무원들과의 관계에서 많은 문제에 직면한다. 그래서 대통령은 행정부처에서 일한 경험이 없는 외부인사를 장관으로 임명할 때면 그 부처의 업무를 정확하고 신속하게 파악하고 부처 공무원들의 장점을 살펴 행정의 능률을 올리고 정책의 성과를 거두도록 힘써 줄 것을 당부했다. 각 행정부처 장관실에는 대통령 집무실과 이어진 직통전화가 있었다. 대통령은 이 전화로 각료들에게 국정운영에 대해 지시도 하고 협의도 했다. 그리고 대통령에게 화급히 보고할 일이 생기면 직통전화로 연락하고 당부했다.

대통령은 말하고 있는 때가 아니라 다른 사람의 말에 귀기울일 때 더 많은 것을 배우고 지혜를 얻는다고 믿고 있었다. 대통령의 가장 특징적인 품성을 몇 가지만 말하라고 한다면 침착, 냉철, 과묵을 들 수 있으며 그 가운데에서도 가장 으뜸가는 것은 과묵이다. 과묵은 자신이 말하고 싶은 유혹을 이겨내는 힘이며 상대방의 말을 경청하는 능력이다. 국무회의나 정부여당 연석회의나 국가안전보장회의 그리고 경제장관회의 등에서 국가의 중요한 정책을 결정할 때, 대통령은 언제나 참석자들의 의견을 요청하고, 이를 진지하게 경청했으며, 토론을 종용해서 여러 가지 의견을 제시하도록 했다. 모든 의견이 제시되어 토론이 끝나면 대통령은 스스로 기록해둔 내용을 바탕으로 자신의 소신을 피력한 뒤 결정을 내렸다. 그는 중대한 정책결정을 회피하거나 부하에게 미루지 않았으며, 최종 결정의 책임을 스스로 졌다.

대통령은 행정부 장관이나 국회의원이나 보좌관이나 언론인이나 학자 등 다양한 사람들로부터 다양한 조언과 자문을 얻고 있으며 그런 조언과 자문은 대통령이 필요로 하는 정보와 정책대안을 제공할 뿐만 아니라 대통령이 할 수 있는 일과 할 수 없는 일이 무엇인지를 알 수 있게 한다. 그러나 조언과 자문을 할 수 있는 사람이 아무리 많을지라도 최종 결정의 순간에는 다수 조언자는 없어지고 오직 대통령 혼자만 남게 된다. 그래서 결정의 순간에 있는 대통령은 고독하며, 홀로 단안을 내려야 한다.

'국가의 어려운 문제가 있을 때, 제일 마지막에 가장 어려운 결심을 해야 할 사람이 바로 대통령입니다. 특히 국가 장래에 큰 영향을 미칠 문제라든지, 국가백년대계를 위해서 어려운 문제를 결정할 때에는 밑에 있는 참모나 여러 사람 의견을 듣기는 하지만 최종 결단

을 내리는 것은 대통령이 자신인 것입니다.'

이것은 1967년 5. 3 대통령 선거를 앞두고 4월 17일 대전유세장에서 한일 국교정상화와 베트남파병에 대해 설명하면서 대통령이 한 말이다.

대통령 중심제를 채택하고 있는 우리나라에서 대통령은 전체 국민의 대표자이다. 대통령은 특정 계층이나 집단이나 지역의 이익을 대변하지 않으며 모든 국민의 이익과 국가의 이익을 대변한다. 특정 계층이나 집단이나 지역은 자기들에게 유익한 일은 국가를 위해 유익하다고 주장한다. 그런 그들의 주장도 일면의 진실을 내포하고 있다. 그러나 그런 주장보다 훨씬 더 진실에 가까운 것은 대통령에게 유익한 일은 국가에도 유익한 일이라는 주장이다. 대통령은 이처럼 국가와 전체 국민의 관점에서 국가발전과 국민복리를 증진하는 독특한 위치에 있다. 그러나 대통령의 자리는 독특한 만큼 고독한 자리다. 왜냐하면 모든 계층과 집단과 지역들은 예외없이 국가와 전체 국민의 이익보다는 자기들의 이익을 위해 대통령에게 압력을 가하고 자기들 편에 서주기를 요구하지만 대통령은 그런 압력과 요구에 초연한 태도를 견지해야 하기 때문이다.

대통령은 국민의 생명과 재산을 보호하고 국가를 보위할 책임을 지고 있다. 그는 행정부 수반으로서 국민에 대해 책임을 지고 있으며, 국가 원수로서 외국과의 조약을 이행할 책임을 지고 있다. 대통령의 책임과 의무와 봉사 대상은 이처럼 국가의 다른 기관의 책임자나 사회지도층 인사들과는 다르다. 그 어느 누구도 대통령이 져야 할 책임을 대신할 수 없으며, 대통령 권한을 대신 행사할 수 없다.

대통령은 국가권력의 정상에 있다. 권력의 정상에 있다는 것은 대통령이 그 어느 누구보다도 국내외 모든 방향에서 불어오고 있는 바람의 속도와 그 강도를 가장 정확하게 감지할 수 있는 위치에 있다는 것을 뜻한다. 다시 말해서 대통령은 국내외에서 펼쳐지고 있는 상황의 움직임에 대해 측근이나 정부각료, 외부 조언자보다 더 빠르고, 더 많이 알 수 있는 위치에 있다. 그 누구도 대통령이 알고 있는 모든 것을 알고 있는 사람은 없다. 따라서 대통령은 국가정책에 대한 최종 결정을 내리는 것은 오직 대통령의 권리이며 책임이라고 생각했다.

대통령은 국가정책을 결정할 때 필요한 자료들과 세부사항을 살펴보고 그 정책에 대해 알아야 할 모든 것을 파악하고, 그러고 나서 좀 더 깊이 검토하기 위해 측근들을 물리치고 혼자 심사숙고했다. 그는 국가의 최고지도자가 생각할 시간을 가진다는 것은 참으로 중요하다고 생각했다. 대통령이 외부인사와의 면담이나 비서실 측근과의 접촉을 제한한 때는 대통령이 중대한 정책을 결정하기 전에 홀로 생각하는 시간과 일치했다. 대통령은 해마다 정초나 여름휴가 때, 시골의 한적한 곳에서 조용한 사색의 시간을 보냈으며, 이때 중요한 국가정책을 결정하는 경우가 많았다.

대통령은 국내외 전문가나 야당의 반대와 저항이 너무 격렬하여 누구도 정책결정이 이루어지리라고 기대할 수 없는 어려운 상황 속에서 국가발전을 위해 필요하다고 생각하는 정책을 결정했다. 밤 늦게까지 집무실에 홀로 남아 담배꽁초가 수북히 쌓인 재떨이를 몇 번씩 비울 만큼 오랜 시간 동안 생각하고 또 생각한 끝에 결단을 내리는 경우가 한두 번이 아니었다. 잠못 이루는 밤 고독한 사색 끝에 이루어진 결단은 해결 전망이 없어 보이던 중대한 문제를 해결하는데 있어서 결정적인 열쇠가 되었다. 한일 국교정상화와 베트남파병, 경부고속도로 건설과 향토예비군 창설, 대통령 3선개헌과 주한미군 철수, 남북대화와 10월유신, 중화학공업 건설과 방위산업 육성은 그 대표적인 몇 가지 예다.

인재발굴의 혜안

통치자를 알려면 그 측근을 보라는 말이 있다. 어떤 통치자의 두뇌의 우열을 측정하려면 먼저 그의 측근을 보면 된다. 측근이 유능하고 성실하면 그 통치자가 총명하다고 평가해도 틀림없다. 통치자가 그들의 실력을 알아내고 그들로 하여금 능력을 발휘하고 충성을 다하게 하기 때문이다. 측근이 무능하면 그 통치자는 우둔하다고 평가해도 틀림없다. 그 통치자는 측근 인선에서 이미 잘못을 저질렀기 때문이다. 따라서 통치의 성패는 통치자가 어떤 사람을 쓰느냐에 달려 있다고 해도 과언이 아니다. 그러나 사람을 안다는 것은 어려운 일이고, 사람을 쓴다는 것은 더더욱 어려운 일이다.

인재등용이라는 관점에서 보면 통치자는 두 개의 부류로 크게 나뉜다. 하나는 개인적인 친분이나 같은 당파에 속한 사람들을 중용하는 통치자로, 이런 통치자는 반드시 통치에 실패하게 된다. 왜냐하면 그들은 국가발전이나 국민의 행복보다는 자기들 개인이나 도당의 부귀영화를 챙기는 데 국가권력을 악용하고 국고를 낭비하기 때문에 국가는 쇠퇴하게 되고, 국민생활은 어렵게 된다. 다른 하나는 개인적 친분이나 파당에 대한 고려는 배제하고 통치의 효율을 높일 수 있는 능력을 보유한 사람들을 등용하는 통치자로, 틀림없이 통치에 성공할 수 있다. 유능한 사람들이 그 능력을 발휘하여 국가를 발전시키고 국민의 행복을 증진시킬 수 있기 때문이다. 이런 인재들은 통치자의 통치능력을 증대시킬 수 있는 인간자본을 형성한다.

능력이라는 커다란 장점을 가지고 있는 사람은 또한 커다란 약점을 갖고 있다. 따라서 통치의 효율을 중시하는 통치자는 인재의 약점은 덮어두고 장점을 보고 쓴다. 미국의 남북전쟁에서 링컨 대통령이 북군 총사령관으로 그란트 장군을 임명한 것이 효과를 나타냈다. 링컨 대통령이 장군의 인사를 결정할 적에 장군이 술을 즐긴다는 등 약점에 구애되지 않고, 오직 전투에서 승리한다는 이미 실증된 능력에 착안했기 때문이다. 대통령은 또한 자신을 고릴라 같다고 조롱하고 비난하는 정적인 스탠턴 변호사를 국방장관으로 기용하여 그의 사명감과 추진력을 국난을 극복하는 데 활용했다.

대통령이 5·16혁명 직후부터 1979년까지의 18년 집정기간 중에 정부에 인재를 등용할 때 그 선정기준은 '능력'이었다. 따라서 믿고 맡길 수 있을만한 능력을 보유한 사람이면 여당과 야당과 재야를 가리지 않았고, 과거 자유당이나 민주당 정권 시대의 인물이건, 5·16혁명을 반대한 인물이건 전혀 차별을 두지 않고서 발탁했다.

대통령은 개발도상국인 우리 나라는 비단 경제뿐만 아니라 정치, 외교, 군사, 교육, 과학, 기술, 문화 등 모든 분야에서 급속한 발전을 이룩해야 한다고 생각했으며, 이를 위해서는 모든 분야에서 새로이 성장하여 활동하는 참신한 인재들이 국가발전을 위해 상호작용하고 상호협조할 수 있도록 정부가 이들을 활용해야 한다고 생각하고 정치인, 언론인, 학자, 직업외교관, 직업군인, 경제인 등 사회 각계각층에서 유능한 인재를 찾아 적재적소에 등용했다.

대통령은 행정부처 장관이나 대통령 특별보좌관을 등용할 때는

▲ 조국근대화를 이룩한 박 대통령의 부국
강병정책을 보좌하며 9년 3개월 동안 비서
실장을 역임한 김정렴

▶ 1978년 12월 22일 국무회의를 끝으로 물
러나는 남덕우 경제기획원장관(오른쪽)이
신임 신현확 부총리(왼쪽)의 배웅을 받고
있다.

KIST에서 개발한 FM무선니를 시연해 보는 김종필 총리, 오른쪽이 최형섭 과기처장
관(1972. 5. 19)

대통령 자신이 반드시 그 능력을 검증하는 과정을 밟았다. 즉 마음에 두고 있는 인물을 경제과학심의위원회 상임위원으로 임명한 뒤에 일정기간 동안 그의 능력을 평가하고, 대통령의 기대에 부응할 때 행정부처 장관이나 특별보좌관 등으로 기용했다.

정부의 장관이나 대통령 특별보좌관이 된 사람들 가운데에는 정부정책에 관해 토론하는 공식회의에서 대통령을 눈앞에 마주 보면서 대통령과 정부를 신랄하게 비판하고 국가원수 앞에서 입에 거품을 물고 차마 입에 담기 민망스러운 욕설을 했던 사람도 있다. 그 당시 많은 사람들은 그 사람이 정신이 나간 사람이고, 정보부에 불려가 혼이 날 것이라고 수군거리는 소리도 있었다. 그러나 대통령이 그런 사람을 장관 또는 특별보좌관으로 등용했을 때, 그 당사자가 놀란 것은 말할 것도 없고, 많은 사람들은 한편으로는 크게 놀라면서도 다른 한편으로는 그토록 비판적인 사람을 측근으로 삼은 대통령의 용인술에 혀를 차며 감탄하였던 일도 있다. 대통령은 유능한 인재들의 비판과 힐책에 위험을 느끼기보다는 무능한 측근의 아부와 부패가 자신과 국가에 더 큰 해악을 가져온다고 생각하고 재야의 유능하고 청렴하며, 활력이 넘치는 인재들을 중용했던 것이다. 그런 인재들은 자신들의 비판적 태도에도 아랑곳하지 않고 자신들의 능력을 높이 평가하여 국가건설에 기여할 수 있는 귀중한 기회를 마련해 준 대통령에 대해 그들이 과거에 지녔던 생각을 바꾸고 가장 헌신적이고 열성적으로 국정을 수행함으로써 대통령의 기대에 부응했다.

대통령은 행정 각 부처의 장차관급 고위직 인선을 할 때에는 각 부처의 국장급 간부를 오랜기간 관찰하고 검증한 뒤에 발탁했다. 대통령은 중앙부처나 지방자치단체에 대한 연두순시 때나 수출진흥확대회의나, 또는 정부여당 연석회의 등에서 관계부처 국장이나 기획조정실장이 브리핑을 할 때 이들을 눈여겨 보고 유능하다고 생각되는 공무원은 반드시 대통령이 언제나 지참하고 다니는 수첩에 따로 기록해 두었다. 이것이 대통령의 인사명단 수첩이었다. 이 명단에 오른 공무원은 2년 정도 청와대 관계부서에 파견 근무하게 함으로써 대통령의 국정운영 철학과 국가정책에 대한 학습과 경험을 쌓도록 했다. 이들 가운데 상당수가 4, 5년 뒤에는 도지사나 차관, 장관 등으로 기용되었다.

대통령은 한번 중용한 유능한 인재는 그 지혜와 능력을 장기간 동안 발휘할 수 있도록 신임함으로써 국가정책의 일관성과 지속성, 효율성을 유지했다. 김정렴은 상공부장관과 재무부장관을 거쳐 대통령 비서실장까지 10여년 이상 대통령의 신임을 받았고, 남덕우도 재무부장관, 경제기획원장관, 대통령 특별보좌관까지 9년, 최형섭은 1972년 과학기술처장관으로 임명된 뒤 78년 말 개각 때까지 재직했다. 이 세 사람은 1970년대 중화학공업으로 우리 경제가 비약적으로 발전하는 데 있어서 가장 헌신적으로 대통령을 보필했고, 특히 최형섭은 우리나라 방위산업과 과학기술과 원자력발전의 획기적인 성장기반을 구축해 놓는 데 크게 기여했다.

제3장 잘사는 나라 힘 있는 나라를 위하여

한강의 기적

한 국가의 흥망성쇠를 좌우하는 요인은 여러 가지가 있지만 가장 결정적인 것은 역시 그 국가의 통치자다. 확실히 국가의 통치자가 그 나라가 처한 국내외 상황을 올바로 진단하느냐 못하느냐, 그리고 처방한 정책을 성공적으로 추진하기 위해 국민의 호응과 지지를 확보하느냐 못하느냐 하는 데에 따라 그 나라의 성쇠와 흥망이 좌우된다.

한 나라의 통치자가 상황판단과 정책결정, 그리고 정책수행의 능력을 갖추고 있지 못해 그 나라를 혼란의 나락으로 몰아 넣거나 심지어는 망국의 구덩이로 떨어뜨리는 비극적인 사례들은 세계 역사와 우리의 역사에 생생하게 기록되어 있다.

특히, 통치자가 국가정책을 결정할 때 국내외 상황의 변화에 대한 예측을 잘못하거나 오판을 할 경우에는 그 정책이 달성하려한 목적은 달성될 수 없을 뿐 아니라 국가는 중대한 위험에 빠질 수도 있다.

통치자가 결정하는 국가정책에는 언제나 이러한 위험이 따른다. 왜냐하면 국내외의 상황변화는 언제나 불확실성 속에 가려 있는 경우가 많기 때문에 이에 대한 예측은 아무리 신중을 기해도 정확할 수가 없기 때문이다. 그러나 이러한 위험에도 불구하고 통치자는 하루에도 많은 정책결정을 해야 하며, 그러한 결정에 국가의 존립과 발전이 좌우되는 것이다.

통치자의 정책은 명백하고 확정적인 것일 수도 있고, 불분명하고 유동적인 것일 수도 있으며, 합리적이고 과학적인 올바른 분석의 결과일 수도 있고, 불합리하고 옳지 못한 과대망상의 소산일 수도 있다.

통치자의 정책결정은 그의 권의에 긍정적 또는 부정적 영향을 미친다. 현명한 결정은 그의 권위와 지지기반을 강화하고, 무모한 결정은 그의 권위와 지지기반을 약화시킨다.

미국의 위대한 대통령 가운데 한 사람으로 꼽히는 프랭클린 루스벨트 대통령은 그의 친구에게 국가의 정책결정에 대해 이렇게 말했다고 한다.

"나는 밤에 베개를 베고 누우면 낮에 내앞에 닥쳤던 일들과 내가 내린 결정에 대해 생각한다. 나는 내가 할 수 있는 최선을 다했다고 스스로 다짐한다. 그러고 나서 나는 몸을 뒤척이며 잠이 든다."

한편 무능한 대통령으로 지목되고 있는 하딩(Harding)은 자기 친구에게 이렇게 말했다고 한다.

"한편에 귀기울이면 그들이 옳은 것 같고, 다른 편의 이야기를 들어보면 그들이 옳은 것 같다. 마침내 나는 처음의 원위치에 있는 나자신을 발견한다. 하느님, 이게 무슨 직업입니까?"

루스벨트는 대통령이 결정해야 할 정책을 최선을 다해 결정한 뒤 그것이 잘한 결정인지 아닌지를 놓고 고민하는 모습을 보여 주고 있고, 하딩은 여러 사람의 의견을 듣고 어떻게 해야 할지를 몰라 대통령이 결정해야 할 정책을 결정하지 못한 자신의 신세를 한탄하는 모습을 보여 주고 있다.

셰익스피어의 희곡 '끝이 좋으면 모두 좋다'의 1막 1장에는 이런

대목이 있다. '우리가 하늘에 달렸다고 생각하는 구제책도 때로는 우리 인간 자신 안에 있지.'

어느 국가, 어느 사회나 현재의 모습을 형성한 것은 신의 섭리나 운명이 아니라 그 국가의 지도자와 국민의 선택과 결정이다. 19세기 말 미국과 아르헨티나는 광활한 땅, 풍부한 천연자원, 급증하는 이민자 등 아주 비슷한 여건에 놓여 있었다. 그러나 20세기 후반 미국은 세계 제1의 초대강국으로 발전한 데 반해 아르헨티나는 국가채무 불이행(디폴트 ; default)을 걱정해야 할 만큼 빈약한 나라로 정체되어 있다. 이것은 두 나라의 지도자와 국민의 현명한 선택과 잘못된 선택이 가져온 결과라고 인식되고 있다.

1961년 11월 5·16혁명 뒤 케네디 미국대통령의 초청으로 미국을 방문한 대통령은 11월 17일 뉴욕유학생에 대한 격려사에서 국가의 흥망은 지도이념과 목표의 유무에 달려 있다는 점을 강조했다.

"현대의 가장 위대한 역사 철학가인 '아널드 토인비'는 일찍이 '한 국가의 흥망은 단결, 근면, 성실에 달려 있다'고 갈파하였는데 본인은 여기에 국가의 방향, 목표를 추가하고 싶습니다. 지도이념이 없고 근본원리가 서 있지 않는다면 단결, 근면, 성실도 별무효과일 것입니다."

어느 시대 어느 국가에 있어서나 국가가 융성하고 발전하려면 그 국가가 추구하는 이념이 원대하고 그 국가가 지향하는 목표가 뚜렷하며 이러한 이념과 목표를 이루고야 말겠다는 국민들의 강인한 의지와 단결의 힘이 있어야 한다. 이것이 인류역사의 교훈이다.

이념은 사람들의 열정을 불러일으켜 행동하도록 유도하는 상징과 표상의 체계다. 그것은 어떤 목표에 대해 진술하고 있고 그 목표를 이루기 위한 행동의 체계와 양식을 제시하며 사람들을 결합하고 그들의 단합된 힘을 목적달성을 위해 집중하도록 한다.

따라서 국가의 최고지도자는 그 국민들이 추구해야 할 이념과 목표를 설정하고 이것을 달성할 수 있는 정책을 수립해 추진해야 한다. 국민들이 목표와 방향 없이 방황하고 표류할 때 그 국가는 발전할 수 없다.

특히 국민들이 무엇을 위해서 어떠한 자세로 얼마나 노력해야 하는지를 알지 못하고 서로 상쟁하고 방황한다면 불투명하고 불확실한 격동의 세계에서 국가는 쇠퇴하고 국민은 도탄에 빠질 수밖에 없다.

실제로 8·15 해방 뒤 이 나라의 정치지도자들은 국가의 이념과 목표를 설정하지 못하고 우선 당장 하기 쉬운 일이나 눈앞에 보이는 작은 성과를 노리고 그것에 국민의 관심을 집중시켜 인기를 얻으려 했다. 그 결과 국민들은 당장의 안일이나 불로소득을 좋아하고 작은 이익에 만족하고 외국의 원조나 얻어 먹으려는 의타적인 생활에 익숙해져 있었다.

국가의 목표가 없었기 때문에 국민들은 미래에 대한 희망을 갖지 못하고 좌절했으며, 그들이 자신과 국가의 앞날을 위해 해야 할 일이 무엇인지를 몰라 방황하고 사대사상에 경도되고, 개인들이나 집들은 이기적인 목표를 위해 서로 상쟁을 일삼아 이 나라는 희망 없는 나라로 전락했다.

1961년 5월 16일 대통령이 군사혁명을 일으켰을 무렵 우리나라는 경제적으로 너무나 낙후되어 빈곤 속에 허덕이고 있었으며, 군사적으로는 공산주의 침략자의 군사적 위협을 저지할 수 있는 국방력이 없어서 경제와 국방을 모두 미국의 경제 및 군사원조에 의존하고 있었다. 이러한 절박한 상황에서도 이 나라의 정치지도자들은 국가건설의 이념과 목표를 세우고 국민의 분발을 촉구하지 못하고 허송세월을 보내고 있었던 것이다.

일찍이 역사상 인간이 이룩한 위대한 사업들은 모두가 원대한 목표와 신념을 공유하고 있는 국민들에 의해 성취된 것이다.

목표가 분명하고 신념이 확고할 때 사람들은 새로운 세계에 도전할 수 있는 개척정신과 모험정신을 발휘할 수 있고, 성취하고자 하는 일에 대한 헌신과 노력을 집중할 수 있으며, 앞을 가로막는 장애와 시련을 뛰어넘을 수 있은 용기와 감투정신을 굳게 지켜 나갈 수 있는 것이다.

대통령은 이러한 사실을 통찰하고 있었다.

뚜렷한 목표와 이것을 달성하고야 말겠다는 불굴의 신념은 산을 움직이는 힘이 있고 세상을 바꾸어 놓는 위력이 있으며 현실을 혁신하고 미래를 창조하는 동력을 창출해 낼 수 있다는 것이다.

그래서 대통령은 국가의 이념과 목표를 세우고 이것을 반드시 달성하겠다는 신념으로 스스로를 무장한 다음에 국민의 마음속에 이러한 목표와 신념을 불어넣음으로써 국민의 힘을 분출시켜야 한다고 생각했다. 이러한 판단에 따라 대통령은 3단계의 국가목표를 세웠다. 우리의 궁극목표는 평화통일이고, 중간목표는 조국의 근대화이며, 당면목표는 경제건설이라는 것이 그것이다. 즉 경제건설을 촉진하여 근대화를 이룩하고 여기서 축적된 부국강병의 막강한 국력으로 평화통일을 이룩한다는 것이다.

이것은 우리 국민 누구나가 공명하고 있는 이념이었고 목표였다.

8·15광복 뒤 이 나라에는 격동과 시련이 거듭되었고, 이 때문에 한동안 우리의 전국토에는 검은 먹구름이 끼어 있었다. 해방의 감격과 환희는 국토분단의 충격으로 절망과 좌절로 뒤바뀌었다. 번영에 대한 희망과 기대는 동족상잔의 참혹한 전란 속에 사라져 버렸다. 분별없이 모방한 서구민주정치제도는 무질서와 혼돈을 가져왔다. 그리하여 이 땅에는 빈곤과 불안의 악순환이 되풀이되고 있었다.

그러나 그 혹독한 시련과 고난 속에 우리 국민들은 간절한 소망을 키우고 있었다. 국토분단과 동족상잔의 상처가 너무나 깊었기에 평화와 통일에 대한 염원이 절실했고, 가난과 불안 속의 생활이 너무도 뼈아팠기에 번영과 안정을 향한 열망도 더욱 뜨거워지고 있었다.

5·16 혁명 직후 대통령 자신과 우리 국민들의 가장 절실한 소망은 빈곤이 없는 번영이었고 전쟁이 없는 평화였으며 분단이 없는 통일이었다.

너무나 가난하게 살아온 우리 국민에게 있어서 번영 속에 풍요롭게 산다는 것은 하나의 꿈이었고, 소망이었다. 또 6·25전쟁으로 전쟁의 참화를 겪은 우리 국민들에게 있어서 전쟁의 위험이 없는 평화 속에 산다는 것은 간절한 염원이었고 희망이었다. 그리고 국토의 인위적인 분단으로 하나의 민족이 분열되어 살아온 우리 국민에게 있어서 남북한의 통일은 역사적 소명이었고 사명이었다.

그래서 대통령은 우리 국민들이 그토록 열망하고 있는 번영과 평화와 통일은 우리 세대가 반드시 구현해야 할 국가적인 이념과 목표로 삼아야 한다고 생각한 것이다.

대통령은 번영과 평화와 통일에 대한 우리 국민들의 소망과 염원을 실현하기 위해 우리가 무엇보다도 가장 우선적으로, 또 가장 중점적으로 온 힘을 기울여야 할 과업은 바로 경제건설과 근대화작업이라고 생각했다.

지난 수천년 이어져 내려온 그 찌든 가난은 이 나라의 모든 분야에 정체와 쇠퇴의 먹구름을 드리우고 있었다. 절대빈곤, 그것은 우리를 괴롭히고 있는 모든 문제의 근본원인이었다. 따라서 우리가 안고 있는 모든 문제를 풀 수 있는 열쇠는 바로 이 빈곤을 몰아내는 데 있고 이 절대빈곤을 퇴치할 수 있는 길은 바로 경제건설과 근대화작업을 성공적으로 추진하는 데 있다는 것이다.

대통령은 우리가 경제건설과 근대화작업을 꾸준히 추진해 나간다면 번영을 이룩하고 국력을 증강할 수 있으며, 가난한 이 나라를 잘 사는 나라로 탈바꿈시키고, 힘없는 이 나라를 힘이 있는 강국으로 성장시킬 수 있다고 확신하고 있었다. 한 마디로, 오랫동안 가슴속에 간직해 온 자립경제 건설과 자주국방 건설을 통해 부국강병의 꿈을 실현할 수 있고, 그러한 국력의 힘으로 조국의 평화통일을 추구해 나갈 수 있다는 것이다.

대통령은 하나의 확고한 신념을 갖고 있었다.

아무리 가혹한 시련이 밀어닥친다고 하더라도 우리의 운명은 우리들의 용기와 노력으로 우리가 원하는 방향으로 개척해 나갈 수 있다는 믿음이 그것이다. 대통령은 인간이 이룩한 모든 업적들은 그것이 실현되기 이전에는 모두가 하나의 꿈이었다는 사실을 강조하고 자립경제와 자주국방은 이룰 수 없는 꿈이라고 체념하는 국민들에게 그것을 이룩할 수 있다는 희망과 용기를 일깨워 나갔다. 대통령은 자립경제와 자주국방 과업의 추진을 위해 전국의 생산과 건설의 현장을 누비고 다니며 참다운 국민의 지도자가 없다고 한탄하던 바로 그 암울한 시기에 국민들이 밝은 앞날에 대한 희망과 꿈을 갖게 함으로써 국민들 스스로 각성하고 분발하여 피땀 흘려 일하게 만든 국민의 정신적 지주가 되었다.

대통령은 전쟁으로 불타고 파괴된 절망적인 가난 속에서 나태하고 안일한 국민을 일깨워 생산과 건설과 수출을 지도하여 자신의 집정기간에 자립경제와 자주국방 과업을 완수하였으며, 부국강병을 통한 평화통일의 토대를 마련해 놓았다.

외국인들은 이것을 '한강의 기적'이라고 했다. 60년대 초에 우리나라에는 경제자립이나 자주국방이 이루어질 수 있는 여건이라고는 아무것도 없었는데 이러한 일이 이루어졌으니 참으로 놀라운 기적이라는 것이다.

1945년 해방 뒤 우리의 국토가 남북으로 분단되고, 1950년 북한 공산주의자들의 남침으로 수백만의 남북동포가 생명을 잃고 피를 흘렸으며, 휴전 뒤 굶주리고 헐벗은 우리 국민들은 스스로를 엽전이라고 자기비하하고 남의 나라에 구걸하고 의존하고 주눅들어 살아왔다.

60년대 초 우리나라의 가장 큰 문제는 빈곤의 악순환이었다. 원시적 영농, 식량부족, 공업의 빈약, 동력에너지의 부족, 상업의 비대화, 국민소득의 저하, 사회구조의 전근대성, 중산계층의 결여, 도시와 농촌의 생활방식의 격차, 높은 문맹률, 높은 출생률과 사망률 등 때문에 우리 국민들이 먹고 입을 것이 절대적으로 부족했다. 게다가 자생적인 경제 발전의 여건이라고는 어느 한 가지도 없었다.

한 마디로 1960년대 초 우리가 제1차 경제개발 5개년계획에 착수할 당시 우리나라는 아시아의 다른 개발도상국가에 비해 여러 가지 면에서 가장 어려운 상태에 있었다.

그러나 그 처참했던 전란과 빈곤의 멍에를 벗어던지기 위해 조국의 근대화작업에 착수한지 20년도 안 되는 그 짧은 기간에 우리는 이른바 '한강의 기적'이라는 경제발전을 이룩한 무서운 민족으로 재기하는 데 성공했다.

우리는 네 차례의 경제개발 5개년계획을 성공적으로 추진하여 급속한 공업화를 이룩하고 고도의 경제성장을 지속시켜 왔다.

우리나라의 경제발전은 그 성장의 속도와 발전의 규모에 있어서 유례가 없는 것이었다. 그처럼 짧은 기간 내에 그처럼 거창한 근대화과업들이 완수되어 그처럼 많은 국민들에게 개발의 혜택이 골고루 돌아간 일은 일찍이 산업혁명에 성공한 선진공업국가에서도 찾아보기 어려운 일이었다.

그리하여 우리나라는 2차대전 후 많은 개발도상국가들이 실패한 근대화와 경제개발의 모험에 뛰어들어 눈부신 성공의 금자탑을 쌓아올림으로써 20세기 후반에 후진국 경제개발의 모범국가가 되었고, 60년대 초 우리를 앞섰던 아시아의 다른 나라들을 훨씬 앞질러 나가게 되었다.

그래서 외국인들은 세계에서 가장 가난한 나라의 하나였던 한국에서 '한강의 기적'이 일어났다고 감탄한 것이다.

70년대 '세계의 기적'

대부분의 경제학자들은 경제 발전에 필요한 기본적인 요소로 자원, 자본, 기술 그리고 높은 교육수준 등을 꼽고 있다.

60년대 초 인도, 인도네시아, 말레이시아, 태국, 필리핀 등은 이러한 기본요소들을 우리나라보다 훨씬 많이 가지고 있었다.

우선 자원면에서 보면 인도네시아는 없는 것이 없는 자원부국이었고, 한국은 아무것도 없는 자원빈국이었다. 자본이나 기술축적의 면에서 보면 60년대 초 한국은 말레이시아와는 비교도 안 될 만큼 그 수준이 낮았다.

교육열과 교육수준 그리고 일하려는 의욕에 있어서도 다른 아시아 국가들은 우리나라보다 뒤지지 않았다.

그러나 지난 60년대와 70년대에 세계에서 유래가 없는 고도의 경제성장을 꾸준히 이룩한 나라는 대한민국이었다.

자원, 자본, 기술, 높은 교육수준이 앞섰던 다른 나라들은 제자리걸음을 하고 있었는데 아무것도 가진 것이 없던 한국이 오히려 눈부신 경제발전을 이룩할 수 있었다는 이 사실은 무엇을 뜻하는가? 그것은 한국경제발전의 결정적인 요인 가운데에는 학자들이 말하는 기본적인 요소와는 다른 요인이 있었다는 것을 말해 주는 것이다.

국내외의 학자들이 그 다른 요인이 무엇인가를 구명하고 노력했다. 결론은 분명했다. 한국에는 60년대와 70년대에 다른 나라들에는 없었던 지도력이 뛰어난 통치자가 있었다는 것이다.

즉, 우리나라가 경제발전을 이룩할 수 있었던 가장 결정적 요인은 바로 대통령의 지도력이었다는 것이다.

우리나라는 제1차 5개년계획 때부터 정부가 국가의 경제개발을 계획하고 집행하는 정부주도의 경제개발을 하고 있었다.

정부가 경제개발 계획을 수립한다는 것은 먼저 개발의 목표를 정하고 성장의 속도를 정하는 것이며, 국가의 필요성에 비추어 발전을 장려하고 촉진해야 할 분야와 지역을 정하는 것이다.

그리고 정부는 그러한 경제개발 계획을 성공시키기 위해 필요한 법령을 제정하고 예산을 확보해야 한다.

정부는 필요에 따라 법의 테두리 내에서 세금을 가볍게 또는 무겁게 징수하고 기업에 융자를 해주거나 제한한다. 정부는 철도와 도로, 항구와 비행장, 통신과 주택건설을 담당해야 하며, 에너지의 원천인 전기, 석탄, 석유, 원자력도 확보해야 한다. 국가의 공공기관으로 하여금 연구사업을 추진시키고 공장과 기업체를 국토 전역에 균형 있게 분산 배치해야 한다. 사회보장제도와 기술교육을 통하여 국민들이 산업화로 인한 직업상의 변화에 적응할 수 있도록 배려해야 한다.

다시 말해서 정부가 주도하는 경제개발에 있어서 정부는 국가의 재정적, 기술적 자원을 가지고 다양한 생산과 서비스 활동에 직접 개입하는 거대한 생산자이며 민간투자에 필요한 하부기반을 마련해 주기 위해 도로와 항만, 철도와 같은 사회간접자본을 확충하는 건설자이며, 산업구조의 고도화에 필요한 외국자본의 도입을 교섭하고 외자를 효율적으로 운영하는 관리자다. 따라서 생산자로서,

건설자로서, 관리자로서의 기능을 능률적으로 수행하기 위해서는 행정수반의 '단호하고 기민한 지도력'이 필요하다는 것이다. 대통령은 네 차례의 경제개발 5개년계획을 추진하면서 바로 그러한 지도력을 제공했고 그것이 '한강의 기적'을 이룩한 원동력이 되었다는 것이다.

버마 정부에서 2년간 근무한 바 있는 미국 MIT대학의 경제학자인 헤이건은 버마의 관리들이 경제발전을 위한 그들의 강렬한 욕망을 공언했지만, 그들은 그 목적을 위해 그들이 마음대로 이용할 수 있는 자원을 효과적으로 이용하지 못했다고 지적하고 그 원인은 개발정책을 효과적인 방법으로 강력히 추진해 나가는 지도력의 부재라는 연구결과를 발표한 바 있다.

경제발전에 대한 강력한 욕구를 공유하고 있으면서도 버마에는 확고한 신념과 단호한 추진력을 갖춘 통치자가 없었기 때문에 버마는 경제발전에 실패했다는 것이다.

《아시아의 드라마(Asian Drama)》의 저자이며 후진국 개발문제에 탁견을 가지고 있는 미르달(Myrdal, Karl Gunnar)은 가난한 나라의 정부의 연약성 그 자체가 빈곤의 한 원인을 이루고 있다고 말했다. 즉, 가난한 나라의 그 가난과 연약한 정부 사이에는 밀접한 관계가 성립된다는 것이다.

부강한 나라에는 국가를 효과적으로 다스릴 수 있는 재원이 있으며, 따라서 가난한 사람들의 결사적인 정치압력이 존재하지 않는다.

그리고 정부가 잘못을 저지르거나 실수를 해도 큰 문제가 되지 않는다. 부강한 나라에는 그럴만한 여유가 있기 때문이다.

그러나 가난한 나라의 정부는 정치적으로 결정적인 취약점을 가지고 있다. 정부는 가난한 사람들을 책임지고 돌봐야 하지만, 그들의 빈곤을 해결할 수 있는 재원을 가지고 있지 못하며, 강력하고 능률적인 행정사무를 감당할 인적, 물적 자원도 가지고 있지 않다.

따라서 가난한 사람들은 정부에 대해 감당할 수 없는 정치적 압력을 가하고, 이 압력 때문에 정부의 기능은 마비되고, 빈곤상황은 더욱 악화된다는 것이다.

오늘날 아시아·아프리카의 개발도상국가들이 빈곤의 질곡에서 벗어나지 못하고 있는 가장 큰 원인은 바로 그들의 정부가 무력화되고, 경제개발을 추진할 지도력이 없는 데 있다는 사실은 잘 알려진 일이다.

한 나라의 경제발전 성패를 좌우하는 것이 통치자의 지도력이라는 사실은 비단 개발도상국가뿐만 아니라 선진국가의 경험의 의해서도 입증되었다.

2차 세계대전 후 서독과 일본이 폐허의 잿더미 위에서 세계 최대의 경제대국으로 성장한 것은 그들의 통치자들이 단호하고 기민한 지도력을 발휘하여 국민의 저력을 경제발전에 결집시킬 수 있었기 때문이었던 것이다.

또 1950년대 후반에 프랑스가 제4공화국의 정치적 혼란과 무정부상태에서 벗어나 제5공화국에서 정치안정을 바탕으로 근대화와 자주국방 건설에 성공하여 이른바 '프랑스의 영광'을 회복한 것도 프랑스인들이 구국의 영웅으로 숭앙하고 있는 드골 대통령의 단호한 지도력이 그 원동력이 되었던 것이다.

그러나 우리나라의 야당정치인들은 한 나라의 경제발전과 자주국방을 이룩하는 데 있어서 가장 결정적인 요소는 국가지도자의 뛰어난 지도력이라는 사실을 부정한다.

그들은 대통령이 아닌 다른 사람이 집권했더라도 60년대와 70년대에 우리나라는 경제발전과 자주국방을 이룩할 수 있었을 것이라고 주장한다. 다시 말해서 한국의 자립경제와 자주국방 건설은 대통령의 지도력에 의해 이루어진 것이 아니라는 것이다.

대통령은 누구나 대통령이 되면 할 수 있는 일을 했을 뿐이다. 대통령은 경제개발을 성공적으로 추진하는 데 매우 유리한 시대에 대통령의 자리에 있었다. 대통령이 경제개발을 추진한 60년대는 세계적으로 개발의 연대였으며, 그는 단지 그 개발의 붐을 탈 수 있는 행운이 있어서 경제발전을 이룩하는 데 성공한 것뿐이다. 특히 그 무렵 우리 국민의 높은 교육수준과 65년 한일 국교정상화 후 일본으로부터 받은 유·무상원조 8억 달러, 일본과 미국으로부터 도입한 상업차관과 정부차관 20여 억 달러의 외국자본 그리고 우리의 기업인과 근로자들의 피땀어린 노력이 원동력이 되어 경제발전이 이루어진 것이다. 수천만 우리 국민들이 기뻐하고 있고, 많은 외국인들이 찬사를 보내고 있는 것은 대통령의 집권시에 운좋게 이루어진 경제발전과 자주국방 그자체일 뿐이지 그의 뛰어난 지도력이 아니다. 따라서 대통령이 아니었으면 그러한 발전이 불가능했을 것이라고 주장하는 것은 말이 안 되는 소리이며 그가 아닌 다른 사람이 대통령 자리에 있었더라도 그러한 발전을 이룩할 수 있었을 것이라는 것이다.

그렇다면 우리나라뿐만 아니라 다른 개발도상국가들도 우리나라만큼의 경제발전을 이룩했어야 할 것이다. 그러나 많은 개발도상국가들이 경제개발과 민주화를 추진했으나 되풀이되는 정변 속에 경제발전도 못하고 민주화도 이룩하지 못한 채 쇠퇴의 길로 빠져들었다.

확실히 1960년대는 경제개발을 위한 절호의 기회였다. 그러나 기회가 있다고 해서 모든 개발도상국가들의 지도자들이 경제발전과 자주국방을 이룩한 것은 아니었다. 그 기회를 포착하고 활용할 줄 아는 유능한 지도자들만이 그러한 큰 업적을 성취할 수 있었던 것이다.

농서고금의 역사에 기록된 위대한 업적들을 보더라도 그것은 뛰어난 지도자들이 그 시대에 있었던 큰 기회를 놓지 않고 비상한 지도력을 발휘했기 때문에 이루어진 것이다. 위대한 업적이란 누구나 같은 시기에 국가지도자의 자리에 있기만 했으면 저절로 이루어질 수 있는 '직위의 산물'이 아니다. 그것은 실로 비상한 능력과 의지와 개성을 지닌 통치자의 '지도력의 산물'인 것이다.

대통령 이전의 이 나라 통치자들이 경제발전과 자주국방을 이룩하지 못했고, 또 대통령 이후의 역대 집권자들이 대통령이 이룩해 놓은 자립경제와 자주국방의 기반을 약화시켜 국민들을 불안과 고통속에 빠뜨리고 말았다는 사실은 바로 집권자의 뛰어난 지도력이야말로 경제발전과 자주국방의 결정적 요인이라는 사실을 입증하고 있다.

경제발전과 자주국방을 이룩하는 데 있어서 대통령의 지도력을 부정하는 사람들은 한일 국교정상화 후 도입된 외국자본이 큰 원동력이 되었다고 주장한다. 물론 그것은 사실이다. 그러나 그들은 중요한 사실을 잊고 있다. 즉 그들은 바로 한일 국교정상화와 외자도입을 결사반대한 장본인들이라는 사실과 한일 국교정상화와 외자도입은 그들의 결사적인 저항을 무력화 시킨 대통령의 '단호하고 기민한 지도력'이 있었기 때문에 가능하게 되었다는 사실을 까맣게 잊어 버리고 있는 것이다.

대통령이 아닌 다른 사람이 통치자였더라도 과연 그토록 저항이 격렬했던 한일 국교정상화와 외자도입 정책을 끝까지 밀고 나갈 수 있었겠는가? 대통령이 아니었다면 한일 국교정상화 자체가 이루어지지 못했을 것이며 개방과 개혁도 성사되지 못하여 외자도입에 의한 경제건설과 자주국방 건설은 불가능해졌을 것이다.

그 무렵 야당의 대통령 지망 정치인들은 모두 한일회담을 '매국'이라고 규탄했고 외자도입 정책을 '외자망국'이라고 반대하지 않았는가?

대통령의 지도력의 중요성을 부정하는 사람들은 누구나 대통령이 되면 그의 능력과는 관계없이 주위환경과 도전이 그로 하여금 필요한 응전을 하게 만든다고 주장한다.

예컨대 빈곤의 고통이 심하면 경제개발을 하게 되고 침략의 위험이 있으면 국방력을 강화하게 된다는 것이다. 그러나 이러한 주장도 역사적 사실과는 거리가 멀다.

국가지도자가 무능하여 필요한 응전을 하지 못하여 나라를 망치고 국민을 도탄에 빠뜨린 실례가 동서고금의 역사에 얼마나 많은가? 또 2차대전 후 빈곤과 침략의 위협 속에 살면서도 경제건설과 자주국방을 이룩하지 못하고 있는 나라들이 얼마나 많은가?

중대한 도전에 대한 효과적인 응전과 문제해결은 저절로 이루어지는 것이 아니다. 그것은 강인한 의지를 지니고 새로운 상황에 효과적으로 대처할 수 있는 능동적이고 창조적인 지도자가 있을 때 가능한 것이다. 국민의 의욕과 희망을 북돋아 주고 닥쳐올 도전에 대처할 수 있는 국민의 능력과 자신감을 신장시켜 나갈 수 있는 유능한 지도자가 있을 때 시련과 도전은 성공적으로 극복되고 발전이 이루어질 수 있는 것이다.

일부 야당인사는 박정희 대통령이 없었더라도 다른 누군가가 경제발전을 이룩했을 것이라고 주장했다. 김영삼은 이런 말을 했다.

"그때 시대상황이 경제적으로 좋아질 수 있는 여건에 있었다. 만일 박 대통령이 아니고 민주주의 정권이었으면 경제적으로 굉장히 커질 수 있었다. 박정희 때문에 경제가 발전되었다고 할 수는 없다. 경제인들의 말을 들어보면 군사쿠데타가 일어나 경제가 6년 후퇴했다고 하였다."

5·16군사혁명 후 우리 경제는 연평균 10% 이상의 고도성장을 18년간 지속해 왔는데 우리 경제가 6년 후퇴했다니 이 말을 믿을 사람이 어디 있는가? 민주주의 정권이었으면 경제적으로 크게 발전할 수 있었을 것이라고 주장한 김영삼 자신이 1990년대에 민주화의 파도에 실려 대통령이 되었을 때 이 나라의 경제는 과연 그의 말대로 굉장히 커졌는가? 경제가 파탄되어 국제통화기금에서 구제금융을 받아 오지 않았는가?

김영삼과는 오랫동안 정치적 앙숙이며, 대통령의 정적인 김대중조차도 한국의 경제발전을 이룩한 대통령의 공적은 인정한다고 공언하고 있는 마당에 유독 김영삼은 이것을 부정하고 있었다.

오늘날 우리 국민 가운데 대통령이 없었더라도 한국은 세계인들이 놀란 경제발전을 할 수 있었을 것이라고 믿는 사람은 거의 없다는 엄연한 사실에 대해서도 김영삼은 눈을 감고 귀를 막고 있는 것이다.

우리 국민의 절대다수는 한국의 경제발전을 이룩한 것은 바로 국민의 잠재적인 저력을 생산과 건설과 수출의 동력으로 분출시킨 대통령의 그 기민하고 단호한 지도력이었다고 믿고 있다. 즉, 조국의 근대화라는 뚜렷한 국가목표를 제시하여 국민들의 마음속에 그것을 위하여 피땀 흘려 일할 만한 가치와 보람이 있다는 확신을 심어주고 잠자던 민족을 일깨우고 우리도 할 수 있다는 자신감을 갖고 분발케 한 대통령의 지도력이 경제발전의 기폭제가 되고 추진력이 되었다고 생각하고 있는 것이다.

우리나라가 비약적인 경제발전을 이룩할 수 있었던 것은 우리 국민들의 자질이 우수했고, 훈련된 인적자원이 풍부했기 때문이라고 말하는 사람이 적지 않다. 그 말이 일면의 진실을 담고 있는 것은 사실이다.

그러나 국민들이 그렇게 훌륭한 자질과 잠재력을 가지고 있는데도 불구하고 5·16혁명 이전에는 왜 경제발전을 이룩하지 못했는가?

그러한 국민의 우수한 자질과 저력을 생산적인 힘으로 분출시킬 수 있는 국가지도자가 없었기 때문이다.

대통령은 60년대와 70년대에 조국의 근대화작업을 추진하면서 우리나라가 모든 부문에서 국내외의 예상을 뒤엎고 지속적인 성장과 발전을 이룩할 때마다 그 원동력은 피땀 흘려 일한 우리 국민들의 노력이라는 점을 강조하고 국민들의 노고를 치하했다.

그러나 우리 국민들에게 그들이 우수한 자질과 저력을 지니고 있음을 자각케 하고 그 자질과 저력을 거대한 생산적인 힘으로 분출시켜 이 나라를 근대화한 것은 바로 대통령 자신이었다.

대통령은 또한 경제정책에 정통한 경제각료들과 공무원들의 헌신적인 봉사가 경제발전의 큰 힘이 되었다고 그들의 공헌과 수고를 높이 평가했다.

그러나 그러한 인재를 적소에 등용하여 자유롭게 수완과 능력을 발휘하도록 독려하고 근대화작업과 경제건설에 헌신할 수 있도록 지도하고 보호한 것은 대통령 자신이었다.

대통령은 기회 있을 때마다 우리 기업인들이 경제발전의 견인력이 되었다고 그들의 공로를 인정했다.

그러나 기업과 기업인들을 육성하고 격려하여 수출전선의 용사로 만든 것은 바로 대통령 자신이었다. 국가와 민족의 필요가 조국근대화작업을 탄생시킨 어머니였다면 대통령의 지도력은 근대화작업을 추진한 역군들을 성장시킨 유모(乳母)였다고 비유될 수 있을 것이다.

일제강점기에 일본인들은 한국인은 게으르고 더럽고 협동심이 없는 민족이라고 경멸했다. 해방 후 구미인들은 한국에서 민주주의를 기대하는 것은 쓰레기통에서 장미꽃이 피기를 기대하는 것과 같다느니 한국의 경제부흥은 불가능한 일이라는 등 멸시하는 발언을 서슴치 않았다.

그러나 1970년대 후반에 이르러 세계는 대한민국과 한국인을 다시 보기 시작했다. 그들은 '한국인은 일하기 위해서 세상에 태어났는가? 어떻게 그토록 열심히 일할 수 있느냐? 어떻게 노사가 하나로 뭉쳐 일할 수 있느냐?'고 반문하면서 한국인의 민족적 저력에 대해 찬사를 보냈다.

대통령이 서거한 뒤 1980년대에 자유세계에 속한 많은 개발도상국가와 러시아와 중국 등 사회주의국가의 지도자와 학자들은 우리나라의 학자와 대통령시대의 고위관료들을 초청하여 한국의 경제발전에 대한 자문과 조언을 경청했다.

그들의 공통되고 한결같은 질문은 '한국이 경제적 기적을 성취할 수 있었던 비결이 무엇이었느냐?' 하는 것이었다. 그들이 얻은 대답은 다음 한마디였다. '박정희 대통령의 지도력과 국민들의 단합된 힘이었다.'

대통령은 부국강병을 위해 가장 필요한 전략산업을 정선하여 정부의 전폭적인 지원으로 중점육성하여 단기간 안에 공업화의 단계를 높여 그 효과가 국민경제 전반에 파급되도록 했다. 제1차 5개년계획 수립 무렵에는 이 계획이 불가능한 계획이고 따라서 실패할 것이라고 비판한 국내외의 이른바 전문가들은 이 계획이 그 목표를 초과달성하자 선뜻 믿지 못하겠다는 태도를 보였다. 그러나 이 계획이 성공한 데는 분명한 비결이 있었다. 그것은 한 마디로 대통령의 지도력이었다.

즉 경제개발의 목표화 전략을 분명하게 국민 앞에 제시하고 이 목표를 달성하겠다는 국민의 개발의지를 고취하고 국민을 이끌고 나간 대통령의 지도력이 바로 그 비결이었던 것이다.

대통령은 경제개발 초기부터 기민하고 단호한 지도력을 선보였다.

대통령은 안정적인 정치체제, 능률적인 행정조직, 엄격한 법치주의, 유능한 공무원의 육성보호와 철저한 신상필벌, 창의적인 기업에 대한 특별지원 등을 통해 공업화를 촉진하고 국력증강을 지속시켜 나갔다.

대통령은 특히 5·16혁명 직후 경제기획원을 신설하여 경제정책을 입안하고 집행하는 선도적 기관으로서의 책무를 부여하고 정치권이나 각종 사회집단의 압력에 초연할 수 있는 자율성을 보호해 주었으며, 유능하고 사명감 있는 엘리트를 충원했다.

그리하여 경제기획원은 제1차 경제개발 계획을 성안하고 우리나라의 현실에서 가장 우선적으로 개발해야 할 산업을 선정하여 이러한 산업들을 발전시킬수 있는 방책을 강구했고 전략산업 분야에 있어서 기업들 간의 경쟁과 마찰을 조정하고 기업들의 경제활동을 지도하는 역할을 수행함으로써 우리 경제의 지속적인 고도성장을 선도했다.

대통령은 주어진 여건을 최대한으로 활용하였을뿐 아니라 필요한 제도를 새로 창설하여 가장 실용적인 접근방식과 가장 효율적인 전략으로 조국의 근대화작업에 국민의 힘을 집중시켜 그 누구도 예상하지 못한 급속한 경제성장을 이룩함으로써 자립경제와 자주국방,

즉 부국강병의 목표를 달성한 것이다.

대통령의 이러한 비범한 지도력이 1970년대 후반에 이르러 대한민국을 가장 성공적인 신흥공업국가로 도약시킨 원동력이 된 것이다.

우리나라는 세계 역사상 가장 짧은 기간 내에 눈부신 공업화를 달성했다. 자본형성률, 공업화율, 중화학공업화율, 공업발전의 단계 이행속도에 있어서 선진공업국가들의 역사적 경험을 앞섰다.

우리나라의 국민소득 통계의 기점인 1953년에 자본형성률은 7%에 지나지 않았다. 그러나 제2차 경제개발 5개년계획 기간인 1967년부터 1971년까지의 연평균 자본형성 증가율은 28%에 이르렀고, 이 기간 중에 자본형성은 가속화되었다.

이 증가율을 1956년부터 1962년까지의 기간에 대규모 기술혁신 투자와 민간설비 투자가 이루어졌던 일본의 연평균 자본형성 증가율 18%보다 훨씬 높은 것이다.

이처럼 높은 자본형성 증가에 힘입어 급속한 공업발전과 고도의 경제성장이 지속되었다.

제조업의 연평균성장률은 1953년부터 1961년까지는 12%였지만 제1차 경제개발 5개년계획 기간인 1962년에서 1966년까지는 15%로 늘어났고, 제2차 경제개발 5개년계획 기간인 1967년에서 1971년까지는 22%로 꾸준히 늘었다. 그리하여 1972년 이후 두 차례의 석유위기를 겪으면서도 제조업은 연평균 18%의 고도성장을 유지해 왔다.

그 결과 우리나라의 공업화율은 1953년의 9%에서 1962년에는 14%, 1972년에는 22%, 1980년에는 28%였다. 이것은 1980년 일본의 공업화율 29%와 거의 같은 수준인 것이다.

공업화율뿐만 아니라 중화학공업화를 통해 공업구조를 심화(深

化)시켜 나간 속도에 있어서도 우리나라는 선진공업국가보다 앞섰다. 중화학공업화에 있어서 우리나라는 서구의 선진공업국가나 일본에 비해 훨씬 빨랐다.

중화학공업화의 지표인 이른바 호프만 비율 즉 경공업 부문의 부가가치에 대한 중화학공업 부문의 부가가치의 비율이 5.0에서 3.5의 범위인 공업화 제1단계에서 그것이 3.5에서 1.5의 범위인 공업화 제2단계로 이행하는 데 주요 선진공업국가들은 20년에서 30년이 걸렸다.

그러나 한국은 1960년 초의 몇 년 사이에 이 비율이 4.0에서 2.0으로 떨어졌고, 이 비율이 1.50에서 0.5인 공업화 3단계에 들어선 것은 1970년 초였다.

따라서 우리나라는 공업화의 제2단계에서 제3단계로 이행하는 데 겨우 몇 년밖에 안 걸린 것이며, 선진국의 경험과 비교할 때, 3배 내지 4배의 빠른 속도를 보인 것이다.

특정공업 부문의 수입기(輸入期)에서 수입대체기(輸入代替期)로, 수입대체기에서 수출기(輸出期)로 성장하는 산업발전 단계 이행의 시간적 속도를 보더라도 우리나라의 공업화 속도는 선진국의 그것에 비해 수십 년의 시간이 단축되었음을 알 수 있다.

즉 섬유, 전기, 전자, 조선, 석유화학, 철강산업의 수입의존도의 감속속도와 수출의존도의 상승속도는 일본의 경험보다 빨랐다.

우리나라의 철강산업이 본격적인 생산을 한 것은 1973년 7월 포항종합제철의 제1기 공사가 완공되면서 시작되었다.

그 후 우리나라의 철강공업의 수입대체가 크게 이루어졌고 조강생산(粗鋼生産) 베이스에서 본 수출의존도가 1970년 중반에는 30%를 넘어섰다. 철강산업에서는 수입의존도의 감소와 수출의존도의 상승이 거의 함께 이루어진 것이다. 산업발전 단계의 이행기간이 그

만큼 단축된 것이다.

과학자들은 공업수준을 표시할 때 공산품의 부품수가 3에서 30에 이를 때를 10^1, 30에서 300에 이를 때를 10^2, 300에서 3000에 이를 때를 10^3, 3천에서 3만에 이를 때를 10^4, 3만에서 30만에 이를 때를 10^5라고 한다.

이러한 관점에서 보면, 해방 전후의 우리 공업은 가내공업 또는 수공업의 수준을 벗어나지 못하였고, 공산품의 부품은 어린이 장난감이나 부엌의 주방용구 등 기껏해야 10~20개 정도에 지나지 않았기 때문에 우리의 공업수준은 10^1이었다고 할 수 있다. 1950년대에 들어서서야 우리는 공산품의 부품이 고작 2백 개 정도인 자전거를 만들었고, 60년대에는 부품 8백 개의 흑백TV를 양산하기에 이르렀다. 따라서 자전거를 양산한 50년대는 10^2의 공업수준이었고, 흑백TV를 만든 60년대를 10^3의 공업수준이었다고 볼 수 있다.

그리고 70년대에 들어와 우리는 부품이 최소한 1만 개 내지 2만 개 수준인 자동차를 양산하는 10^4의 공업수준에 이르렀다.

자동차공업 즉 10^4 공업수준까지를 공업화사회라 부른다면 우리나라가 농업사회로부터 공업사회로 탈바꿈한 공업화 과정은 해방 후부터 계산하면 40년만에, 1962년 제1차 5개년계획 때부터 공업화가 시작했다고 본다면 불과 20여 년 사이에 완성되었다고 볼 수 있다.

서구 선진국들의 공업화 과정은 최소한 2백년의 긴세월을 거쳐 완성되었고, 일본만 하더라도 공업화는 1백년이 걸렸다.

우리나라는 중화학공업을 바탕으로 85년에는 부품규모가 10만 개 안팎인 제트엔진, 헬리콥터, 탱크 등도 조립생산을 하게 되었고, 90년대에는 부품규모가 15만 개 내지 60만 개인 64KD램이나 2백56KD램의 양산체제에 들어갔다.

근대화나 공업화란 모든 나라가 쉽게 이룩할 수 있는 것은 아니다. 어떤 나라는 오랜 기간이 걸리기도 하고, 어떤 나라는 중도에서 좌절하기도 했으며, 또 어떤 나라는 계획조차도 세우지 못한 경우가 허다하게 있다. 우리도 옛날에는 근대화의 꿈조차 갖지 못했지만, 60년대에 들어서면서 비로소 공업화를 통해 근대화를 이루어 보려는 뜻을 세우게 되었다.

근대화나 공업화라는 게 모든 나라가 쉽게 이룰 수 있는 것은 아니다. 어떤 나라는 오랜 기간이 걸리기도 하고, 어떤 나라는 중도에서 좌절하기도 했으며, 또 어떤 나라는 계획조차 세우지 못한 경우가 상당히 있다. 우리도 옛날에는 근대화의 꿈조차 갖지 못했지만 60년대 들어서면서 비로소 공업화를 통해 근대화를 이루어 보려는 뜻을 세우게 되었다.

1964년 8월 3일, 국방대학원 졸업식 때 대통령은 앞으로 5년 내지 10년은 우리 민족에게 주어진 '근대화의 마지막 기회'라고 천명했다.

―전략
"친애하는 졸업생 여러분!

오늘 이 자리에서 꼭 여러분들에게 하고 싶은 말이 있습니다. 여러분과 같은 세대에 이 나라 국민으로 태어나서 우리 다같이 평생에 소원이 있다면 우리들 세대에 우리의 조국을 근대화해서 선진열강과 같이 잘사는 나라를 한번 만들어 보자는 것입니다.

서구라파인들이 그들의 조국을 근대화하기 위해서 산업혁명으로부터 20세기 초엽에 이르는 동안 피땀 흘려 노력할 때에 우리 조상들은 케케묵은 당파싸움이나 하고 양반이라는 것을 자랑하느라고 세월을 다 보내고 말았습니다. 또 제2차 세계대전 후 지난 20년 동안 패전의 고배를 마신 패전국가들이 잿더미 속에서 피눈물을 흘리며 그들의 조국을 재건해서 오늘날 그들은 전쟁 전보다 더 부강한 나라를 만들었습니다.

그러나 우리는 해방 후 20년 동안 아직도 정신 차리지 못하고 여야가 정치싸움만 하다가 또 다시 기회를 놓치고 말았습니다. 앞으로 어떻게 할 것이냐, 앞으로 5년 내지 10년은 우리 민족에게 주어진 마지막 기회라고 생각해야 합니다. 이 기회를 또다시 놓친다면 우리에게는 다시는 기회가 없다고 생각해야 합니다. 이번 기회를 또 다시 놓친다면 우리는 영원히 후진국가란 낙인을 벗지 못할 것입니다. 확실히 명심해야 하겠습니다.

모든 것이 생산과 건설에 집중되어야 하겠습니다. 이 기간 동안 우리는 모든 것을 참고 이겨나갈 수 있는 용기와 결심이 필요한 것입니다.

앞으로 여러분들이 맡을 모든 분야에서 이런 용기와 결심을 가지고 분투해 주실 것을 간곡히 당부하는 바입니다.”

그날로부터 우리는 겨우 20년도 안 되는 짧은 기간 내에 지난날 서유럽에서 가장 능률적인 나라가 50년 이상 집중적인 공업화를 추진한 끝에 달성했던 발전수준에 이르렀다. 그것도 오늘날 선진공업국가들이 공업화 초기에 국민에게 강요했던 그 엄청난 희생과 고통을 겪지 않고 달성했다. 우리의 공업화는 그들과 같이 국민들을 뼈가 부서지도록 괴롭히지 않았고, 인간 이하의 생활을 인내하도록 요구하지도 않았다. 그들처럼 공업발전을 위해 농업을 희생시키지도 않았고, 중공업과 군수산업을 위해 소비산업을 소홀히 하지도 않았다.

그리하여 오늘날 우리나라는 1960년대 초에 우리 국민들이 선망의 눈으로 쳐다보면 부러워하던 아시아와 남미대륙의 다른 나라들이 우리나라를 선망의 눈으로 쳐다보며 부러워하는 세계 10대 경제 대국의 반열에 올라 있다.

대통령은 18여 년의 통치기간에 1인당 국민소득 87달러를 1,644달러로 끌어올렸다. 이를 바탕으로 우리는 일본이 100년, 미국이 180년, 영국이 200년 걸린 국민소득 1만달러를 30년만에 달성했다.

유엔이 정한 개발의 연대였던 60년대에 공업화를 추진하여 성공한 나라가 과연 몇 나라나 되는가. 2차 세계대전 후 독립한 많은 개발도상국가들의 통치자들도 자국의 공업화를 위해 노력했지만, 대통령만큼 성공한 통치자는 달리 찾아볼 수 없다. 1960년대를 전후하여 후진국에는 독립투쟁을 성공적으로 이끈 개성이 강한 지도자들이 많았지만, 경제건설을 통해 국가를 부강하게 만드는 데 성공한 사람은 거의 없었다.

인도네시아의 수카르노, 중공의 모택동, 이집트의 낫세르는 경제적인 번영이 아니라 이념적인 투쟁으로 가난한 국민을 부추기려 했다.

그러나 대통령은 빈곤을 먼저 정복함으로써 빈곤이 인간을 지배하는 비극적인 불행을 제거했다.

우리는 그간 우리의 피땀어린 노력으로 이룩한 경제발전을 바탕으로 많은 나라와의 교류와 협력을 더욱 확대함으로서 세계의 경제문제를 해결하는 데 상당한 공헌을 할 수 있게 되었다. 우리의 입장도 '받는 나라'에서 '주는 나라'로 바뀌었으며, 앞으로는 경제원조나 기술협력 등을 통해 후진국의 노력을 보다 적극적으로 도울 수가 있게 되었다.

그러나 대통령은 우리가 줄 수 있는 원조는 물질적인 것보다는 정신적인 것이 되야 한다고 생각했다.

우리의 경제발전 자체가 많은 후진국들에게 희망과 격려의 원천

勤勉 自助 協同

一九七五年十二月十日

大統領 朴正熙

이 될 수도 있지만, 우리는 눈에 보이는 가시적인 결과보다는 이를 위해 흘린 우리의 피땀어린 노력의 과정을 보여 주어야 한다는 것이다.

특히 근면, 자조, 협동의 새마을정신은 아직도 혹심한 가난에 허덕이는 후진국들에게 자조의 노력을 일깨우는 데 도움이 될 수 있을 것이라고 생각하고 있었다.

물론 한 나라가 발전해 온 과정은 그 민족의 특수한 역사적 경험을 반영하는 것이기 때문에, 우리의 문제를 해결해 온 우리의 제도나 생활태도가 반드시 남에게도 적용될 수 있다고 보기는 어려울 것이나, 우리의 경험이 국경을 넘어 지난날의 우리와 비슷한 처지에 있는 다른 이웃의 문제해결에 도움이 되었으면 좋겠다는 기대를 갖고 있었다. 대통령의 이러한 기대는 대통령이 생존시에 생각하고 있던 것보다 훨씬 많은 나라에서 현실화되고 있다.

외국의 석학들은 대통령이 60년대에 성취한 경제발전에 대해서는 '한강의 기적'이라고 평가했는데 70년대에 성취한 지속적인 성장과 발전에 대해서는 '세계의 기적'이라고 경탄해 마지 않는다.

세계은행을 비롯해 후진국 개발문제를 다루는 연구기관들은 2차 세계대전 후에 생긴 신생독립국가로서 경제개발에 성공한 나라로 우리나라를 손꼽고 있었으며, 후진국 경제개발의 표본으로 삼고 있다.

그리고 소련과 중국을 비롯한 사회주의 강대국들도 미국이나 일본과 같은 선진공업국가보다는 오히려 우리나라의 경제발전 모델이 자기들에게 훨씬 더 적절한 것이라고 평가하고 우리 경제의 많은 것을 연구하고 있다. 그리하여 한국은 자유세계와 공산세계의 구별 없이 또 선진국과 후진국의 구별 없이 세계의 모든 나라들이 깜짝 놀라고, 부러워하고, 배우려 하는 경제기적의 나라가 되었다.

대통령의 이러한 업적을 세계에 널리 '홍보'한 사람은 놀랍게도 브루스 커밍스(Bruce Cummings)였다.

커밍스가 누구인가? 그는 김일성을 찬양하고 6·25북침설을 강변하며 대한민국을 미국의 괴뢰정권이라고 주장하고 있는 사람이 아닌가? 그는 현대사 해석에 있어서 이른바 좌파논리를 대변하고 있으며 우리나라 좌파학자들의 스승으로 인정받고 있다.

그 커밍스가 한국의 경제발전은 위대한 성공이고, 한국의 독립선언이기도 했다고 평가했으며, 중국에 보급된 한국적 발전모델은 발전의 모형으로서의 스탈린주의를 북한에서뿐만 아니라 전세계에서 깨어 버렸으며 바로 이것이 박정희를 전후의 가장 인기 있는 지도자로 만들고 있다고 주장했다.

"박정희는 경공업 중심의 개발정책 단계의 한계성 때문에 경제적 침체가 생기고 있다고 보고, 이에 대한 근원적인 해결책으로서 한국의 산업구조를 중화학공업 단계로 심화시켰다. …… 한 가지 성공은 또 다른 성공으로 축적되어 나갔다. 그러나 그 누구도, 심지어 슘페터(Schumpeter)도 한국이 첨단전자기술 분야에서 미국이나 일본과 어깨를 겨루리라고 예상하지는 못했다. 1980년대 중반까지 한국은 세계에서 286비트 실리콘칩을 제조하는 세 번째의 국가가 되었으며, 저렴한 286칩 가정용 컴퓨터로서 미국의 할인매점 진열대를 점령해 버렸다. …… 1950년 소련의 T-32 전차로 손쉽게 유린당한 조그마한 옛 한국이 할 수 있는 일을 왜 소련이나 동독의 기술자들이 하지 못할까? 동남아에 그리고 중국에 보급된 한국적 모델(Korean model)은 발전의 모형으로서의 스탈린주의(Stalinism)를 북한에서뿐만 아니라 전세계적으로 깨어 버렸다. …… 가장 풍자적인 것은 86% 종속적(dependent)이던 한국이 세계경제의 속박으로부터 산업적 자립(industrial self-relaiance)을 얻어낸 것이다. 이 대추진(big push) 후 한국은 종합적인 산업구조를 발전시킬 수 있는 기초를 확보한 것이다. 그것은 위대한 성공이었고 한국의 독립선언이기도 했다. 한국인들은 이후로 어깨를 펴고 자신만만하게 걸어다니게 되었으며, 바로 이것이 박정희를 전후의 가장 인기 있는 지도자로 만들고 있는 것이다."

중화학공업 시대의 개막
중화학공업 선언과 전국민 과학화운동

대통령은 73년 1월 12일 연두기자회견에서 중화학공업 정책을 선언하고, 전국민의 과학화운동 전개를 제창했다.

과학기술의 발달 없이 우리는 선진국가가 될 수 없다, 80년대 초에 100억 달러 수출과 중화학공업 육성이라는 목표를 달성하기 위해서는 초등학생부터 대학생, 성인까지 남녀노소 구별 없이 기술을 배워야 되겠다, 80년대 초에 100억 달러 수출을 하려면 전체 수출상품 가운데에서 중화학제품이 50% 이상을 차지해야 한다, 그래서 지금부터 철강, 조선, 기계, 석유화학 등 중화학공업 육성에 힘써서 이 분야의 제품수출을 강화해 나가겠다는 것이다.

"나는 오늘 이 자리에서 우리 국민 여러분들에게 경제에 대한 하나의 중요한 선언을 하고자 합니다.

우리나라 공업은 이제 바야흐로 '중화학공업 시대'에 들어갔습니다. 따라서, 정부는 이제부터 '중화학공업 육성' 시책에 중점을 두는 '중화학공업 정책'을 선언하는 바입니다.

또 하나 오늘 이 자리에서 우리 국민들에게 내가 제창하고자 하는 것은, 이제부터 우리 모두가 '전국민의 과학화운동'을 전개하자는 것입니다. 모든 사람들이 '과학기술'을 배우고 익히고 개발을 해야 되겠습니다. 그래야 우리 국력이 급속히 늘어날 수 있습니다. 과학 기술의 발달 없이는 우리가 절대로 선진국가가 될 수 없습니다.

80년대에 가서 우리가 100억 달러 수출, '중화학공업'의 육성 등등 이러한 목표달성을 위해서 범국민적인 '과학기술'의 개발에 총력을 집중해야 되겠습니다. 이제부터 초등학교 아동에서부터 대학생·사회 성인까지 남녀노소할 것 없이 우리가 전부 기술을 배워야 되겠습니다.

그래야만 국력이 빨리 신장하는 것입니다. 80년대 초에 우리가 100억 달러의 수출목표를 달성하려면, 전체 수출상품 가운데에서 중화학 제품이 50%를 훨씬 더 넘게 차지해야 되는 것입니다.

그러기 위해서, 정부는 지금부터 철강·조선·기계·석유화학 등 중화학공업 육성에 박차를 가해서 이 분야의 제품수출을 강화하려 하고 있습니다."

대통령은 이어서 80년대 초에 가서 우리나라가 보유하게 될 중요한 중화학공업 부분의 생산시설 능력에 대해 설명했다.

"참고로, 80년대 초에 가서 우리 정부가 구상하고 있는 중요한 중공업 부문의 생산시설 능력을 몇 가지만 예를 들어서 말씀드린다면, 제철능력은 지금 현재의 100만 톤에서 80년대 초에 가서는 약 1,000만 톤까지 끌어올리고, 조선능력은 현재 약 25만 톤 되는데,

이것을 약 500만 톤까지 끌어올리며, 정유시설은 일산 39만 배럴에서 약 94만 배럴까지 끌어올릴 계획입니다.

울산정유공장이 처음에 준공되었을 때, 일산 3만 5,000 배럴이라고 나는 기억을 하고 있습니다. 석유화학 원료가 되는 '에틸렌' 생산은 지금 10만 톤인데, 80년대 초에 가서는 80만 톤 수준까지 끌어올리며, 전력은 지금의 380만 킬로와트에서 1,000만 킬로와트까지 끌어올리고, 시멘트는 지금의 800만 톤에서 1,600만 톤까지 연산수준을 올려야 되겠으며, 자동차는 현재 연산 약 3만대가 되는데, 그때에 가서는 약 50만대 정도의 생산능력으로 올라갈 것입니다. 그외에 전자공업 등 여러 가지 부문이 많이 있습니다만, 중요한 것만 몇 가지 얘기를 했습니다. 이러한 대규모의 공장들을 수용하기 위해서, 정부는 지금부터 동해안·남해안·서해안 지방에 여러 가지 대단위 국제규모의 공업단지 또는 기지를 조성해 나갈 생각입니다.

첫째는, 포항제철과 같은 제2의 '종합제철공장 건설'을 앞으로 추진해야 하겠고, 또 '대단위 기계종합 공업단지'도 만들어야 되겠습니다. 지금 울산에 있는 '석유화학 공업단지'와 같은 제2의 '종합화학 공업단지'를 또 만들어야 되겠습니다.

또, 100만 톤급의 '대규모 조선소'를 앞으로 하나 내지 두 개를 더 만들어야겠고, '대단위 전자부품 생산단지'도 지금 추진하고 있고, 마산에 있는 '수출자유지역'과 같은 단지를 앞으로 제2, 제3을 더 만들어야 되겠습니다. 이런 것을 다 했을 때에 100억 달러 수출이 되는 것입니다.

이것을 하기 위해서 전국민들이 과학기술 개발에 총력을 기울여야 되겠다는 것입니다. 정부는 앞으로 중공업·중화학공업 정책을 선언하고 이 방면에 중점적인 지원과 시책을 펴나갈 것입니다."

대통령은 73년 1월 15일 경제기획원 연두순시 때에 이제 대한민국 국민은 모두 기술을 습득해야 하며, 입만 살아 떠드는 사람은 대한민국에 필요없다고 천명했다.

"요전에 전국민의 과학화운동을 해나가자는 것을 선언한 바 있습니다. 최근 국제시장에서 관세장벽이라든지 자국상품에 대한 보호무역정책이라든지 여러 가지 어려운 점이 많습니다.

경제전문가들은 이것을 걱정하고 있는데, 큰 문제는 아니라고 봅니다.

중요한 것은 우리가 자체의 기술혁신을 이룩하여 품질 좋고 값싼 제품을 만드는 데 보다 더 노력하는 일입니다. 우리가 기술개발을 해서 좋은 제품을 값싸게 만들어서 국제시장에 들고 나가면 아직도 100억 달러 내지 120억 달러 정도의 수출고를 올릴 수 있다고 생각합니다.

이를 위해서 경제기획원, 과학기술처, 문교부, 상공부 등 모든 관계부처가 협력해서 공동노력을 해야 하겠습니다.

그리고 우리 군에서도 장병들에게 앞으로의 국내산업 개발과 기술혁신을 위해서 과학기술교육을 시켜야 하겠습니다.

이제 대한민국 국민은 모두가 기술을 습득해야 합니다. 아무런 기술도 없이 입만 살아 떠드는 사람은 대한민국에 필요없다, 나는 이렇게 생각합니다.

입만 살아 있는 사람 가지고는 선진국가로 발전할 수 없습니다. 말도 잘해야 되겠지만 기술이 있어야 합니다. 앞으로 세계를 지배하는 민족은 땅덩어리가 큰 민족도 아니요, 인구가 많은 민족도 아닙니다. 과학기술이 더 앞서고 빨리 발달한 민족이 금세기 말부터 다음 세기에 세계를 지배하리라고 봅니다.

따라서 우리는 땅이 작다, 지하자원이 없다 하고 한탄할 것이 아니라 이를 극복하고, 과학기술을 빨리 발전시켜 여건 좋은 다른 민

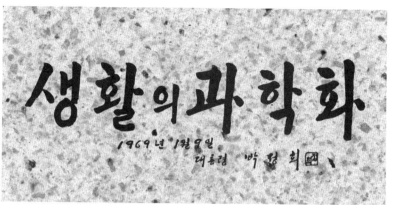

생활의과학화

1969년 1월9일
대통령 박정희

족보다도 우리가 더 비약해서 앞설 수 있도록 남다른 노력을 해야 합니다.

우리나라가 잘사는 선진국가가 되려면 정치도 필요하고 철학도 필요하고 문학도 필요하고 예술도 필요하고 다 잘해야 하겠지만, 그것도 하면서 기술 한 가지씩 습득해서 국가건설에 무엇인가 이바지할 수 있어야 하겠다는 것입니다.

따라서 과학기술은 전국민이 모두 필요한 것이며 초등학교 아동, 농민 심지어는 정치인이나 문화 예술인도 기술 하나씩은 가지고 있어야 할 것입니다.

100억 달러 수출은 몇 기업가나 기술자들만이 하는 것이 아닙니다. 전 국민이 100억 달러 수출에 무엇인가 일부분 직접적으로 또는 간접적으로 기여해야 합니다. 이것이 총화체제입니다."

대통령은 73년 3월 23일 전 국민의 과학화를 위한 전국교육자대회에서 중화학공업의 육성과 전 국민의 과학화운동은 국력배양의 기본이 된다는 사실을 강조했다.

"지금 우리 조국이 당면하고 있는 현실은 그 어느 때보다도 우리에게 국력 배양의 가속화를 촉구하고 있습니다.

우리를 둘러싼 국제정세가 그러하고, 분단의 역사에 종지부를 찍으려는 민족의 소명이 또한 그러합니다.

이러한 현실 속에서 나는 국력배양의 기본은 중화학공업의 육성 발전에 있으며, 이것은 또한 국민의 과학화운동에 있다는 것을 명백하게 지적하지 않을 수 없습니다.

그렇기 때문에, 나는 오늘 이 대회가 '전 국민의 과학화'를 위한 교육자 대회로 그 목적을 뚜렷이 설정한 것은 시의에 알맞는 것이라고 생각합니다. 그러나 이것이 처음이고 새삼스러운 것은 결코 아닌 줄 압니다.

이미 오래 전부터 국민의 과학화는 우리의 뚜렷한 지표로 되어 왔습니다. 다만, 이번 기회에 이 지표를 다시 한번 강조하고 새롭게 그 의의를 인식하자는 것으로 압니다.

지금 우리는 농촌의 획기적 발전과 중화학공업의 육성, 그리고 수출의 대폭신장이라는 3대 목표를 내세우고 국력배양에 매진하고 있습니다.

나는 이 3대 목표를 달성하는 데 있어서는 과학과 기술의 진흥이 무엇보다도 긴요하다고 믿습니다.

다시 말해서, 과학과 기술의 뒷받침 없이는 이 3대 목표를 앞당겨 완수할 수는 없다고 믿고 있습니다.

그 한 가지 예증으로서, 우리는 앞으로 울산공업센터보다 규모가 훨씬 더 큰 공업지구를 여섯 개 더 건설할 예정인 바, 이 공업 지구에서만 필요로 하는 유자격 기술자의 수는 무려 84만 명에 이르게 됩니다.

이 84만 명의 기술자들이 바로 우리나라 GNP의 50% 이상을 만들어 내고, 수출 100억 달러의 50% 이상을 맡게 될 중화학공업의 역군들입니다.

이것만 보더라도 과학과 기술의 뒷받침이 조국근대화의 3대 목표를 달성하는 데 있어서 얼마나 긴요한가를 쉽게 알 수 있을 것입니다."

대통령은 이어서 국민의 과학화운동은 우리 사회의 각계 각층이 자기의 직종에서 생산과 직결되고, 국력배양과 직결되는 과학기술의 생활화를 뜻하는 것이라고 말하고, 이 운동은 다음 두 개의 기본방향에서 유기적인 연관성을 맺고 추진돼야 한다는 점을 강조했다.

즉, 첫째는 과학을 일상생활에 활용할 줄 아는 과학적 생활풍토를 조성해야 한다는 것이다.

둘째는 과학과 기술교육제도를 대폭 개선해야 한다는 것이다.

우선 공업고등학교의 증설을 통해 실기능력을 갖춘 기술자를 많이 양성해야 하고 기능장제를 실시해 공업기술교육의 내실을 뒷받침해야 한다. 국가고시제에 의한 자격제를 실시해 직장인이 상급자격을 획득할 수 있게 하고 학생의 경우는 이론연구를 위해 진학할 학생과 생산직종에 취업할 학생을 이 고시제에 의해 적기에 구분하여 앞길을 보장해 줘야 할 것이다. 그리고 공업기술 분야에 있어서는 자격증소지자만이 취업 가능하게 함으로써 취업기회를 보장하고 생산성 향상을 기해야 한다. 이러한 제도적 개선과 생활풍토의 개선이 병행할 때 전 국민의 과학화운동은 그 성과를 거두게 된다는 것이다.

"그러면, '국민의 과학화'란 무엇이냐?

우리는 '과학'하면 흔히들 연구실과 정밀한 고급 기기를 떠올리게 됩니다만, 여기서 말하는 과학화는 반드시 그것만을 뜻하는 것은 아닙니다.

그보다는 오히려 사고방식과 생활습성을 과학화해서, 비록 간단하고 초보적인 과학지식이라 할지라도 이것을 새마을운동과 식목,

조림사업에 유용하게 활용할 줄 아는 그러한 국민을 만들자는 것입니다.

다시 말해서, 어느 특정한 연구실에서만이 아니라, 우리 사회의 각계 각층이 모두 자기의 직종에서 생산과 직결되고 국력배양과 직결되는 과학기술의 생활화를 말하는 것입니다.

그렇기 때문에, 나는 국민의 과학화운동이 다음과 같은 두 개의 기본방향에서 서로 유기적인 연관성을 맺고 강력히 추진되어야 한다고 믿습니다.

그 첫째는, 과학을 앞세우고 과학을 일상생활에 활용할 줄 아는 과학적 생활 풍토를 조성하는 일입니다.

우리 선인들은 이미 오래 전부터 '실사구시'를 장려해 왔습니다.

이것은 '사실에서 진리를 찾아라. 진리가 다른 곳에 있는 것이 아니라 우리의 생활 속에 있다. 즉, 사실에 있다'는 말입니다.

이것은 요즈음 우리가 쓰는 '산학협동'과 똑같은 말이라고 생각합니다.

우리는 이 전통적인 생활기풍을 오늘에 재현시켜 과학적 생활풍토를 조성하는 데 적극 힘을 기울여야 할 것입니다.

그리고 둘째는, 과학 및 기술교육제도의 대폭적인 개선이 있어야 할 것입니다.

나는 이 제도적 개선이 이론위주의 연구교육과 생산위주의 기술교육이 서로 구분 파악되어야 한다는 것을 먼저 지적하면서, 몇 가지 정책적 과제를 제시해 두고자 합니다.

우리는 우선 공업고등학교를 대폭증설해서 우리 국가가 요구하는 실기 능력을 착실하게 갖춘 성실하고 자격 있는 기술자를 풍족하게 양성해야 하겠습니다.

그리고 체력장제와 마찬가지로 기능장제를 실시해서 공업기술교

예고 없이 정수직업훈련원 실습실에 들러 원생들을 격려하는 박 대통령 박 대통령은 기계·금속·화공 등 19개 분야의 기술자격 검정제도를 실시, 자격취득자를 우대하도록 했다(1975. 11. 13).

육의 내실을 제도적으로 뒷받침해야 할 것입니다.

또한, 국가고시제에 의한 자격제를 실시해서 직장에서 일하면서도 상급자격을 획득할 수 있게 하고, 학생의 경우는 이론 연구부문으로 진학할 학생과 생산부문의 직장에 취업할 학생을 이 고시제에 의해서 적기에 구분하여 앞길을 보장해 줌으로써, 정신적 내지는 물질적 낭비가 없도록 해야 할 것입니다.

그리고 공업기술 분야에 있어서는 자격증 소지자만이 취업이 가능하도록 조처함으로써 정당한 취업기회의 보장과 생산성의 제고를 기해야 할 것입니다.

나는 이러한 제도적 개선과 생활풍토의 개선이 병행할 때, 우리가 제창하고 있는 전 국민의 과학화운동도 훌륭히 그 성과를 거둘 수 있게 된다고 믿습니다."

대통령은 1973년 11월 30일 제10회 수출의 날에 우리는 81년에 100억 달러 수출을 한다는 목표를 세우고 중화학공업 건설에 박차를 가해 나가고 있다는 사실을 밝혔다.

"지난 10년 동안 우리 수출은 매년 40% 이상 신장을 해 왔습니다. 이것은 세계에서 유례를 볼 수 없는 고도의 신장인 것입니다.

더욱이 금년에는 작년에 비해 약 78%의 성장을 보이고 있습니다. 금년 초 우리가 수출목표를 23억 5천만 달러로 책정했는데, 지금 현재 전망으로서는 연말까지 약 33억 달러를 무난히 넘을 것으로 보는 것입니다.

이것은 작년 18억 달러에 비해 약 17%가 성장한 것으로써 세계에서도 전례가 없는 가장 높은 신장률이라고 할 수 있습니다.

이미 다 아는 바와 같이 제3차 5개년계획이 끝나는 1976년의 우리 수출목표는 35억 달러로 되어 있습니다.

그렇다면 수출 분야에 있어서는 제3차 5개년계획을 약 3년 앞당겨 이룩할 수 있다는 결과가 되리라고 봅니다.

1981년에 우리는 100억 달러 수출을 목표로 세우고 있습니다. 이것은 매우 벅찬 일이 아닐 수 없습니다. 그러나 이것도 우리의 노력 여하에 따라서는 충분히 가능한 목표라고 나는 보는 것입니다.

그렇기 때문에 우리는 수출산업의 구조를 지금부터 차츰 개편해 나가고 있습니다.

우리는 지금 중화학공업 육성에 눈을 돌려 더욱 박차를 가해 나가고 있습니다.

앞으로 100억 달러 수출이 이루어지는 시기에는 중화학제품이 우리나라 수출상품의 대종을 점하게 될 것입니다.

머지않아 석유화학제품을 비롯해 전자제품, 각종 기계류, 선박, 철강제품 등 중화학 제품들이 우리 수출의 대종을 이룰 시기가 옵니다.

따라서 중화학공업 건설은 기필코 이룩해야 할 과업입니다. 지금까지의 모든 중화학공업 건설은 매우 순조롭게 진행되고 있습니다. 내년 하반기부터는 거창한 중화학공장들이 하나둘씩 완공되기 시작할 것입니다.

울산에 건설 중인 현대조선은 벌써 착공 2년만인 내년 초에는 우리나라에서 처음으로 26만 톤 대형선박의 진수식을 가질 수 있는 정도까지 되었습니다."

새로운 도약

대통령은 우리가 지난 1960년대에 발휘한 그 저력과 활력을 바탕으로 1970년대에는 앞으로 30년 앞을 내다보고 추진해야 할 새로운 국가발전 정책을 창안할 필요가 있다고 생각했다.

급격한 기술진보가 이루어지고 그에 따라 급격한 혁신이 이루어지고 있는 국제경제환경을 지켜보면서 대통령은 앞으로 중대한 변화가 일어날 가능성이 있는 분야와 그 변화의 성격과 방향을 예측하고 그 변화를 새로운 도약의 기회로 활용할 수 있는 정책의 전환이 필요하다고 생각한 것이다. 이러한 필요에서 탄생된 것이 중화학공업 정책과 전 국민의 과학화운동이었다.

대통령은 적어도 20년, 30년 앞날을 내다보는 선견지명과 확고한 신념을 가지고 중화학공업과 과학기술 진흥에 공업입국의 완성과 부국강병의 미래를 걸었다.

대통령이 중화학공업 건설과 과학기술 발전에 총력을 기울이기로 결심한 것은 다음 두 가지 목적을 달성하는 데 그것이 필수적이라고 생각했기 때문이다.

첫째 목적은 수출증대와 경제성장을 지속시키려는 데 있었다.

1971년 수출이 10억 달러를 초과한 후 73년에 대통령은 중화학공업 정책을 선언했다. 그것은 80년대 초에 수출 100억 달러, 1인당 GNP 1,000달러 달성을 목표로 하고 있었다. 10억 달러 수출에 기여한 경공업제품만으로는 수출을 꾸준히 증대시키는 것이 거의 불가능한 일이므로 이 한계를 극복하기 위해서는 반드시 중화학공업을 육성해야 한다는 것이다.

우리나라는 경제개발에 있어서 자본과 기술의 부족을 선진공업국가들과의 경제협력에 의해 충당해 왔으며 비교적 우수하고 풍부한 노동력을 활용하여 노동집약적 산업을 육성하여 수출증대에 힘씀으로써 국제경쟁에서 우위를 확보해 고도성장을 지속시켜 왔다.

1960년대에 우리나라의 농촌과 도시, 농업과 공업 및 각종 서비스업에는 완전실업자, 불완전실업자, 잠재실업자 등의 여러 가지 형태의 과잉노동력이 존재하고 있었다. 특히 우리나라의 농촌에는 제도적 임금률보다 낮은 한계 생산력을 갖고 있는 위장실업자들이 대량으로 존재하고 있었다.

따라서 공업부문이 제도적 임금률보다 조금 높은 임금수준을 보이면 고정적인 임금률로 농촌의 노동력을 무제한으로 공급받을 수있었다.

이 시기는 공업부문의 실질임금률이 조금만 상승해도 대량의 노동이 공급되어 임금의 노동공급탄성치(彈性値)가 매우 높았던 시기였다.

이러한 저임금의 단순노동력은 노동집약제품의 수출지향 공업화를 촉진하는 가장 중요한 동력으로 활용되었다.

도시의 기존 유휴노동력과 농촌으로부터 유입되는 대량의 과잉노동력이 공업과 사회간접자본 부문에 흡수되고 이들 저렴한 노동력은 국제경쟁력 강화의 원천이 되어 수출신장에도 크게 기여했다. 그러나 1960년대 후반부터는 거의 모든 공업 부문에서 기술자, 특히 숙련공의 부족현상이 심화되었고, 단순노동 집약산업인 경공업 분야에서조차 기술자와 기능공의 부족현상이 나타났다.

과잉노동력이 해소되고 실질임금이 올라가는 전환점에 다다른 것이다. 제조업 부분의 노동수요가 농업부문의 위장실업 인구를 대부분 흡수하였고 또 근로자들의 한계생산력이 제도적 임금보다 높아짐에 따라 제조업부문은 높은 한계 생산력을 웃도는 높은 임금을 제공하지 않고는 농업부문에서 노동력을 공급받을 수 없게 되었다.

따라서 제조업부문의 실질임금은 농업부문의 한계생산력을 반영하여 계속 상승국면에 들어섰다.

그것은 급속한 공업발전에 수반하여 생긴 농업과 공업부문 간의 자원 이전의 귀결이었으며, 저임금에 의한 노동집약적 수출지향 공업화의 황금시대가 지나갔음을 뜻하는 것이었다.

그리하여 그동안 우리가 추진해 온 경공업 위주의 수출증대는 그 한계에 이르렀다. 즉 우리나라의 임금수준이 향상됨에 따라 노동력이 저렴하였던 우리의 이점이 없어졌고, 값싸고 풍부한 노동력을 보유하고 있는 후발 개발도상국가들이 노동집약적인 경공업부문에서 우리나라를 추격해 옴에 따라 우리 상품의 가격경쟁력이 약화되어 우리의 경공업제품 수출은 더 이상 신장되기가 어렵게 되었다.

게다가 우리는 경쟁력의 한 축을 이루고 있는 기술을 선진국에 의존하고 있었기 때문에 새로운 기술과 상품을 개발하기 위한 혁신을 이룩하지 않고서는 경제성장과 수출증대를 지속시킬 수가 없었다.

따라서 노동집약적 제품의 수출이 한계에 부딪친 상황에서 지속적인 수출증대와 경제성장을 이룩하기 위해서는 기술과 자본집약제품을 생산하는 중화학공업의 육성이 필요했다.

그리고 공업구조의 고도화를 촉진하여 우리나라 경제구조의 자립 강도를 높이기 위해서도 중화학공업의 발전은 불가결했다. 뿐만 아니라 급격하게 변화하고 있는 국제경제환경에 대응하기 위해서도 중화학공업 건설은 필요했다.

1960년대에 우리나라가 외자도입에 의한 수출지향 공업화로 수출을 획기적으로 증대시킬 수 있었던 것은 그 당시의 국제여건이 우리나라에 유리하였기 때문이기도 했다.

즉, 선진국들이 기술혁명을 통해 비약적인 경제발전을 이룩함에 따라 최대의 호황을 누려 상품시장이 확대되고 값싼 자본시장이 형성되었고, 게다가 우리나라는 개발도상국가로서의 예외적 대우를 인정받아 정부가 수출에 대한 직접보조 등 여러 가지 특혜 조치를 우리 기업에 공여할 수 있었기 때문이었다.

그러나 1970년대에 들어서면서 미국 등 선진국가들 간에 자국의 고용과 국제수지를 방어하려는 신보호주의가 확산되기 시작했고 우리나라는 후진국을 졸업하고 중진국으로 성장한 것이 공인되어 선진국과의 거의 같은 조건에서 국제경쟁에 참여해야 했다.

이러한 상황에서 우리나라가 국제경제의 침체와 보호주의 장벽을 뛰어넘어 수출증대와 고도성장을 지속할 수 있으려면 경공업 위주의 수출구조를 중화학공업 위주의 수출구조로 재편성하여 새로운 수출활로를 개척할 필요가 있었던 것이다.

다행히 1960년대 중반부터 선진공업국가들은 우리나라를 비롯한 신흥공업국에 중화학공업을 이전하기 시작했다.

즉, 선진공업국가들은 그들이 비교 우위를 잃은 노동집약적인 조립공정을 가진 산업과 석유화학공업 등 공해 배출이 심한 산업을 해외로 이전하고 있었던 것이다. 그 무렵 선진공업국가에서는 중화학공업이 중노동에 대한 취업기피와 고임금과 공해문제 등으로 인해 애로에 봉착하고 있었다.

즉, 우리나라는 선진공업국가들에 비해 노동인구가 연평균 3% 늘어날 것으로 예상되어 취업인구의 증대를 기대할 수 있었고 우리의 노동생산성 수준은 선진국에 비해 크게 뒤떨어지고 있어 교육의 확대와 강화를 통해 노동생산성을 계속 빠른 속도로 증가시킬 수 있는 여지가 충분히 있었다.

그리고 창의적이고 의욕적인 우리나라 기업들은 계속 민간 설비 투자를 늘리고 이와 같은 자본축적을 뒷받침하는 국내저축도 확보될 수 있을 것으로 보였다. 또한 기술진보에 있어서도 아직 우리는 자체기술 개발이 초기단계에 있었고 선진국으로부터 기술을 도입하여 이를 충분히 활용하지 못하고 있는 실정이었으므로 중화학공업을 중심으로 투자가 확대되면 기술개발이 크게 향상될 것으로 예상되었다. 그리고 고도성장과 공업화는 그 자체가 규모의 경제에서 오는 이익을 촉진시키고 그것은 전반적인 생산성 향상을 가져올 것으로 기대되었다.

또 공해도 큰 문제가 안 되었고, 공업입지도 충분하였기 때문에 선진공업국가의 자본과 공장을 유치하는 데 유리한 입장에 있었다. 뿐만 아니라 우리나라는 성능이 좋은 최신시설과 기술을 도입하여 새로 중화학공업을 건설하는 것이기 때문에 선진공업국가의 경우처럼 신구시설의 혼재로 인한 비능률과 생산성 애로를 극복할 수 있는 이점도 있었다.

특히 자본과 기술집약도가 비교적 낮은 중화학공업의 업종 등 선진국에서 차츰 사양화되고 있는 업종을 육성한다면 성공할 가능성이 컸다.

그리고 세계시장에서의 중화학제품에 대한 수요는 꾸준히 증가하고 있으나 공급이 부족한 형편이었기 때문에 시장전망도 밝았다.

대통령이 중화학공업 육성과 과학기술 발전을 결심하게 된 두 번째 목적은 자주국방력 강화에 필수적인 방위산업을 일으키자는 데 있었다. 미국의 무상원조가 종료되고 있고, 주한미군이 철수하는 등 안보상황이 급변하고 있는 상황에서 방위산업 육성은 자주국방의 핵심과제이며 방위산업 육성을 위해서는 중화학공업, 특히 기계공업의 성장이 필수적이다. 따라서 중화학공업 육성은 경제의 지속적 발전은 물론이고 자주국방을 위해서도 더 이상 시간을 끌 수 없는 문제라는 것이다.

근대역사에 있어서 공업화는 전쟁에 대한 대비책으로 인식되어 왔다.

일찍이 중상주의 시대부터 국가의 군사력은 공산품의 생산에 달려 있다는 주장이 영국을 비롯한 모든 나라에서 보편화되어 있었다.

애덤 스미스가 영국의 돛배와 화약생산에 보조금을 지급하고 항해조례를 인정함으로써 자신의 자유방임이론에 예외를 만든 것은 유명한 이야기다. 1791년 미국의 재무장관이던 알렉산더 해밀턴은 하원에 제출한 한 보고서에서 공업화의 중요성을 다음과 같이 강조하고 있다.

"국가의 경제적 부(富)뿐만 아니다, 그 독립과 안전까지도 제조공업의 번영과 밀접한 관련을 가지고 있다. 모든 국가들은 이러한 목적에 대한 고려와 함께 그 자체 내에 모든 필수품을 보유하려고 노력해야 한다. 제조공업의 공급능력 부족으로 빚어진 지난 전쟁(독립전쟁) 동안의 당혹은 아직도 강렬한 기억으로 남아 있다. 시기적절하고 적극적인 행동에 의해 그러한 입장이 바뀌지 않는다면 앞으로 일어날 전쟁은 공급능력의 부족으로 인해 빚어질 엄청난 재앙과 위험의 상황을 예증해 줄 것이다."

그로부터 50년이 지난 뒤 독일의 리스트는 '독일 국민의 존립과 독립, 그리고 미래는 독일의 보호무역제도의 발전에 달려 있다'고 주장했다.

19세기 후반 프러시아가 거둔 몇 차례의 군사적 승리는 고도로 발전된 공업화와 군사력 간의 밀접한 관련성을 입증해 주었다.

역사적으로 전쟁에서 굴욕적 패배는 국력증강을 위한 근대화개혁과 공업화의 계기가 되었다.

프러시아가 예나의 전쟁에서 프랑스의 나폴레옹군에게 패배하자 그것은 프러시아 국가의 후진성과 폐쇄성 때문이라는 인식이 확산되었다. 그리하여 프러시아에서는 국민개병제를 핵으로 하는 병제개혁에 이어서 나폴레옹법전을 도입하였는데, 그것은 독일 근대화의 도래를 예고하는 사건이었다.

러시아에서도 군사적인 패배는 근대화와 공업화 노력을 촉발시켰다. 특히 러시아의 근대화는 러시아를 유럽적인 근대 군주국으로 바꾸려고 한 '표트르 대제'의 노력으로부터 시작되었다. 그는 러시아를 서구의 무기로서 서구인의 침략에 맞설 수 있도록 훈련하여 러시아가 힘에 의한 서구의 지배에 굴복하는 것을 막아낸 전제주의적인 서구화 개혁가의 전형이 되었다.

17세기와 18세기의 전환점에서 '표트르 대제'는 서구인의 침략에 맞서기 위해 서구의 공업기술을 흡수하고 서구와의 기술경쟁에 나섰다. '표트르 대제'와 그의 18세기의 후계자들은 러시아가 그 시대의 서구에 맞설 만한 힘을 길렀으며 그 힘으로 1709년의 스웨덴의 침략과 1812년의 프랑스 침략을 패배시켰다.

그러나 19세기의 서구산업혁명은 러시아를 다시 한 번 서구에 뒤떨어지게 만들었으며 그 결과 제1차 세계대전에서 러시아는 산업화된 독일의 침략에 패배했다. 그 뒤 공산주의 독재 정부는 전제 정부를 몰아내고 230여 년 전에 러시아를 위해 '표트르 대제'가 했던 것처럼, 1928년부터 1941년까지 다시 한 번 러시아를 앞질렀던 서구기술을 따라잡기 위해 같은 일을 했다. 기술을 서구화하려는 스탈린의 전제주의적 방침은 '표트르 대제'의 개혁처럼 전쟁의 시련을 통해 정당화되었고, 이러한 공산주의자들의 기술혁명은 2차 세계대전 중 독일침략을 패배시켰다.

일본에서도 페리 제독이 이끄는 미국 군함의 위협은 개국과 근대화만이 일본이 살아남을 수 있는 길이라는 것을 깨닫는 계기가 되었다. 그리하여 일본의 새로운 지배층은 '부국강병'이라는 표어를 내걸고 국가가 운영하는 의무교육제도를 도입했고, 농민을 모집해 거대한 군대를 편성하고 전국적인 징세, 금융, 통화제도를 구축하였다.

메이지유신기에 일본은 청나라처럼 유럽의 식민지 정책에 굴하여 국가의 독립을 잃지 않으려면 서양의 기술을 흡수해야 한다고 판단하고 국가적 권력을 중앙집권화하고 국가지원 아래 공업화를 추진했다.

1880년대에 엥겔스는 전쟁은 기본적으로 전반적인 국민경제생활을 바탕으로 하고 있다고 말했으며, 그의 말은 1차 세계대전 때 충분히 입증되었다.

　　적국의 경제체제를 마비시키는 것이 적국의 군대와 함대를 물리치는 것에 못지않은 전쟁목표가 되었다. 국가가 국민경제를 통제하는 이른바 계획경제는 1차 세계대전의 소산이었다.

　　전력(戰力)은 바로 경제력의 별칭되었다. 군사력에서 경제적 이익을 증대시키고 다시 경제적 이득을 군사력으로 탈바꿈시킨 것은 제국주의적인 강대국들의 특기였다.

　　경제력과 군사력의 상호보완적 관계는 현대의 총력전 시대에 있어서는 더욱 불가분의 관계가 되었다. 그리고 그 경제력의 핵심은 말할 것도 없이 그 국가의 공업력이다. 그리고 공업력에 있어서도 군사력 증강에 필수적인 것은 바로 중화학공업이다.

　　대통령은 이처럼 지속적인 수출증대에 의한 경제성장과 방위산업 육성에 의한 자주국방력 강화를 위해 중화학공업과 과학기술 발전을 촉진하기로 한 것이다.

　　대통령은 우리 민족의 밝은 앞날에 대해 확고한 신념을 간직하고 있었다. 대통령은 우리 민족은 탄력이 강한 민족이며 그 무엇도 우리 민족의 저력과 활력을 억누를 수 없다는 확신을 가지고 있었다. 이러한 민족의 저력과 활력으로 종합제철공장, 종합석유화학공장, 대형조선소, 전자공업, 기계공업, 자동차공업 등 기술집약적인 핵심산업을 이 땅에 일으킴으로써 노동집약적인 경공업구조를 중화학공업 구조로 개편하고 이를 위해 과학기술과 기술인력의 육성에 총력을 기울인다는 것이 중화학공업 정책과 전국민 과학화운동의 목표였다.

　　오늘의 선진국들이 지난날 수십년 또는 백년 이상의 장기간에 걸쳐 이룩한 산업구조의 변화를 우리는 10년 내외의 짧은 기간에 이룩해 내자는 것이었다. 그것도 1972년 현재 1인당 국민소득(GNP)이 320여 달러에 지나지 않은 상황에서 말이다. 그것은 12년전 1차 경제개발 5개년계획에 착수할 무렵 공업화의 여건이 전무했던 상황에서 공업화를 추진했던 것보다 훨씬 더 대담하고 엄청난 계획이었다. 소요자본이나, 소요기간에 있어서 중화학공업은 경공업에 비해 비교할 수 없을 만큼 방대한 자금과 오랜 기간이 필요한 것이었다.

야당은 물론이고 학계와 언론계에서도 이를 비판했고 외국의 일부 경제학자와 언론도 그러한 비판에 가세했다. 한국의 경제수준에서 중화학공업을 일으킨다는 것은 불가능한 일이다, 또는 착수해도 성공하기 어렵다, 경제자원을 낭비할 뿐이다는 등 비판과 반대의 이유가 다양했다.

1960년대 초 1차 5개년계획을 추진할 때나 68년 경부고속도로 건설 때나, 4대강유역 등 국토개발 정책에 반대했던 일부 경제학 교수들은 외국교수의 연구결과를 인용해 우리의 중화학공업은 실패할 것이라고 주장했다.

일찍이 개발도상국 경제에 대해 괄목할 만한 연구업적을 쌓은 미국 하버드 대학의 경제학 교수인 허쉬만에 의하면 개발도상국가들의 경제개발 계획은 헛된 꿈과 허세와 우둔함으로 가득 차 있으며, 미국의 TVA를 꿈꾸며 강 계곡에 무모한 투자를 흉내내고 있으며, 빈약한 국내시장의 수용능력을 초과하는 방대한 철강공장과 자동차 공장을 세웠으나 그것들은 실패로 끝났거나 기대에 어긋난 결과를 초래했다는 것이다.

또 일부 진보적인 지식인들은 우리가 중화학공업을 육성하여 방위산업을 일킨다면 남북한 간에 군비경쟁을 유발하고 군비경쟁은 긴장을 고조시켜 한반도의 평화정착을 저해할 위험성이 크다고 주장하면서 중화학공업 건설과 방위산업 육성을 반대했다. 이들의 이러한 주장은 한반도의 긴장완화와 평화정착에 대한 대통령의 기본구상과 전략과는 정반대되는 것이었다. 대통령은 중화학공업 건설의 목적은 수출증대를 통해 경제성장을 지속함으로서 국력을 증강하자는 데 있으며, 우리의 국력이 북한의 국력을 압도해야만 한반도에 긴장완화와 평화정착이 이루어질 수 있다고 생각하고 있었다. 다시 말해 중화학건설과 방위산업 육성에 의한 우리의 국력증강은 바로 긴장완화와 평화정착을 가져올 수 있는 최선의 방책이라고 확신하고 있었다.

새로운 국가정책이나 개발계획을 발표할 때마다 우리 야당과 일부 언론과 지식인들로부터 비판을 받아왔고 또 외국의 정부나 언론으로부터도 견제를 받아온 대통령으로서는 이들이 중화학공업 정책에 대해서도 비판하고 반대하리라는 것은 예상하고 있었다.

그러나 대통령은 야당이 반대해도 이 계획을 절대 미룰 수 없다고 생각하고 있었다. 중화학공업 육성계획이 일부 경제학자들이 주장하는 것처럼 현재의 우리나라 재정형편상 다소 무리한 사업이라는 것은 대통령도 잘 알고 있었다.

정부 내에서도 자금조달 문제를 제기하는 각료가 없지 않았다. 그러나 대통령의 결심은 확고부동했다. 시기적으로는 지금이 우리나라가 중화학공업을 건설할 수 있는 최적의 기회고, 또 세계시장에서 최신설비를 최저가격으로 도입할 수 있는 이 기회를 놓치면 중화학공업 건설은 더 어려워지고, 앞으로 언젠가 건설하려면 그때는 지금보다 훨씬 더 많은 부담과 희생을 감수하게 된다, 기회가 자주 있는 것이 아니다, 찾아온 기회는 반드시 잡아야 하고 그것을 최대한 활용할 줄 알아야 한다, 그래야 경제가 발전할 수 있다, 따라서 다른 분야를 조금씩 희생하고 또 외자를 도입해서 중화학공업 건설에 필요한 자금을 확보하면 된다는 것이다.

대통령은 청와대에 제2경제수석비서관실을 신설하고 중화학공업 개발계획과 방위산업 육성계획을 맡도록 하였다.

그리고 정부에는 중화학추진위원회를 설치, 국무총리가 위원장을 맡고 관계부처 장관과 전문가들로 위원회를 구성하도록 했으며, 실무추진기구로 중화학공업기획단을 만들어 대통령의 제2경제수석비서관이 기획단장을 맡아 운영하도록 하였다.

중화학공업 추진에 있어서는 정부의 모든 경제부처가 참여했다. 기본계획의 수립은 경제기획원이 맡았고 부문별 투자사업 계획은 상공부가 맡았으며, 공장용지건설 계획은 건설부가 맡았다.

과학기술처, 문교부, 보사부는 인력개발 계획을 맡았고, 기술 및 연구개발 계획은 경제기획원과 과학기술처가 맡았으며, 재정조달 계획은 경제기획원과 재무부가 맡았다.

우리나라의 중화학공업은 1968~76년과 1977~79년의 두 시기에 걸쳐 촉진되었다. 첫 번째 시기의 투자계획은 시멘트, 제철, 제강, 석유화학 등 기본적인 중간투입재를 생산하는 산업에 중점을 두어 선별적으로 이루어졌다. 이들 산업은 수출을 위해서라기보다는 국내수요 즉 수입대체를 위한 것이었고 낮은 기술수준에 의존하고 있었다.

반면에 1977년에서 1979년 사이에는 창원에 조성된 중화학공업단지에 철강, 기계, 화학, 조선, 자동차공업, 전자공업 등 중화학공업 건설을 위해 2조 8천 60억에 이르는 엄청난 투자가 정부주도 아래 이루어졌다. 이러한 투자는 경공업에 대한 투자의 4배에 이르는 것이었다.

정부는 선택과 집중의 원칙에 따라 각 분야별로 하나 또는 두 개의 민간기업을 엄선하여 공장부지와 도로, 자금 등을 전폭적으로 지

창원공업기지 안의 방위산업체 현장을 둘러보는 박 대통령과 근혜 양(1977. 4. 13)

원했다.

1973년부터 81년까지 중화학공업 건설에 필요한 자금은 외자 58억 달러 내자 38억 달러 총 96억 달러에 이를 것으로 추산되었다. 이러한 엄청난 자금을 조달하기 위해 중화학공업 건설에 참여하는 기업은 총투자의 30% 정도는 자기자금으로 확보하도록 하였다.

IT 강국의 꿈 실현

중화학공업 정책의 목표는 대단위 공업기지 위에 최대규모, 최신시설, 최고기술을 접목시킨 중화학공업을 육성함으로써 우리나라의 공업구조를 경공업 중심에서 중공업 중심으로 탈바꿈시키고 공산품 수출총액에서 차지하는 중화학공업 제품의 비중을 72년의 27%에서 81년에는 65%로 늘린다는 것이고, 수출공산품의 구조도 의류, 합판, 신발, 가발, 잡제품의 경공업제품 중심에서 기계류, 선박, 전자, 자동차, 석유화학 등 중화학공업 제품으로 전환시킨다는 것이다.

이러한 목표달성을 위해 중화학공업은 다음의 원칙에 따라 추진되어다.

첫째, 경제성과 경쟁력을 확보하기 위해 국제단위 규모로 대형화한다.

둘째, 중화학공업을 전략적인 수출산업으로 육성함으로써 시장애로를 타개하고 규모의 이익을 확보할 수 있도록 한다.

셋째, 전 국민의 과학화운동을 전개함으로써 기술 및 기능인력을 확보하고 개발을 위한 두뇌개발과 기능숙련체제를 혁신하고 기능자격제, 기능장제를 확립하여 국민 1인 1기를 실현한다.

넷째, 선박, 기계, 석유화학, 전자, 해양 등 5대 전략산업기술연구소를 설립하여 중화학공업 발전을 기술면에서 뒷받침한다.

다섯째, 중화학공업은 용수, 전력, 교통망 등 대규모의 사회간접자본이 요구되고 또 일부는 공해유발산업이므로 그 특성에 따라 적절한 입지에 집단적으로 건설한다.

이러한 원칙에 따라 전반적인 산업성장에 대한 기여도가 많고 부가가치의 효과가 높으며 국제적 수준에 이를 수 있는 내재적 능력을 가지고 있는 철강, 비철 금속, 조선, 기계, 화학, 전자 등이 중화학공업의 6대 산업으로 선정되었다.

철강부문에서는 1973년 7월 완공된 103만 톤 규모의 포항종합제철을 2, 3, 4기 확장을 통해 연산 850만 톤 규모로 늘리는 사업을 추진하였으며 특수강에 있어서는 고급특수강 등 25만 톤 규모의 생산능력을 갖춘 시설을 1977년 말까지 완공하는 사업에 착수했다.

비철금속공업에 있어서는 온산공업단지에 연산 5만 톤의 아연제련소와 연산 8만 톤의 동(銅)제련소를 1978년과 79년에 각각 완공시키기로 했다.

석유화학공업에 있어서는 기존의 울산석유화학단지의 시설능력을 에틸렌기준 연산 10만 톤을 15만 톤으로 확장하고 여천에 제2석유화학단지의 시설능력을 에틸렌기준 연산 35만 톤으로 신설하기로 했다.

조선공업에 있어서는 연산 2백 톤 규모의 현대울산조선소, 연산 120만 톤 규모의 대우옥포조선소, 그리고 연산 30만 톤 규모의 삼성죽도조선소의 건설을 추진하기 시작했다.

기계공업에 있어서는 국제수준의 품질과 국제적 가격경쟁력을 갖춘 기계공업을 육성해 기계류와 플랜트의 국산화, 기계류공업의 수출주력산업화, 방위산업의 모체 등을 위해 창원에 대규모 기계공업단지를 건설하기로 했다.

전자공업에 있어서는 국제수준급의 부품생산과 기술집약적 고급제품을 개발해 수출산업화한다는 전략 아래 반도체와 컴퓨터산업을 중점 육성하고 최첨단기술의 전자기기를 생산하고자 구미에 전자공업 제1, 2, 3단지의 건설을 본격적으로 추진하기 시작했다.

정부는 중화학공업의 본격적 추진을 위해 공업입지 조건을 최대한 활용하고 또 지역 간의 균형발전을 이룩한다는 목표 아래 동남해 지역에 대단위 공업단지를 건설하기로 했고 이름도 공업기지로 부르기로 했다. 중화학공업 6개 공업기지가 바로 그것이다.

정부는 이를 위해 1973년 12월 24일 '산업기지개발촉진법'을 제정하여 한국수자원개발공사를 산업기지개발공사로 개편했으며 산업기지개발공사는 기존의 수자원개발사업과 함께 창원, 여천, 온산 등에 공업기지 건설과 공업단지의 지원시설인 항만·용수·도로·주거개발지구의 주거시설 건설을 맡았다.

산업기지개발공사의 초대사장으로는 67년 수자원개발공사 사장으로 임명된 후 7년간 많은 성과를 거둔 안경모 씨가 임명되었다.

대통령은 일찍부터 전자공업의 중요성을 인식하고 있었다. 2차 세계대전 무렵 일본의 군함, 잠수함, 항공기들이 미국의 전파기술이 만들어 낸 레이다망에 걸려 모두 격파되고 마침내 일본의 패전은 '전파전쟁'에서의 패배에서 시작되었다고 보고 있었다. 따라서 우리도 전자공업을 빨리 육성해야 되겠다는 생각을 갖고 있었다.

대통령은 5·16혁명 직후인 1961년 9월 국가재건최고회의 의장 당시 국내 최초의 국산라디오를 생산 판매하고 있는 금성사(현 LG전자)의 부산 연지동공장을 예고 없이 방문했다. 임원들이 자리를 비웠기 때문에 라디오 설계책임자가 대통령을 안내하여 생산공정을 설명하며 밀수로 들어오는 일제와 미제라디오가 많이 유통되어 공장이 적자를 보고 있다고 보고했다. 대통령이 우리나라 전자산업이 살아나려면 어떻게 해야 되겠느냐고 묻자 그 설계책임자는 일제밀수품과 미제면세품의 유통을 막으면 전자산업이 살아날 수 있다고 대답했다. 그 뒤 일주일이 지난 어느날 대통령은 '밀수품근절에 대한 포고령'을 발표하고 전국농어촌에 라디오보내기 운동을 전개하라

장충공원에서 열린 한국전자전람회에 참석하여 진열된 제품을 둘러보는 박 대통령
(1975. 10. 8)

고 지시했다. 연 1만 대도 안 되던 금성라디오 판매량은 1962년 13만 7천 대로 늘어났고 금성사는 자금이 돌면서 65년에는 냉장고와 전기밥솥, 66년에는 흑백 TV, 68년에는 에어컨, 69년에는 세탁기를 선보였다. 69년에 삼성전자가 가전사업을 시작하면서 우리나라는 중요한 가전제품의 세계적인 생산기지로 부상했다.

 이보다 앞서 대통령은 65년 미국방문 때 재미교포들과 환담하는 자리에서 세라믹공학의 권위자로 수십 개의 전자관련 특허를 가지고 있는 김기형(金基衡) 박사를 만나 귀국하여 한국전자산업 발전을 도와줄 것을 간곡히 당부했다.

 김 박사는 66년 8월에 귀국, 청와대에 와서 대통령에게 전자공업과 세라믹공업은 노동집약적인 산업이어서 유휴노동력이 많은 우리나라에 유리하다고 말하면서 그 육성 필요성을 강조했다. 김 박사는 자신이 개발한 손톱만한 반도체집적회로(IC)를 대통령에게 선사하며 한 개에 1달러짜리이며 주로 전자제품을 만들 때 쓰이는 것이라고 설명했다.

대통령은 이 손톱만한 물건을 박충훈 상공부장관에게 넘겨주며 잘 검토하라고 지시했고 그해 12월 박 장관은 전자산업을 수출전략산업으로 발표했다. 그리고 대통령은 67년 1월 17일 국회에서 발표한 연두교서에서 제철, 기계, 정유, 석유화학, 자동차공업 등 기간산업 건설을 추진하며 전자공업과 도자기공업의 개발에도 힘쓰겠다는 뜻을 밝혔다.

대통령은 4월 31일 개청된 과학기술처의 초대장관에 김기형 박사를 임명했다. 대통령은 김 장관이 추천한 미국 컬럼비아대학 전자·컴퓨터공학과 주임교수인 김완희(金玩熙) 박사를 초청했다. 9월 4일 귀국한 김 박사는 국내전자업계를 둘러본 뒤에 9월 16일 '전자공업진흥을 위한 건의서'를 들고 청와대로 와서 대통령에게 브리핑을 했다. 대통령은 김 박사에게 그해 3월에 한국에 진출한 미국 모토로라사가 제공한 트랜지스터회로세트를 보여 주며 우리도 이런 것을 만들어 수출해야 되겠다고 말했다. 우리나라의 주력수출상품인 섬유는 창고 가득 찬 것을 수출해 봐야 10만 달러 받기도 힘든데 이 회로세트는 손가방 하나만큼만 팔아도 30만~50만 달러를 받는다는 것이다.

김 박사는 귀국해서 도와달라는 대통령의 요청을 가족들의 반대로 고사했지만 방학 때마다 귀국해서 대통령을 정성껏 도왔다.

대통령은 1969년 1월 전자공업진흥법을 제정, 공포하고 잇따라 전자공업 육성 8개년계획을 수립하여 발표했다. 대통령은 또한 전자공업의 특성상 공장을 한곳에 모아놓아야 집적효과가 크다는 점에 착안하여 전문공단을 조성했다. 전자공업은 공해, 특히 염분이

구미공단 삼성전자 내 〈통신혁신의 요람〉이라는 휘호

없는 내륙지방이어야 하고 임해공업단지인 창원, 포항과 삼각축을
이룬다는 점을 고려해 경부선철도와 고속도로가 지나가고 낙동강이
중앙으로 관통하고 있는 구미가 적지로 선정되었다. 그리하여 구미
전자공단은 71년 11월 제1공구단지 26만 평이 착공되어 그 이듬해
5월에 완공되었고, 제2공구 60만 평, 제3공구 140만평 등 총 200여
만 평 규모로 그 확장공사가 73년 10월에 완공되었다. 미국의 실리
콘밸리와 일본의 쓰쿠바를 능가하는 한국의 테크노폴리스로서 전자
산업의 메카가 되었다.

　구미공단은 대통령이 전자강국의 꿈을 실현하기 위해 만든 전략
기지였다. LG전자(옛 금성사), 삼성전자, 대우전자를 비롯한 한국
전자공업의 대표 브랜드가 이곳에서 자리잡고 성장했으며, 280여
개에 이르는 전문계열 부품공장들이 들어서 있다.

　한국전자산업은 삼성전자가 반도체산업에 참여하며 제2도약의 길
로 접어들었다. 삼성전자는 1986년에 256KD램칩을 월(月) 1백만
개 정도 양산할 수 있는 능력을 갖춤으로써 일본 경쟁사들의 사업
일정에 2년 반으로 추격하였고, 그 추격전은 88년도의 1메가 D램의
경우는 1년 반, 91년의 4메가 D램의 경우는 반년의 시간차로 단축

되었고 급기야 93년의 16메가 D램의 양산기술에 있어서는 삼성전자가 선행주자로 나서게 되었다.

이것은 한국전자산업과 한국과학기술에 있어서 획기적인 쾌거였다. 그것은 최첨단기술과 장비를 최적화된 양식으로 융합시켜 운영할 수 있는 조직력과 사업능력을 입증하고 과시한 것으로 그 의의는 지대했다. 삼성전자에 이어 LG전자와 현대전자도 메모리 사업에 가세함에 따라 우리나라는 세계 메모리 시장의 30%를 점유하는 반도체강국이 되었다. 그리하여 메모리반도체는 1995년도에 단일품목으로는 처음으로 1백억 달러 수출을 이룩하는 빛나는 실적을 올렸다.

그동안 축적된 반도체공정기술은 94년도에 삼성전자와 현대전자가 거의 동시에 세계 최초로 256메가 D램 기술을 개발하는 데 성공함으로써 그 우수성이 입증됐다.

이러한 반도체산업의 성장은 우리나라가 지식사회와 정보사회로 앞서 나가도록 하는 원동력이 되었다.

2000년대에 들어 한국의 전자산업은 국가기간산업으로 자리를 굳혔다. 2001년부터 2005년까지 반도체, 전자제품, 영상·음향·통신기기의 국내총생산(GDP)에 대한 기여도는 각각 19.4%와 12%이다. 주력품목은 TV와 가전제품에서 반도체, 휴대폰, LCD패널 등으로 넓어졌다. 2004년 말 현재 IT산업체 수는 2만 5백 개, 종사자는 65만 명이며, 전 산업수출비중은 30%, 생산액은 226조 원으로 국내 실질성장기여율이 48.2%다. 고유가나 환율하락 등 여건이 불리해져도 반도체와 휴대폰, LCD와 HDD 등의 전자부문 수출은 꾸준히 증가추세를 이어가고 있다. 오늘날 우리나라는 국제적으로 공인되어 있는 IT강국이며 전자대국이다.

대통령의 '전자산업 개인교수' 역할을 했던 김완희 박사가 훗날

구미공업단지

1973년 9월 30일

대통령 박정희

회고한 바에 의하면 '1960년대 말 세계의 전자공업은 막 출발하려던 기차와 같았다. 1970년대를 지나면서 기차의 속도는 빨라졌고 이제 후진국들이 아무리 흉내내며 따라오려 해도 불가능하게 됐다. 우리는 막차의 맨 끝칸을 탔던 것이다.' 그러나 지금 우리는 그 당시 첫차의 맨 앞칸을 탔던 선진국들보다 앞서 나가고 있다. 이러한 한국전자공업의 성장과 발전은 큰 영애를 서강대 전자공업학과에 진학시킬 만큼 전자공업 육성에 대한 강한 애착과 집념을 가지고 있던 대통령이 구미전자공단에서 꽃피운 전자공업입국의 결실이었다.

중화학공업 건설은 여러 가지 우여곡절을 겪었다.

대통령이 중화학공업 정책을 선언한 1973년에는 이스라엘과 아랍국가 간에 이른바 중동전쟁이 발발하여 중동의 산유국들이 석유를 무기화함으로써 세계경제는 자원파동을 겪게 되고 이로 인해 세계경제는 극심한 불황의 늪에 빠졌다. 그래서 우리나라에서는 중화학공업 정책을 포기해야 한다는 반대의 목소리가 나왔다.

특히 70년대 중반부터 중화학공업 건설에 박차를 가하자 과잉 중복투자라는 우려의 목소리가 있었고 회수불능의 대출로 인한 금융

붕괴를 경고하는 목소리도 있었다.

그러나 70년대 후반의 중화학공업 건설은 우려했던 금융붕괴를 유발하지 않았으며 수출회복의 원동력이 되었다.

정부가 중간재, 자본재의 국내생산을 대폭 지원함에 따라 중화학공업제품의 수출이 급격히 늘어난 것이다.

70년대 말에는 중화학공업이 경공업보다 더 빠르게 성장했다.

1965년에서 1980년까지 전반적인 제조업생산에 대한 중화학공업의 생산비율은 34.2%에서 53.2%로 늘었고, 수출 또한 15.3%에서 47.6%로 늘었다.

1965년 우리나라의 1인당 국민소득(GNP)은 106달러로 필리핀의 절반밖에 안 되었으나 1979년 우리의 1인당 국민소득은 1,745달러로 필리핀의 3배가 되었다.

중화학공업 건설의 성과가 나타나기 시작한 것이다.

1991년도에 우리나라 중화학공업 생산을 보면, 철강생산은 13만 톤에서 2,615만 톤으로, 자동차생산은 생산이랄 것도 없는 상태에서 150만 대로 늘어나 세계 10위를 기록하였고, 자동차보유대수는 440만 대나 되어 인구 1백 명당 1대꼴이 되었다.

80년에 국내보급이 시작된 컬러TV는 90년에 1,350만 대를 생산(세계 2위)하기에 이르렀으며, 현재 보급률은 인구 1천 명당 3백 대 수준으로 이탈리아와 대만을 훨씬 앞지르게 되었다.

조선부문은 4천 톤에서 443만 톤(세계 2위)으로, 섬유는 5만 톤에서 150만 톤(세계 7위)으로, 신발은 8,300만 켤레에서 4억 6천만 켤레(세계 3위)로 각각 늘어난 것이다.

수출액은 719억 달러로 늘어나 91년 기준으로 세계 12위를 기록하게 되었고 1인당 수출액은 불과 2달러에 지나지 않던 것이 1,654달러로 급신장했으며 수출대상국은 33개국에서 202개국으로, 수출품목은 69개에서 8천 개로, 무역업체는 7백 개에서 2만 7,577개로 늘어났다.

이에 따라 세계수출에서 차지하는 우리나라 수출 비중은 거의 존재조차 없었던 것이(1,300억 달러 가운데 4천만 달러) 이제는 2%대를 넘는 수준으로 껑충 뛰어올라서게 된 것이다.

중소기업의 기반도 뚜렷이 확대되어 60년대 초 1만 8천 개에서 7만 3천 개로 4배나 늘어나게 되었다.

우리나라의 1인당 GNP는 91년에 6,493달러로 늘어나(90년 기준으로) 세계 26위를 기록하게 되었고 제조업 비중은 이 기간 동안에 14.4%에서 29.2%로, 그리고 제조업 가운데 중화학공업의 비중은 26.3%에서 63.1%로 각각 늘어났다.

민주화 여건 조성

중화학공업은 우리 경제의 고도성장을 지속시켜 나가는 새로운 동력이 됨으로써 이 땅에 민주주의가 뿌리내릴 수 있는 가장 핵심적인 여건을 조성해 놓았다.

70년대에 중화학공업과 새마을사업, 방위산업과 과학기술교육 확대 등 부국강병을 위한 핵심사업이 성공적으로 추진되면서 경제 발전의 혜택이 우리 사회의 각계각층으로 골고루 빠르게 파급되었으며, 모든 계층의 소득과 생활수준이 꾸준히 향상되었다.

또한, 교육이 확대 강화되었으며, 농촌인구 감소와 도시근로인구 증가로 도시화가 촉진되었다. 그 결과 우리 사회에도 높은 수준의 기능과 지식을 겸비한 중산층이 두텁게 형성되기 시작했다.

대통령은 빈곤 속에서는 민주주의가 성장할 수 없으므로 민주화를 위해서는 먼저 경제발전을 이룩해야 한다고 판단하고 '선 경제건설 후 민주발전' 정책을 추진했다.

또한 국민복지를 향상시키기 위해서는 먼저 경제성장을 이룩하여 이른바 '파이'를 키워야 한다고 보고 '선성장 후분배' 정책을 추진했다.

그리고 국토통일을 위해서는 먼저 우리의 국력을 증강해야 한다는 판단에 따라 '선경제건설 후평화통일' 정책을 추진했다.

민주주의가 발전할 수 있는 여건을 조성하는 것도 경제발전이고 국민의 소득과 복지를 향상시키는 것도 경제 발전이며, 평화통일을 할 수 있는 국력을 증강하는 것도 경제건설이다, 따라서 민주화, 국민복지, 평화통일을 이룩하려면 먼저 경제발전을 성취해야 한다는 것이다. 다시 말해서 경제발전 없이는 민주화도 국민복지도 평화통일도 있을 수 없다는 것이다.

과거 서구선진국가들의 근대화와 민주화 과정은 100년 이상의 장기간에 걸쳐 완만하게 이루어졌다. 따라서 국민통합이나 공업화, 국민복지와 재화의 재분배 그리고 정치참여와 같은 근대화에 수반되는 어려운 과제들이 오랜 기간에 걸쳐서 하나하나 서서히 순차적으로 해결됨으로써 국가의 기반을 뒤흔드는 정치적 사회적 혼란 없이 민주화가 이루어졌다.

그러나 2차 세계대전 후 서구민주주의 정치제도를 도입하고 급속한 근대화를 추진한 개발도상국가에 있어서는 권력집중과 국민통합, 사회동원과 경제발전, 사회복지와 정치참여 등 근대화에 수반되는 어려운 과제들이 한꺼번에 터져 나옴으로써 어느 하나도 해결되지 못하고 정치불안과 사회혼란이 만성화되었다.

그 이유는 개발도상국가들이 서구국가들의 근대화와 민주화 과정을 이해하지 못하고 서구민주주의를 도입하면 근대화가 이루어질 수 있다고 잘못 판단하고 민주주의가 뿌리내릴 수 있는 여건이라고는 아무것도 없는 상태에서 서구민주주의의 정치제도를 무비판적으로 도입하여 이식시켰기 때문인 것으로 인식되고 있었다.

제2차 세계대전 후 우리나라도 서구선진국들을 근대화된 사회의 모형으로 생각하고 우리의 근대화를 위해서는 서구의 과학기술이나 경영방법뿐만 아니라 서구의 정치체제까지도 도입해야 한다고 믿고 있었다. 그래서 건국 초에 민주헌법을 만들어 입법부와 사법부의 독립, 복수정당제, 보통선거제 등 자유민주주의의 필수적인 형식을 모두 갖추었다. 그러나 그것은 해방 직후 정치적인 격동기에 전승국인 미국군정의 포고령에 의해 하루아침에 갑자기 이식된 한낱 수입품에 지나지 않았고, 제도적 법적 차원에서 서구민주주의 형식을 모방한 것이었다.

한동안 우리는 이른바 대통령책임제만 도입하면 금방 미국식 민주주의가 이 땅에 꽃피울 것처럼 생각한 때도 있었고, 내각책임제를 채택하면 영국식 민주주의가 이루어질 것으로 기대한 적도 있었다. 한마디로 우리는 서구민주사회의 정치제도를 그대로 모방하는 것이 곧 민주정치를 하는 것이라고 안이하게 생각했다.

그것은 마치 5백년 묵은 조선왕조라는 고목에 민주주의라는 새로운 수종을 강제로 접목시킨 것과 같은 것이었다. 그러나 이것은 빈약한 정치적 재능이 낳은 서투른 모방의 산물임이 곧 드러났다.

민주주의제도는 필요한 조건이 구비되어 있을 경우에는 모든 정치제도 가운데에서 가장 좋은 제도라는 것이 널리 인정되고 있다. 그러나 민주주의제도는 결코 언제 어디서나 최선의 제도는 아니며, 그것이 생명력과 정상 활동을 유지하려면 특정한 경제조건, 사회구조, 역사적 전통, 정치풍토 및 국내외의 정치적 여건을 필요로 한다.

그러나 우리나라에는 그러한 조건과 구조, 전통과 경험이 없었다. 그리하여 그것은 이 땅에 뿌리내리지 못하고 정치불안, 사회혼란,

부정부패, 빈곤의 악순환 등을 가져왔으며, 급기야 1960년대 초에는 학생들이 선도한 민중혁명과 군부가 주도한 군사혁명의 격동과 시련을 겪었다.

우리나라가 본격적으로 경제성장을 이룩하기 시작한 것은 5·16군사혁명 직후에 추진된 제1차 경제개발 5개년계획 때부터였다. 박정희 대통령은 60년대 초부터 '선경제건설 후민주발전' 정책을 추진했는데 이 정책은 공업화를 통한 경제발전으로 민주주의가 성장할 수 있는 여건을 조성하는 데 그 목표를 두고 있었다. 이 정책은 대통령이 계획한 대로 서서히 그러나 착실하게 성과를 거두고 있었다.

즉 제1차, 2차, 3차, 4차 5개년계획이 추진된 18여 년 동안 우리나라는 세계에서 가장 높은 경제성장을 지속해 왔으며, 그 결과 안정된 민주주의 토대라고 할 수 있는 중산층이 우리 사회에도 형성되기 시작했다.

우리는 공업화를 위해 선진공업국가들로부터 근대적 생산에 필요한 자본과 기술, 그리고 경영기법을 도입했다.

수백년 전, 기술의 진보가 선진국 역사에서 전혀 새로운 형태의 생산과 경제조직을 창출해 낸 것과 같이 우리가 도입한 선진국가의 기술과 자본은 우리의 낙후된 농경사회를 근대적인 산업사회로 탈바꿈시키는 원동력이 되었다.

우리는 네 차례에 걸친 경제개발5개년계획으로 사회간접자본을 확충하고, 기간산업을 육성했으며 기술인력을 양성하고 전략산업을 발전시킴으로써 짧은 기간 내에 급속한 공업화를 이룩해 나갔다.

이러한 성장과 발전이 이루어진 것은 바로 정치참여 확대와 분배확대를 요구하는 사회집단들의 압력과 야당의 반체제투쟁을 억제할 수 있는 강력한 정부형태를 유지했던 유신체제의 시기였다.

10월유신 후 정부는 경제성장의 기본 전제가 되는 정치안정과 사회질서를 파괴하는 정치적 요소를 없애고, 안정과 질서의 바탕 위에서 기업을 육성하여 생산과 수출면에서 그 역할을 크게 넓혔으며, 국제자본의 투자를 유치해 경제개발을 추진했다. 중화학공업화로 경제는 고도성장을 지속했고, 국민들의 생활수준은 꾸준히 향상되고 있었다.

경제발전의 초기단계에서는 소득분배에 격차가 생겼으나, 그 후의 꾸준한 경제발전은 대량의 숙련 노동력에 대한 거대한 수요를 낳았으며, 이들 숙련공들은 소득이 늘어나 중산층으로 성장했다. 즉, 공업화가 고도화함에 따라 교육수준이 높은 숙련된 노동자, 관리직, 기술자, 지식인에 대한 수요가 폭발했고 이에 정부는 대중교육의 보급과 고도의 전문적인 교육에 대한 기회를 넓혔으며 그 결과 교육수준이 높고 경제적 부를 소유한 중산층이 대량으로 창출된 것이다. 그리하여 수백년 동안 빈곤에 한을 품고 운명에 묵종해 온 우리의 전통적인 농업사회는 급속한 공업화에 의해 높은 교육수준과 생활수준에 도달한 중산층사회로 발전하기 시작했다.

중화학공업화를 통한 지속적인 고도의 경제성장에 따라 계속 늘어나는 두터운 중산층은 이 땅에 민주주의가 뿌리내릴 수 있는 바탕이 되었고 우리 사회에 질서와 안정을 보장하는 구심력이 되었다. 그리하여 60년대 초까지도 빈곤과 전란의 위험에 시달려 온 우리나라는 공업화에 착수한지 4반세기만에 민주주의 발전의 핵심적인 여건을 조성하는 데 성공한 것이다.

박정희 대통령은 61년 5·16군사혁명 때부터 자유민주주의는 서구 민주주의제도를 모방한다고 해서 하루이틀에 뿌리내릴 수 있는 것이 아니며, 적어도 20년 또는 30년 이상의 경제성장으로 정치, 경제, 사회, 문화 등 여러 분야에서 그 여건이 성숙된 후에야 비로서 성장, 발전할 수 있다는 소신을 천명해 왔다. 80년대 초반은 바로 그 20년에 해당되는 시기였다.

박정희 대통령이 72년 10월유신을 단행하면서 추구한 국가목표는 세 가지였다.

첫째는 경제건설로 빈곤을 몰아내고 경제자립을 이룩하는 것이었다.

둘째는 자주국방으로 전쟁의 위험을 제거하고 평화를 정착시키는 것이었다.

셋째는 사회개발로 복지사회와 민주발전의 여건을 성숙시키는 것이었다.

대통령은 이러한 목표들이 70년대 후반에 상당 부분이 달성되었다고 판단하고 있었으나 이러한 목표들은 제4차 경제개발 5개년계획이 완수될 때 비로서 달성될 수 있다고 보고 있었다.

즉, 중화학공업 건설과 농어촌근대화, 사회개발 계획과 자주국방 사업이 대충 끝날 때, 특히 새마을운동으로 우리 농촌이 독일 등 서구선진국가의 농촌 수준으로 발전하고, 또 방위산업 발전으로 미사일 등을 보유하게 될 때, 안정된 민주주의 발전의 여건이 성숙될 수 있다는 것이며 그때가 80년대 초반 무렵이라는 것이다.

그때가 되면 지속적인 경제성장으로 다양하고 복합적인 거대한 산업사회가 건설되고 다원적이고 자율적인 시민사회가 출현하며, 특히 교육받은 중산층이 지배적인 사회계층으로 자리잡게 됨으로써 민주화의 확고한 토대가 마련되고 또 우리 힘으로 전쟁을 억지할 수 있는 자주국방력을 갖추게 된다는 것이다.

그것은 불과 20년도 안 되는 짧은 기간에 이루어지는 일이었다.

그래서 외국학자들은 이것을 '한강의 기적'이니 '세계의 기적'이라고 놀라워했고, 우리 한국인들은 그 '기적'을 자랑스럽게 생각했다. 그것은 박정희 대통령에 대한 국내외의 신뢰와 지지를 크게 신장시켰으며, 유신체제와 대통령의 계속 집정의 필요성과 정당성을 뒷받침했다.

그러나 야당은 민주화가 먼저 돼야만 경제발전이 이루어질 수 있다고 '선민주화 후경제건설' 정책을 주장했다.

야당은 또한 복지를 먼저 증진시켜야 경제성장이 촉진될 수 있다고 하면서 '선분배 후성장' 정책을 주장했다.

그리고 먼저 통일을 해야 남북이 힘을 합쳐 경제발전을 이룩할 수 있다고 '선통일 후경제발전' 정책을 주장했다.

그동안 박정희 대통령과 야당은 우리가 추구해야 할 국가목표들 가운데 어떤 것을 우선적으로 선택하느냐 하는 정책의 우선 순위에 대해 대립해 왔는데, 특히 경제건설과 민주화의 우선 순위에 대한 대통령과 야당의 논쟁은 대통령의 집정기간 내내 계속되었다.

야당은 대통령이 경제건설이라는 명분을 내세워 민주주의를 말살했다고 비난했다. 그러나 1960년대에 이 나라의 어디에 말살할 민주주의가 있었는가? 서구민주주의제도를 형식적으로 모방한 껍데기 민주주의만 있었지 알맹이 있는 진정한 민주주의가 싹틀 수 있는 여건은 하나도 없었던 것이 그 당시 이 나라의 현실이었다.

대통령의 18년 통치기간 동안 야당은 하루도 쉬지 않고 이른바 '민주화' 투쟁을 전개했고, 재야의 반정부세력도 민주화 압력을 줄기차게 가해 왔다. 그 투쟁의 격렬함, 그 압력의 중압감 앞에 유약한 대통령이라면 맥없이 굴복하고 '선경제건설 후민주화' 정책을 포기하고 말았을 것이다.

그러나 박정희 대통령은 그 모든 도전과 시련을 꿋꿋하게 이겨내고 그 정책을 일관성 있게 추진했다.

그리하여 과거에 서구선진국들이 100년 또는 200년의 오랜 기간에 이룩한 산업화를 18년이라는 짧은 기간 동안에 이룩할 수 있었고, 또 민주주의 발전의 여건들을 성숙시킬 수 있었다. 그것은 70년대의 10월유신과 '계속 집정'의 기간에 대통령이 '선경제건설 후 민주발전' 전략에 따라 경제와 국방과 과학기술교육 등 모든 분야의 근대화작업에 집중적인 노력을 기울여서 성취한 결실이었다.

미국 하버드 대학의 '버로우'(R. Barrow) 교수는 '민주주의가 경제성장의 비결인가?'라는 논문에서 '경제성장 정책을 우선적으로 추진한 나라는 경제발전을 이룩하고 민주화의 토대를 마련했지만 생활수준이 낮은 상태에서 민주화를 먼저 추진하거나 또는 경제건설과 민주화를 병행한 나라는 시간이 갈수록 국민은 자유를 잃고 독재국가로 전락하고 말았다'고 지적했다.

실제로 2차 세계대전 후 민주화를 먼저 추진했거나 또는 민주화와 경제건설을 동시에 추진했던 개발도상국들은 민주화도 실패하고 경제발전도 하지 못하고 빈곤과 혼란 속에 정변을 거듭하는 가운데 군부독재나 공산독재의 질곡을 벗어나지 못하고 있었다.

만일 야당의 주장대로 우리나라가 60년대 초부터 민주화를 먼저 추진했거나 또는 민주화와 산업화를 동시에 추진했더라면 우리나라도 예외없이 빈곤과 혼란과 정변의 악순환에서 헤어나지 못했을 것이다.

그러나 80년대 후반에 이르러 국내외의 많은 전문가들은 우리나라의 산업화와 민주주의 발전의 전개과정을 지켜보면서 그것은 박정희 대통령이 추진해 온 '선경제건설 후민주발전' 정책의 성공이라고 평가했다.

대통령의 이러한 민주화 전략과 그것의 철학적 기반인 현실주의는 1990년대 이후 많은 개발도상국가의 정치지도자들과 선진민주국가의 학자들로부터 개발도상국들이 민주주의를 발전시키는 가장 건설적인 접근으로 높이 평가를 받고 있다. 즉, 이 정책은 민주화의 여건이 전혀 없기 때문에 민주화와 경제발전을 동시에 추진할 수 없는 개발도상국가들이 경제개발에 성공하고 민주화도 이룩할 수 있는 올바른 길이 어디에 있는가를 밝혀 주고 있다는 것이다. 그래서 세계 여러 나라 지도자들은 급속한 산업화와 민주화의 여건조성을 성공적으로 이룩한 박정희 대통령의 지도력을 높이 평가하고, 그의 정책을 연구하고 있다.

대통령의 이러한 국가발전 전략을 벤치마킹하여 중국의 경제를 일으킨 사람이 덩샤오핑이다.

1960년 초반 미국의 '아이젠하워'와 '케네디' 행정부는 우리 정부에 민주주의 정치체제를 채택하라고 공개적으로 압력을 가했다. 그것은 바로 미국 정치학자들이 개발도상국가에 있어서 정치안정과 경제발전을 이룩할 수 있는 최선의 제도는 서구민주주의제도라고 주창하던 시기와 때를 같이 하고 있었다.

그러나 1960년대 중반을 고비로 미국의 정치학자들은 서구민주주의의 교과서식 이상형을 개발도상국가에서 성공적으로 구현하는 것은 불가능한 일이라는 사실을 인정하고 개발도상국가에서 바람직한 정치체제가 어떤 것인가에 대한 연구를 하면서 현실적인 대안으로 제안했다. 그것은 개발도상국가의 현실을 평가하는 미국 정치학계의 시각이 변화하였음을 보여 주는 것이었다.

미국의 닉슨 행정부나 인권문제에 그토록 강경했던 카터 행정부가 우리나라의 정치제도에 대해서는 반대하거나 간섭하지 않은 것도 미국 정치학계의 이러한 판단을 반영한 것이었다.

1972년 10월유신 이후 미국의 정치학자들 간에는 그 당시에 한국이 당면하고 있던 국내외의 위기상황에서는 유신체제가 불가피한 것이라는 데 대해 많은 공감이 형성되어 있었다.

그런데 우리나라의 야당정치인들은 이러한 사실을 부정하고 대통령은 10월유신을 단행함으로써 이 나라의 민주주의를 말살했다고 주장했다.

즉, 10월유신은 대통령선거제도를 직선제에서 간선제로 바꾸어 대통령이 '장기집권', 다시 말해서 '계속집정'을 할 수 있는 길을 열어 놓고 민주주의가 발전할 수 있는 길을 막아 놓고 있다는 것이다.

그러나 야당정치인들의 이러한 주장은 역사적 사실과 거리가 먼 이야기다.

대통령의 '계속집정'은 10월유신과는 아무런 상관관계나 인과관계가 없는 것이었다. 대통령의 '계속집정'은 1969년에 국민투표에 의해 확정된 '대통령의 3차연임제도'에 의해 제도적으로 보장되어 있었다.

제4장 중단하면 성공할 수 없다

여당내의 개헌투쟁

1967년 5·3 대통령선거 유세 때 야당이 내각책임제 개헌과 정당법 개정을 주장하면서 개헌문제가 제기되었고, 6·8 총선 직후 여당인 공화당 내의 이른바 친김종필 세력과 반김종필 세력이 71년도 대통령선거 후보자 문제로 대립하면서 대통령 3선을 허용하는 개헌문제가 당내 권력투쟁의 쟁점으로 떠올랐다.

6·8 총선 후 김종필이 공화당의 당의장에 취임하자 당내의 친김 세력은 71년 대통령선거 때 그 후보로 김종필을 추대하기 위해 세력 규합을 시작했다.

김종필계의 최영두 전 국회문공위원장과 송상남 당중앙위원은 '한국국민복지연구회'라는 단체를 만들고 김용태 의원을 회장으로 추대하고 전국의 공화당청년당원에게 회원가입을 권유하고 있었다.

이들은 금융계, 경제계, 언론계 할 것 없이 광범위한 포섭대상자 명단과 시국판단서라는 비밀문서를 작성했다. 앞으로 대통령의 3선을 위한 개헌공작은 반드시 가시화될 것이고 우리는 이를 막기 위해 지지세력을 확보해야 하며 1971년 선거에 있어 우리의 대안은 오직 김종필 당의장이라는 것이 그 핵심내용이었다. 이들은 한때 대통령의 충성스런 지지자였고 그래서 당의 요직에서 일하기도 했다. 특히 김용태 의원은 5·16군사혁명의 계획단계에서부터 민간인으로 참여하여 대통령의 신임이 두터운 측근이었고, 당의 실세 당무위원이었다.

그러나 이들은 대통령의 3선을 위한 개헌이 꼭 필요한 것은 아니며 그것은 민주주의 발전에 대한 저해요인이 될 수 있다는 주장을 공개적으로 피력하고 다녔다. 그것이 그들의 정치적 신념에서 나온 것인지 아니면 그들이 지지하는 김종필을 대통령으로 추대하려는 모험을 시도하기 위한 정치적 음모에 연유한 것인지에 대해 그들은 침묵했다.

시간이 지나자 한국복지회는 공화당 내의 별도조직으로 당원들을 포섭하고 있었고 김종필을 대통령의 후계자로 옹립하여 71년 대통령선거에 출마시키기 위한 당의 변형된 이원조직이라는 사실이 알려졌다.

반김종필세력은 이 조직을 71년 김종필의 대권승계 작전계획을 수행하기 위한 속칭 '김종필사단의 사조직'이라고 보았다.

공화당 총재인 대통령은 이러한 사실의 진위를 조사하도록 관계기관에 지시했고, 조사결과 그것이 사실임이 확인되었다.

그것은 분명히 파당을 형성하여 당의 분열을 조장하고 당의 지도체제와 기강에 도전하는 해당행위였다. 창당 초부터 당의 지도체제와 단결을 강조해 온 대통령으로서는 이들을 용납할 수가 없었다.

그들은 당기위원회에서 당내당(黨內黨)을 만드는 해당행위를 했다는 이유로 68년 5월 25일 제명당했다. 그리고 5월 30일 당무회의를 주재하던 김종필은 모든 공직에서 물러나겠다고 선언하고 당의 장직을 사퇴했다.

김종필이 한국복지회사건으로 공화당 당의장직을 사퇴한 후 친김세력은 대통령의 중임임기가 끝나는 71년에 김종필의 대권인수를 추진하는 계획을 포기하지 않았다. 그들은 우선 반김세력이 기도하려고 하는 3선개헌을 반대하는 데 힘을 모으기로 했다. 반김세력은 김종필이 대권을 승계하게 되면 자신들은 정치적 몰락을 면할 수 없게 될 것으로 보고 자신들의 정치생명을 유지하기 위해서는 대통령의 계속적인 집권이 필요하다는 전제 아래 그동안 여러 가지 개헌방안을 검토해 왔으므로 조만간 3선개헌문제를 제기할 것이 분명하다는 것이다. 이들의 예상대로 1969년 정초부터 반김세력은 3선개헌문제를 언급하기 시작했다. 반김세력의 주축을 이루고 있는 것은 백남억, 김성곤, 김진만, 길재호 등 이른바 4인체제였다. 당사무총장인 길재호가 1월 6일 개헌을 검토 중에 있다고 말한 데 이어 그 다음날 7일에는 윤치영 공화당 의장서리가 대통령연임 금지조항 삭제 등 개헌문제를 연구할 수 있다는 발언을 했고, 드디어 1월 8일에 공화당은 3선개헌을 검토하고 있다는 것을 공식발표했다.

공화당이 연구검토하고 있다는 개헌안은 길재호 사무총장과 함께 당을 운영해 온 4인체제의 한 사람이고, 당재정위원장이었던 김성곤의 이른바 이원집정제 개헌구상이었다. 공화당에는 대통령의 대안이 될 만한 후계자가 없으므로 근대화와 국가안보를 위해서는 대통령의 계속 집권이 필요하지만, 그렇다고 이승만 대통령의 전철을 밟아서는 안 된다, 따라서 내각책임제 개헌이 바람직하다, 다만 순수 내각제가 아니라 대통령은 외교와 안보를 맡고 비상시에 국정을 주도하며 평상시의 내정은 내각에 맡겨 공화당과 야당이 국회에서 정권경쟁을 하는 헌정제도를 신설한다는 것이 그 핵심내용이었다. 그는 야당도 내각책임제 정부형태를 주장해 왔기 때문에 이러한 이원집정제를 반대하지 않을 것이며 따라서 개헌은 여야합의로 이루어질 수 있다는 의견도 피력했다.

그러나 김성곤은 이 제도가 대통령의 3선을 보장하는 최선의 길이라는 명분을 내세웠으나, 그러한 명분 뒤에는 그 자신을 중심으로 하는 구정치인들이 실질적으로 정권 담당세력이 되겠다는 정략이 숨겨져 있었다. 김종필세력이 대통령의 3선을 막고 김종필을 대권승계로 전면에 내세우는 데 비해 김성곤 등 반김세력은 대통령의 3선을 추진하고 그 뒤에서 실권을 장악하려는 것이었다. 그들은 대권승계라는 같은 목표를 추구하며 다만 그 방법을 달리하였을 뿐이었다.

이원집정 정부는 대통령제와 의원내각제의 요소를 혼합한 절충형 정부형태다. 즉 행정부의 실제적인 권력은 대통령과 총리 사이에 이원적으로 나뉘어져 있으며 행정권 가운데 긴급명령권이나 외교국방에 대한 권한은 대통령에게, 일반행정권은 총리에게 속한다. 비상시에는 대통령이 행정권을 전적으로 행사하지만 평상시에는 의원내각제와 비슷하게 운영된다. 국가원수의 지위는 대통령이 지닌다. 대통령은 직선(直選)하기도 하고 간선(間選)하기도 한다.

이원제의 장점은 국가비상시에 대통령이 긴급명령권을 발동하여 이에 빠르고 효과적으로 대처할 수 있으면서도, 일반행정권은 총리가 가지므로 대통령제의 단점인 독재화 가능성을 배제할 수 있다는 데 있다.

또 총리가 이끄는 내각은 국회에 대해 책임을 지기 때문에 의원내각제의 장점인 책임정치가 가능하다. 내각과 국회가 대립하는 경우 대통령의 중재역할이 기대될 수 있으며, 의회의 내각불신임권과 대통령의 의회해산권으로 재빨리 해결할 수도 있다.

이처럼 이원제는 잘되면 대통령제와 의원내각제의 장점을 고루 살릴 수 있지만 잘못되면 두 가지 제도의 단점이 함께 나타날 수도 있다.

즉 대통령이 긴급명령권과 국회해산권을 가지므로 대통령제의 단점인 독재화의 위험성이 오히려 높을 수도 있다. 또 국회가 내각불신임권을 가지므로 의원내각제의 단점인 정국불안정의 위험이 있다.

대통령은 1963년 민정이양을 위해 제3공화국 헌법을 제정할 당시부터 우리나라의 현실에서는 대통령중심제도가 알맞다는 소신을 갖고 있었다. 그 당시에 헌법학자들과 정치학자들은 영국식 내각책임제, 미국식 대통령책임제, 이른바 이원집정제 등을 검토하여 최고회의 법사위원들과 협의하였는데 민주당 시대에 그 결함이 드러나 실패한 내각책임제도나 이원집정제보다는 대통령책임제가 낫다고 판단하고 이를 채택하기로 결정했던 것이다.

대통령은 지난날의 사색당파의 당쟁 악습이 아직도 남아 있어서 지금도 여야 정당들의 극한 투쟁이 체질화되어 있는 우리의 현실에서 의원내각제나 이원집정제는 정치안정보다는 정치불안을 심화시켜 국정을 무정부상태로 몰아 넣을 위험성이 크다고 보았던 것이다. 특히 무력적화통일을 획책하고 있는 북한의 전쟁도발을 막고 경제개발도 추진해야 하는 우리나라로서는 오히려 강력한 대통령제가 필요하다고 생각했다.

모든 정부에는 분명히 최고의 통치권이 존재하며, 최고의 통치권은 나누어가질 수 없는 것이다. 누군가가 최종적인 결정권을 가지고 있어야 하며, 이 결정권을 장악하고 그 권한을 훌륭하게 행사할 수 있는 사람은 그 사람이 누구든 대통령이든, 총리든, 통치권을 보유하고 있는 것이다. 따라서, 대통령제와 의원내각제를 혼합한 절충형 정부형태인 이원집정제 정부는 실제로는 존재하지 않는다. 분할된 통치권은 존립할 수 없기 때문이다. 문제는 대통령과 총리 가운데 누가 통치권을 소유하고 있느냐 하는 데 있다. 우리나라가 처해 있는 상황에서 우리의 국가적 과제인 경제건설과 자주국방 건설을 추진하기 위해서는 대통령이 최고의 통치권을 보유하는 대통령제가 바람직하다. 그것이 단임제냐, 중임제냐, 또는 3선제냐 하는 것은 부차적인 문제이고 우리나라에 알맞은 정부형태는 대통령제가 돼야 한다는 것이 대통령의 소신이었다.

그래서 대통령은 김성곤이 이원집정제 방안을 연구하고 있다는 말을 하면서 대통령의 의중을 떠보았을 때 자신의 평소 소신을 분명히 밝혔다. 그 후 공화당은 4인체제 주도를 3선개헌을 추진하기로 방침을 정하고 이것을 공식 발표한 것이다.

그리하여 3선개헌문제는 공화당의 친김세력과 반김세력 간의 권력투쟁에 있어서 핵심쟁점으로 떠오르고, 두 세력의 격돌은 피할 수 없게 되었다. 대통령은 여당의 양대세력이 개헌문제로 갈라져 파쟁을 하는 것은 시기적으로 적절치 않다고 판단하고 제동을 걸었다.

공화당이 3선개헌 검토를 공식발표한 이틀 뒤인 1월 10일 대통령은 연두기자회견에서 기자가 "최근 개헌문제가 크게 거론되고 있는데 현행헌법을 운영해 본 결과에 견주어 개헌문제에 대해 어떻게 생각하고 있느냐"고 질문하자 대통령은 다음과 같이 답변했다. "특별한 사유가 없는 한 내 임기 중에는 헌법을 고치지 않았으면 하는 것이 나의 솔직한 심정입니다."

현행헌법은 5·16혁명 직후 개정한 것으로 우리 실정에 맞지 않거나 여건의 변화로 고쳐야 할 점이 있는 것도 사실이나 운영을 잘하면 된다고 본다, 싸우면서 건설해야 할 새해의 연초부터 개헌문제로 시간을 낭비하는 것은 바람직하지 않다, 설사 헌법개정의 필요가 생긴다고 하더라도 연말이나 내년 초쯤에 논의해도 늦지 않다고 본다는 것이다.

"오늘 여러분들 질문 가운데 아마 그 문제에 대해서 제일 관심이 있는 것으로 알고 있는데, 제3공화국 헌법이 1962년 가을 국민 투표에 의해 제정되어 그동안 약 5, 6년 동안 운영을 해왔습니다.

그 결과 내가 느낀 바로서는 현행 헌법은 과거의 제2공화국의 헌법이라든지, 그전에 우리나라의 어느 헌법보다도 잘 되어 있는 헌법이라고 나는 생각합니다.

싸우며 건설하자

1969년 1월 1일
대통령 박정희

물론 그 가운데는 여러 가지 결함이 없는 것은 아닙니다.

우리 실정에 맞지 않거나 우리 국가가 크게 발전해 나가고, 여러 가지 여건이 달라짐으로써 또 고쳐야 될 점, 모순이 드러난 점, 이런 점이 몇 가지 있는 것도 사실입니다.

그러나 내가 늘 말씀한 바와 마찬가지로 이 법이라는 것은 우리 사람이 만드는 것이고 이것을 운영하는 것도 우리 사람이 운영하는 것입니다.

따라서 이것을 사람들이 어떻게 잘 운영을 하느냐, 어떻게 운영의 묘를 기하느냐 하는 것이 가장 중요한 일이라고 생각합니다. 더구나 현행헌법은 여러분들이 아시는 바와 같이 혁명정부 때 나와 우리 혁명주체들이 주동이 되어 개정한 헌법이므로 앞으로 만약에 어떠한 특별한 사유가 없는 한 적어도 내 임기 중에는 이 헌법을 고치지 않았으면 하는 것이 나의 솔직한 심정입니다.

더구나 여러분들이 아시는 바와 같이 금년은 우리가 싸우면서 건설하자는 해인데 연초부터 이 개헌문제를 가지고 왈가왈부해서 여러 가지 시간을 낭비하는 것은 이 시점에 있어서 그다지 현명한 일이 못되지 않느냐. 특히 우리가 추진하고 있는 제2차 5개년계획은 금년이 3차년도입니다.

현재 추진하고 있는 계획을 우리가 계획대로 추진한다면 금년 연말에 가서 두서너 가지 사업을 제외하고는 대략 5개년계획을 거의 달성하리라고 보고 있습니다.

따라서 우리는 우리 국민들이 합심해서 북한으로부터의 침략과 대결하고, 국내적으로는 제2차 5개년계획 3차년도 사업을 강력히 밀고 나가자, 건설에 보다 더 힘을 발휘하자는 것이 나의 희망입니다.

만약에 헌법을 꼭 개정해야 할 필요가 있다거나 그러한 필요가 생긴다 하더라도 지금 이 시기에 이러한 문제를 들고 왈가왈부하는 것보다는 금년만은 우리가 전 국민이 힘을 합쳐서 공산당과 대결하고 건설을 해야 하며, 이러한 문제가 꼭 논의될 필요가 있다면 금년 연말이나 내년 초쯤 가서 논의하더라도 시기적으로 늦지 않다고 봅니다.

지금 이 시기에 이런 문제를 가지고 우리의 여러 가지 해나가는 일에 지장을 가져와서는 곤란하지 않겠느냐 하는 것이 내 생각입니다.”

1969년 4월 25일, 기자회견에서 기자가 “개헌문제는 공화당 의원총회에서도 논의되고 있고, 야당은 개헌반대투쟁위원회를 구성했으며, 일부 사회단체는 3선금지조항 철폐와 개헌촉진운동을 하고 있는데, 이에 대해 어떻게 생각하느냐”고 질문하자 대통령은 “내 임기 중 될 수 있으면 헌법을 고치지 않았으면 하는 나의 솔직한 심정에는 변함이 없다”고 말했다.

개헌을 반대하거나 찬성하는 것은 국민의 자유에 속하는 것이나, 공화당은 이 문제로 시간과 정력을 낭비해서는 안 되겠다고 생각해서 당으로서는 공식거론을 하지 말라고 지시했다는 것이다.

“정초 기자회견 때에도 여러분들로부터 이러한 질문을 받고, 이 문제에 대한 내 개인적 견해와 또 솔직한 심정을 말씀드린 바 있습니다.

　지금 이 문제에 대한 나의 심정은 그때나 조금도 변함이 없습니다. 그 때에도 말씀을 드렸지만, 헌법이라는 것은 될 수만 있다면 자주 고치지 않는 것이 좋다고 그때도 이야기했고 지금도 나는 그렇게 생각하고 있습니다.

　그러나 헌법이라는 것은 꼭 고쳐야 할 필요성이 있으면 고칠 수도 있는 것입니다. 다만 그 절차가 우리나라의 헌법에 규정되어 있는 절차를 합법적으로 밟아서 국민들의 의사를 물어 결정을 하면 되는 것인데 문제는 꼭 필요하다는 그 필요성, 또 고쳐야 될 정당한 이유 이러한 것이 문제가 되겠지만, 그러나 나로서는 전에 이야기한 바와 마찬가지로 내 임기 중에는 될 수 있으면 헌법은 고치지 않았으면 하는 것이 내 솔직한 심정이라는 것에는 조금도 변함이 없다는 것을 다시 말씀드립니다.

　그 밖에 개헌찬성 서명을 하는 일부 사회단체가 있다, 또는 야당에서 개헌반대투쟁위원회를 구성했다는 이야기는 지상을 통해서 나도 듣고 있습니다. 그러나 이것은 법이 허용하는 테두리 안에서 하고 있는 그들의 자유에 속하는 문제이기 때문에, 찬성도 할 수 있고 반대도 할 수 있는 문제라고 생각합니다. 그러나 단 우리 집권당인 공화당은 수권의 대임을 맡고 있는 집권당이기 때문에, 그보다도 더 중요한 당면문제가 산적해 있는 이 시기에 있어서, 이런 문제에 대해서 우리가 귀중한 시간과 정력을 낭비해서는 안 되겠다 하는 생각으로 당에 대해서는 앞으로 공식적인 거론을 하지 말라는 지시를 한 바가 있습니다.”

　그런데 69년 1월 13일, 신민당은 개헌안 발의의 저지계획을 세웠고 29일에는 대통령에게 개헌의사를 묻는 질문서를 국회에 제출했으며 2월 3일에는 재야 정치인들이 3선개헌반대 범국민투쟁위원회

발기준비위원회를 구성했다. 결국 3선개헌문제는 여당과 야당 간에 정치쟁점으로 부상했다. 이에 대통령은 여야간에 개헌문제가 쟁점이 되는 것은 국정운영에 도움이 안 된다고 판단하고 2월 4일 공화당 간부들에 대해 개헌문제를 거론하지 말라고 지시했다. 그러나 공화당과 신민당의 개헌 찬반논쟁은 수그러지지 않았다. 유진오 신민당 총재는 2월 22일 나주 재선거유세장에 내려가 헌법수호 책임은 대통령에게 있으며 신민당은 당의 운명을 걸고 개헌저지투쟁을 벌이겠다고 선언했다. 이에 맞서 윤치영 공화당의장서리는 2월 25일 나주에 내려가 여당후보 지지연설을 하면서 국내외 정세에 따라 개헌은 얼마든지 할 수 있는 것이라고 언명했다. 이러한 상황에서 공화당은 우선 당론을 통일하기로 하고 협의했으나 끝내 당론통일이 안 되어 3월 6일로 예정돼 있던 전당대회를 무기 연기했다. 반김세력은 친김세력과 좀 더 협의하기로 했다. 그러나 당론통일은 협의에 의해 이루어지지 못하고, 끝내 친김세력과 반김세력이 격돌하는 사건이 발생했다. 세칭 4·8항명파동이 그것이다.

1969년 4월 8일, 국회에서는 야당이 제출한 권오병 문교부장관 불신임안에 대한 의결이 예정되어 있었다. 대통령은 국회표결에 앞서 공화당 지도부에 권장관의 거취문제는 대통령이 알아서 잘 처리할 터이니 불신임안은 일단 부결시키라고 지시했다. 그러나 친김세력은 이 기회에 반김세력에 대해 자신들의 힘을 보여 주고 일격을 하기로 하고 득표공작을 했다.

개헌을 반대한 김종필계 의원은 33명이었고, 여기에 평소에 권오병에 대해 좋지 않은 감정을 가지고 있던 공화당의원 15명이 합세해 총 48명의 여당의원이 찬성표를 던짐으로써 불신임 결의안은 찬성 89표 대 반대 57표로 가결되었다. 이날 대통령은 해군사관학교 졸업식 참석차 진해에 머물고 있었으나 예정을 앞당겨 이날 밤으로 귀경했다.

대통령은 10일 오후 청와대에서 공화당의 확대간부회의를 소집하고 전례 없이 강경하고 단호한 투로 선언했다. "당의 명령을 어기는 사람들과는 절대로 당을 같이할 수 없다"는 것이다. 그리고 "항명 관련자가 몇 10명이 되더라도 모두 제명하라"고 지시했다.

대통령 자신의 임기가 얼마 남지 않았다고 해서 이렇게 항명을 하는 것이냐고 힐문하고, 만일에 당기위원 가운데 이번 반당행위에 가담했거나 이에 동조하는 자가 있어서 징계처분을 제대로 하지 못하는 경우가 생기면 당총재직을 그만두면됐지 절대 용납하지 않겠다는 확고한 결의를 표명했다.

대통령은 이날 권오병의 사표를 수리하고, 공화당원내총무에 김택수 의원을 임명했다. 4월 15일 공화당의 당기위원회는 항명을 주도한 것으로 판명된 김종필계 의원 5명을 제명했다.

그들은 양순직, 예춘호, 정태성, 박종태, 김달수 등이었다. 4·8 항명사건은 당의 지도체제에 도전하고 당의 분열을 조장하는 당원에 대해서는 그 지위의 높고 낮음을 막론하고 당헌에 따라 처벌한다는 당총재인 대통령의 확고한 방침이 가장 뚜렷하게 드러난 사건이었다. 대통령으로서는 그렇게 하지 않으면 안 될 충분한 이유가 있었다.

그것은 이른바 '권력의 누수현상'을 차단해야 할 필요성이었다. 중임제도 아래에서 대통령은 그가 재선되는 순간에 다음 대통령선거에 참여할 기회가 박탈된 대통령이 되어 임기말년에는 소위 '절름발이 대통령'이라고 해서 아무런 영향력을 행사하지 못하고 통치의 효율성이 떨어져 중요한 국가정책을 추진할 수 없게 된다.

왜냐하면 정부의 권력과 영향력은 다음에 대통령이 될 사람으로 옮겨가기 때문이다. 이러한 권력의 누수현상은 현직대통령의 지도력에 따라서 또 후계자의 존재여부, 후계자의 행동에 따라서 현직대통령의 재선 초기에 생길 수도 있고, 임기말년에 생길 수도 있으며, 또 임기종료 때까지 전혀 생기지 않을 수도 있다.

권력의 누수현상이 재선초기에 생기면 중임대통령은 두 번째 임기에는 아무런 일도 할 수 없게 된다.

대통령은 김종필의 대권승계공작을 주도한 한국복지회사건과 4·8 항명은 대통령의 중임 초반에 권력의 누수현상을 가져올 중대한 사태로 보고 그 주모자를 제명처분하여 그러한 현상을 미리 막은 것이다.

야당반대와 국민투표

공화당의 4·8항명사건 후 북한의 무력도발로 한반도에 군사적 긴장이 고조되자 여야의 개헌논쟁은 한동안 잠잠해졌다.

즉, 4월 15일 북한 전투기는 동해공해상공에서 미해군정보기 EC-121을 격추시켰고, 주한미군은 비상대기하고 있었으며 우리 해군도 임전태세에 돌입함으로써 전운이 감돌기 시작했던 것이다.

그러나 이 사건의 충격이 가시자 여야의 3선개헌논쟁은 다시 불붙었다.

5월 21일, 신민당전당대회에서 당총재에 다시 추대된 유진오는 그 수락연설에서 3선개헌은 민주주의의 "돌아오지 않는 다리"라고 말하고 3선개헌저지투쟁에 나설 것을 촉구했다. 이에 대해 6월 3일 길재호 공화당 사무총장은 대통령의 연임금지조항을 삭제하는 데서 한 걸음 더 나가 대통령에게 위기극복에 필요한 비상대권을 부여하는 조항을 신설하는 개헌을 해야 한다고 대응했다. 그러자 6월 5일 신민당은 재야세력과 3선개헌반대 범국민투쟁준비위원회를 결성하고 나섰다. 뿐만 아니라 6월 12일부터는 대학에서 개헌반대운동이 일어나기 시작했다. 처음에는 서울대와 고대에서 헌정수호 선언문 채택, 개헌반대 성토, 철야농성을 하더니 급기야 6월 27일부터는 고대생들이 처음으로 가두데모를 시작했고, 7월 3일에는 3선개헌반대 학생데모가 전국으로 확산되었으며, 7월 4일 유진오 신민당 총재는 대통령에게 3선개헌문제에 대한 결단을 촉구하는 공개서한을 발표했다. 이 서한에 대해 대통령은 7월 7일 공개답변을 통해 국회에서 개헌이 합법적으로 발의되면 이를 적법조치하는 것이 정부의 의무라고 말했다. 이 무렵 신민당과 재야 반정부세력들은 개헌반대 전국유세를 하면서 개헌반대의 차원을 넘어 대통령에 대해 인신공격을 하고 그의 실정을 공격했다. 그것은 말이 3선개헌반대운동이지 실제로는 대통령의 퇴진운동이었고 정권투쟁운동이었다. 정국은 혼란에 빠졌고, 정부는 아무일도 할 수 없는 상황에 직면했다.

그것은 대통령으로서도 더 이상 결단을 미룰 수 없는 상황이었다. 대통령이 임기만료 때까지 국정을 차질없이 수행할 수 있으려면 3선개헌문제를 둘러싼 여당의 분열이나 야당과 재야세력의 정권투쟁으로 야기된 정치적 위기를 하루속히 타개할 필요가 있었다.

5·16군사혁명 직후부터 69년까지 8년 동안 대통령은 야당정치인으로부터 독재라는 비난을 받아왔다.

군정 때는 군사독재라고 비난받았다. 그때는 혁명정부가 입법 사법 행정의 3권을 독점하고 있었으니 독재라는 야당의 비난은 쉽게 납득될 수 있는 일이었다. 그러나 민정이양 후 3권분립이 보장된 제3공화국에서도 야당은 자유롭고 공명한 선거에서 그들을 패배시킨 대통령에 대해 계속 독재라는 비난을 했다. 특히 제3공화국의 초기인 64년 한일 국교정상화를 반대한 야당은 대통령을 친일매국노라고 인신공격을 하면서 학생들을 선동하여 폭력으로 새 정부를 타도하려고 했다. 그 당시 대통령은 계엄령이라는 비상수단을 통해

야당의 정권투쟁을 저지했다. 67년 대통령선거 때도 압도적인 득표차로 재선된 대통령에 대해서 야당은 독재자라는 비난을 멈추지 않았다.

야당은 67년 6·8총선거 때 일부지역에서 일어난 공화당후보자의 선거부정사건을 확대하여 이것을 변칙적인 정권쟁취의 기회로 만들어 보려고 했다. 그들은 이번에는 대통령 3선개헌반대를 구실로 또다시 상투적 정권투쟁을 하고 있었다.

대통령은 이 위기를 민주주의 원칙에 따라 종식시키기로 결심했다. 대부분의 민주국가에 있어서 헌법개정과 같은 중대한 사안은 먼저 국회에서의 다수결 원칙에 의한 의결과 그 다음에 국민 투표를 통해 최종적으로 확정된다.

그 당시 3선개헌에 대한 찬반 양론은 큰 차이를 보이고 있었다. 반대론자들은 3선개헌으로 장기집권이 계속될 경우 독재와 부패가 심화되고 평화적 정권교체의 정치전통이 확립될 수 없고 민주주의의 발전이 저해된다고 주장했다.

그러나 찬성론자들이 주장하는 논리는 달랐다.

정권을 자주 바꾸는 것이 반드시 좋은 것은 아니며, 대통령이 일을 잘하지 못하면 바꿔야 하겠지만 일을 잘하면 계속 일할 수 있도록 하는 것이 국가발전을 위해 바람직한 일이다.

따라서 그동안 경제건설과 자주국방 건설에 있어서 괄목할 만한 성과를 거두고 있는 현직 대통령이 그 일을 계속할 수 있는 기회를 제도적으로 마련하는 3선개헌은 필요하며 문제삼을 일이 아니라는 것이다. 또 3선개헌을 하더라도 국민들이 중임대통령의 3선을 원하지 않는다면 선거 때 낙선시킬 수 있으므로 굳이 3선을 금지할 필요가 없다는 것이다. 3선금지는 일 잘하는 대통령이 더 일할 수 있는 기회를 박탈하게 될 뿐이라는 것이다. 이들은 또한 '계속집정'이

곧 독재라는 등식도 모든 경우에 반드시 성립되는 것은 아니라고 주장했다. 단기집권자도 독재할 수 있고 장기집권자도 독재로 흐르지 않을 수 있다는 것이다.

찬성론자들은 또한 우리나라와 같은 개발도상국가에 있어서 근대화와 경제발전은 유능한 정권이 계속 집권해야 가능하고 한 외국학자들의 이론을 인용하여 3선개헌의 필요성을 강조했다. 즉 개발도상국가들은 장기적인 발전전략이 있어야만 발전할 수 있다는 것이다.

정권이 자주 바뀌고 정치가 국가조직을 흔들어 놓으면 장기적인 발전계획을 세워 실행할 수 없게 된다. 정권이 바뀔 때마다 국가정책이 바뀌다 보면 정책혼란이 생기게 되고 국민은 방향을 잃고 흔들리게 된다.

적어도 10년 또는 20년이 걸리는 장기발전 계획을 세워서 이것을 일관성 있게 추진해야 한다.

따라서 그렇게 할 수 있다고 믿을 수 있는 정권의 계속적인 집권이 필요하고 바람직하다는 것이다.

헌법개정문제에 대한 이러한 찬반양론에 있을 때 이에 대한 최종결정은 전체 국민들의 판단에 맡겨야 한다는 취지에서 제3공화국 헌법은 국민투표제도를 채택했고, 대통령은 이러한 헌법규정에 따라 3선개헌문제를 마무리짓기로 결정했다.

국민투표를 실시하게 되면 여기에는 반드시 대통령이 추진하고 있는 경제건설과 자주국방 건설에 대해 국민들이 어떤 생각을 하고 있는지, 이 일을 대통령으로 하여금 계속 추진할 수 있도록 하는 기회를 제공하게 될 3선개헌에 대해 국민들이 어떤 판단을 하고 있는지, 또 대통령이 독재한다는 야당의 비난에 대해 국민들이 어떤 평가를 하고 있는지, 이러한 국민의 생각과 판단과 평가가 뚜렷하게 밝혀질 것이며, 그 결과에 따라 3선개헌문제와 이로 인해 조성된 정치적 위기를 해소하려고 한 것이다.

대통령은 우리 국민들이 그 어떠한 선택이 국가이익에 기여할 수 있을 것인가를 현명하게 판단하는 역량을 갖추고 있고, 따라서 국가와 민족의 장기적 이익이라는 거시적 안목과 냉정한 판단에 입각해서 이 문제를 종결지어 주리라고 확신하고 있었다.

1969년 7월 17일 제21주년 제헌절에 대통령은 개헌은 국민 각자의 기본적 자유권의 행사로 결단돼야 할 문제이며, 이 자유와 권리를 보장하는 것이 대통령의 책임을 수행하는 길이라고 믿는다고 천명함으로써 개헌문제를 국민투표로 결정하겠다는 뜻을 분명히 했다.

"그동안 조국의 현실도 크게 변모했습니다. 우리의 생활조건, 우리의 의식구조, 우리의 행동양식이 급격히 변화하고 있으며, 제반 문물제도도 변천하는 사회환경과 여건에 적응할 수 있도록 부단히 조정되고 개혁되고 있습니다.

변혁이 있는 곳에는 언제나 다양한 이론이 있는 것이고 다변적인 대립이 있게 마련입니다. 그러나 이론과 대립이 반드시 발전의 장애가 되는 것은 아닙니다.

오히려 이론과 대립은 일을 좀 더 잘해 보려는 선의와 의욕에서 나오는 것이며, 이론을 대화로 통일하고 대립을 이해로 지양할 때 사회발전은 더욱 촉진될 수 있는 것입니다.

근자에 우리 국민들 간에 오가는 개헌논의는 이러한 관점에서 이해될 문제라고 하겠습니다. 헌법을 고치자는 생각이나, 헌법을 고쳐서는 안 되겠다는 생각이나, 다같이 국가와 민족의 앞날을 생각하는 선의에서 나온 줄 압니다.

개헌은 곧 과거의 불행을 되풀이하는 것이요, 조금도 국가발전에 도움이 되지 않는 것이므로 절대로 해서는 안 된다고 하는 것이나,

또는, 우리 국민의 고양된 의식수준과 변모된 사회현실에 맞도록 헌법의 일부를 적절하게 고치는 것이 나라와 민족의 이익이 된다고 하는 것이나, 모두가 애국적인 동기에서 출발한 것일 것입니다.

나는 지난 번에 이 문제에 대한 나의 소신이나 정부의 입장을 천명, 강조한 바 있습니다. 개헌은 어느 특정인의 주관적인 가치판단이나 개인적인 호불호에 좌우될 문제이기 전에, 헌법에 명시된 민주시민 각자의 기본적인 자유권의 행사로 결단되어야 할 문제인 것입니다. 이 자유와 권리를 보장하는 것이 헌법의 참된 정신을 구현하는 길이고, 또 헌법이 나에게 부과한 책임을 수행하는 길이라고 확신합니다."

1969년 7월 25일, 대통령은 개헌문제와 자신의 진퇴문제를 국민투표로 결정하겠다고 선언하는 특별담화문을 발표했다. 여기서 대통령은 먼저 야당이 주요도시에서의 유세에서 개헌반대의 한계를 넘어 적국의 정부를 규탄하듯이 대통령에 대한 인신공격과 반정부선동을 하고 있다는 사실을 지적했다.

"친애하는 국민 여러분!

작금 개헌문제는 정계에서 열띤 논제가 되고 있고, 그 시비의 소리는 자못 사회를 시끄럽게 하고 있습니다. 야당은 범야세력을 규합하여 개헌저지와 반대투쟁에 안간힘을 다할 기세에 있으며, 이미 수차에 걸친 주요도시 유세에서는 그 도를 넘어 반정부선동까지 나오고 있습니다.

개헌에 대한 나의 소신과 입장에 대해서는 이미 연초 기자회견을 비롯해서 여러 차례 국민 앞에 분명히 밝힌 바 있습니다.

즉, 헌법은 국가의 기본법인만큼 될 수 있으면 자주 고치지 않는 것이 좋겠다는 것과, 적어도 내 임기 중에는 고치지 않았으면 하는 것이 내 희망이라는 것과, 그리고 굳이 정치인들이 개헌을 거론해 보겠다면 연말이나 내년 초에 가서 거론을 하더라도 늦지 않지 않다는 내 의견을 말한 바 있습니다.

이것은 내 개인이 개헌을 원하지 않고 있으며, 또 개헌문제로 당장 시급한 경제건설이나 정부의 과업수행에 지장이 있어서는 안 되겠다는 나의 충정을 단적으로 표현한 말이었습니다. 그럼에도 불구하고 야당은, 지난 제70회 임시국회에 있어서 개헌과는 직접 관계가 없고, 또 답변할 위치에 있지도 않은 국무위원들을 거의 날마다 전원 출석시켜, 바쁜 국사는 제쳐 놓고 개헌문제만을 가지고 "하겠느냐 안 하겠느냐"고 짓궂게 따져 왔는가 하면, 심지어 야당 당수는 나에게 규탄형식의 공개서한을 보내와 "개헌 안 하겠다"는 약속을 하라고 강요해 왔고, 전국적 유세를 하면서는 있는 말, 없는 말로 마치 적국 정부라도 규탄하듯 온갖 욕설을 나와 이 정부에 퍼붓고, 국민을 선동하고 있습니다.

국민 여러분!

나 개인으로서 개헌에 대한 나의 견해는 분명히 앞에서 말한 바와 같습니다.

그러나 대통령으로서 개헌을 하겠다, 안 하겠다고 말할 권한은 없습니다. 개헌과 대통령과의 관계를 말한다면 우리 헌법상, 대통령은 개헌을 발의할 권한조차 없으며, 대통령은 합법적으로 발의된 개헌안을 적법 조치하여, 국민의 의사로 결정짓도록 하는 의무만이 있을 뿐 이를 막을 권리는 없는 것입니다.

개헌은 오로지 국회의 의사와 국민의 의사만으로 할 수도 있고, 안 할 수도 있는 것입니다. 사리가 이러할진대, 대통령이 개헌을 하겠다 또는 안 하겠다 하는 것은 분명히 위헌적 처사가 되는 것입니다. 이러한 사리를 뻔히 알면서도 나에게 "개헌을 안 하겠다"는 약

청와대 대접견실에서 '3선개헌에 관한 특별담화'를 발표하고, 국내외 기자들과 회견하고 있는 박 대통령(1969. 7. 25)

속을 하라는 야당의 주장은, 실로 무리한 생트집이라 아니할 수 없습니다.

개헌에 대한 발의권마저 없는 대통령에게 "개헌을 안 하겠다"는 약속을 하라, "만약 그렇지 않으면 끝까지 반대투쟁을 벌이겠다"는 야당의 정략은, 앞으로 나에게 남은 임기 2년의 정국을 혼미와 암담의 연속으로 몰아넣고 말 것이 뻔합니다.

야당의 유세는 한갓 개헌반대의 한계를 넘어서 반정부선동의 양상을 띠고 있으며, 그 도는 날이 갈수록 더 극심해질 것이 예상됩니다. 최근 야당인사들의 나에 대한 인신공격과 정부에 대한 욕설은, 국민의 신임에서 선출된 대통령으로서 도저히 참고 넘길 수 없는 말들이라 아니할 수 없습니다.

박 대통령은 이승만 대통령보다 더 지독한 독재자다.

이 정부는 민주주의를 완전히 짓밟고 민주주의를 파괴하는 독재 정치를 하고 있다.

박정권의 경제시책은 완전히 실패했고 며칠 안 가서 파탄이 된다. 부정부패가 극도에 이르러 이대로 가다가는 머지 않아 김일성에게 먹히고 만다.

민심은 정부와 완전히 이탈되고 있는데 대통령 혼자 독주를 하고 있다.

등등 헤아릴 수 없는 욕설을 퍼붓고 있습니다.

만약 야당이 말한 이러한 욕설들이 사실이라면, 국민의 신임으로 진퇴를 결정해야 할 민선대통령으로서는 중대한 문제라 아니할 수 없습니다.”

대통령은 이어서 만일 야당이 주장하는 것처럼 대통령과 정부가 무능하고 실수가 많아서 경제파탄을 가져오고 모든 것을 망쳐 놓아 나라가 당장 망할 지경이라면 대통령과 정부는 곧바로 물러나는 것이 국민의 신임으로 진퇴를 결정해야 할 민선대통령의 기본자세라고 생각한다고 말하고, 개헌문제에 대한 국민투표를 통해 대통령 자신에 대한 국민의 신임을 묻겠다고 천명했다. 즉 개헌안이 국민투표에서 통과되면 그것을 대통령에 대한 국민의 신임으로 여기고 개헌안이 부결되면 대통령은 곧바로 물러나겠다는 것이다.

“친애하는 국민 여러분!

두 차례에 걸친 여러분들의 신임으로 대통령에 취임한 이후 오늘까지, 나는 오로지 성실과 근면으로서 일하여, 이 나라를 잘살게 만들어 보겠다는 일념 이외에는 아무것도 없었습니다. 더구나 나 개인의 영화를 위한 독재란 생각도 못해 본 일이며, 더 더군다나 국민

경제를 파탄으로 몰아가고 있다는 말은, 정녕 나에게 놀라운 사실이라 아니할 수 없습니다. 이처럼 정부가 무능하고 실수가 많아서 모든 것을 망쳐 놓고 당장에 국가가 망할 지경이라면, 이 정부는 일각도 지체함이 없이 곧 물러나야 마땅할 것입니다.

이것은 개헌문제 이전의 정치윤리의 기본문제인 것이며, 따라서 이 정부가 물러나야 하느냐 아니냐를 주권자인 국민에게 물어봐야 한다는 것은 집권자의 기본자세이며 책임인 것입니다. 따라서 나는 이왕에 거론되고 있고 또한 여야 정치인들의 논쟁의 초점이 되고 있는 개헌문제를 통해서, 나와 이 정부의 신임을 국민에게 물어 봐야 하겠다는 결심하에 다음과 같이 여야 정치인들에게 제의하는 바입니다.

1. 이왕에 거론되고 있는 개헌문제를 통해서, 나와 이 정부에 대한 신임을 묻는다.

2. 개헌안이 국민투표에서 통과될 때에는, 그것이 곧 나와 이 정부에 대한 국민의 신임으로 간주한다.

3. 개헌안이 국민 투표에서 부결될 때에는, 나와 이 정부는 야당이 주장하듯이 국민으로부터 불신임을 받고 있는 것으로 간주하고 나와 이 정부는 즉각 물러선다.

4. 이에 따라, 여당은 빠른 시일 안에 개헌안을 발의해 줄 것을 바라며,

5. 야당은 합법적으로 개헌반대운동을 전개하여 지금까지 정부를 공격해 온 사실이, 정녕 민의에 근거를 두었다는 것을 국민투표 결과에서 입증토록 노력해야 할 것이다.

6. 개헌에 대한 찬반은 반드시 합법적 방법으로 표현해야 할 것이며, 폭력과 불법은 배제되어야 한다.

7. 정부는 중립을 지켜, 공정한 국민투표의 관리를 할 것이다."

대통령은 끝으로 개헌이 국민의 의사에 의해 결정될 때 그것은 곧 합법적 개헌인 것이며, 개헌은 위헌이다고 말하는 그 자체가 위헌이라는 점을 강조했다.

"친애하는 국민 여러분! 그리고 여야 정치인 여러분!

임기 도중에 이러한 결심을 하지 않으면 안 될 나의 심경과 입장을 십분 이해해 주실 것으로 믿습니다.

정권은 평화적으로 교체되어야 하며, 여기에는 정권을 잡고 있는 사람이나 또 정권을 잡아 보겠다는 사람이나 다 같이 공동의 책임과 의무가 있는 것입니다.

아직 오지도 않은 정권을 억지로 눈앞에 온 것처럼 착각하여 무도 횡포하게 날뛰는 정치인이나,

무능한 집권자로 무위도식하면서 남은 임기만 채워 보겠다는 정치인이나,

국민의 신임은 도외시하고 부정 불법으로 정권을 유지해 보겠다는 정치인들은,

우리 모두가 경계해야 할 정치인들인 것입니다.

정권은 오로지 국민의 신임에서 주어지는 것이며, 이것이 바로 평화적 정권교체인 것입니다.

또 개헌으로 말하자면, 개헌은 국민의 의사에서 결정될 때 그것은 곧 합법적 개헌인 것입니다. 국민의 의사를 무시한 개헌이나 개헌반대는 다 같이 민주헌정에 누를 끼치는 일입니다.

개헌 자체가 위헌이 아니라 개헌을 법절차에 따르지 않고 불법적으로 개헌을 한다든지, 또는 개헌을 억지로 반대하는 나머지 "개헌은 위헌이다"라고 말하는 그 자체가 바로 위헌인 것입니다.

신임을 물어 보겠다는 나와 이 정부에 대해, 국민 여러분은 기탄

없는 의사표시를 해줄 것을 빌어마지 않습니다.

그리고 그 과정에 있어서, 정치인 여러분들은 선의의 투쟁으로서 이 나라 민주정치의 앞날을 위한 참된 규범을 남겨줄 것을 간곡히 당부하는 바입니다."

대통령은 3선개헌에 대한 국민투표에 자신의 진퇴문제를 결부시켰다. 즉, 개헌안이 부결되면 곧바로 사퇴한다는 것이다. 왜 그랬는가? 대통령은 3선개헌은 바로 자신에 대한 국민들의 신임 여부를 판단할 수 있는 사안이라고 생각했기 때문이었다.

3선개헌은 특정인을 염두에 두지 않고 순전히 대통령의 임기제도를 바꾸려는 일반적인 제도개혁의 문제가 아니었다. 그것은 바로 중임대통령인 자신의 3선 출마문제를 결정하게 될 개헌이었다. 따라서 국민투표에서 개헌안이 가결된다면, 그것은 국민들이 대통령을 신임하고 있고 대통령의 계속적인 집권을 바라고 있다는 것을 뜻하는 것이고, 개헌안이 부결되면 그것은 국민들이 대통령을 신임하지 않고 있고 대통령의 계속적인 집권을 원하지 않고 있다는 것을 의미하는 것으로 봐야 한다. 따라서 국민투표가 부결되면 곧바로 사퇴할 결심을 한 것이다. 3선개헌안이 국민투표에서 부결되어 대통령이 국민의 신임을 얻지 못했다는 사실이 확인되면 그날부터 이른바 권력의 누수현상이 급격히 진행되어 대통령은 남은 임기 동안에 국정을 수행할 수 있는 권위와 능력을 더 이상 유지할 수 없게 된다는 것은 뻔한 일이었다.

이때부터 1971년 대통령선거에서 대권을 잡겠다는 여야 정치인들은 앞다투어 지지세력규합을 위한 이합집산을 거듭할 것이고 그들 간의 때 이른 경쟁으로 정치가 과열될 것도 짐작하기 어려운 일이 아니었다. 이러한 상황에서 하는 일 없이 그럭저럭 남은 임기나 채우고 나가겠다고 한다면, 그것은 너무나 구차하고 무의미한 일이라고 생각한 것이다.

대통령이 특별담화의 끝부분에서 "무능한 집권자로 무위도식하면서 남은 임기만 채워보겠다는 정치인은 우리 모두가 경계해야 할 정치인이다"라고 말한 것은 권력의 누수현상 때문에 아무일도 할 수 없게 무능화된 대통령은 국가와 국민을 위해서나 그렇게 된 대통령 자신을 위해서 물러나는 것이 바람직하다는 뜻을 함축하고 있는 것이었다.

대통령은 조국의 근대화, 민족의 중흥, 부국강병의 꿈을 실현하기 위해 탱크를 앞세워 정권을 쟁취한 혁명가다. 그리고 지난 8, 9년 동안 초인적인 노력 끝에 머지않아 그 푸른 꿈을 국민 앞에 실현해 보일 수 있다는 자신과 신념을 가지게 되었다. 이러한 상황에서 갑자기 하는 일 없이 국민의 세금을 축내며 권좌나 지키고 있다는 것은 대통령으로서는 있을 수 없는 일이었다.

따라서 대통령은 대통령 3선제도를 위해서뿐만 아니라 남은 임기 동안 국정을 성공적으로 수행하기 위해서도 개헌안은 국민투표에서 반드시 통과되야 한다고 생각했고, 이를 위해 자신의 진퇴를 거는 배수진을 쳤던 것이다. 그리고 대통령이 이러한 결단을 할 수 있었던 것은 우리 국민들이 국민투표에서 자신을 신임하고 개헌안을 찬성해 줄 것이라는 확신을 가지고 있었기 때문이다.

대통령은 전쟁에서 순리와 역행에 따른 성공과 실패의 원리를 터득한 전략가다. 어리석은 자는 먼저 전쟁을 하고 승리를 추구하지만, 지혜로운 자는 먼저 승리를 확신한 다음에 전쟁을 한다는 것을 대통령은 누구보다 잘 알고 있었다. 대통령은 국민투표에 있어서 승리를 굳게 믿고 자신의 진퇴문제를 개헌에 결부시켰던 것이다.

7월 25일, 3선개헌문제를 국민투표에 붙이겠다는 내용의 특별담화를 발표한 후 대통령은 공화당소속 의원들의 당론통일을 촉구했다. 4·8항명파동 직후 임명된 김택수 원내총무와 7월 11일 사퇴한 길재호 사무총장 후임으로 사무총장에 임명된 김종필계의 오치성의원을 중심으로 의원총회에서 개헌찬반 논의를 충분히 한 뒤 결론을 도출하도록 했다. 그리하여 7월 25일부터 29일까지 나흘에 걸쳐 18시간 동안 토론 끝에 당론을 통일했다. 7월 30일 의원총회는 대통령 3선제도와 대통령 및 국회의원의 임기를 5년으로 연장하는 개헌안을 의결하고 이에 서명했다. 그러나 대통령과 의원의 임기는 대통령의 권고로 4년으로 환원되었다.

미국 역사상 처음으로 4선 대통령으로 선출되어 장기집권한 대통령은 바로 민주당의 루스벨트였다. 이에 대해 불만을 가지고 있던 공화당은 그들이 지배하고 있는 의회에서 1947년에 대통령의 3차연임을 금지하는 수정헌법 제22조를 통과시켰다.

그런데 그 후 대통령의 3선을 금지한 데 대해서 미국 국민들은 애매모호한 태도를 보이고 있었다. 4선에 출마한 프랭클린 루스벨트 대통령을 압도적인 다수로 당선시킨 바로 그해에 전국적인 여론조사에서 응답자의 57%는 대통령의 3선을 금지하는 헌법개정을 찬성한다고 말했다는 것이다. 그런데 그 헌법개정안이 통과된지 8년이 지난 뒤의 여론조사에서는 응답자의 63%가 3선 금지조항에는 찬성한다고 말하고 있으나, 아이젠하워 대통령이 3선에 출마한다면 그에게 찬성투표를 하겠다는 응답자도 58%나 되었다는 것이다. 미국 국민의 대부분이 특정인의 대통령 3선 출마는 찬성하면서도 헌법의 3선 금지조항은 지지하고 있는 그 주된 이유는 권력의 남용에 대한 공포로 알려져 있다. 즉 대통령이 계속 재선되면 너무 강력해질 것이며, 그러한 권력의 집중과 강화는 권력의 독점이나 독재를 낳을지도 모른다는 우려 때문이라는 것이다. 그러니까 미국 국민들이 3선 금지조항을 지지하면서도 아이젠하워 대통령이 3선에 출마한다면 찬성하겠다고 한 것은 바로 그가 유능했기 때문이라기 보다는 그가 장기간 집권해도 권력 남용 가능성이 없고 또 독재자가 되려고 하지 않을 것이라고 믿었기 때문인 것이다. 결국 미국국민들은 대통령의 권력남용 가능성을 우려, 권력행사에 시간적 제한을 설정하려 한다는 것이다.

다시 말해서 대통령의 임기제한은 그의 강력한 권력이 무책임하고 독재적인 권력으로 변질되는 것을 막을 수 있는 제도적 장치라고 생각한다는 것이다. 이러한 생각은 얼핏보기에는 매우 논리적인 것처럼 보인다. 그러나 권력의 남용은 대통령 임기의 길고 짧음과는 전혀 관계가 없는 것이다.

대통령에 따라서는 1년, 2년 내에도 권력을 남용할 수 있으며, 10년, 12년 되어도 권력남용을 안 할 수도 있는 것이다. 따라서 임기제한은 권력남용을 막는 장치가 되기는커녕, 제한된 기간에 개인적 욕망을 채우려 하거나 당파적 이익을 도모하려는 대통령의 경우에는 오히려 권력남용을 자극하는 장치가 될 수도 있는 것이다. 따라서 권력남용 여부는 대통령의 임기에 좌우되는 것이 아니라, 대통령의 개성과 그 무렵의 국내외 상황에 달렸다고 보는 것이 사실에 보다 가깝다는 것이다.

미국의 역사가들은 수정헌법 22조의 대통령 3선 금지규정은 문제가 있다고 보고 있다. 즉, 3선 금지는 현직 대통령의 장기집권을 봉쇄했지만, 국민들이 중임 대통령에게 책임을 추궁할 수 없게 만들 뿐만 아니라, 중임제 아래에서의 대통령은 그가 재선되는 순간에 앞으로는 선거에 참여할 기회가 박탈된 대통령이 됨으로써 임기 말년에 이른바 '절름발이 대통령'으로서 권력의 누수현상이 생겨 아무런 영향력도 행사하지 못하게 되는 단점도 있다는 것이다. 그래서 일부

학자들은 대통령의 3선 문제는 현직 대통령과 유권자인 국민들에게 위임되어야 하며, 국민들이 원하지 않는다면 현직 대통령의 3선을 얼마든지 막을 수 있으므로 굳이 헌법으로 3선 금지를 제도화할 필요가 없다, 따라서 3선을 금지한 수정헌법 22조는 철폐되어야 한다고 주장한다.

우리나라는 1960년 이승만 대통령이 하야한 이래 3선개헌은 누구도 다시 거론하거나 시도할 수 없는 금기가 되었다. 3선 운운 하는 사람은 독재를 감싸는 반민주적인 사람으로 치부돼 버리기 때문이었다. 대통령은 이 금기에 도전한 것이다.

부정개헌의 오점

69년 8월 30일, 민주공화당은 3선개헌지지를 위한 임시전당대회를 열었다.

대통령은 이날의 대회에서 먼저 "개헌은 할 수도 있다. 그러나 부정으로 해서는 나라가 망한다"는 것이 자신의 소신이며, 또 그것이 헌법정신이라고 믿는다고 천명했다.

금년 초에 시급한 국정수행을 위해 개헌논의는 내년 초에나 했으면 좋겠다는 의견을 표명했으나 야당이 이 문제를 가지고 극한투쟁을 계속함에 따라 일하기 위해 미루려던 개헌문제는 일하기 위해서는 앞당겨 매듭짓지 않으면 안 될 형편이 되고 말았다. 이번 국민투표는 민주공화당이 집권정당으로서의 역량과 신임이 있느냐 없느냐를 판가름하는 민주주의의 기본심판이다. 자유당의 부정개헌을 생각하여 개헌자체를 두려워하는 편견은 민주정치의 앞날을 위해서나 조국근대화를 위한 현실보완의 요청에 부응하기 위해서나 마땅히 시정돼야 한다는 것이다.

"바로 2년 전 이 자리에서, 나는 당원 동지 여러분의 지명을 받아 대통령에 입후보한 후, 여러분들의 열성적인 노력과 국민들의 절대적인 지지로 제6대 대통령으로 당선되었으며, 그 후 2년간 나는 우리 민주공화당의 자랑스러운 창당이념에 따라, 복지국가 건설이라는 3천만 국민의 염원에 부응하기 위해 온갖 정력과 노력을 기울여 왔던 것입니다.

수없는 북한 남침의 기도를 분쇄하고, 질서와 안정의 건전사회를 구축하고, 고도성장의 경제발전을 추구하면서, 방치된 국토를 다시 개발하기 위한 국토종합 개발계획을 수립 실천하는 등, 우리는 수많은 과업을 위해 온 국민과 함께 열과 성으로 땀 흘려 일해 왔던 것입니다.

이에 대한 공과는 현명한 유권자 국민들이 올바른 평가를 하여 줄 것으로 믿고, 이제 이 자리에서 나나 당원 동지 여러분들이 스스로 평하는 것은 삼가기로 합시다.

친애하는 당원 동지 여러분!

일하는 정당 우리 민주공화당은 일하는 정당으로서의 전통과 이념을 세우고 구현하기 위해, 당장 시급한 과업수행에 지장을 주는 개헌논의는 이를 뒤로 미루고, 우선 '일부터 해보자'던 나의 연초 방침은 당원 동지 여러분들이 잘 알고 있을 줄 믿습니다.

그러나 개헌시비를 끈덕지게 물고 나선 야당의 극한투쟁은 정부에 대한 국민의 신임을 의심케 만들었으며, 끝내는 나의 7·25 결심으로서 이왕에 거론된 개헌문제를 가지고 정부에 대한 국민의 신임을 묻지 않으면 안 되게 만들었습니다.

결과적으로 여야간에 시끄럽게 거론되었던 개헌문제는, 일하기 위해 뒤로 미루고자 하던 것이 도리어 일하기 위해서는 이를 앞당겨 매듭짓지 않으면 안 될 형편이 되고 말았습니다.

그 간의 나의 입장과 심경은, 7·25 담화에서 이미 충분히 표현된 것으로 생각되기 때문에, 이 자리에서 되풀이하여 말하지는 않겠습니다. 또 나의 입장과 심경은, 바로 당원동지 여러분들의 입장이며 심경인 것으로 믿어, 더 설명이 필요치 않을 것으로 믿습니다.

당원 동지 여러분!

이미 우리의 결심은 끝났습니다.

이제 우리에게는 국민들에게 파고들어 그 공명을 얻어, 국민투표에서 승리하는 일만이 남아 있습니다.

과연 야당이 주장하듯이 이 정부가 무능한 것인지, 우리는 국민의 심판을 받아야 할 것이며, 정녕 무능하다면 나와 여러분들은 망설임 없이 집권정당의 위치에서 물러서야 할 것입니다.

이번 국민투표는, 우리 민주공화당이 집권정당으로서의 역량과 신임이 있느냐, 없느냐를 판가름하는 민주주의의 기본 심판인 것입니다.

과연 이 나라의 안전보장을 어느 정당에게 맡겨야 할 것이며, 또 사회의 안정과 질서를 어느 정당이 더 잘 확립할 수 있을 것이며, 또 국가경제의 기반을 구축하는 데 어느 정당이 더 잘할 수 있을 것인가, 이는 우리 현명한 국민이 잘 판단해 줄 것으로 믿습니다. 국민들의 현명한 판단을 믿고 우리는 오로지 선전 선투합시다.

만장하신 당원 동지 여러분! 내빈 여러분!

"개헌은 할 수도 있다. 그러나 부정으로 해서는 나라가 망한다." 이것이 바로 개헌에 대한 나의 소신입니다. 동시에 나는 우리의 헌법정신도 바로 이것이라고 확신합니다.

자유당의 부정개헌을 되새겨 개헌 자체를 두려워하는 일부 편견은, 민주정치의 앞날을 위해 시정되어야 할 것이며, 조국근대화를 위한 현실보완의 요청에서도 이는 마땅히 시정되어야 할 것입니다."

대통령은 이어서 현직 대통령으로서의 경험에 비추어 생각할 때 헌법상 대통령의 임기를 2차, 3차까지 연임할 수 있도록 기회를 부여한다는 것은 국가발전을 위해 꼭 필요하다고 믿는다는 점을 역설했다.

3차의 임기가 헌법에 규정된다고 해서 모든 대통령이 3선대통령이 될 수 있는 것은 아니다. 매 임기마다 국민의 심판으로 당락이 결정되기 때문이다. 따라서 3선개헌이 장기집권에 의한 독재를 가져온다는 생각은 기우라는 것이다.

"민주공화당이 발의한 개헌 내용에 대해, 나는 현직 대통령으로서 한 가지 이 자리를 빌어 당원 등지 여러분에게 증언하고자 합니다. 그것은, 대통령의 임기가 2차로만 제한되어서는, 그 어느 대통령도 소신 있는 국정을 다할 수 없다는 나의 의견입니다.

제1차 임기는 첫 당선된 임기로서, 주로 시정계획을 세우는 임기가 되며,

제2차 임기는, 그 계획을 실천하기도 전에 다시 다음 정권에 인계할 준비를 갖추는 임기가 되고 말 것이니, 과연 무슨 일이 되겠습니까?

따라서, 헌법에서 주어진 기회를 다하고 못하고는 차치하고, 적어도 3차에 걸친 임기만큼은, 그 기회를 주는 것이 대통령중심제의 헌정에 있어서 절실히 요청되며, 특히 발전도상에 있는 우리나라 형편상으로서는 더욱 절실한 것으로 봅니다.

결코 이것은 나를 위주로 하여 아전인수격으로 말하는 것이 아니라, 앞으로 누가 대통령이 되든, 대통령으로서 정말 일을 하려면 꼭 그러하다는 것을 나는 우리 역사 앞에 이를 증언해 두는 바입니다.

헌법이 3차의 임기 기회를 부여하였다고 해서, 그것이 곧 모든 대통령에게 그대로 보장되는 것은 아니며, 매 임기마다 국민의 심판

으로서 결정지을 문제이니, 개헌이 곧 장기집권에 의한 독재를 가져온다는 생각은, 한낱 기우에 지나지 않는다고 믿습니다.

앞으로 누가 대통령이 되고, 또 3차의 임기를 다 채울 수 있고 없고는 별 문제로 하고, 1차 임기의 경험을 살려, 더욱 소신 있게, 더욱 진지하게, 국가안보의 장기적 대책을 다루고, 또 사회의 안정을 확보하여, 경제의 안정과 지속적 성장을 추구하는 국가발전의 과업들을 위해서는, 적어도 헌법상 대통령의 임기를 2차·3차까지 연임할 수 있도록 기회를 부여한다는 것은, 국가발전을 위해 꼭 필요하다고 믿습니다.

또 헌법상 이러한 기회부여는, 앞으로 이 나라에 더욱 유능하고, 의욕적이며, 민주적인 대통령을 가지게 할 것임을 나는 온 국민 앞에 나의 체험으로서 말해두고자 합니다."

대통령은 끝으로 공화당은 공명정대한 개헌으로 구정치인들이 범한 부정개헌의 오점을 씻어내야 한다는 점을 강조했다.

"우리는 개헌안으로 집권당의 신임을 국민에게 묻기로 했으며, 개헌안은 이미 국민 앞에 공표되었습니다.

우리의 결심은 정정당당하였으며, 여기에 당리나 당략은 추호도 개재되지는 않았습니다.

이제 우리는 우리의 창당이념에 따라, 우리의 제안이 얼마나 국가현실에 입각한, 또 국가이익을 위한 민주적 제안인가를, 국민 한 사람 한 사람에게 성실히 설득하여 국민의 공명과 지지를 받아야 하겠습니다.

이 성실과 노력은, 우리 민주공화당에 적을 둔 온 당원의 사명이며, 국리를 위한 당의 사명임을 우리 다 같이 명심합시다. 이 설득에는 기교가 필요 없으며, 술책도 필요 없습니다.

오로지 '소'같이 정직하게, 성실하게, 국민 한 사람 한 사람에게 우리의 진의를 전달하고 설명하는 일 뿐입니다.

구정당이나 옛날 정치인들 처럼 권모나 술수나 잔꾀 같은 것을 우리는 배우지 맙시다. 떳떳하게 싸우는 것, 이것만이 우리의 당략이며 우리 민주공화당의 진로인 것입니다. 일체의 부정이나 소인적인 술수를 배제하여, 구정당이 범한 부정개헌의 오점을, 우리 민주공화당의 공명정대한 합법적 개헌으로 씻게 합시다.

동지 여러분!

우리는 정정당당하고 담담한 심정으로, 국민들의 심판을 받읍시다. 만약 이 심판에서 국민의 신임을 얻지 못할 때에는, 우리는 미련 없이 물러섭시다. 그러나 다시 국민의 신임을 얻게 될 때에는, 우리는 새로운 각오와 분발로써 또 더욱 국민의 소리에 귀기울여, '밝은 사회' '살기 좋은 국가' 건설에, 우리의 온 정력을 쏟아 일해 봅시다."

여야 찬반토론

야당인 신민당은 3선개헌 저지투쟁의 일환으로 9월 6일 '박정희 대통령 탄핵소추결의안'을 국회에 제출하고, 9월 7일 당을 일단 해체했다.

그 당시 헌법규정에 따르면 국회의원은 소속된 정당을 탈당하거나 소속정당이 해체되면 의원직을 상실한다. 다만 그 정당해체 전에 제명이 되면 의원직에는 아무 영향이 없도록 되어 있었다. 신민당은 이 절차를 이용, 당에서 이탈하여 3선개헌을 지지키로 변절한 세 의원을 제외한 모든 의원을 제명한 뒤 당을 해체하여 변절자의 의원직을 상실케 했다. 그 후 9월 20일 다시 창당을 했다.

3선개헌안 표결을 앞두고 9월 11일 여야는 질의, 토론, 표결이라는 평화적이고 합법적인 국회운영에 합의를 보았다. 그리하여 우리나라의 의정사상 보기 드물게 여야는 정정당당하고, 조리 있고, 용기 있는 개헌안 질의 토론을 전개했고, 그 찬반 토론은 한국 의회정치가 한 단계 성숙했음을 보여 주었다.

이날 여야가 집중적으로 논의한 것은 개헌안 가운데 대통령의 '계속 재임 3기(期)'라는 문구의 해석 문제였다. 야당은 다음 세 가지 가능성 여부에 대해 질의했다. 첫째 대통령이 3차 연임(連任) 임기 만료 직전에 사퇴할 경우 4선 출마가 가능한가? 둘째 3기 재임 후 1기를 쉬면 다시 3선이 가능한가? 셋째 현대통령이 헌법개정시부터 3선이 가능한가? 하는 것이었다. 이에 대해 공화당 정책위원회의장인 백남억이 가능하다고 답변하자 여야 간에 격론이 벌어졌다. 그러나 이날 오후 회의에서 백남억 의장이 오전 회의 때의 발언을 번복함으로써 이 문제는 일단 봉합되었다. 백남억은 오전 회의에서 자기의 답변에 대한 야당의 반발이 거세자 개헌안의 기본정신과 취지는 2기를 재임한 대통령을 1기만 더 재임할 수 있게 하는 것이라고 말을 바꾼 것이다.

개헌안에 대한 여야의 평화적이고 질서 있는 질의와 답변과 토론은 오래 지속되지 못했다. 그것은 잠시 동안의 해프닝이었다. 국회는 개헌안표결에 앞서 삽시간에 극한투쟁의 난장판이 되고 말았다.

그 당시 여당과 야당이 극한투쟁의 악순환을 지양하고 생산적인 국회운영을 하기로 합의한 것은 여당은 여당대로 개헌안 통과에 필요한 의원수를 확보하고 있다고 믿고 있었고, 야당은 야당대로 개헌안 통과를 막는 데 필요한 의원수를 확보하고 있다고 믿고 있었기 때문이었다.

그러나 개헌안표결 직전에 표점검을 해본 결과 승산이 없다고 확인되자 야당은 개헌안철회권고결의안을 제출했고, 동결의안이 부결되자 국회의 의정 단상을 점거하고 농성을 시작했다. 야당이 국회의 본회의장을 점거하자 9월 14일 새벽, 여당은 국회 제3별관에서 회의를 열고 국민투표법안과 함께 개헌안을 전격적으로 가결시켰다. 야당의 극한투쟁과 여당의 단독강행의 악순환이 되풀이된 것이다.

공화당 107명, 정우회 11명, 무소속 4명이 개헌안에 찬성했다. 개헌안은 중임임기를 마친 현직 대통령은 1기만 더 출마할 수 있다는 제한규정을 부칙에 두지 않았다. 따라서 헌법상 현직 대통령도 자신이 원한다면 개정헌법에 의해 세 번 더 출마할 수 있게 되었다.

대통령의 소망

1969년 10월 8일, 정부는 헌법 제121조 1항에 의한 개헌안의 국민 투표를 10월 17일에 실시한다고 공고했으며, 대통령은 10월 10일 국민투표 실시에 즈음하여 발표한 특별담화에서 대통령 3차연임제도의 필요성과 목적에 대해 설명했다.

대통령은 먼저 이번 국민투표는 3선개헌 국민투표인 동시에 정부에 대한 신임투표라고 설명했다.

"친애하는 국민 여러분!

정부는 헌법 121조 1항에 의한 개헌안의 국민투표를 10월 17일에 실시하기로 결정하고, 이를 지난 8일 공고하였습니다.

이 개헌안에 대해서는 그동안 많은 논란과 시비로 세론이 분분하였으나, 이제 주권자이신 국민 여러분의 의사로서 그 가부를 결정지을 최종단계에 이르렀습니다.

개헌에 대한 나의 소신을 이미 여러 차례 국민 앞에 밝힌 바 있으며, 또 이 개헌 여부를 앞당겨 빨리 국민에게 직접 물어봐야 하겠다는 나의 솔직한 심경은 이미 7·25 담화에서 충분히 밝혀진 것으로 생각합니다.

이번의 국민투표는 단적으로 말해서, 누구든지 두 번 이상 대통령을 할 수 없는 현행 헌법조항을 고쳐서, 세번까지 할 수 있는 길을 열어 줄 것이냐, 아니냐 하는 개헌국민투표이며, 아울러 또 한편으로는 지난 6년 동안 이 정부가 해온 일들이, '잘한 것인가' '못한 것인가'를 국민 여러분이 저울질하여, 앞으로 남은 임기 동안 계속해서 이 정권에 일을 맡길 것인가, 아니면 즉각 이 정권을 물러나게 할 것인가 하는 이 정부에 대한 신임투표이기도 한 것입니다."

대통령은 이어서 자신이 평소에 생각하고 있는 점, 그리고 체험을 통해서 느끼고 있는 점을 허심탄회하게 국민들에게 털어 놓고 몇 가지 문제에 대한 자신의 견해를 확실히 해둔다고 말하고 개헌문제, 야당의 자세문제, 독재문제, 영구집권문제, 민주주의 문제, 부정부패문제에 대해 자신의 소신을 밝혔다.

"친애하는 국민 여러분!

이 중대한 국민투표를 실시함에 즈음하여, 나는 내가 평소에 생각하고 있는 점, 그리고 체험을 통해서 느끼고 있는 점을 허심탄회하게 국민 여러분 앞에 털어 놓고, 몇 가지 문제들에 대한 나의 견해를 확실히 해 둘까 합니다."

첫째, 개헌문제에 대해 : 필요하면 헌법도 격변하는 국내외 현실에 알맞게 국민의사로서 적시에 개정될 수 있다는 것이다.

"우리가 살아가는 여건들은 국제정세의 변동과 국가안보상의 긴박성, 그리고 성장해 가는 경제규모와 사회적 변천 등에 따라 날로 달라지고 있으며, 이 변동되어 가는 현실에 따라, 필요하다면 헌법도 그 현실에 알맞게 국민의 의사로서 적시 개정될 수 있다는 것이 나의 소신이며, 또 이것은 진정 헌법을 존중하고, 헌법을 지키는 민주 호헌정신이라고 확신합니다.

선진 여러 나라들이 오늘날 잘살 수 있게 된 것도, 바로 그들이 그들의 헌법을 그 현실에 알맞게 보완, 개정해 나간 데 있었던 것입니다.

헌정과 민주주의 발전과정이란 대하의 조류와도 같이, 사회적 환경과 시대적 여건에 순응하면서 흘러가는 것입니다. "헌법은 절대 고칠 수 없다"는 옹고집은 진정한 의미에서 헌법정신에 위배되는 사고방식인 것입니다.

조국근대화의 길은 만사 현실에 알맞는 수정과 보완의 노력에 있다고 믿습니다."

둘째, 야당의 자세에 대해 : 야당은 지금까지 대통령이 하는 모든 일에 대해 비방과 중상, 모략과 악담을 일삼으며 반대만 해왔으며, 야당의 반대에 못 이겨 국정과제를 중단 또는 포기했더라면 오늘날 대한민국이 설 땅이 어디겠느냐는 것이다.

"내가 해 온 모든 일에 대해서, 지금까지 야당은 반대만 해 왔던 것입니다.

나는 진정 오늘까지 야당으로부터 한 마디의 격려나 지지도 받아보지 못한 채, 오로지 극한적 반대 속에 이 막중한 국정을 이끌어 왔습니다.

한일 국교정상화를 추진한다고 하여, 나는 야당으로부터 '매국노'라는 욕을 들었으며, 월남에 국군을 파병한다고 하여, "젊은이의 피를 판다"고 그들은 악담했으며, 없는 나라에서 남의 나라 돈이라도 빌려와서 경제건설을 서둘러 보겠다는 나의 노력에 대해, 그들은 '차관망국'이라고 비난했으며, 향토예비군을 창설한다고 하여, 그들은 "정치적 이용을 꾀한다"고 모함, 반대하여 오는 등등 대소사를 막론하고 내가 하는 모든 일에 대해서, 야당은 오로지 비방·중상·모략·악담 등을 퍼부어 결사반대만을 해 왔던 것입니다.

만일, 우리가 그때 야당의 반대에 못이겨 이를 멈추거나 포기하였더라면, 과연 오늘 우리 대한민국이 설 땅은 어디겠습니까?

지금 이 시간에도 방방곡곡 도처에서 개헌반대를 빙자한 야당 유세에서는, 나에 대한 온갖 인신공격과 중상모략이 꺼리낌없이 마구 쏟아져 나오고 있음을, 국민 여러분은 잘 듣고 있을 줄 믿습니다. 이것이 바로, 우리 야당의 언필칭 민주주의한다는 그들의 자세인 것입니다."

셋째, 독재문제에 대해 : 국가와 민족을 위한 일이라면 야당의 반대를 무릅쓰고 소신껏 일해 온 나를 독재자라고 야당은 비방하고 있으나 반대를 위한 반대만을 하는 야당한테 독재자라고 불리우는 대통령이 진짜 국민을 위한 대통령이라고 생각한다는 것이다.

"야당은 또 언필칭, 나를 독재자라고 비방합니다.

내가 만일, 야당의 반대에 굴복하여 '물에 물탄 듯' 소신 없는 일만 해 왔더라면, 나를 가리켜 그들은 독재자라고는 말하지 않았을 것입니다.

야당의 반대를 무릅쓰고라도 국가와 민족을 위해 도움되는 일이라면, 내 소신껏 굽히지 않고 일해 온 나의 태도를 가리켜 그들은 독재자라고 말하고 있습니다.

야당이 나를 아무리 독재자라고 비난하든, 나는 이 소신과 태도를 고치지는 않을 것입니다.

또 앞으로 누가 대통령이 되든, 오늘날 우리 야당과 같은 '반대를 위한 반대'의 고질이 고쳐지지 않는 한, 야당으로부터 오히려 독재자라고 불리우는 대통령이 진짜 국민 여러분을 위한 대통령이라고 나는 생각합니다."

넷째, 영구집권에 대해 : 집권은 개헌안 통과가 보장하는 것이 아니라 71년도 대통령선거에서 결정된다. 4년마다 대통령선거를 하게 되어 있고 우리 국민의 주권이 살아 있는 한 영구집권이란 있을 수 없다는 자신을 가져야 되겠다는 것이다.

"야당은, 이 정권이 영구집권을 꾀하고 있다고 비방하고 있습니다. 남은 임기마저 채우지 않고, 국민의 의사가 그러하다면 혼연히 미련 없이 물러서겠다는 생각으로 나는 이 국민투표에 임하고 있습니다.

솔직히 말해서, 다사다난할 1970년대를 맞이함에 있어, 국민이 허용한다면 70년대의 전반기만은, 정권의 변동 없이 현 체제를 그대로 밀고 나가는 것이 국가발전에 도움되는 일이며, 국가안보와 경제의 기초를 다지는 길이 된다고 믿어, 이 개헌안은 발의된 것입니다.

그것도 개헌통과가 바로 집권을 보장하는 것이 아니라, 다시 71년도 대통령선거에서 결정되는 일입니다.

이것이 과연 영구집권이겠습니까?

매 4년마다 대통령선거를 하게 되어 있는 우리 국민의 주권이 살아 있는 한, 우리 앞에 영구집권이란 있을 수 없다는 분명한 사실을 우리는 잊지 말아야 할 것입니다."

다섯째 민주주의 문제에 대해 : 민주주의는 야당만이 아는 특수지식이 아니라 누구나 다 아는 상식이고 보편적 행동규범이다. 국가원수에 대해 욕설을 하고 화형식을 하며 국회의 단상을 점거하고 폭력으로 의사진행을 방해하고 중상모략으로 국민을 선동하는 것을 능사로 삼고 있는 야당의 행동이 과연 민주주인가? 야당은 이런 식의 민주주의를 어디서 배웠느냐는 것이다.

"야당은 언필칭, 민주주의가 어떻다고 말합니다.

민주주의는 야당만이 알거나 정치인만이 아는 특수지식이 아니라, 농민이나, 상인이나, 누구나 다 알고 있는 상식이며, 우리의 보편적 행동규범인 것입니다.

현직 대통령인 국가원수에 대해서도 마구 욕설을 퍼붓고,

자기들 주장이 관철되지 않으면 독재자라고 규탄하고,

마음에 들지 않으면 화형식으로 다루고,

소수의 의견이 관철 안 되면 단상을 점령하여, '맥주병'과 폭력으로 의사진행을 방해하고,

있는 말 없는 말로 마구 중상모략하여 국민을 선동하는 일만을 능사로 삼고 있는,

이러한 야당의 행동이 과연 우리가 알고 있는 민주주의이겠습니까?

이러한 식의 민주주의를 우리나라의 야당은 어디서 배웠는지 나는 모르겠습니다.

민주주의는 소수의 '의견'을 존중하되, 다수의 의사로 '결정' 짓는 것이며,

선의의 경쟁으로 국민의 심판을 묻되, 허위·중상을 삼가야 하며,

또 민주주의는 창달되어야 하되, 이로 인하여 우리 고유의 윤리와 도덕이 파괴되어서는 안 된다는 것이, 민주주의에 대한 나의 기본 관념인 것입니다."

여섯째 부정부패문제에 대해 : 그동안 부정부패 척결을 위해 많은 노력을 했으나 아직 일소하지 못해 가슴아프게 생각한다. 이 문제의 근본적 해결방법은 경제건설을 촉진하여 빈곤을 몰아내고 풍요한 사회를 건설하는 데 있다는 것이다.

"국민 여러분과 더불어 내가 가장 가슴 아프게 생각하는 것은, 아직도 우리 사회의 부정·부패를 일소하지 못하고 있다는 사실입니다.

그동안 부정·부패의 축출을 위해 온갖 노력을 다해 왔으나, 그 일소를 위해서는 아직도 더 시간이 필요하다는 것이 숨김 없는 현실입니다.

앞으로 나는 이 부정·부패를 없애기 위한 노력에 더욱 역점을 둘 것이나, 보다 근본적인 문제, 적극적인 방법은, 하루바삐 경제건설을 서둘러, 보다 풍요한 사회를 만들고, 빈곤을 구축하는 것이, 부정·부패를 없애는 첩경이라고 생각합니다."

대통령은 끝으로 왜 3선개헌을 결심하게 되었는지 그 동기와 목적에 대해 설명했다.

60년대의 안정을 70년대 초반까지 좀 더 굳히고 다지고, 내손으로 벌려놓은 방대한 건설사업을 내 책임으로 매듭지어 보자는 뜻에서 이 길을 택했다는 것이다.

"친애하는 국민 여러분!

돌이켜보면, 1950년대는 우리에게 걷잡을 수 없었던 혼란과 불안의 시대였으며, 1960년대는 겨우 그 혼란과 불안을 정돈·일소하여 안정을 되찾은 시대이며, 이제 앞으로 맞이할 1970년대는 겨우 되찾은 안정을 항구화시켜야 할 '사명의 시대'라고 나는 내다봅니다.

이 70년대를 우리가 어떻게 맞이하고 어떻게 보내느냐에 따라서, 우리 국가의 운명은 좌우될 것입니다.

이 70년대를 성공적으로 맞이하여 보낼 때, 우리의 민주주의는 확고히 우리에게 토착화할 것이며, 또 우리의 경제는 보다 착실한 토대를 구축하게 될 것이며, 우리의 안정은 영구적인 안정으로 고착될 것입니다.

그렇지 못할진댄, 우리는 다시 1950년대의 혼란과 불안의 원점으로 되돌아가고 말게 될 것임을 나는 단언합니다.

값싼 인기에 영합하고 나만 편안한 길을 가려면, 나에게도 얼마든지 쉬운 길이 있다는 것을 나는 잘 알고 있습니다.

영광의 후퇴가 얼마나 아름다운 것인가도 나는 잘 알고 있으며, 또 이 때 수많은 동정을 나에게 쏟아 줄 국민 여러분의 두터운 인정도 나는 잘 알고 있습니다.

그러나 다가오는 70년대를 깊이 생각한 끝에, 나는 나를 버리고 국가를 위해 한번 더 십자가를 지겠다는 결심에서 나는 이 길을 택한 것입니다.

그러나 나는 지금도 내가 아니면 안 된다는 자만심은 추호도 없습니다. 다만, 60년대 후반기에서 모처럼 되찾은 이 안정의 분위기를, 변동 없이 70년대 초반까지 좀 더 굳히고 다져 보자는 것이며, 내 손으로 벌려 놓은 이 방대한 건설사업들을 내 책임으로 매듭지어 보자는 생각에서 그런 것이며,

또 모처럼 움직이기 시작한 우리의 전진대열을, 쉬었다가 다시 짜기는 쉬운 일이 아니기 때문에, 그대로 좀 더 전진을 계속해 보자는 뜻에서 그러한 것입니다.

친애하는 국민 여러분!

나의 이러한 생각들은 추호도 나를 위주로 한 생각에서가 아니라, 오직 국가민족의 앞날을 생각한 일념에서 이루어진 것을 믿어 주시기 바랄 뿐입니다."

대통령은 왜 자신의 '계속집정'이 필요하다고 생각했나?

10월 17일 실시된 국민투표에서 3선개헌안은 찬성 755만 665표, 반대 363만 6369표로 가결되었다.

10월 18일, 대통령은 국민투표 실시결과에 대한 담화문을 발표하고 국민투표에서 국민 여러분이 전폭적인 지지로 정부를 신임해 준 데 대해 감사의 뜻을 표명하고 무거운 책임을 통감한다고 천명했다.

대통령으로서 국민의 여망에 부응하기 위해 국정을 쇄신하고 질서와 안정을 확보해 우리의 목표를 좀 더 멀게 설정한 하나의 초점을 향하여 전진해 나아가겠다는 것이다.

"친애하는 국민 여러분!

이번 국민투표에서 국민 여러분이 다시 전폭적인 지지로 이 정부를 신임해 주신 데 대하여, 나는 먼저 주권 시민 여러분에게 깊이 감사를 드리며, 동시에 나에게 지워진 무거운 책임을 통감해 마지않습니다.

나는 다시 새로운 기분으로 국민 여러분의 여망에 부응하기 위한 국정쇄신에 노력을 다할 것이며, 질서와 안정을 굳게 확보한 속에 조국 근대화의 전진 대열을 더욱 더 줄기차게 전진시켜 나갈 것입니다.

여기에는 여·야가 없고, 관·민이 없다고 생각합니다.

오로지 우리의 '목표를 좀 더 멀게 설정한 하나의 초점'을 향하여 전진하는 온 국민의 단결만이 있을 뿐입니다.

모든 공무원은 국민의 두터운 신임에 보답할 결의를 새로 가다듬어야 할 것이며, 여당은 오늘의 승리에 도취됨이 없이 집권정당으로서 국리민복을 위한 정책정당의 자세를 더욱 충실히 해야 할 것이며, 우리 야당은 오늘의 패배에 실망하지 말고 더욱 정책대결의 투지를 굳게 해야 할 것이며, 그리고 국민 여러분은 이들의 노력을 격려, 감시하면서 각자의 직장에 더욱 근면·성실해야 할 것입니다.

우리의 태도와 노력이 이러할진대, 조국근대화의 길은 예상보다 단축될 것임을 나는 믿어 의심치 않습니다.

끝으로 이번 국민투표 과정에서 보여 준 국민 여러분의 민주역량에 대하여 높이 치하하며, 선거관리위원회 여러분들의 공정한 관리 노력에 대하여 그 수고를 치하해 마지않습니다."

대통령은 3선개헌안 통과를 계기로 우리 국민들이 무엇을 가장 걱정하고 있고, 또 무엇을 가장 소망하고 있는가를 확인했다.

즉, 우리 국민들이 가장 염려하고 두려워하는 것은 빈곤과 북한의 전쟁도발 위협이며, 국민들이 가장 원하는 것은 경제건설과 자주국방이라는 사실이다. 그리고 국민들은 대통령이 착수한 이들 과업을 그 자신이 완수하고 싶다는 자신의 희망과 결의를 전폭적으로 지지하고 있다는 사실도 확인했다.

이제 대통령은 자신이 착수하여 추진해 온 자립경제 건설과 자주국방 건설을 자신의 손으로 끝낼 수 있는 기회를 얻었다.

대통령은 압도적 다수의 국민이 마련해 준 이 귀중한 기회에 반드시 자립경제 건설을 완수하고 자주국방 건설을 매듭지음으로써 부국강병의 꿈을 실현하고야 말겠다는 결심을 굳혔다.

대통령이 10·18 담화문에서 '목표를 좀 더 멀게 설정한 하나의 초점'을 향하여 전진한다고 천명했을 때 그 목표는 바로 '부국강병'이었다.

그리하여 대통령은 자신의 정치적 생애의 길이를 부국강병의 목표를 달성하는 시기까지로 설정했다.

다시 말하면, 대통령 자신이 부국강병의 목표를 달성할 수 있다고 내다보고 있는 80년대 초까지 '계속집정'을 할 필요가 있다고 생각한 것이다.

그러면 대통령은 왜 자립경제 건설과 자주국방 건설을 위해서는 자신의 계속집정이 필요하다고 생각했는가?

무엇 때문에 1971년도에 중임임기를 마치고 자립경제 건설과 자주국방 건설의 과업을 여야의 정치인들에게 넘겨주지 않고 계속집정의 무거운 짐을 스스로 지기로 결심을 했는가?

2차 세계대전 후 수많은 개발도상국가들은 근대화와 경제개발에 착수했으나 대부분이 실패하고 말았다. 특히 정권의 교체가 잦고 집권자가 무능하거나 부패한 나라들은 모두 실패했다. 근대화와 경제건설은 결코 '단기간'에 이루어질 수 있는 성질의 과제가 아니었기 때문이다.

그래서 개발도상국가의 발전문제를 연구하는 구미학자들 간에는 후진국이 경제개발에 성공하기 위해서는 적어도 20년 이상의 장기간 동안 개발계획을 일관성 있게 중단 없이 추진해 나갈 수 있는 강력한 지도력이 필수적이라는 견해가 있었다.

대통령은 이러한 견해가 일리 있는 것이라고 공감하고 있었다.

대통령은 제1차 경제개발 5개년계획을 성공적으로 마무리짓고 제2차 5개년계획에 착수하면서 앞으로 제3차, 제4차 5개년계획이 끝나는 80년대 초에 가면 우리의 근대화작업이 대충 완성단계로 올라설 수 있다고 전망하고 있었다.

즉, 우리가 공업화를 통한 경제개발에 착수한지 20여 년만에 중화학공업국으로 성장함으로써 공업국가의 면모를 갖추게 된다고 내다보고 있었다.

그러나 대통령이 개발도상국가의 발전전략에 대한 일부 구미학자들의 견해에 공감하고, 또 우리나라 공업입국의 기간은 20년으로 전망하고 있다고 해서 이것이 대통령으로 하여금 자신의 '계속집정'이 필요하다고 생각하게 만든 근거나 이유가 된 것은 결코 아니었다.

대통령이 '계속집정'의 결심을 하게 된 결정적인 이유는 우리나라의 정당정치 현실 때문이었다.

대통령은 자신의 개인적인 안녕과 영광을 원했다면 국민의 갈채와 박수를 받으며 은퇴할 수 있는 적절한 시기를 선택할 수 있었다.

그러나 대통령은 그 길을 택할 수가 없었다. 왜냐? 여당이건 야당이건 정당정치인들을 믿을 수 없다고 생각하고 있었기 때문이다. 대통령은 아직은 정당정치인들에게 이 나라의 막중한 국정을 믿고 맡길 수 있는 그런 시기가 아니라고 생각하고 있었던 것이다.

대통령은 우리나라의 정치현실을 생각할 때 자신이 1971년도에 중임임기를 마치고 은퇴한다면 여야정치인들이 주도하게 될 이 나라의 정치는 자립경제 건설과 자주국방 건설이 더 이상 진전될 수 없는 쪽으로 흐르고 말 것이라는 것을 예측하고 이를 크게 우려하고 있었다.

대통령은 우리나라의 정당정치인은 무능과 부패와 당쟁의 장본인들이고, 이들이 정부의 실권을 장악하게 된다면 부정부패와 당쟁 때문에 이제 겨우 성장의 본 궤도에 올라선 자립경제와 자주국방 건설은 멈추고, 조국근대화의 꿈은 물거품이 되고, 이 나라는 또 다시 5·16이전의 상태로 후퇴하게 된다고 예단하고 있었다.

그 당시 대통령은 자기가 은퇴한다면 그가 이룩해 놓은 모든 것이 하루 아침에 무너지고 말것이라고 예단하고 이를 걱정하고 있었다.

왜냐하면 대통령은 그의 통치 기간 중 그의 모든 정책에 대해서 그토록 반대를 위한 반대만을 일삼던 야당정치인들에게 이 나라의 운명이 맡겨진다면 그들이 무엇을 어떻게 할 것이며 어떤 사태를 야기시킬 것인지에 대해서 투명하게 내다보고 있었기 때문이다.

그 당시 대통령은 자신이 은퇴한 후 야당이 집권하게 된다면 우리나라는 또 다시 60년대 초의 민주당 정권 때와 같은 국가존망의 위기에 직면할 가능성이 크다고 내다보고 있었다.

1971년에 우리나라는 제1차, 제2차 경제개발 5개년계획을 매듭지었지만, 아직도 공업은 경공업수준에서, 농업은 원시영농상태에서 벗어나지 못하고 있었으며, 국민소득과 생활수준은 북한보다 뒤떨어져 있었다. 북한은 군사력에 있어서도 우리보다 우위에 있었고, 67년부터는 본격적으로 대남게릴라전을 감행하고 있었다.

이러한 상황에서 71년에 대통령이 은퇴할 경우 우리나라의 정치와 경제, 그리고 사회는 심각한 격동속으로 빠져들게 된다고 대통령은 판단하고 있었다.

대통령이 물러나면 김영삼, 김대중, 김종필 등 이른바 3김이 정권투쟁에 나설 것이다. 대통령의 재임기간 동안 줄곧 5·16혁명을 부정하고 대통령을 군사독재자라고 비난해 온 야당의 두 김은 이제 박정희 군사독재자가 물러나고 민주주의가 회복되었다고 전국에 민주화 열풍을 일으켜 김종필과 공화당을 휩쓸어 내고 김영삼이나 김대중 가운데에서 누가 먼저이든 간에 차례로 집권하게 될 것이다.

1960년대에 1, 2차 경제개발 5개년계획에 의해 겨우 절대빈곤을 탈피하고 제3차 5개년계획과 방위산업 육성정책을 추진하여 자립경제와 자주국방 건설에 본격적인 노력을 경주해야 할 중차대한 시기에 소위 민주화 투사를 자처하는 사람들이 잇따라 국정을 맡게 되는 것이다.

김영삼이든 김대중이든 제3공화국헌법을 폐기한 후 4·19 직후의 민주당정권 때와 같은 이른바 '민주헌법'을 제정할 것이다. 그것은 60년초 민주당정권 시절처럼 정치인에 의한, 정치인을 위한, 정치인의 헌법으로서 이 나라의 국방과 경제 등 모든 분야에서 정당과 정치인이 활개치고, 개입하고, 간섭하는 정치만능과 정치인 전횡의 시대를 열어 놓을 것이다. 그리고 그들은 60년대에 대통령이 추진한 모든 정책을 반대하면서 이에 대한 대안이라고 주장해 온 그들의 정책을 추진할 것이다.

김영삼과 김대중은 야당 시절에 향토예비군 창설을 극렬하게 반대하고 그 폐지를 주장해 왔다. 이들은 또한 새마을운동은 대통령의 정권연장 수단에 지나지 않는 것이라고 비난해 온 사람들이다. 한마디로 이들은 대통령이 추진해 온 모든 정책을 반대해 왔다. 따라서 이들은 대통령이 추진해 온 자립경제와 자주국방 정책들을 소위 개혁이니 민주화니 하는 명분을 앞세워 중단 또는 폐기하고 대통령의 정책과는 정반대의 정책, 특히 대중영합적인 인기정책을 추진할 것이다.

대통령이 통일 후에도 존속시키려고 한 향토예비군은 폐지될 것이다. 대통령이 농어촌근대화의 동력으로서, 또 정신혁명의 기조로 삼았던 새마을운동도 그 새싹이 잘려 나갈 것이다.

또 대국토건설사업도 사장되고 말 것이다. 그리고 철강, 석유화학, 전자, 조선, 기계공업 등 중화학공업 정책과 이것을 뒷받침할 과학기술교육 정책은 구상이나 계획조차 할 수 없을 것이다.

국군전력증강 계획이나 방위산업 육성은 생각조차 하지 않을 것이다. 그들은 외자도입을 망국적인 것이라고 금지시킬 것이며, 이제 막 황무지에서 성장하기 시작한 수출기업을 매판자본이라고 그 명맥을 끊어 놓을 것이다. 그리고 경제성장과 수출촉진을 위해 사용하기로 예정되어 있던 국가예산을 복지와 민주화와 통일사업에 전용할 것이다.

대통령이 추진해 온 자립경제와 자주국방 건설계획과 사업들은 모두가 70년대 초부터 본격적으로 시작되어 우리의 경제와 국방을 지속적인 성장과 발전의 궤도에 올려놓기 위한 부국강병의 핵심사업들이었다. 따라서 이러한 계획과 사업들이 모두 멈추거나 폐기되면 우리의 경제와 우리의 국방력은 더 이상 성장, 강화되지 못하고 60년 초의 수준으로 후퇴하고 말 것이다.

특히 경제는 성장을 멈추고 불황에 빠질 것이다. 도시와 농촌에는 실업자가 넘치고, 만성적인 인플레는 물가의 폭등과 소득의 감소를 가져와 국민들은 도탄에 빠질 것이다.

수출의 둔화와 외화의 고갈은 국가부도 사태를 유발할 것이다.

빈번한 각종 선거와 정치인들의 발호로 부패가 만연하고 정치불안과 사회혼란이 만성화될 것이다. 이러한 상황을 노리고 있던 북한 공산주의자들은 특수훈련을 받은 간첩을 대량 남파하여 폭동을 선동하고 이른바 인민민주주의 혁명을 획책할 것이다. 군부는 공산화의 국난을 막는다는 명분을 내세우며 군사혁명을 불사할 것이다. 이것은 61년 5·16군사혁명 전야에 민주당정권 말기의 상황과 일치하는 사태이다.

결국 김영삼과 김대중이 차례로 이 나라를 통치하는 동안 우리나라는 경제적으로는 또 다시 빈곤국으로 전락하고, 군사적으로는 북한의 위협에 속수무책이 되고, 정치적으로는 자유와 평등의 이름으로 위장한 방종과 폭력의 난무로 인해 만성적인 불안과 혼란이 이어질 것이다.

대통령에게 있어서 그것은 5·16혁명 이전의 상황으로 후퇴하는 것이며, 또한 5·16혁명의 이념과 목표가 완전히 수포로 돌아가는 것을 뜻하는 것이었다.

대통령은 우리나라가 자립경제와 자주국방이라는 부국강병의 목표를 이루지 못하고 또다시 민주당정권 시대와 같은 국가위기에 직면하게 되는 일이 있어서는 안 된다고 생각했다. 이 땅에서 그러한 재앙이 되풀이된다면 우리나라도 민주화를 먼저 시작했던 다른 개발국가와 마찬가지로 빈곤과 혼란과 정변의 악순에서 빠져 나올 수 없다고 판단했기 때문이다.

따라서 이러한 사태가 재연되는 일은 어떠한 일이 있더라도 막아야 한다는 것이다. 어떻게 막느냐?

한 마디로, 모든 분야에서 우리의 국력을 길러야 한다는 것이다.

정치인들의 당쟁과 낭비와 무능으로 국정이 문란해진다고 하더라도 이를 충분히 감당할 수 있을 만큼 우리의 국력을 크게 증대시킨다면 그러한 사태는 재연되지 않을 수 있다는 것이다.

대통령은 60년대 말부터 준비하여 70년대 초부터 착수하게 될 부국강병을 위한 핵심사업들이 완성될 80년대 초에 이르면 우리의 국력이 크게 뻗어나게 된다고 내다보고 있었다.

즉 철강, 조선, 기계, 전자, 석유화학, 비철금속제품을 생산하는 중화학공업에서, 잠수함과 전투기와 탱크와 미사일을 생산하는 방위산업에서, 농수산물을 생산·가공하고 녹색혁명을 주도하는 새마을운동에서, 그리고 다양하고 품질 좋은 한국제품을 국제시장에 내다 파는 수출에서 방대한 국력이 창출될 수 있다는 것이다.

대통령은 우리의 국력이 이만큼 증강되면 분열하여 당쟁을 일삼는 정당정치인들이 유발하는 국회의 불안정과 비능률과 낭비 등 비생산적인 폐해를 그 국력으로 감당할 수 있을 뿐 아니라 중화학공업의 성장과 새마을운동과 방위산업의 발전을 새로운 동력으로 삼아 우리 경제는 80년대 이후에도 10년 이상 고도성장을 지속할 수 있게 된다고 확신하고 있었다.

그래서 대통령은 이러한 장기적인 국가발전을 위한 새로운 성장동력이 될 국책사업들을 중단하거나 폐지해야 한다는 주장으로 국민을 오도하는 정당정치인에게 국정을 맡긴다면 국가의 앞날이 위험하게 된다고 판단했고, 그러한 사업들을 자신이 완수하는 것이 불가피하다고 생각했다. 그리고 그렇게 하는 것이 진정으로 자신을 희생하여 조국과 민족을 위하는 길이고 후손을 위하는 길이며, 8년 전의 5·16구국혁명의 이념과 목표를 구현하는 길이라고 확신하고 있었다.

대통령은 이처럼 순수하고 애국적인 동기와 확신이 있었기 때문에 자신의 '계속집정'의 결단과 부국강병을 위한 핵심사업의 추진 결과에 대해서는 당대가 아닌 후대 역사가의 평가에 맡기겠다는 뜻을 피력했다.

야당은 3선개헌은 대통령이 영구집권을 하려는 것이라고 비난하면서 극렬한 반대투쟁을 했다.

그러나 압도적 다수의 우리 국민들은 국민투표에서 대통령 3선개헌안을 지지하여 대통령의 '계속집정'의 길을 열어 놓았다. 국민의 선태은 옳았다. 만일 대통령이 71년에 2차연임을 마치고 물러났다면 대한민국은 결코 오늘날과 같은 세계 10대 경제대국의 하나로 성장·발전할 수 없었을 것이다.

대통령의 기민하고 단호한 지도력과 '계속집정' 그리고 혁신적인 정치제도를 창설한 10월유신의 합작으로 부국강병의 꿈이 실현되기에 이른 것이다.

국민들은 왜 대통령의 '계속집정'을 지지했나?

야당은 3선개헌안에 대한 국민투표일 하루 전까지 전국유세를 하며 개헌반대운동을 전개했다.

그들은 다음의 두 가지 주장으로 대통령을 비난했다.

첫째 주장은 대통령이 '계속집정'을 추구한 진짜 이유는 대통령의 '권력욕'에 있다는 것이다.

야당은 집권자는 누구도 자진해서 권력을 내놓지 않으며 다만 어쩔 수 없어서 내놓는다는 것은 정치의 철칙이라고 주장하면서 대통령은 권력욕 때문에 3선개헌을 통해서 계속집정의 길을 열어 놓았다고 비난했다. 그동안 야당은 대통령이 추진한 중요 정책에 대해 그것은 모두 대통령의 개인적 권력욕을 채우고, 또 집권연장을 위한 포석이었다고 주장해 왔다.

즉, 자립경제와 자주국방을 위한 여러 가지 사업들, 예컨대 국토종합개발 계획, 전천후 농업개발사업, 고속도로 건설, 향토예비군 창설, 방위산업 등 중요한 국책사업들은 모두가 장기집권을 위한 권력욕 때문이라는 것이다.

그러나 대통령이 지하에 묻힌 후 20여 년이 지나고 그의 정적들

'개헌안 국민투표서 가결'이라는 제호의 1969년 10월 18일자 〈조선일보〉 호외

이 집권한 뒤에도 그 정책들은 계속 국가정책으로 남아 있다.

그 정책들은 특정 정권이나 집권자와는 관계없이 우리나라의 경제발전과 자주국방을 위해 필요하고 바람직한 장기적인 국가정책으로 계속 추진되고 있는 것이다.

정권투쟁 이외의 다른 것에 대해서는 관심이 전혀 없는 야당의 투사형 정치인의 눈에는 대통령이 하는 일 모두가 권력유지를 위한 것으로 보였을 것이다. 그러나 국가의 운명을 책임지고 있는 대통령은 정치인들과는 달랐다. 국가의 정책결정 과정에 정치인들이 생각했던 것처럼 권력유지에 도움이 되는가를 저울질하는 따위의 권력욕을 개입시킨다는 것은 대통령으로서는 생각조차할 수 없는 일이었다.

국가의 정책을 국민의 입맛에 맞고 국민의 인기를 모을 수 있도록 조작하여 권력을 획득해 보려는 정치인들의 인기영합적 행태를 가장 경멸하고 개탄해 온 사람이 바로 대통령이다.

대통령은 통속적 의미의 정치인이 아니다. 그는 국가존망의 위기에 자신의 생명을 걸고 구국을 위해 몸을 일으킨 혁명가다.

그는 결코 자기 한 몸의 부귀영화를 위해 권력을 추구하지 않았다. 또 권력을 위한 권력을 유지하기 위해 구차한 명분을 내세우지도 않았다. 그는 권력을 추구하고 이를 유효하게 행사하는 데 있어서 솔직하고 당당했다. 그는 그의 시대에 조국이 처한 어려운 상황 아래에서 자신이 시작한 자립경제와 자주국방의 건설을 자신의 손으로 완수하고 싶고, 그 일이라면 다른 사람에 비해 자신이 더 잘할 수 있다고 믿기에 자신의 계속집정이 필요하다는 소신을 밝히고 3선개헌에 대한 지지를 호소하여 국민들의 동의와 지지를 확보했다.

5·16혁명 직후부터 대통령이 결정한 모든 국가정책의 궁극목표는 자신의 권력유지가 아니라 국가의 장기적인 경제발전을 통한 국민의 생활향상과 자주국방력 강화를 통한 국가의 안전보장이었다. 그것은 한 마디로 부국강병이었다. 대통령은 자신의 권력유지를 위해 부국강병 정책을 추진한 것이 아니라 부국강병을 위해 권력을 유지한 것이다.

대통령은 자기 개인을 위해서는 아무것도 원하지 않았다. 오직 국가와 민족 그리고 우리 후손들의 번영과 평화만이 대통령의 소망이었고 계속집정의 유일한 목적이었다. 만약 대통령이 권력을 위한 권력을 추구했거나 개인적 영화를 생각했다면 자립경제와 자주국방 건설을 위해서 자신의 정신과 육체를 그토록 치열하게 불사를 수는 없었을 것이다.

대통령이 일상생활의 모든 번뇌로부터 벗어나 자신의 혼과 육신을 남김없이 불태울 수 있었던 것은 오로지 국가와 민족의 생존과 발전을 위해 자신의 모든 것을 바치겠다는 지극한 애국심이 있었기 때문이다.

대통령은 못사는 이 나라를 잘사는 나라로 근대화하고 외세에 짓밟혀 온 유약한 조국을 강력한 국가로 탈바꿈시키는 데 자신의 모든 것을 바쳤다.

어떻게 보면 대통령은 부국강병을 하나의 신앙으로 승화시켜 그것을 위해 사심없이 헌신해 온 고독한 구도자였다. 거의 종교적 신앙이 한결같이 궁극적이고 완전한 축복의 세계를 예정하고 있듯이 그가 간직해 온 부국강병의 신앙도 평화롭고 번영되고, 통일된 조국을 자신의 시대에 자신의 세대들이 건설해야 할 새로운 한국으로 예정하고 있었던 것이다.

야당의 두 번째 주장은 대통령의 '계속집정'은 정권교체를 막는 것임으로 비민주적이라는 것이다.

원래 민주주의의 본질은 국민들이 선거를 통해 정권의 선택에 참여하는 데 있는 것이며, 선거 때마다 반드시 정권을 교체하는 데 있는 것이 아니다. 정권의 교체는 국민이 원하면 할 수도 있고 하지 않을 수도 있으며, 교체의 시기도 길수도 있고 짧을 수도 있으며, 교체의 방법은 직접선거로도 할 수 있고 간접선거로도 할 수 있는 것이다. 이것이 국민의 결정으로 성립된 헌법이나 기타 법률에 따라 이루어지는 것이 바로 민주주의의 본질이고 원칙인 것이다.

민주주의는 정권획득을 위해 경쟁하는 두 개 이상의 정당들이 공천한 인물 가운데에서 국민들이 집권자를 선출하는 정치제도다. 따라서 국민들은 선거 때마다 같은 인물을 계속 집권자로 선출할 수도 있고 다른 정당이 공천한 새로운 인물을 새로운 집권자로 선출할 수도 있는 것이다. 만일 같은 인물이 계속 선거에서 승리하게 되면 그는 계속집정을 할 수 있는 것이다. 따라서 계속집정 그 자체가 무조건 비민주적이라는 말은 성립될 수 없다. 계속집정이 민주적인 것이냐 비민주적인 것이냐 하는 것은 그것이 합헌적인 절차에 따라 이루어진 것이냐의 여부에 따라 판단할 문제다. 따라서 국민들은 헌법에 따라 현재의 집권자를 교체할 수도 있고 그의 계속집정을 보장할 수도 있다.

한 사람의 집권자에게 절대적인 신망과 권력이 장기간 모아지고 그의 지도력에 의해 국가가 발전하고 역사의 방향이 바뀌어지는 것이 바람직한 것이냐 아니냐 하는 것은 어떤 도덕적 가치를 기준으로 한 가치판단의 문제가 아니다. 그것은 그 국가와 그 시대가 처해 있는 상황에서 그 국민들이 결단하는 정치적 선택의 문제다.

미국의 루스벨트 대통령은 4년제 대통령에 네 번 당선되었으며, 프랑스의 드골 대통령은 7년제 대통령선거에 두 번 당선된 뒤 임기 전에 실시한 신임국민투표에서 자신이 제출한 개혁입법안이 부결되자 곧바로 물러났다. 이처럼 선진민주주의 국가에 있어서도 계속집정이 반드시 비민주적인 것이 아니며, 또 잦은 정권교체가 민주주의 원칙이 아님을 잘 보여 주고 있는 것이다.

이들은 오늘날 장기간 집권하면서 국가와 민족을 위해 불후의 업적을 남긴 가장 위대한 대통령으로 그 국민들의 추앙을 받고 있다.

야당과 재야 반정부인사들은 3선개헌안에 대한 국민투표일 하루 전날까지 전국에 유세를 다니며 3선개헌은 대통령이 장기집권과 독재를 하기 위한 획책이라고 격렬하게 비난하고 반대했다. 그러나 우리 국민들은 65%의 압도적인 찬성투표로 3선개헌안을 지지했다.

국민들로 하여금 3선개헌을 지지하고 대통령을 신임하게 만든 요인은 무엇인가? 다음 세 가지 사실이 작용한 것으로 인식되고 있었다.

첫째는, '현존하는 명백한 안보위기'였다.

1968년부터 북한은 무장게릴라를 대량 남파하여 이 땅에서 월

총력안보

1972년 임자 원단
대통령 박정희

남에서와 같은 게릴라전을 획책하고 있었으며, 이러한 북한의 무력 도발이 우리의 생존과 생활을 위협하는 중대한 안보위기를 조성하고 있다는 대통령의 위기상황 진단과 자주국방 정책에 대해 국민들 간에 폭넓은 공감대가 형성되어 있었다.

전쟁재발 위험성에 대한 불안은 북한의 6·25 남침을 겪은 우리 국민의 마음속에 강렬한 경계심과 투지를 불러일으켰고, 이 안보위기를 극복하는 데 있어서는 그 누구보다도 군사전략가인 대통령이 가장 믿을 수 있는 적임자라는 국민들의 믿음을 강화시켰다.

전쟁이나 이에 준하는 위기의 먹구름이 밀려오기 시작하면 국민들은 무엇보다도 생명과 재산의 안전을 갈망하게 되며, 위기를 극복할 수 있는 강력하고 현명한 지도자를 요구한다는 사실은 인류역사에서 수없이 되풀이되어 왔다.

막스 호르크하이머는 "위기는 맹종하는 심리적 태도를 낳는다"고 갈파한 바 있다. 낯익은 세계가 허물어지고 예측할 수 없는 위기에 빠졌을 때 사람들은 공포에 사로잡힌 어린이가 어머니를 향해 울부짖는 것처럼 본능적으로 그들이 믿고 의지할 수 있고, 위기에서 그들을 구출해 줄 수 있는 강력하고 특출한 지도자에게 귀속하려 한다는 것이다.

전쟁이나 내란이나 무정부상태 또는 그에 준하는 국가적인 위기에 국민들이 국가위기라는 큰 악을 막기 위해 작은 악으로서의 독재적인 통치를 요구하거나 환영하는 것은 바로 그러한 심리적 경향 때문이라는 것이다.

특히 통치자의 위기상황 진단이 적절하고 그의 정책이 설득력이 있는 것일 때 그 통치자는 불안을 느끼는 국민들의 마음속에 그 국가가 직면하고 있는 국가위기를 극복해 줄 수 있는 구세주로 비치게 되며 국민들은 그러한 통치자를 열광적으로 지지하게 된다는 것이다.

위기는 통치자의 능력을 시험한다. 위기는 통치자가 뛰어난 용기와 헌신과 결단력을 지니고 있는지 없는지를 쉽게 가늠할 수 있게 하는 기회를 제공한다. 따라서 통치자의 특출한 지도력은 평시보다도 위기에 더 분명하게 식별된다.

통치자가 국가를 통치함에 이어서는 정치적, 외교적, 군사적으로 중대한 모험적인 결정을 해야만 하는 위기가 예고없이 찾아온다. 통치자의 그러한 결정에 따르는 위험부담은 매우 크며, 그 결정은 국가의 운명에 커다란 영향을 미치게 된다.

통치의 경험이 없는 정치인들이나 일반국민들은 국가의 통치자가 직면하는 위기의 본질과 이에 대응하는 통치자의 모험적인 결정의 독특한 성격을 잘 이해하지 못한다.

사업을 경영하는 기업가도 중요한 경제적인 결정을 해야 할 위기에 직면한다. 그러나 기업가의 경우에는 그러한 결정의 결과를 예측할 수 있는 경제적인 정보와 과학적인 방법이 마련되어 있기 때문에 그러한 결정의 위험부담은 그렇게 크지 않다. 그러나 국가통치자의 경우에는 정치적, 외교적, 군사적인 결정의 결과를 예측할 수 있는 정보와 방법이 매우 제한되어 있다. 따라서 통치자는 하나의 결정을 내리기 전에, 그것이 가져올 중요한 결과를 판별해 낼 수 있는 직관력이 있어야 한다. 직관력이란 사물을 본능적으로 이해하는 능력을 말한다. 중대한 결정을 해야 하는 결정적 순간에 천재가 되는 통치자도 있고 바보가 되는 통치자가 있는 것은 이러한 직관력의 유무 때문인 것이다.

대통령은 타고난 직관력을 지니고 있었으며, 그것은 대통령이 국가적으로 어려운 일에 직면하거나 또는 위기에 봉착했을 때, 그 해결의 실마리를 푸는 결단의 원천이 되어 왔다.

대한민국의 역대 대통령 가운데에서 대통령처럼 크고 심각한 위기에 직면했던 통치자는 없었다. 생명을 걸고 결행한 군사혁명은 말할 것도 없고 한일 국교정상화, 국군의 월남파병 등 개방정책을 둘러싼 정치적 위기, 북한의 무력도발로 인한 안보위기 등 국가의 운명을 좌우하는 중대한 위기들이 꼬리를 물고 이어졌다.

대통령은 결코 그 위기들을 두려워하거나 피하지 않았다.

그 어떤 위기가 닥쳐와도 결코 흔들리거나 초조해하는 일이 없었다.

대통령은 그 모든 위기에 정면으로 도전했고 자신의 능력을 스스로 시험하고 단련했다.

행동이 필요한 결정적 순간에는 누구의 눈치를 보거나 망설임 없이 자신의 소신대로 위기를 예방하고, 극복할 수 있는 대응책을 기민하고 단호하게 실행해 나감으로써 그 모든 위기를 극복해 냈다. 뿐만 아니라 대통령은 그 위기들을 오히려 자신이 그토록 목마르게 갈구했던 '부국강병'의 꿈을 실현하는 기회로 전환시켰다. 국민들은 이러한 사실들을 잘 알고 있었기 때문에 대통령은 국가위기에 신뢰할 수 있는 강력한 지도력을 갖추고 있는 지도자라는 믿음을 간직하고 있었던 것이다.

둘째는 '경제발전과 번영에 대한 희망과 자신'이었다.

6·25전쟁과 50년대와 60년대 초의 정치적불안과 사회적 혼란 때문에 국민들은 빈곤의 악순환에서 벗어나지 못한 채 식량난과 전력난 등 생활고에 시달리고 있었다.

민정이양 후에도 2, 3년 동안은 이러한 어려움이 계속되었다.

한일 국교정상화와 월남파병을 둘러싼 정치불안과 사회혼란 등 시련이 중첩되었다. 데모학생들은 정권타도를 외치며 청와대 정문 앞까지 몰려와 투석을 하고 난동을 부렸다.

그 당시 야당과 반정부 지식인들은 대통령에 대해 최소한의 예의조차 지키지 않고 있었다.

정국은 여러 차례 파국으로 치달았다. 대통령에게 있어서 집권초기의 시기는 위기의 시기였고 어렵고 고통스러운 시기였다.

그러나 상황은 곧 역전되기 시작했다.

야당과 일부 반정부 지식인들의 저항과 반대속에서 모두가 불가능한 일이라고 체념했던 경제개발의 성과가 전국의 황무지에서 하나하나 나타났다.

집권 후 7년 동안 대통령은 그의 모든 권한을 경제개발을 추진하는데 활용하여 지속적인 고도의 경제성장을 이룩했으며, 그 결과 5천년 동안 찌든 가난의 때가 벗겨지고 번영의 새싹이 돋아나기 시작한 것이다. 급속한 경제개발이 계층간, 지역 간에 발전상, 또 소득상의 격차를 가져 온 것은 사실이나, 국민들의 생활조건은 전반적으로 크게 나아졌고, 특히 근로자들의 근로조건에도 많은 개선이 이루어지고 있었다. 오랫동안 빈곤에 시달려 오면서 무엇 하나 성취해 본 경험이 없는 국민들은 자신들의 피땀으로 성취한 경제개발의 성과에 대해 긍지와 자부심을 갖게 되었고, 보다 큰 발전과 번영에 대한 희망과 자신감을 갖게 되었다.

우리의 급속한 경제발전과 우리 국민들의 자조적인 노력에 감명을 받은 외국인들은 몇 년 전만 해도 일언지하에 거절했던 차관을 제공하고 투자를 하겠다고 자청하고 나섰다.

국민들은 이 모든 것이 가능하게 된 것은 대통령이 정치안정을 확립하고 그 권한을 효과적으로 행사하여 근대화작업과 경제개발에 총력을 기울였기 때문이라고 생각하고 대통령의 지도력을 신뢰했다.

대통령에 대한 국민의 신뢰와 외국의 경제개발 참여는 국내외의 대통령 비판자들을 혼란에 빠뜨렸고, 대통령에 대한 그들의 공격을 약화시켰다. 정국의 안정과 경제발전의 진전과 더불어 학원과 언론계 등 지식인들의 반정부성향도 완화되기 시작했고 정부가 하는 일에 시시비비를 일삼던 60년대 초기의 방관적 자세에서 참여의 자세로 바뀌기 시작했다. 그리하여 대통령에 대한 국민들의 지지는 크게 증가했고, 통치권의 정통성은 확고해졌으며, 대통령의 권위는 크게 증대했다.

1963년 대통령에 취임했던 그 당시만 해도 많은 국민들은 군복을 벗고 민정에 참여한 이 과묵하고 무뚝뚝한 무명의 장군 출신 대통령을 촌뜨기 정치 초년병으로 보았고 그의 권위를 인정하지 않았다.

그러나 시간이 지남에 따라 그의 권위와 그에 대한 국민의 지지는 증대되기 시작했다. 그 이유는 여러 가지를 들 수 있겠지만, 가장 결정적 요인은 대통령이 그 시대의 가장 중요한 국가적 과제인 경제와 국방의 문제를 해결할 수 있는 뛰어난 지도력을 갖추고 있는 통치자라는 데 대한 국민들의 믿음이었다. 대통령이 "나는 이 문제를 이러한 정책으로 해결하겠다"고 결정하고 그 정책을 추진해 나가면, 국민들의 당초 예상과는 달리 그 문제가 해결되었고, "하면 된다"는 신념을 가지고 무엇인가 새로운 계획을 세우고 실천하면 국내외 전문가들조차도 불가능하다고 말렸거나 비웃었던 일들이 기적처럼 하나하나 가능한 일로 나타났다.

어떤 일이든지 하려고 결심하고 나면 반드시 성사시키고야 마는 대통령의 그 성취능력과 그러한 지도력으로 이룩한 성과들은 국민들에게 감명을 주고 믿음을 주었으며, 그래서 대통령의 권위는 크게 향상되었던 것이다. 대통령의 권위가 높아지면서 정치, 경제, 외교, 군사 분야에서 어려운 문제가 일어날 때마다 국민들은 대통령이 어떻게 해서든지 이를 해결해 낼 것이라는 믿음을 가지게 되었고 그러한 문제들이 해결될 때마다 대통령의 권위는 그만큼 더 증대되고 국민의 지지기반도 그만큼 더 확대되어 나갔다.

대통령의 권위가 증대됨에 따라 그의 영향력은 강화되었고 영향력이 강화됨에 따라 통치의 효율성은 더욱 증대되고 통치의 효율성이 증대됨에 따라 국민의 신뢰는 더 증가하고 신뢰의 증가는 대통령의 권위를 더욱 높이는 선순환이 계속되었다.

그리하여 대통령이 성취한 경제개발의 성과와 그의 기민하고 단호한 지도력에 대한 국민의 신뢰는 대통령 자신이 헌신적인 봉사로 얻은 천만금의 정치적 자산이 되었다.

1967년의 대통령선거에서 4년 전보다 훨씬 많은 표차로 재선됨으로써 경제발전이라는 실적을 통해서 국민들의 신뢰와 지지를 받고, 집권의 정당성을 입증하려던 대통령의 노력이 결실을 보고 있다는 사실이 확인된 것이다.

그리고 경제개발의 혜택이 확산되면서 통치자의 권력에 대한 국민의 인식도 크게 변화했다는 사실도 확인되었다.

즉 통치자의 권력은 국민을 지배하기 위한 수단이 아니라 국민의 복지와 행복을 증진하는 수단이라는 생각이 정착되기 시작했다는 것이다.

수백년 동안 봉건적인 왕조체제에서 살아왔고, 특히 20세기 초의 36년 동안 일제강점기 식민치하에서 시달리는 과정에서 통치자의 권력은 국민의 복지와 행복을 증진하기 위한 수단이 아니라 국민을 지배하기 위한 강제수단으로 인식해 온 우리 국민들에게 있어서 이것은 획기적인 정치의식의 전환이었다.

통치자의 권력에 대한 국민의 긍정적인 사고와 대통령의 지도력에 대한 국민들의 신뢰는 오랫동안 금기시되어 온 대통령의 3선개헌 문제에 대한 국민들의 태도를 긍정적인 것으로 바꾸어 놓았다. 즉, 지속적인 경제성장으로 번영을 이룩하기 위해서는 경제개발을 성공적으로 추진하고 있는 대통령에게 이 과업을 계속 추진할 수 있는 길을 열어 주는 것이 필요할 뿐아니라, 바람직한 일이라고 생각하게 된 것이다.

"좋은 학교를 만들려면 선생을 없애서는 안 된다." 이것은 영국의 철학자 존스튜어트 밀의 말이다. 하나의 학교를 훌륭한 학교로 만드는 일에는 훌륭한 선생이 필요하듯이 가난한 대한민국을 부유한 국가로 발전시키는 일에는 대통령과 같이 그 능력이 검증된 유능한 지도자가 필요하다는 데 대해 절대다수 국민들이 공명하고 있었던 것이다.

셋째는 '야당의 집권능력에 대한 국민의 불신'이었다.

원래 정치란 여당과 야당 사이의 힘의 대결장이며, 집권능력의 시험장이다.

정당의 힘은 뚜렷한 이념과 견고한 조직, 그리고 국민에게 희망을 안겨주는 정책이 있을 때, 강해질 수 있는 것이다.

그러나 국민들은 우리나라의 야당이 정권담당 능력이 없다고 믿었으며, 특히 야당의 지도자가 대통령을 대신할 수 있는 인물이라고 믿는 사람은 야당 내에서도 없었다.

영국에서 야당이 합법적 존재로서 경쟁적인 양당정치의 한 구성원으로 인정된 것은 쟁점을 만들어 내고 그 쟁점을 기획과 정책의 수준으로 승화시키기 시작한 1860년대 후반기부터이며, 야당의 성장·발전에 기여한 주요한 요인은 야당이 연립내각에 참여하여 쌓아 올린 '통치경험'이었다.

그 당시 우리의 야당정치인들은 당쟁과 무능으로 5·16혁명을 자초한 민주당 시대의 짧은 기간을 제외하고는 정권담당의 경험이 없었다. 그것은 우리 야당이 책임 있는 야당의 구실을 할 수 있는 능력을 갖추지 못한 원인의 하나가 되었다.

그리하여 우리 야당은 극한투쟁을 능사로 삼았으며 허세를 부리고 허황되고 무책임한 공약을 남발함으로써 통치능력을 가지고 있는 정당이라는 믿음을 국민에게 주는 데 실패했다.

대통령이 60년대에 착수한 경제개발과 자주국방 과업을 70년대에 계속 추진하여 자신의 통치시대에 완수하고야 말겠다고 약속하면서 3선개헌안에 대한 지지를 호소할 당시에 국민들은 대통령의 과거 업적과 능력에 비추어 볼 때, 그 약속이 실현될 수 있다고 믿었고, 또 그 과업을 완수하는 데 있어서 대통령을 대신할 수 있는 대안적인 정치지도자가 야당에는 없다고 생각한 것이다.

어떠한 군사적 위기 속에서도 국민의 생명과 재산을 지켜줄 수 있고 어떠한 정치적·사회적 혼란 속에서도 법과 질서를 유지하고 그 바탕 위에서 근대화와 경제개발을 추진할 수 있는 지도력에 있어서 우리의 야당에는 대통령에 필적할 만한 인물이 없다는 믿음이 국민의 마음속에 각인되어 있었던 것이다.

다시 말해서 국민들은 통치의 경험과 능력이 한 번도 검증된 적이 없는 야당의 투사형 정치인에게 국가와 그들 자신의 운명을 위탁한다는 것은 너무나 불안하고 위험하다고 생각하고 이미 괄목할 만한 업적으로 그 능력의 뛰어남이 입증된 현직 대통령의 계속적인 집권을 받아들이는 것이 보다 안심할 수 있고, 안전하다고 생각한 것이다.

한 마디로 국민들이 국민투표에서 압도적인 찬성투표를 한 것은 경제건설과 자주국방력 강화 분야에서 대통령이 이룩한 업적과 대통령의 지도력에 대한 국민의 신뢰와 지지를 반영한 것이었고, 야당의 집권능력에 대한 국민들의 불안과 불신을 반영한 것으로 공인되고 있었다.

그리고 우리 국민들의 이러한 투표성향은 우리나라와 같은 개발도상국가에 있어서는 독립투쟁의 지도자와 같은 투쟁적인 국가지도자보다는 국가발전의 비전과 계획을 제시하고 이를 추진할 수 있는 '성취능력'을 갖춘 국가지도가 필요하다고 생각하는 국민의 의식변화를 반영하고 있는 것으로 인식되고 있었다.

급속한 공업화와 농촌개발로 경제성장과 생활향상의 속도가 빨라지고 그 규모가 확대됨에 따라 이 나라에 필요한 국가지도자에 대한 국민들의 생각도 과거와는 크게 달라졌다는 것이다.

결국은 이러한 국민의 존재가 대통령의 '계속집정'의 기회를 보장한 3선개헌안이 국민투표에서 압도적인 지지로 통과될 수 있었던 대통령의 정치적 기반이었던 것이다.

주한미국대사 포터는 70년 2월 24일부터 26일까지 미국상원외교위원회에서 열린 비밀청문회에서 우리나라의 3선개헌 결과와 관련하여 한국의 민주주의, 한국의 야당, 박정희 대통령의 지도자로서의 위상에 대해 다음과 같이 증언했다.

"박정희 대통령은 군부지도자의 위치에서 선거민의 압도적인 지지를 받는 국가적 지도자로 탈바꿈하고 있다. 최근 헌법을 개정하여 3선이 가능하게 되어 71년 대통령 선거에 출마할 수 있게 되었다. 헌법개정은 국민투표에서 65%의 지지를 받고 있다. 이에 비해 한국의 야당은 문제가 어떤 것인가에 관계없이 덮어 놓고 반대를 위한 반대만 하고 있다. 언론도 대부분 반대의 입장을 취한다. 현재의 민주제도는 아직 미숙하지만 실천력 있는 민주주의를 지향해서 끊임없이 정진하고 있다."

대통령 3차연임제도가 국민투표에서 국민의 압도적 지지로 통과됨으로써 대통령은 한낱 군부지도자에서 국가지도자로서 그 위상과 권위가 격상되었으며, 대통령이 원한다면 앞으로 세 번 더 대통령선거에 출마할 수 있게 되었고, 선거에서 당선되면 '계속집정'이 가능하게 되었다.

따라서 대통령이 장기집권을 위해서, 다시 말해서 '계속집정'을 하기 위해 10월유신을 단행했다는 야당의 주장은 전혀 사실과 다른 이야기였다.

3선출마가 이미 제도적으로 보장되어 있는 마당에 대통령으로서는 그렇게 할 필요가 전혀 없었다.

대통령이 10월유신을 단행한 동기와 목적은 다른 데 있었다.

제5장 서구정치제도 6대 폐해 혁파

10월유신은 70년대 초반에 국내외에서 밀려오는 국가위기를 극복하고 자립경제와 자주국방의 건설을 위한 핵심사업을 완수하기 위해 기존의 정당과 의회와 선거제도에서 유발되고 있는 여러 가지 폐해를 혁파하고 우리나라의 특수한 현실이 요청하는 혁신적인 정치제도를 창설하고자 하는 데 그 원인과 목적이 있었다.

혁신은 낡은 것을 버리고 새로운 것을 추구하는 창조적 파괴 과정이다. 대통령은 70년대에 새로 제기된 국가과제를 차질 없이 해결하기 위해 우리는 낡은 제도를 버리고 새로운 제도를 창설하고, 또 낡은 행동양식을 지양하고 새로운 행동양식을 제도화할 필요가 있다고 생각했다. 이것이 바로 10월유신에 의한 정치제도 혁신의 핵심이었다.

10월유신은 72년 11월 21일 실시된 국민투표에서 국민의 지지와 찬성을 받은 헌법개정에 의해 확정되었다.

그러나 10월유신에 의해 창설된 정치제도들은 71년의 4·27 대통령선거 직후에 대통령이 서구민주주의 국가들의 정치제도를 검토해 손수 창안한 것이다. 즉 대통령은 72년의 헌법개정에 의해 10월유신에 의한 정치제도 개혁이 확정된 시기보다 1년 이상 앞선 시기에 정치제도의 혁신을 구상하고 기획했다. 대통령은 이 시기에 우리가 북한의 전쟁도발을 억지하고 부국강병을 위한 핵심사업들을 차질 없이 추진해 자립경제와 자주국방의 건설을 매듭짓자면 우리가 모방해 온 서구민주주의 정당제도와 의회제도 그리고 선거제도에서 유발되고 있는 폐해들을 혁파하고 우리나라의 현실에서 우리의 국가정책을 추진하는 데 가장 적합하고 유용하다고 판단되는 새로운 정치제도를 창출해야 되겠다는 결심을 했다. 대통령은 60년대 후반에 정당과 의회와 선거제도에서 촉발되고 있는 각종 폐해들이 우리의 자립경제와 자주국방의 건설노력을 가로막는 요인으로 작용하고 있다고 보고 있었고, 그래서 이 폐해들을 서둘러 혁파할 필요가 있다고 생각해 왔다. 그것은 다음과 같은 여섯 가지였다.

직업적인 정당정치인의 재생산

첫째는, 지역대표 국회의원제도와 그 선거제도가 국회에 직업적인 정당정치인들을 계속 재생산하고 있고 우리 사회 각 분야의 전문 인재들의 국회진출을 사실상 막고 있는 현상이었다.

막스 베버는 '직업으로서의 정치'라는 주제로 뮌헨대학의 학생들에게 행한 강연에서 정치인은 세 가지의 기본적인 자질을 갖추고 있어야 한다고 강조했다. 즉 사물에 대한 헌신으로서의 정열과, 사물에 대한 책임감 그리고 사물에 대한 관측 능력이 그것이다.

국회의원은 기본적으로 이러한 정치인으로서의 자질과 경륜을 갖춘 사람이어야 한다. 이성적이고 합리적인 판단을 할 수 있는 지적 능력과 국민이 요구하는 바가 무언가를 이해할 수 있는 통찰력 그리고 개인의 사익보다는 국가의 이익을 앞세우는 공인정신쯤은 갖추고 있어야 한다. 그러나 우리나라 국회의원의 상당수는 이러한 기본적인 자질에 있어서 통탄할 만큼 빈약하다.

어느 시대, 어느 사회에 있어서나 저질의 행동을 하는 사람은 그 사회의 모든 분야에 있기 마련이다.

개인적인 이익이나 승진을 위한 암투가 악랄하고 비열하기로 말

하면 행정부나 입법부나 사법부보다 대학이 더 심하다. 학자들이란 고상한 인격자로서 도가 통한 체하지만 그들이 내세우는 만큼 깨끗한 사람이 많은 것은 아니다.

사리사욕을 채우기 위해 남이 싫어하건 말건 제멋대로 행동하고, 속은 검으면서 겉으로는 깨끗하고 덕을 지닌 듯 행세하며, 도덕군자의 너울을 쓰고 자기 손에 먼지를 묻히지 않기 위해서 남을 곤경에 빠지게 하는 부도덕한 인간들은 경제계나 학계나 언론계, 심지어는 종교계에도 적지 않다. 그러나 그러한 인간들이 가장 많은 곳은 말할 것도 없이 우리의 정계다. 국회는 바로 그러한 인간들이 가장 선망하는 권부이며 또 그러한 인간들이 가장 많이 모여 있는 복마전이다.

정치가 요구하는 특별한 자질이 모자라거나 그러한 자질이 전혀 없는 직업적인 정치인들이 정당과 선거를 통해 계속 국회에 진출할 수 있었기 때문이다.

건국 후부터 1970년대 초에 이르는 근대 반세기의 기간 동안 국회의원선거는 4년마다 실시되었다. 그러나 그때마다 후보자의 얼굴은 바꾸어도 당선된 사람이나 낙선된 사람이나 인격과 능력면에서는 아무런 차이가 없는 구태의연한 직업적인 정당정치인이었다. 이른바 직업적인 정당정치인이란 정치를 평생의 직업으로 삼고 유권자의 인기를 얻어 권력의 자리에 머물러 있는 기술에 있어서는 유능한 전문가가 되어 버린 사람들이다. 이들은 이러한 전문적 기술의 수련을 통해 선거에서는 덕망 있는 인격자나, 사회 각 분야의 전문가들을 누르고 국회에 진출함으로써 우리 국회는 이들 직업적인 정객들의 독무대가 되어 있다.

지역구 선거에서 선출된 직업적인 정당정치인들은 우리 사회의 대표적인 인물도 아니었고, 특정분야의 전문가도 아니었으며, 높은 덕망과 인격의 소유자는 더욱 아니었다. 그들은 존경할 만한 능력이나 자질을 갖추고 있기 때문에 국회의원으로 선출된 사람이 아니었다.

그들은 지배적인 권력집단이나 지연, 학연, 혈연 또는 돈의 힘에 의해 국회의원직에 오른 사람들이었다.

여당의 경우는 정치안정과 정부의 능률적인 운영에 필요한 국회의 안정다수 의석을 확보하기 위해 국정수행의 '능력'보다는 지역구에서의 '당선가능성'이 있는 사람을 공천하고 그런 사람들이 국회의원으로 선출되었다.

야당의 경우는 능력이나 인품과는 전혀 관계없이 각 계파의 수장들이 자기계파 사람들을 서로 안분하여 공천하고 그런 사람들이 국회에 진출했다.

국회의원이 된 직업정치인들은 국민을 위해 노력하겠다고 선서한 그날부터 개인의 부귀영화를 위해 혈안이 되어 부도덕하고 비윤리적인 행동을 서슴치 않는다.

국회의원 가운데에는 사적이익을 도모하기 위해 외국의 외교관이나 기자들에게 알랑거리고 거짓말을 밥 먹듯 하고 국가기밀을 누설하는 위인도 있다. 또 그들의 사적 이익이 그들에게 신의를 저버리라고 요구한다면 미련없이 자기 손으로 동료의 정치적 생명을 끊고 동지에게 등을 돌린다. 그들의 신의를 지킬 때조차도 순수한 동지애에서 그렇게 하는 것이 아니다. 그들은 자신의 사적 이익을 위해 동지애를 쌓는다. 그들은 재정적인 후원자에게 편익을 제공하고, 정치생활을 끝내거나 또는 끊긴 뒤에 유리한 지위를 줄 수 있는 사람의 이익을 위해 활동함으로써 자신의 현재와 미래의 안전을 보장받는다.

국회의원 가운데에는 변절의 달인들도 쉽게 발견된다. 이들은 권력과 부의 사다리를 오르기 위해 그들의 충성심을 야당이나 무소속으로부터 집권정당으로 당적을 옮긴다.

정부와 여당에 대해 언제나 비판적이고 투쟁적인 야당 국회의원 가운데에는 정부나 여당의 요직이 주어지면 이제까지 정부와 여당에 반대해 온 위험한 적대자의 지위를 버리고 하루아침에 열렬한 체제옹호자나 정부정책의 수호자로 변절한다.

자신의 정치적 생명을 위해 한 때의 고통을 당할지언정 후세에 더러운 이름을 남기지 않기 위해 끝까지 참고 견딜 힘도 없으면서 국민을 속여 야당의 민주투사를 가장하고 권력의 미끼를 기다리다가 하루아침에 여당으로 넘어가는 교지(狡智)를 발휘한다.

대정부투쟁 대열의 선두에 서서 그토록 치열하게 집권자를 비난하고 규탄하던 사람이 부스러기 이권을 주거나, 부정을 눈감아 준다면 남보다 먼저 달려가 정부여당의 시녀가 되기도 한다. 그리고 낮에는 야당의 투사로 행세하고 밤에는 여당의 첩자로 변신하는 사람도 있다. 그들은 정권이 바뀔 때마다 자기의 사상과 신념과 양심은 집어던지고 시세에 따라 아무 권력에나 바꾸어 붙어서 구복(口腹)

의 걱정이나 덜고 명리(名利)의 제도에 참여해 으스대는 것을 '정치적 성공'이라고 생각한다.

그들은 또한 자신의 신분과 충성심을 한 사회집단으로부터 다른 사회집단으로 옮기는 데 능란한 사람들이다. 특히 선동적인 정치인은 빈민촌에 광범위한 추종자를 형성하고 부자를 공격하여 국회의 원직에 선출되지만 그 다음엔 자신이 공격했던 바로 그 부자들에 의해 매수당하고 부자들의 앞잡이가 된다.

여당국회의원 가운데 여당의 요직에서 밀려나거나 부정행위 등으로 다음 선거에서 공천받을 가능성이 없어서 '찬밥신세'가 된 사람은 변절하여 야당으로 당적을 옮겨 대정부투쟁에 나서기도 한다.

자기의 말을 안 들어준다고 하루아침에 정당의 지도자에게 등을 돌리고 탈당하여 비난의 화살을 던지고 자기의 더러운 변절을 정당화하기 위해 거짓과 위선의 말을 늘어놓는다. 그러한 정치인일수록 자유니 민주니 하는 듣기 좋은 소리는 혼자하고 다닌다.

국회의원 가운데 정치를 잘한다는 사람들은 대개가 권모술수(權謀術數)의 대가들이다. 그들은 기만의 연막을 치고, 순진한 국민들에게 사탕발린 공약을 던지며, 국민을 끊임없이 현혹시키고, 음모와 공작을 꾸민다. 그들은 권모와 술수를 정치 그 자체요 본질인 것처럼 믿고 행동한다.

국회의원 치고 어떤 주의와 원칙에 투철한 사람은 적다. 그들은 인기에 민감하고 아전인수에 능하며, 권력의 시선을 끄는 재주가 있을 뿐, 우직하게 원칙을 고집하거나 불의를 보고 참지 못하는 기질은 마모된 사람들이다. 한 마디로 이 나라의 상당수 국회의원들은 자신의 지위와 이익만을 탐하여 모든 것을 가로채면서 아무것도 돌려주지 않는 사회의 기생충이라는 비난을 피할 수 없는 사람들이다. 이러한 유형의 국회의원이 4년마다 수백 명 재생산되어 봤자 국가발전을 위한 창조적인 동력이 창출될 수 없다는 것은 우리의 25년 헌정사의 기록에 의해 분명히 입증되어 있다.

대통령은 이처럼 비생산적이고 비루한 직업적인 정당정치인들이 우리 국회에 재생산되고 있는 문제의 근본원인은 정당의 지역대표 국회의원제도와 그 선거제도에 있다고 보고 있었다. 즉 정당의 후보자의 공천단계와 선거단계에서 사회 각 분야의 전문적인 인재들과 덕망 있는 인격자들의 국회진출의 길이 원천적으로 막혀 있기 때문이라는 것이다.

선거에 있어서 국민의 선택이 진정으로 민주주의적이기 위해서는 후보자가 자기의 의견, 계획, 정책 등을 밝히고 그것에 입각해서 후보자가 민주적인 방법으로 지명되는 상향식 공천제도가 확립되어 있어야 한다. 즉 당에서 출마하는 국회의원 후보는 지구당에서 지구당원들이 선출해야 한다. 그러나 실제에 있어서는 당을 장악하고 있는 소수의 정치인들이 후보자의 능력이나 인격보다는 지연, 학연, 파벌, 금력 등을 배려하는 비공개적인 밀실흥정을 통해 비민주적으로 이른바 '공천장사'를 했다. 선거비용이 없는 후보자들은 돈주머니의 끈을 쥐고 앉아 선거자금을 제공하는 정당계파의 우두머리에 대해 무조건 복종하는 주종관계를 맺는다. 그것이 국회에 진출할 수 있는 첩경이기 때문이다.

따라서 인격, 능력, 정직, 지식을 겸비한 인재들이 뚫고 들어갈 틈새가 없었다. 결국 유능하고 청렴하고 정직한 인재들이 자기들 자신을 내세울 수 있는 기회와 공간이 폐쇄되어 있었기 때문에 그들이 국회에 진출하는 길은 정당의 '공천단계'에서부터 막혀 있었다.

능력과 인격을 갖추고 있는 사회 각 분야의 인재들이 기존정당의 공천관문을 통과하더라도 이들이 국회에 진출할 수 있는 길은 '선거단계'에서 또 다른 걸림돌에 막혀 있었다. 그것은 선거풍토였다.

1950년대와 1960년대에 행정부, 법조계, 학계, 언론계, 경제계 등의 유능한 전문인재로 성장한 사람들은 평소에 정치를 천박한 일이라고 생각하여 정당은 거들떠보지도 않았다.

여당에 가입하면 이권이나 권력을 탐내 정권에 아부하는 기회주의자로 오인될까봐 겁을 냈고, 야당에 참여하면 건달이나 선동가와 한패가 되는 것이 창피하고 또 정부와 여당의 박해를 받을까 두려워하여 여당이건 야당이건 정당을 멀리했다. 따라서 이들은 기존정당의 공천을 받아 국회에 진출하기 위해 선거에 참여할 생각은 전혀하지 않는 것처럼 보였다. 그러나 이들이 선거참여를 하지 않은 것은 정당과 직업적인 정치인들에 대한 혐오감 때문만은 아니었다. 이들이 선거에 나서지 않은 가장 큰 이유는 선거에 참여해 봤자 승산이 없다는 아주 현실적인 판단이었고, 그러한 판단의 근거는 고질적인 지역구 국회의원의 선거풍토였다.

본디 선거는 능력이나 도덕적인 면에서 뛰어난 인격자를 공직에 선출하는 민주주의 정치제도의 핵심이라고 알려져 있다. 그러나 실제의 선거에서 선출되는 사람은 필요한 자격을 갖춘 인격자가 아니라 저열한 음모의 재능과 인기를 얻는 기술에 능란한 사람이다.

선거는 정당이나 대중단체에 뛰어들어 자기 조직을 만들고 정치자금을 마련하고, 득표를 위해서는 수단과 방법을 가리지 않는 직업적인 정치인들이 정치 생명을 걸고 뛰는 치열한 경쟁의 무대였다. 선거는 결코 사회 각 분야의 전문적인 인재들이 자신들의 능력과 인격만을 믿고 뛰어들어 쉽게 승리할 수 있는 세계가 아니었다.

그 무렵 우리나라의 지역구 국회의원선거에서 직업적인 정치인들이 선거에서 승리하기 위해 쓰는 가장 중요한 주무기는 돈과 폭력, 음모와 기만, 선동과 모함, 권모와 술수, 그리고 선거 그 한 가지에 편집광처럼 열중하는 집착 등이었다.

공허한 표어, 진부한 구호, 터무니없는 주장과 교묘한 합리화, 국가적인 문제의 해결보다는 지역적인 문제의 해결에 열광적으로 관심을 집중하는 지역이기주의, 길거리에서 사람들과 악수하기, 식당에서 몇십 명 모아놓고 연설하기, 유권자의 눈치보기, 유권자를 왕이라고 치켜올리기, 유권자의 종이 되겠다고 거짓말하기, 유권자에게 돈봉투 돌리기, 유권자의 비위를 맞추는 대중영합, 실천 불가능한 공약을 남발하는 호언장담, 병역기피, 탈세, 전과기록을 은폐하고 존경할 만한 새 인물로 분장하는 사기극 연출기술, 지지자와 반대자들의 난투극 벌이기 등에 있어서 직업적인 정치인들은 그 누구의 추종도 불허하는 발군의 전문가들이었다.

따라서 사회에서 존경받고 있는 인격자들이나 사회 각 분야의 유능한 전문가들은 선거에 대한한 직업적인 정치인들의 적수가 될 수 없었다. 이들이 선거의 탁류 속에서 살아남는다는 것은 거의 불가능한 일이었다.

게다가 유권자들의 투표행태도 직업적인 정치인들에게 유리하게 작용하는 요인이 되고 있었다.

우리 유권자들 가운데 모든 사정을 충분히 알고 나서 투표하는 사람은 극소수다. 어느 투표자도 자기들이 투표하는 후보자의 성분이나, 능력, 신념 같은 것에 대해 깊이 생각해 보지 않았다.

이론상으로 유권자들은 유능한 사람을 뽑는다는 것인데 실제에 있어서는, 뱃심 좋게 밀어붙이는 철면피한 사람이 뽑혔다. 사람들은 교육, 경험, 일에 대한 성의, 실무지식 등이 많은 후보자가 유리할 것으로 생각하지만 막상 선거전이 벌어지면 그러한 자질은 별 쓸모가 없었다. 성실한 태도나 건전한 사상이나 현실적 정책 등은 선거에서 아무런 힘을 발휘하지 못했다.

유권자의 생각이 아니라 자신의 생각만을 주장하거나 자신의 이

성과 판단에 따라서만 행동하겠다고 약속하거나 너무 정직하고 입바른 소리를 하는 후보자는 그것만으로도 유권자에 대한 영향력을 잃어 선거에서 승리할 가능성은 거의 없고 낙선되기 십상이었다.

그 결과 선거를 아무리 여러 번 되풀이해도 국회에는 능력 있는 고매한 인격자나 사회 각 분야에서 활동하고 있는 유능한 전문 인력들이 수혈되지 못하고 무능하고 구태의연한 직업적인 정당정치인들이 계속 진출했다.

간혹 행정부, 학계, 언론계, 경제계에서 평소에 정치인을 경멸하고 정치를 부정한 직업이라고 비판하던 사람들 가운데 우리나라의 정치를 혁신해 보겠다는 큰 뜻을 품고 여야정당의 공천을 얻어 국회에 진출한 사람이 몇몇 있었으나, 국회의원으로 당선된 뒤 그들은 그 행태에 있어서 그 전날 그토록 경멸하고 비판했던 직업적인 정당 정치인들의 행태를 베끼듯이 모방함으로써 그들을 변화시키기는커녕 오히려 그들에게 동화되고 말았다.

그리하여 우리나라의 여야정당에는 약삭 빠른 기회주의자나 전문적인 직업을 가질 수 있는 능력이 없는 건달, 정당계파의 수장을 추종하는 한량들이나 폭력배를 비롯하여 민주주의의 간판을 내걸고 자유와 인권을 파는 정상배, 선동과 위선으로 정치적 출세의 가도를 달리고, 저항과 투쟁으로 정치적 인기의 정상에 오르려는 직업적인 정당정치치인들, 외세의 힘을 빌려 자기의 정치적 기반을 강화해 보려는 사대주의자들, 민주사회의 허점을 이용하여 정부전복을 획책하는 폭력혁명주의자들이 복잡하게 혼재해 있었다. 이러한 부류의 사람들이 국회의원선거 때마다 정당의 공천을 받아 선거에 출마하면 유권자들은 이들 가운데에서 어느 한 사람을 선출했다.

결국, 선거는 국민들이 다른 사람들보다 낫다고 판단하는 유능한 인재를 선출하는 수단이 아니라 형편없는 인간들 가운데에서 어느 한 사람을 뽑는 수단으로 전락했다. 다시 말해서 우리나라의 선거에서는 악화(惡貨)가 양화(良貨)를 구축한다는 이른바 그레샴의 법칙(Gresham's law)이 지배했다.

그리하여 선거가 국가발전을 주도하고 국민생활을 향상시키는 데 기여할 수 있는 능력과 도덕적 자질을 겸비한 국민의 대표를 선출하는 훌륭한 민주제도의 하나라는 생각은 우리나라에 있어서는 허구가 되고 말았다.

선거에서 표를 얻는 데 뛰어난 재능, 즉 '선거전 능력'이 있는 직업적인 정당정치인들이 국회의석을 절대다수 차지했고, 국정을 다루는 데 필요한 자질, 즉 '국정수행 능력'을 갖춘 전문인력들은 극소수여서 국회의 질적 수준은 낮게 머물러 있었다.

이처럼 정부수립 뒤 25년 동안 지역구 국회의원 선거제도는 우리 국회에 직업적인 정객들을 재생산했고, 이들의 정치의식과 행태는 세상이 바뀌어도 변하지 않았다.

국회가 전문적인 지식과 경험이 없는 직업적인 정치인들로 구성됨에 따라 산업화와 국제화 등으로 급속하게 변천하는 새 시대의 새로운 전문지식으로 무장한 공무원으로 조직된 행정부와 국회사이에는 국정수행능력에 있어서 수준 차이가 크게 벌어졌다. 그 결과 행정부를 비판하고 견제하며 지도한다는 국회 본디의 기능은 공허한 것이 되고 말았다. 이러한 현상은 우리나라의 산업화가 급속히 진척되면서 더욱 악화되었다.

일반적으로 산업화는 사회의 분업화와 전문화, 그리고 도시화가 뒤따른다. 그리고 산업화는 그 사회의 성격, 특히 도시의 성격을 변화시킨다. 도시의 경제활동은 급격히 증가하고, 선진사회에서 도입된 새로운 사상과 새로운 기술은 도시에 새로운 사회집단의 출현을 가능하게 한다.

선진문화에 제일 먼저 노출되는 사회 집단은 군과 행정관료다. 그 뒤에 학생, 지식인, 상인, 의사, 은행가, 기술자, 기업가, 교사, 법률가 그리고 엔지니어가 출현한다. 이러한 집단들은 정치참여를 요구하고 정치의 전면에 나타나서 구시대의 낡은 정치집단에 대해 도전한다. 이러한 새로운 사회집단들은 시간이 지남에 따라 낡은 정치집단들을 도태시키고 전통적인 낡은 정치에 종언을 고한다. 그리하여 그들은 그들의 우수한 능력과 지위와 기술을 이용하여 전국적인 수준으로 그 사회의 정치를 지배하게 된다.

대부분의 선진민주주의국가의 의회에는 이미 산업사회에서 배출된 다양한 분야의 전문인력이 골고루 진출하여 지배적인 정치집단을 형성하고 있다. 그러나 우리나라의 국회는 이러한 사회변화를 전혀 반영하지 못하고 있었다.

1970년대에 우리나라는 급속한 경제발전의 덕택으로 사회 여러 분야에서 전문적 지식을 갖춘 새로운 집단들이 계속 배출되고 있었다.

그들은 행정부를 낱낱이 감시할 수 있는 지식을 갖추고 있고, 사회 내 각 이익집단들 사이에 일어나는 갈등들을 관리해 나갈 수 있는 지식도 겸비하고 있었다. 현대 산업사회에 있어서 국회기능이 행정부에 대한 감시기능과 사회적 갈등의 관리기능으로 집약되고 있는 만큼, 전문 지식인들이 국회에 진출할 수 있다면 우리의 의회정치도 시대와 사회의 변화에 부응할 수 있으리라고 인식되고 있었다. 즉, 그들은 투사형 또는 건달형의 직업적인 정객들 보다는 모든 문제를 훨씬 합리적이고 현실적이며 실용적으로 생각하고 행동함으로써 행정부에 대한 국회의 건설적인 비판과 견제의 기능을 강화할 수 있을 것으로 기대되고 있었다.

그러나 우리의 정당제도와 선거제도 때문에 이러한 전문적인 인재들의 국회진출이 막혀 있었다. 그리하여 선거제도를 고쳐야 한다느니 국회의원 출마자격을 규제해야 한다느니 하는 소리가 일부 국민들 사이에 나왔다. 특히, 1967년 6·8총선에서 여야의 국회의원 출마자들이 대대적인 부정을 자행하며 국회구성이 늦춰지고, 여야 정치투쟁이 장기화하자 일부 정치학자와 헌법학자들은 선거제도와 국회구성에 대한 개선책을 논의하기도 했다.

즉, 국내의 정세의 급격한 변화와 시간을 다투는 시급한 국가과제들은 기존 의회제도의 능력을 능가하는 결정기능을 필요로 하고 있으며, 이러한 시대적 필요성에 맞게 의회제도와 선거제도를 개혁할 필요가 있다는 것이다.

그런데 여당이나 야당의 직업적인 정객들은 그들의 기득권을 지키려는 데 급급할 뿐, 선거제도와 국회구성의 개혁에 대한 일부학계의 논의에 대해서는 묵살로 일관했다. 그러나 대통령의 생각은 달랐다. 그러한 제도개혁은 절대 필요하다는 것이다.

대통령은 어느 시대 어느 나라에 있어서나 정치의 근본은 '사람'에 있다고 보고 있었다. 이 근본이 잘 돼 있어야만 나라가 발전하고 융성할 수 있지 이 근본이 잘못되어 있어서 나라가 발전하지 못하고 쇠퇴하고 만다는 것이다.

대통령은 우리나라의 정치에 있어서는 이 근본이 잘못되어 있다고 보고 있었다. '정치한다는 사람'들의 정치적, 도덕적, 지적 자질에 있어서 그 수준이 너무나 저급한 상태에 머물러 있다는 것이다.

대통령은 5·16혁명 이전은 물론이고 그 뒤에도 정치한다는 사람들을 불신했다. 대통령이 정치인들을 불신하는 것은 '그들이 부패했기 때문이다. 또는 그들이 당파싸움을 일삼고 있기 때문이다. 또는 그들이 저질이기 때문이다'라고 말하는 사람들이 많았다. 물론 그것이 대통령이 정치인들을 불신한 요인이었음은 사실이다. 그러나 대통령이 정치한다는 사람들을 불신한 가장 큰 요인은 그들의 정치인으로서의 자세와 행태였다. 즉, 우리 정치인들의 정신자세와 행태에 있어서는 투철한 국가관과 국가에 대한 충성심이나 공인(公人)으로서의 사명감이나 책임감 같은 것은 전혀 찾아볼 수가 없다는 것이다. 국가의 발전이나 안위나 발전에는 관심이 없고, 오로지 자기와 가족의 안위와 부귀만을 생각하는 이기적인 개인주의와 나라와 국민이야 어떻게 되든 자기당파의 권익만을 챙기기 위해서라면 무슨 일이나 서슴없이 저지르는 전근대적인 파당주의의 행태와 자세에서 우리 정치인들은 한 치도 벗어나지 못하고 있다는 것이다.

이러한 비애국적인 개인주의와 반국가적인 파당주의 때문에 정당의 직업적인 정치인들은 자기 개인과 파당의 이익을 위해서는 아무런 수치심 없이 부정부패를 저지르고 시도 때도 없이 극한적인 당파투쟁을 일삼고 있다는 것이다.

대통령은 우리나라가 과거에 일본제국주의 세력에게 국권을 강탈당했던 것은 그 무렵의 우리 정치인들이 부패와 당쟁 때문에 국력을 기르지 못한 데에 근본원인이 있다고 믿고 있었다.

대통령은 우리의 직업적인 정당정치인들은 우리가 국내외의 위기에 맞닥뜨려 있는 이 상황에서도 비애국적인 개인주의와 파당주의에 사로잡혀 여러 가지 폐단을 조장함으로써 우리 국민들의 피땀 어린 국가건설 노력을 가로막는 걸림돌이 되고 있는 실태를 크게 우려하고 있었다. 앞으로 계속해서 부도덕하고 비루한 직업적인 정당정치인들이 국회에 진출하고 이들이 국회를 지배하는 상황이 이어진다면 우리가 70년대의 국가위기를 극복하고, 부국강병을 위한 핵심사업들을 성공적으로 추진하여 북한을 압도하는 절대우위의 국력을 기르자는 개발전략을 진척시키는 일은 불가능하게 된다는 것이다.

따라서 이 계획을 성공리에 완수하기 위해서는 정당의 직업적인 정치인들의 국회진출을 크게 축소하고 정당에 소속되어 있지 않으면서 우리 사회 각 분야에서 활동하고 있는 참신하고 유능한 전문적인 인재들을 국회에 새로 수혈할 수 있는 제도적 수단을 마련할 필요가 있다는 것이다.

일상화된 여야정당의 극한투쟁

둘째는, 여야 양대 정당의 상습화된 극한투쟁이 국회를 불안정과 비능률과 무능의 대의기구로 전락시키고 , 또 다양한 사회집단들의 정치참여를 확대시켜 대통령의 국정수행능력을 마비시키는 현상이었다.

막스 베버는 "정치는 두뇌로써 행하는 것으로서 신체의 다른 부분이나 혹은 감정으로써 하는 것은 아니다"고 갈파한 바 있다. 민주정치는 물리적 폭력 이외에 온건하고, 부드럽고, 덜 난폭한 수단에 의한 정치를 의미한다. 전투를 토론으로, 총칼을 대화로, 주먹을 논의로, 완력을 투표로 대체하는 것이 민주정치다.

민주주의는 제도적으로는 의회제도, 양당제도, 그리고 다수결의 원칙에 그 바탕을 두고 있으며, 운영상으로는 51% 이상의 다수의 의사에 따르며, 다수와 소수의 관용과 양보와 상호존중이라는 정치적인 경기규칙에 의존하고 있다.

여당과 야당 간에 이러한 경기법칙에 대한 기본적 합의가 없거나 그러한 합의가 있어도 이를 지키지 않을 때에는 비타협적인 적의와 투쟁만이 생기게 된다. 선진 민주국가의 야당은 안정된 정부의 유지, 법적 정치적 경기법칙의 준수, 타협에 의한 정책조정, 명분 아닌 실리추구 등을 통해 극한투쟁을 지양하고 있다. 그러나 우리나라의 야당은 다수결의 원칙이나 정치적인 경기규칙을 지키지 않았다.

야당은 재야세력을 야당 내부로 또 원내로 수렴하지 못하고 오히려 재야세력에 의해 정치권 밖으로 끌려 다녔으며, 그 결과 야당은 정치과정에 내재하는 야야의 갈등을 정치권 밖으로 몰고나가 가두투쟁을 펼쳐 정치적 불안과 혼란을 조장하고 그러한 불안과 혼란에 편승하여 정부전복을 획책했다.

특히, 야당은 4·19혁명으로 자유당정권이 민중의 힘에 의해 붕괴된 것을 계기로 야당이 사는 길은 혁명적인 투쟁방법에 있다는 그릇된 생각을 갖게 되었고, 그 방법을 정권획득의 최선책으로 삼는 경향을 보였다.

야당은 정부, 여당과 야당의 관계를 '독재'와 '민주' 세력 간의 투쟁으로 단순화하고, 그들 스스로 '민주투사'임을 자처하면서 이른바 '민주화'라는 단일 목적을 위해 대정부 '반독재 민주화투쟁'을 펼쳤다.

1961년 5·16군사혁명 뒤 1979년 10월 26일까지 대통령이 이 나라를 통치한 18년 동안 야당은 줄곧 대통령을 독재자라고 비판했다.

5·16군사혁명을 일으켰을 때도 그랬고, 군복을 벗고 민정에 참여하여 자유롭고 공명한 선거를 통해 대통령에 취임했을 때도 그랬으며, 한일회담과 월남파병 때도 그랬으며, 3선개헌을 위한 국민투표 때도 그랬다.

야당은 대통령이 추진한 모든 국가정책을 무조건 반대했으며, 그러한 정책의 필요성과 당위성에 대해서는 아예 귀를 막고 눈을 가리고 그러한 정책들은 모두가 그 배후에 대통령이 장기집권과 독재를 하기 위한 음모가 숨겨져 있다고 비난했다.

수출주도 공업화정책을 비롯하여, 경부고속도로 건설, 국토종합개발사업, 새마을운동, 자주국방 정책 등 국민의 공명과 호응이 크고, 대통령에 대한 국민들의 지지와 신뢰의 기반을 확대 강화하는 데 기여한 국가정책은 모두가 그렇다는 것이다. 그리하여 야당이 대통령에게 퍼부었던 이러한 비난들은 야당이 대통령을 독재자로 매도함으로서 자신들을 민주투사로 미화(美化)해 보려는 상투적인 술책으로 굳어 버렸다.

특히 야당이 집권세력을 독재라고 규탄하고 스스로 민주투사임을 자처하면서 정권쟁탈의 숨은 목적을 위장하기 위해 '민주주의'니 '민주화투쟁'이니 라는 말을 전매특허품처럼 사용함에 따라 시정의 깡패나, 범법자나 심지어 북한에 동조하는 반국가사범까지도 야당에 의탁하고 민주화투사를 자처하면서 야당의 정권투쟁과 반체제투쟁에 앞장섰다.

야당은 여당의 총재인 대통령을 독재자라고 비난함으로써 대통령에 대한 증오심을 고취하고 선동했으며 그러한 증오심으로 그들의 반정부투쟁에 활기를 불어넣으려고 했다.

야당은 그들이 여당에 비해 약자의 입장에 있음을 기화로 이른바 야당의 선명성을 내세우고 걸핏하면 정부와 여당에 대해 독재를 한다는 상투적인 구호를 외치며, 의사당의 안과 밖에서 수단과 방법을 가리지 않고 극한투쟁을 벌였다.

여당은 야당의 이러한 극한투쟁에 대해 법치주의와 다수결원칙에 따라 이를 무력화시키려고 했다. 여당은 야당이 대통령과 여당을 독재정권이라고 규탄함으로써 대통령과 여당에 대한 국민의 불신을 유발하여 정권을 쟁탈할 수 있는 여건을 조성해 보려고 극한투쟁을 벌이고 있다고 비난하고, 야당이 이러한 정권투쟁 행위를 은폐하고 위장하기 위해서 민주주의를 도용하고 있다고 성토했다. 그리하여 정권을 계속 유지하려는 여당과 정권을 쟁탈하려는 야당은 국정을 협의, 결정해야 할 국회의사당의 안과 밖에서 사사건건 맞섰고, 극한투쟁의 난장판으로 빠져들어갔다.

여당과 야당은 그럴듯한 구호로 스스로를 무장했다. 야당은 민주주의와 자유를 위해 투쟁한다고 주장하고 여당은 법과 질서를 위해 투쟁한다고 주장했다. 여야는 모두 국민의 충실한 봉사자이며 국가 발전에 공헌하고 있다고 자부했다. 그러나 그들의 궁극적인 목적은 정권이었으며 이 목적을 이루기 위해서 그들은 국정의 모든 현안을 둘러싸고 극한투쟁을 펼쳤다.

여당과 야당의 만성적인 극한투쟁은 국회에서 중요한 국정의 현안에 대한 건설적인 토론과 심의, 그리고 합의를 불가능하게 만들었고, 이로 인해 행정부로서는 일을 할래야 할 수 없는 마비상태에 빠지는 폐단이 자주 일어났다.

의회주의의 본디 취지는 국회가 여당과 야당이 국정에 대해서 협의하는 토론의 광장이라는 데 있다. 그러나 우리나라의 국회는 결코 토론의 광장이 되지 못했다. 국회의 본회의나 상임위원회에서의 심의과정을 보면 국정의 협의보다는 당리당략을 추구하는 데 급급했고, 정책의 경쟁보다는 공허한 논쟁을 일삼았고, 국익의 증진보다는 사익의 증식에 정신을 팔았다.

회의에서 다른 정당의 발언자가 아무리 명쾌한 논리로 의안을 설명하거나 설득력 있게 지지를 호소해도, 그것이 통하지 않았다. 국회의 상임위원회나 본회장에서 심의과정은 전투적인 구호와 비난과 고함과 욕설이 난무하고 격렬한 몸싸움이 벌어지는 가운데 여당의 강행과 야당의 퇴장으로 끝났다.

여야 간의 충돌로 서로 비슷한 피해를 입는 것을 막기 위해 잠정적인 휴전상태에 합의하거나 과격한 대결을 피하는 경우도 간혹 있었으나, 대부분의 경우는 살기 아니면 죽기식으로 극렬한 극한투쟁을 펼쳤다.

여당은 여당대로 야당은 야당대로 양보를 굴복으로, 타협을 굴욕으로 생각했기 때문에 양보나 타협보다는 대결과 투쟁에 의해 끝장을 보려고 했다. 특히 우리의 야당은 실리보다는 명분에 죽고 살았다.

국회에서 여야협상이 진행될 때면 명분이 있느냐 없느냐 하는 것부터 다지고 실리(實利)를 추구하는 타협을 거부했다.

선진국의 경우 야야의 대화는 쉬우며 문제해결에 중요한 역할을 한다. 그러나 우리의 경우 여야 간의 대화는 '귀머거리와의 대화'이며, 문제해결에 아무런 공헌도 하지 못했다.

결국 여야정당의 극한투쟁 때문에 민주질서 자체를 위협하는 정치불안과 사회혼란이 되풀이되고 여야정당 간에 원칙 없는 야합과 흥정으로 인해 의회가 시장화(市場化)되는 타락현상이 빚어짐으로써 경제건설과 자주국방 등 시급한 국가정책의 추진이 늦춰지고, 중단되는 사태가 발생했다.

정치적 목적과 이해를 달리하는 여당과 야당이 국정을 다루는 국회에서 어느 정도의 갈등이나 마찰이 없을 수 없고, 때로는 격렬한 투쟁과 혼란이 있을 수도 있다. 그러한 갈등과 투쟁이 단기적으로는 무능과 비능률로 나타나더라도 장기적으로는 발전적이고 생산적일 수도 있다는 것이 민주주의의 장점이다. 또 정부가 국가의 정책을 수립하고 국회에 나가 그 정책의 필요성을 설명하고 그 정책의 집행에 필요한 입법 등 협조를 얻어내는 데 많은 노력과 비용과 시간을 소모해야 하는 것이 민주정치의 특징이다. 따라서 정부의 정책에 대한 국회의 심의과정에는 비능률이 따르고, 정책집행에 필요한 입법이나 예산배정을 하지 못하는 무능을 드러내는 사태가 일어날 수 있다. 그러나 국회의 무능과 비능률은, 그것이 여야 간의 갈등과 투쟁에서 생기는 것이든 또는 민주정치 그 자체에서 파생되는 것이든 넘어서는 안 될 한계가 있는 것이다. 그리고 그러한 한계의 수준은 나라마다 그 형편에 따라 크게 다를 수밖에 없는 것이다.

부유한 나라나 전쟁의 위기가 없는 나라에서는 이러한 무능과 비능률이 경제발전이나 국가의 존망에까지 영향을 미치지는 않는다. 그러나 가난한 나라나 전쟁의 위험이 상존하고 있는 나라에서 그러한 무능이나 비능률은 바로 경제발전을 가로막고 국가의 존망을 위태롭게 하는 결정적 요인이 된다.

예컨대, 오늘날의 미국처럼 그 이웃에 적대국도 없고, 국방력과 경제력이 충분한 나라에서는 의회에서 여야의 갈등과 투쟁으로 무능과 비능률이 발생하더라도 국가의 발전이나 그 존립이 위태롭게 되지는 않는다.

그러나 바로 지척에 민주주의를 부정하는 공산침략자와 대치하고 있고, 나라의 힘이 그렇게 튼튼치 못한 우리나라의 경우 여야의 극한투쟁으로 인한 의회의 무능과 비능률은 행정부의 위기대처 능력을 약화시키거나 마비시킴으로써 국가위기에는 국가존립을 위태롭게 할 위험성이 크다. 따라서 우리나라의 경우 여야 극한투쟁의 빈도와 수준, 이로 인한 국회의 무능과 비능률의 빈도나 수준은 미국보다는 훨씬 적고 낮아야 된다.

국회에서 여당과 야당이 이러한 한계를 잊고 극한투쟁을 일삼고 이로 인해 무능과 비능률이 이어진다면, 국토분단과 준전시 상황을 극복하기 위한 국력의 축적은커녕, 그나마 우리가 배양해 온 국력마저 소모시켜 끝내 국가의 존립도, 국민의 생존도 기약할 수 없는 위기에 빠질 수 있다.

우리나라의 경우 전쟁이나 전쟁의 위협과 같은 위기는 여야정당 간의 극한투쟁을 종식시키기보다는 오히려 격화시켰다. 이것은 선진 민주국가들의 경우와는 정반대의 현상이었다. 전쟁의 위협은 강력한 국방체제와 방대한 국방비 지출을 불가피하게 하고, 평화시에 누리던 자유의 일부제한도 불가피하다. 그러나 우리의 여야는 이 문제를 둘러싸고 격렬한 투쟁을 벌였다. 여야정당이 국방정책에 대해 합의를 하지 못하고 극한투쟁을 일삼음으로써 국론이 분열되고, 국력이 약화되면 그것은 침략세력이 준동할 수 있는 여건을 만들어주게 되는 것이다.

이처럼 여야 양대 정당의 극한투쟁으로 정부의 국정수행 능력이 마비되는 것은 큰 문제였다. 그러나 이보다 더 중대한 문제가 있었다. 그것은 여야 양대 정당이 극한투쟁 과정에 서로 자기들에게 우호적이고 다양한 사회집단들을 동원하여 이들의 정치참여를 확대시킴으로써 정치체제에 치명적인 파열을 가져올 정도의 정치불안과 사회혼란을 가져오는 사태였다. 그것은 정부의 국정수행 능력을 마비시키는 데 그치지 않고 이 나라의 민주헌정 그 자체를 위협하는 위기로 이어졌다.

정치에 참여하는 개인이나 사회집단 가운데에는 국가정책의 결정에 관련된 문제의 원만한 해결에 기여하는 사람도 있지만 문제를 잘 알지도 못하고 지식도 없기 때문에 그 해결에 전혀 도움이 되지 못하는 사람도 있으며, 심지어는 국가의 기본목표나 원칙 자체를 부정하고 이를 뒤집으려는 불순하고 백해무익한 세력도 있다. '사공이 많으면 배가 산으로 올라간다'는 우리의 옛말이 있듯이 정치참여의 확대는 민주정부의 국정수행 능력을 마비시킬 수 있다. 왜냐하면 모든 개인이나 사회집단들이 정치에 참여하여 정부가 감당할 수 없는 요구를 강요하고 부담을 주게 되면 정부의 기능은 마비될 수밖에 없기 때문이다. 또 다양한 사회집단들의 정치참여의 확대와 그 과잉은 민주주의의 위기를 가져오게 된다.

2차 세계대전 뒤 서구민주주의의 정당제도와 의회제도 그리고 선거제도를 도입한 많은 개발도상국가들에 있어서는 여야 양대 정당의 투쟁과 급속하게 확대되고 팽창된 사회집단들의 정치참여로 국론이 분열되고 정치불안과 사회혼란이 만성화되자 정치참여의 확대를 막고 정치적, 사회적 안정과 국민통합을 이룩하려는 군사쿠데타가 일어나는 사례가 적지 않았다.

그래서 헌팅턴(Huntington)은 개발도상국가의 민주발전을 가로막는 것은 정치참여의 부족이 아니라 정치참여의 과잉이라고 지적하고, 정치참여의 과잉은 민주발전이 아닌 민주퇴보를 가져온다고 갈파했다.

그러나 우리 야당은 정치참여가 확대되고 정치적 자유가 극대화되는 것이 민주화되는 것이고 민주화만 되면 국가안보든 경제건설이든 모든 것이 자연스럽게 해결될 수 있다는 주장을 되풀이하고 있었다.

그들은 1960년 4·19 이후 자기들이 집권했던 민주당 시대에 5·16군사혁명을 불가피하게 만들었던 그 무정부상태의 국가위기가 바로 그들이 주장한 제한 없는 정치참여와 규제 없는 자유가 가져온 국가적 재앙이었다는 사실을 망각하고 지난 10년 동안 국내외 정세와 상황이 급격하게 변화하고 있는 70년대에 있어서도 그들의 생각과 주장은 조금도 변화된 것이 없었다. 그들은 자기들만이 민주주의의 수호자이며 대통령을 독재자라고 하는 상투적인 정권투쟁의 구호만 되풀이하고 있었다. 대통령은 우리나라 야당정치인들의 그러한 수구적이고 완미한 사고방식과 주장은 70년대에 우리가 맞닥뜨렸던 국가위기에 있어서 민족의 생존과 국가의 발전을 위태롭게 하는 위험천만한 행태라고 기회 있을 때마다 비판해 왔다.

특히 북한 공산주의자들이 한편으로는 무장게릴라를 남파해 이 나라의 공공시설을 파괴하고 무고한 양민을 학살하는 한편 그들의 간첩과 지하당이 우리의 학원과 노조 등 각종 사회단체에 침투해

1968년 1월 21일, 북한 무장공비 31명 청와대 습격 야당이 무장공비의 청와대 폭파기도는 정부가 조작한 것이 아니냐고 하자, 대통령은 야당의 행동이 임진왜란 당시 당쟁에 비해 조금도 달라진 게 없다고 개탄했다.

야당의 대정부투쟁에 편승, 정부전복을 획책하고 있는 상황에서 사회집단들의 제한 없는 정치참여는 절대 용납될 수 없다는 것이다.

대통령은 우리나라처럼 아직 빈곤하고, 휴전하의 준전시상태에 있는 나라에 있어서는 그렇지 않은 나라들보다 정치참여와 정치적 자유의 폭이 좁을 수밖에 없고, 또 그래야만 정치안정과 사회질서의 바탕 위에서 북한의 침략위협에 대비하고 부국강병을 위한 핵심사업들을 완수할 수 있다는 확고한 소신을 간직하고 있었다. 따라서 여야 양대 정당이 극한투쟁을 능사로 삼고, 다양한 사회집단의 정치참여확대를 조장하는 뿌리깊은 폐단을 근절할 필요가 있다고 생각했다.

특히 1968년 1월 21일 북한이 청와대를 폭파하고 대통령을 암살하기 위해 31명의 무장공비를 남파한데 이어 1월 23일 동해상에서 미해군정보함 푸에블로호를 납치하는 등 전례 없는 무력도발을 자행하고 있음에도 불구하고, 야당이 무장공비의 청와대 폭파기도는 정부가 조작한 것 아니냐는 등 황당무계한 소리를 하자 대통령은 야당의 이러한 행태를 통탄했다. 국가의 안보문제까지도 당리당략에 이용하고 있는 야당의 행동은 수백 년 전 임진왜란 당시의 당쟁에 비해 조금도 달라진 것이 없다는 것이며, 이러한 망국적인 당쟁의 악유산을 청산할 수 있는 방책을 마련해야 한다고 생각했다.

대통령의 무능화와 무력화

셋째는, 집권야당이 국회의 안정다수의석을 확보하지 못할 경우 행정수반인 대통령의 지위와 권능이 무력화되어 통치부재의 사태가 일어나는 현상이었다.

아담 스미스(Adam Smith)는 그의 명저 《국부론》에서 '국가를 빈곤과 절망의 상태에서 벗어나게 할 수 있는 길은 단 하나밖에 없다. 그것은 안정적인 정부, 예측 가능한 법, 그리고 공평한 조세이다'라고 갈파했다.

대통령은 우리가 근대화작업을 완성하여 부강한 나라를 건설하는데 있어서는 무엇보다도 정치안정이 중요하며, 정치안정을 위해서는 국회의 안정다수의석을 확보하는 것이 필수적이라고 보고 있었다.

그러나 집권여당이나 야당 모두 국회의 안정다수의석을 확보하는 것은 결코 쉬운 일이 아니었다. 특히 67년 대통령선거 때부터 이른바 영호남의 지역분열 현상이 심화되기 시작하면서 여당이나 야당이나 어느 쪽도 안정다수의석을 확보하기가 차츰 어려워졌다. 그래서 선거 때마다 여야정당은 국회의 안정다수의석을 확보하기 위해 온갖 수단을 동원하여 격돌하기 때문에 선거는 과열되고 불법과 난동으로 얼룩졌으며, 선거 뒤에는 쌍방이 서로 불법선거 시비를 벌여 정치혼란이 장기간 격화되곤 했다.

집권여당이 다행이 국회에 안정다수의석을 확보하고 있는 경우 대통령은 안정 속에 그 직무를 차질 없이 수행할 수 있었다. 그러나 집권여당의 국회의 안정다수의석을 확보하고 있지 못할 경우, 즉 이른바 여소야대의 상황에서는 대통령의 지위와 권능이 무능화되거나 무력화될 위험성을 배제할 수 없다.

실제로 국회가 대통령이 제출한 법률안이나 예산안에 대한 심의와 의결을 장기간 거부하거나, 그것을 부결시킬 경우 대통령의 행정권과 입법권은 유명무실하게 되고 대통령은 그 직무를 수행할 수 없게 된다.

그러나 이보다도 더 중대한 문제는 야당이 개헌을 통해 대통령의 지위와 권한을 축소하는 변경을 가져올 수 있다는 것이다. 예컨대 야당이 다수의 힘으로 대통령책임제를 내각책임제로 바꾸는 개헌을 강행하는 경우를 들 수 있다. 실제로 1952년 5월 30일의 총선거 결과 여당계가 57명, 야당계가 27명 무소속 126명이었고, 의장선거에서 야당인 민주국민당의 신익희가 당선되어 야당세력이 결정적으로 우세해졌다. 이에 힘을 얻은 야당세력은 6월 25일 북한의 남침 이후 부산으로 피란한 국회에서 내각책임제개헌을 추진했다. 그것은 이승만 대통령의 정치적 위상을 약화시키고, 국회의 권력을 강화하기 위한 것이었다.

이 대통령은 이것을 '특수계급에 해당하는 한국민주당의 세력자와 부호들'의 정권투쟁이라고 보고 있었다. 5·30총선 결과 압도적 다수의 의석을 확보한 한민당과 무소속 등 야당세력들이 국회를 장악한 것을 계기로 정부형태의 변개를 통해 이 대통령을 권좌에서 밀어내고 정권을 쟁취하려 했다는 것이다. 이 대통령은 이 사태를 크게 우려했다.

북한침략군이 단숨에 낙동강까지 밀고 내려옴으로써 국가의 존망이 경각에 달린 절체절명의 위기에 야당세력이 감행한 정권투쟁은 적을 앞에 두고 내부분열을 일으킴으로써 망국을 자초하게 되는 위험하고 무책임한 행위라는 것이다.

이 대통령은 즉각 이 사태에 대한 대응책을 세웠다.

이 대통령은 1951년 8·15 기념사에서 정당조직과 대통령직선제를 주목적으로 한 헌법개정의 필요성을 강조했고, 그해 12월 23일에 '원내' 자유당과 '원외' 자유당을 발족시켰다. 이 대통령은 원외당원을 동원하여 원내(院內)조직에 압력을 가함으로써 직선제 개헌의지를 관철하려 했다. 그러나 야당세력은 국회에서 52년 1월 18일에 정부가 제안한 대통령직선제 개헌안을 부결시키고 4월 17일에는 재적의원 3분의 2보다 한 사람 더 많은 123명의 연서로 의원내각제 개헌안을 제출했다.

한편, 정부는 4월 25일에는 시읍면의회의원 선거를, 5월 10일에는 도의회의원 선거를 서둘러 실시했고 여당인 자유당이 각급 의회 의석을 석권했다. 5월 14일에 정부는 지난 1월에 부결된 개헌안을 조금 손질해서 다시 대통령직선제 개헌안을 냈다.

각급 지방의회의 내각제 반대 결의가 잇따랐고, 직선제 지지군중들이 국회의사당 앞에서 시위를 했다.

5월 25일에는 임시수도 부산과 경남, 전남북 일대에 공비잔당의 소탕목적으로 비상계엄이 선포되었다. 그 무렵 국무총리 장택상은 정부와 야당세력이 제출한 두 개의 개헌안을 절충해서 이른바 발췌 개헌안을 만들었다.

그것은 대통령직선제에다 국회의 국무원(내각) 불신임제를 첨가하고 총리가 국무위원을 제청하여 대통령이 임명할 수 있게 함으로써 총리의 권한도 크게 강화시킨 것이다. 국회의원의 의사당 밖 출입도 통제된 분위기 속이긴 했으나 여야가 합의해 1952년 7월 4일

밤에 헌법개정안을 찬성 163표 기권 3표로 통과시켰다.

민주한국당과 무소속 등 야당세력은 이승만 대통령의 독재를 막고, 민주회복을 위해 내각책임제를 추진했다고 주장했다. 이에 대해 이 대통령은 야당세력이 국회에서의 간접선거로 대통령의 재선을 막을 수 있는 절대다수의석을 차지하게 되자 자기를 대통령직에서 축출하려는 선제공격을 하는 데 대해 정당방위를 위해 대통령책임제를 추진한 것은 불가피한 것이었다고 주장했다.

마침내 야당세력이나 이 대통령은 자신들의 정권획득에 유리하다고 판단되는 제도를 찬성하고 불리하다고 판단되는 제도를 반대한 것이다.

이른바 부산정치파동의 문제는 여야가 제도개혁을 둘러싸고 권력투쟁을 했다는 사실 자체에 있는 것이 아니라 그러한 권력투쟁이 벌어진 시기와 상황에 있었다. 즉, 전시에 여야가 정권쟁탈전을 했다는 사실에 있었다. 이것이 선진민주국가와 다른 점이었다. 선진국가들은 전쟁의 경우는 평화시의 정치제도를 일시 중단하고 전시체제를 확립하기 위해 여야가 정쟁을 중단하고 합심 협력했다. 특히 모든 단위의 선거는 중단하고 의회는 행정부의 전쟁수행에 필요한 비상조치들을 승인했다. 그러나 이른바 부산정치파동에서 우리나라의 여야 정치세력은 선진민주국가들의 본보기와는 정반대로 전시 가운데에 정권투쟁을 한 것이다. 국토를 수호하고 국민의 생명과 재산을 보호해야 할 여야의 정치세력들이 자기들의 당리당략을 위해 정쟁을 일삼았던 것이다.

박정희 대통령은 부산정치파동은 과거 임진왜란 직전에 우리나라 정치세력들이 벌인 당쟁을 연상케 하는 불행한 일이었다고 생각했다. 대통령은 이러한 일이 또 다시 되풀이되어서는 안 된다고 생각했다.

부산정치파동 무렵에는 미국의 육해공군이 주력이 된 유엔군의 반격으로 전세가 역전되어 대한민국이 멸망하는 사태는 모면했지만 70년대에는 우리의 국가안전보장을 더 이상 미국이나 유엔에 기대할 수 없기 때문이라는 것이다. 따라서 국가위기하에서 야당세력의 일상화된 정권투쟁을 막고 정부가 안정과 질서의 바탕 위에서 국정을 능률적으로 수행할 수 있도록 하기 위한 제도가 필요하다고 생각했다.

대통령은 정당들이 야합에 의해 또는 여소야대의 국회를 통해 행정부의 수반인 대통령의 지위와 권능을 변경시키거나 약화시키려는 기도는 이 나라의 경제발전과 국가안보를 보장하는 가장 기본적이고 필수적인 수단을 없애는 것이 된다고 생각했다.

그래서 지역분열로 어느 정당도 국회의 안정다수의석을 확보하는 것이 어렵게 된 현실에서 정치안정과 능률적인 정부를 유지하기 위해서는 대통령에게 국회의 안정의석을 보장할 수 있는 제도적 장치를 마련할 필요가 있다고 생각한 것이다.

영·호남의 지역대립과 국론분열

넷째, 67년도 총선과 대통령선거에서 나타나기 시작한 영남권과 호남권의 지역분열과 국론분열의 현상이었다.

흔히, '공업화'는 도시에서 출발하여 농촌을 휩쓸어 나가면서 산업과 과학과 그것들의 사회적, 정치적 결과를 뒤에 달고 오는 하나의 해일에 비유되고 있다.

공업화의 해일은 여러 지역을 시차를 두고 때리게 된다. 즉 그것은 경제나 사회조직에 있어서 다른 지역보다 공업화의 효과를 훨씬 빠르고 크게 거둘 수 있는 여건이 갖추어진 지역에서 제일 먼저 일어난다. 입지경제학(立地經濟學)의 이론에 따르면 경제활동은 다른 지역보다 투자여건이 좋은 특정지역에 집중되는 것이 일반적인 경향이다. 즉, 경제의 효율성과 생산성을 높이기 위해 노동력을 합리적으로 조직하고 특정산업과 특정지역에 대한 자본의 집중투자를 하게 되고, 그 과정에서 특정산업과 특정지역은 다른 산업과 다른 지역에 비해 먼저 발전하게 되고 소득도 늘어난다.

따라서, 경제개발의 혜택은 모든 계층, 모든 지역에 동시에 골고루 돌아가는 것이 아니며, 그러한 혜택을 받게 되는 시기와 규모, 그리고 내용은 사회계층에 따라 또는 지역에 따라 다르게 나타나게 된다. 즉 어떤 사회계층이나 지역사회는 먼저 혜택을 받고, 다른 사회계층이나 지역사회는 당장은 혜택이 없거나 너무 적어서 상대적으로 계층 간에 또는 지역사회 간에 소득과 발전상의 격차가 생기게 된다. 다시 말해서 상대적인 불평등이 발생하게 된다.

우리나라도 1960년대의 급속한 공업화과정에서 영남권지역과 호남권지역 간에 발전상, 소득상의 격차가 생겼다. 영남권과 호남권 지역 간 발전상의 격차를 불가피하게 만든 가장 큰 요인으로는 해방 무렵 산업시설이 지역적으로 편재(偏在)되어 있었다는 사실을 들 수 있다.

1930년대에 일제는 대륙침략을 위해 한반도를 병참기지화하면서 이른바 남농북공(南農北工)의 정책을 폈고, 그 결과 국토분단 뒤 대부분의 중화학공업시설은 북쪽에 남게 되고 남쪽에 남은 것은 섬유공업과 기계공업 그리고 소비재 부문의 시설들이었다. 그리고 남한에 있던 공업시설의 절반 이상이 서울과 그 주변지역인 경기도와 부산을 중심으로 하는 경남지역에 집중되어 있었다. 이러한 상황에서 터진 북한의 6·25남침과 3년에 걸친 전쟁으로 인해서 부산 중심의 경남 일원과 대구를 제외한 다른 지역에 있던 산업시설은 거의 다 파괴되었다.

1953년 휴전 뒤 미국원조로 경제재건사업이 시작되었다. 소비재 중심의 경제원조가 시작되면서 기존의 생산시설 가운데 소비재 고장들이 우선적으로 복구되었다. 새 공장의 건설보다는 기존시설의 복구에 치중함에 따라 전쟁 전에 공장시설이 있던 지역이 경제발전의 주도적인 역할을 맡게 되었다. 이러한 경제발전의 구조적 기반은 60년대의 공업화과정에 그대로 이어졌다.

제1차 5개년 경제개발 계획에 의해 공업화가 본격적으로 추진되기 시작한 60년대 초반에 도로, 항만, 공업용수, 동력 등 사회간접자본이 그런대로 정비된 지역은 경인과 경부축이었고, 일제강점기에 공업기반으로 조성된 서울과 경기지역, 부산과 대구지역 등이 공업화의 입지조건에 있어 다른 지역에 비해 유리했다. 이러한 입지조건들 때문에 공업화에 의한 경제성장과정에서 이들 지역에 투자가 우선적으로 집중되었다. 공업화는 2차산업인 제조업이 주도하게 되고, 이 부분은 다른 부문에 비해 투자효과가 크고 빠르고 그 파급효과도 그 만큼 크고 빠르게 나타났다.

따라서 대규모 임해공업단지 조성으로 새로운 공업화의 중심지로 선정된 경남지역은 서울을 제외한 다른 지역에 비해 급속하게 발전했고 대구와 경북지역도 집중투자에 힘입어 성장하기 시작했다.

지역 간에 발전상의 격차를 가져온 또 다른 요인은 대기업주들이 연고가 있는 지역에 집중적으로 투자했다는 사실이다. 우리나라의 대기업주의 출신지역별 판도를 보면, 일제시대에는 호남출신의 실업인이, 해방으로부터 6·25전쟁까지는 이북출신들이 경제의 주도권을 쥐고 있었으나 3년 동안의 전쟁기간에 부산이 정치와 경제의 중심지가 되면서부터 전쟁의 피해를 모면한 이점을 최대한 활용해 영남출신이 두각을 나타내기 시작했다.

특히 자유당정권이 기성재벌을 멀리하고 신흥재벌을 가까이하면서 영남출신이 빠른 속도로 성장했다.

1950년대 원조경제하에서는 이른바 삼백(三白)산업이 주도적인 역할을 했고 대외차관에 의한 제조업 분야의 시설도입으로 공업화가 시작되면서부터 대기업의 지역연고성 투자가 두드러지기 시작했다. 서울을 제외한 지방공장의 경우 50년대 말부터 60년대에 걸쳐 건설된 대부분의 공장은 대기업의 지역연고성과 깊은 관계를 맺고 있었다. 정부투자에 의해서 국영기업체로 건설된 공장을 제외한 지방민영업체의 경우 영남지방에 두드러지게 많은 공장이 건설되었는데, 그 대부분은 이 지역출신의 대기업들에 의한 것이었다.

대기업의 지역연고성 투자는 그 지역이 서울을 제외한 다른 지역과의 비교우위를 확보하는 기반이 되었고 지역 간에 발전상의 격차를 발생시킨 경제적, 사회적 기반을 구축하는 계기가 되었다.

지역사회의 발전은 그 사회의 구조와 환경을 변화시켰다. 경제적 측면에서는 지역총생산액(GRP)이 높아짐에 따라 다른 지역주민과 소득의 격차가 생기고, 인구의 유입으로 인해 도시화가 촉진되었으며 사회문화적인 측면에서는 기능의 구조적 분화(分化)와 함께 창조적 활동이 다양화되어 전반적인 복지수준이 향상되었다. 그러나 정체된 지역은 인구유출과 더불어 소득과 복지수준이 저하되었다.

경제개발이 본격화되기 시작한 60년대의 지역별 총생산액의 변화 추세를 살펴보면, 집중개발의 혜택을 받은 지역과 그렇지 못한 지역 사이에 발전상의 격차가 나타났으며, 그것은 소득수준의 격차에도 영향을 미쳤다. 1963년 1인당 지역총생산이 최하위에 머물렀던 경남이 67년에 이르러서는 이 자리를 전남이 물려받게 되고, 영남권지역은 다른 지역에 비해 지속적으로 크게 향상되어 가고 있는 반면 호남권지역은 상대적으로 덜 발전되었다.

공업화의 물결이 경상도에 먼저 닿고 전라도에는 나주에 닿았다는 사실은, 전라도는 빈곤에 시달리고 있는데 경상도는 이미 풍요에 접근하고 있음을 뜻했다. 전라도지역 주민들은 불만은 있지만, 번영의 물결이 그들에게 밀려올 때까지 기다리거나 이미 번영하고 있는 지역으로 이동하였다. 그러나 급속하게 발전하는 경상도의 주민들에게 생기는 혜택에 비해서 전라도 주민들에게 흘러오는 혜택이 너무 작거나 또는 그러한 혜택이 거의 없다는 사실이 알려지면서 전라도 주민들의 불만은 지역성을 띠기 시작했다. 다시 말해서 전라도 주민들이 갖게 된 불만의 '지역성'은 전라도지역이 경제적으로 발전하여 번영을 누리고 있는 경상도지역으로부터 소외당하고 있다는 사실에 그 뿌리를 두고 있었다. 따라서 공업화는 영호남지역 간에 발전상의 격차를 가져옴으로써 두 지역에 지역감정과 지역주의의 씨를 뿌려 놓은 것이다.

일반적으로 발전된 지역과 뒤떨어진 지역 사이에 발전상의 격차가 생기고, 지역주민들의 소득과 복지수준 사이에 불평등이 나타나게 되면, 그것은 뒤떨어진 지역주민의 불만과 분노를 조장하게 되고, 그러한 불만과 분노는 적대감정을 유발하게 된다. 즉 경제적 혜택에 대한 기대가 좌절된 지역의 주민들은 그러한 혜택을 누리고 있는 다른 지역주민들과 가까이 살고 있는 경우 이들 이웃들에 대해 적대감을 품게 된다. 이러한 지역주민 간의 긴장관계는 지역감정을 확산시킨다. 따라서 지역감정은 분명히 경제적으로 뒤떨어진 지역주민의 물질적 결핍에 대한 반발로 발생한 것이다. 다른 지역에서 그처럼 생산적으로 활용되고 있는 공업화의 시설들이 자기지역에는 없다는 사실이 곧 지역주의라는 이념적 무기를 만들어 낸 것이다.

대통령은 다른 요인의 작용 없이 순전히 공업화의 필요 때문에 불가피하게 생긴 지역감정이나 지역주의는 일시적이며, 과도적인 현상이라고 보고 있었다. 그것은 오히려 뒤떨어진 그 지역이 후진성에서 벗어날 수 있는 개발노력에 있어서 정신적 동력이 될 수 있다고 생각했다. 즉 지역주의는 뒤떨어진 지역을 자극해 발전된 지역에 맞서 급속한 공업화를 추구하는 이념적 추진력을 제공함으로써 그 지역의 발전을 촉진시키는 요인이 될 수 있다는 것이다. 뒤떨어진 지역의 주민들은 처음부터 지역감정이 있어서 지역주의자가 되는 것이 아니라 경제발전 혜택의 보장이라는 현실적인 필요 때문에 지역주의자가 된 것이며, 따라서 그 지역에 발전이 이루어지면 지역주의 문제는 해소될 수 있다고 믿고 있었다. 그래서 대통령은 지역 간 발전상의 격차와 소득수준의 불평등을 없애기 위해 뒤떨어진 지역을 발전시킬 수 있는 균형발전 정책을 추진하는 등 많은 관심과 노력을 기울였고, 이러한 균형발전 정책은 가시적인 성과를 거두고 있었다. 그럼에도 불구하고 지역감정이나 지역주의는 해소되지 않았고, 오히려 악화되고 있었다. 여기에는 정치적인 요인이 작용하고 있었다.

즉, 호남권출신의 여야정치인들이 이른바 '전라도 푸대접'을 과장하는 정치적 웅변들을 늘어놓음으로써 지역감정을 부추기고 지역분열을 조장하고 있었던 것이다.

지역 간의 발전상의 격차는 비단 전라도에 국한된 문제가 아니었다. 그럼에도 불구하고, 전라도출신의 여야정치인들은 정부가 경제개발 정책을 지역적으로 공평하게 추진하지 않고 경상도를 중심으로 추진했기 때문에 개발의 혜택이 그 지역에 편중되고 전라남북도 지역은 개발의 혜택을 전혀 받지 못하고 있으며 그 결과 영남지역과 호남지역 간의 발전과 소득수준에 있어서 큰 격차가 생겼다는 사실을 지나치게 과장 선전했다. 그들은 왜 전라도지역보다 경상도 지역에 공업단지와 공장이 먼저 건설되고 항만이 확장되었는가에 대해 경제논리에 입각해서 합리적인 설명을 함으로써 지역주민을 설득하려는 노력은 하지 않고, 무조건 대통령이 경상도 출신이기 때문에 전라도를 경시하고 경상도를 중시했다고 감정적, 정치적 비난을 되풀이했다. 전라도출신 여야정치인들의 이러한 태도는 지역격차를 완화하여 지역감정을 해소하려는 대통령의 노력에 찬물을 끼얹었다. 대통령은 호남지역의 여야정치인들, 특히 야당정치인들이 그들의 정치적 목적을 위해서 지역격차를 과장함으로써 이 지역주민의 지역감정을 악화시키고 있다고 보고 있었다.

이러한 폐단이 가장 두드러지게 나타나는 때가 바로 선거철이었다. 본디 선거 때가 되면 지역격차 문제가 없더라도 지역주의나 지역감정이 나타난다.

선거에서 서로 경쟁하는 입후보자들 가운데 어느 한 사람을 선택할 때 유권자들은 출신지역이나 학력, 계층 등 여러 면에서 자기들과 비슷하다고 생각하는 입후보자에게 표를 던지는 경향이 강하다. 유권자들은 모든 면에서 자기와 비슷한 사람이 공직에 당선되면 자기가 필요한 때 정부에 접근하기 쉽고 자기의 개인적인 문제를 해결해 주고 자기의 권리와 자유를 보장해 주리라고 믿고 그러한 입후보자를 지지한다. 그래서 선거 때만 되면 정치인들은 지방색 짙은 말씨를 쓰고 유권자의 요구라면 무엇이나 들어 주겠다고 약속하는 대중영합형 정치인으로 변신한다.

이것은 선거 때 정치인들이 왜 지역에 따라 또는 계층에 따라 말과 행동을 달리하고 다니며 선거가 어째서 지역감정을 강화시키고 국론을 분열시키는 위험한 계기가 될 수 있는가를 해명해 준다. 결국 선거는 국민의 뜻을 집약하는 기회가 되지 못하고 혈연, 학연, 지연 등으로 뭉친 전근대적 기저집단(基底集團)을 강화했다.

그 결과 선거에서는 자기지역 출신만을 지지하는 지역주의가 활개치고 이로 인해 지역분열 현상이 심화되었다. 이러한 현상은 총선

때보다는 대통령선거 때 가장 뚜렷하게 나타났다. 이러한 현상이 처음으로 영남지역과 호남지역에서 드러난 대통령선거는 1967년의 대통령선거였다.

1963년 대통령선거에서 박정희후보는 부산, 경상남북도, 전라남북도 및 제주도에서 과반수 이상의 지지를 받은 반면, 윤보선후보는 서울, 경기, 강원, 충청남북도에서 더 많은 표를 얻음으로써 추풍령을 경계로 나뉘는 남북현상이 나타났다. 그러나 67년 선거에서는 강원 및 충북과 전라남북도가 여야의 성향을 바꿈으로써 이번엔 동서로 나뉘었는데 특히 부산과 경상남북도의 여당지지 현상이 두드러졌다.

영남권과 호남권에서 입후보자 연고지 중심의 지역주의와 지역감정이 대통령선거와 국회의원선거에서 나타나면서 이 두 지역에서는 지역분열과 국론분열의 폐해가 싹텄다.

대통령은 이러한 현상은 선거가 되풀이됨에 따라 더욱 심화될 것으로 보고 있었으며 그 폐해를 없앨 수 있는 대책을 마련할 필요가 있다고 생각했다.

정부는 정책면에서 영남권과 호남권의 경제발전과 주민소득수준을 평준화시키는 노력을 해야 하겠지만 원천적으로 그러한 현상을 완화할 수 있는 제도적 바탕을 마련할 필요가 있다는 것이다.

지역대표 국회의원의 지방이기주의

다섯째는, 정당의 지역대표 국회의원들이 국가이익보다는 선거구 이익추구에 몰입하는 지방이기주의가 귀중한 국가예산을 낭비하고 시급한 국책사업 추진을 저해하고 있는 현상이었다.

지역대표 국회의원 후보자는 선거에서 당선되는 순간부터 명사가 되어 자신의 지위를 유지하고 재선되기에 급급한 인간이 된다.

지역구출신 국회의원에게 있어서 전국적인 정치인으로의 명예라는 것은 대단히 욕심나는 것이긴 하지만 자기지방에서의 인기에 비하면 그 중요성은 부차적인 것에 지나지 않는다.

지역구출신 의원의 입장에서는 재임 중의 언동이 언제나 선거구민의 감시를 받고 있다는 것을 의식하지 않을 수 없다. 따라서 지역구의원은 국가에 대한 책임보다도 자기 선거구의 지배적인 세력에 대한 책임을 더욱 중요하게 생각한다. 그는 선거구의 압력집단들에 대해 반드시 그 책임을 다해야 하기 때문에 국가의 더 큰 이익보다는 자신의 선거구의 이익을 우선적으로 추구한다. 자기 선거구민이나 자기 선거구를 대표하는 집단들을 위해 공공지출을 확보하고, 정부의 일자리를 얻도록 선거구민을 도와 주며 자기 선거구에 공장을 허가하거나 고속도로가 통과하도록 하거나 인사청탁 등 지역주민에 대해 편의를 제공하거나 특혜를 제공하라고 행정부의 공무원에게 영향력을 행사한다. 그는 다음 선거자금을 대줄 사람의 뒷바라지를 하고, '거물급 유권자'를 양성하며, 선거구에서 자신의 인기를 강화할 만한 각종 공사를 위해 자금을 끌어들인다.

그들은 자기지역의 발전은 국가발전에도 기여한다고 주장한다. 그러나 한 지역구에서 선출된 국회의원이 다음 선거에서 재선되기 위해서는 선거구에서 상당 규모의 공사를 추진한다고 해서 그로 인해 국가의 경제개발이 활기를 띠고 경제성장이 이루어지는 것은 아니다. 예컨대, 전국의 각 지역구마다 국민경제의 차원에서 볼 때 긴급한 필요성이 없는 공단건설을 한다고 해서 경제개발이 촉진되는 것은 아니며, 오히려 국가재정의 낭비를 가져오고 복지와 교육, 국방과 과학기술 등 다른 분야의 사업을 추진할 수 없게 만든다. 뿐만 아니라 지역구출신 국회의원들이 자기 지역의 이익추구라는 경제적 동기에다 정치적 동기나 사회적 동기를 가미하여 서로 자기지역 이익을 관철하기 위해서 맞서고 투쟁하는 사태가 일어나면 지역분열과 정치불안이 야기될 수 있다.

예컨대, 공업단지를 경상남북도에 최우선적으로 건설해야 한다는 영남지방 지역구 국회의원들의 주장과 전라남북도에 최우선적으로 건설해야 한다는 호남지방 지역구 국회의원들의 주장은 두 지역의 이해관계를 반영하는 것이기 때문에 어느 측도 양보하지 않으며 지역대결로 발전할 가능성이 큰 것이다.

이른바 영호남지역 분열은 영호남주민들이 아니라 그 지역의 지역구 국회의원들이 다음 선거에서 표를 얻기 위해 지역이익을 추구하는 데 지역주민들을 부추기고 있기 때문에 발생한 측면도 있다. 이처럼 지역구 국회의원들은 자신의 정치생명을 유지하는 데 유리하게 작용하는 지역이익 추구에 명일이 없기 때문에 국가의 장기적인 발전과 국민전체의 이익을 대변하지 못한다.

행정부장관으로 있을 때에는 지역이익보다 국가이익을 강조하던 사람도 지역구 국회의원이 되고 나면 전혀 딴사람이 된다. 그의 눈앞에는 지역이익만이 보이고 국가이익은 보이질 않는다는 것이다. 이것이 지역구 국회의원의 생존방식이라는 것이다.

그리고 선거 때만 되면 언제나 지역과 지역 간에 지역이익문제를 둘러싸고 감정적인 대립이 격화되어 평화롭던 농촌에마저 파쟁과 불화의 불씨가 생기는가 하면, 실현될 수도 없는 온갖 공약이 남발되어 국민들은 가만히 앉아 있어도 지역사회가 곧 부흥되는 듯한 환상에 젖게 되고, 거기서 나태와 의타의 폐풍이 자라나게 된다는 것이다.

한편 행정부와 국회와 여야정당의 주변에는 자기가 소속한 집단이나 지역의 이익만을 추구하려는 정상배와 기회주의자와 출세주의자들이 들끓고, 행정부의 공무원과 국회의원 그리고 정치인들은 이들의 이해관계를 조정하는 데 많은 시간과 예산을 낭비하고 부정한 결탁을 하기도 한다.

그 결과 국회는 국가적 차원의 정책보다는 지역적인 이해를 흥정하는 기관으로 전락하고 이러한 지역적인 이권은 국가적 차원의 정책을 수립하고 추진하는 데 부정적인 영향을 미친다.

실제로 국회가 정부의 경제정책을 심의하는 과정에서 여야정당과 정치인들이 각 지방의 균형발전을 도모한다는 명분 뒤에 숨어서 서로 지역이권을 챙기는 경쟁 때문에 정부의 정책이 훼손되거나 변질되거나 왜곡되는 사례가 적지 않았다. 그 결과 국가와 국민전체의 이익을 구현하기 위해 수립된 정부의 정책은 지역구 국회의원들의 지방주의적인 요구에 희생되었다.

1,2차 경제개발 5개년계획에 따라 공업화가 급속히 진척되자 각 지방의 지역대표 국회의원들은 여야가 합심해서 자기 지방에 공단을 건설하고 공장을 유치하는 데 열을 올렸다. 그들은 그 지방의 도지사와 중앙정부의 관계부처에 압력을 가하여 공단과 공장을 유치했다. 공장의 입지조건이 없는 지방에서도 무조건 공단건설에 그 지방 국회의원이 앞장섰다. 이 지방, 저 지방에 실수요자도 없는 공단이 건설되었다. 지역대표 국회의원들이 선거용 '공로'로 내세우기 위해 만든 공단은 얼마 안 되어 잡초가 무성한 공터로 방치되었다.

그 결과 귀중한 국가예산이 비생산적으로 낭비되었고, 당초 정부가 추진하려고 했던 시급한 개발사업은 예산부족으로 추진할 수 없게 되었다.

그래서 대통령은 국무회의나 지방장관회의나 당정협의회의 때나 기회 있을 때마다 입지조건이나 실수요도 없는 데도 각 지방에 공단을 골고루 건설하는 일이 있어서는 안 되겠다는 점을 강조했다. 시간과 자원과 재정의 여유가 없는 우리 형편에 그러한 지방주의적

정치세력이 개입하지 못한 포항제철 공장건설 이는 박태준 사장의 요청을 대통령이 받아들인 것이다.

낭비는 국가발전을 가로막는 요인이 되고 있다는 것이다.

대통령이 경제개발을 주도하는 과정에서 주요사업을 추진할 기업을 선정할 때, 가장 중요시한 기준은 경제적 효율성이었다.

대통령의 시대와 그 전후의 시대를 뚜렷하게 구별할 수 있는 가장 본질적인 차이는 바로 이 경제적 효율성이라고 할 수 있다.

자유당정부나 민주당정부 때는 개발사업의 선정과 추진에 있어서 정치인과 정당의 영향력이 컸다. 정치인과 정당들은 정치자금을 많이 제공하는 기업인에게 그 대가로 주요사업을 맡겼으며, 따라서 경제적 효율성이 무시되고 정치적 유대나 친소관계가 중요시되었다.

그러나 대통령은 경제개발을 효율적으로 추진하기 위해서는 행정관료에 대한 정치인의 영향을 차단하는 것이 불가결한 일이라고 생각했다. 개발사업을 추진할 기업을 선정하고 지원하는 데 있어서 정치인이나 정당의 영향력을 차단하는 것이 그 사업성공의 관건이라는 것이 대통령의 확고한 신념이었다.

공장건설에 정치세력이 개입하지 못한 대표적인 예는 포항종합제철이다. 포항제철의 건설자금은 유상 및 무상차관으로 이루어져서 관리창구가 이원화되어 있었다.

포항제철이 설비를 구입할 때, 창구일원화가 필요하다고 생각한 박태준 사장은 대통령을 찾아와 경제성 있는 제철소를 건설하려면 조달청이 아닌 포항제철회사가 직접 설비구입을 맡아야 하며, 창구가 일원화되지 않으면 정치인들이 개입하거나 압력을 가할 소지가 커진다고 진언했다. 대통령은 이를 쾌히 승낙했다.

그 뒤 오래지 않아 공화당의 중진이 박 사장에게 설비구입처를 바꾸라고 압력을 가하자 박 사장은 입찰원칙을 보여 주며 거절했으나, 계속 압력을 가하고 심한 말까지 했다.

그러나 그 정치인은 끝내 뜻을 이루지 못했다. 입찰원칙을 지키겠다는 박 사장은 바로 대통령의 강력한 지원과 보호를 받고 있었기 때문이다.

그 뒤 포항제철의 설비구입에는 정치인의 압력이나 개입이 통하지 않는다는 전통이 확립되었다.

대통령은 또한 국가적 차원에서 필요한 경제정책이 성공적으로 추진될 수 있느냐 없느냐 하는 것은 행정부의 관료들이 지방주의적 이익을 추구하는 여야정당과 정치인들의 정치적 압력이나 영향에서 어느 정도 초연하고, 독립적인 입장을 견지할 수 있느냐에 달려 있다고 보고 있었다. 그래서 대통령은 행정부의 공무원들이 경제정책을 결정하는 과정에서 여야정당과 정치인들의 부당한 압력이나 요구에 신경을 쓰지 않고 안심하고 소신껏 일할 수 있도록 관계공무원들을 보호하고 격려하고 지원해주는 데 각별한 관심과 노력을 기울였다. 예를 들면 대통령은 행정부의 어떤 경제부처의 장관이나 관료가 정치인들로부터 부당한 압력을 받거나, 비판을 받아 곤경에 처하게 되면 공개적으로 그 장관의 입장을 지지하거나 전화로 격려하여 용기와 자신감을 갖고 일할 수 있게 빠르고 단호하게 지원사격을 해주었다.

대통령은 지역대표 국회의원들이 그 지역의 발전을 위해 힘쓰는 것은 마땅한 일이고 또 필요한 일이라고 생각했다. 그러나 정치인들이 지역주민들의 인기를 얻거나, 그 여론에 영합하기 위해서 실현성이 없거나 낭비성이 큰 지역발전 정책과 공약을 남발하는 것은 국가공복으로서의 책임과 사명을 잊은 무책임한 행동이라고 보고 있었다. 지역주민의 여론에 영합하는 정치인이 선거에서 당선되기는 쉬울지 모르나 선거에서의 당선을 위해 무조건 지역여론에 영합하는 것은 국가적 차원에서 결정된 정책을 추진하는 데 혼란과 중단사태를 가져오게 된다는 것이다.

그래서 국가와 국민 전체이익의 차원에서 꼭 필요한 중요한 경제정책이 지방이익을 도모하려는 여야정당이나 정치인들의 정치적 흥정이나 부당한 압력에 의해 희생되는 일이 없도록 단호한 방침을 지켜 나갔다.

즉, 대통령은 경제정책 결정에 있어서는 여당정치인이건 야당정치인이건 누구에 의한 것이든 부당한 압력이나 요구가 개입되는 일이 있어서는 안 된다는 것을 분명히 했다.

특히 대통령 자신이 총재로 있는 여당과 여당정치인들의 압력이나 개입에 대해서는 그것이 행정을 문란하게 하고 정치인들의 부패를 조장한다는 것을 강조하고 여당과 여당정치인들이 스스로 자숙해 줄 것을 권고했으며, 그러한 권고를 무시한 여당정치인들은 정치무대에서 도태시켰다.

야당정치인들은 정부의 경제정책에 대한 여야정당들의 정치적 흥정이나 합력을 배제한다는 대통령의 방침은 야당과 야당정치인들의 정치적 생존을 위협하는 것이라고 주장하면서 정당의 무력화니, 의회의 시녀화니, 행정독주니, 개발독재니 하고 비판했다. 그러나 대통령은 야당정치인들의 비난에는 전혀 개의치 않았다. 부국강병을 위한 핵심사업들을 계획기간 내에 마무리하기 위해서는 경제개발사업에 대한 정치적 영향력의 차단이 절대 필요하다는 것이다. 지역대표 국회의원들의 요구를 이것저것 다 배려하다 보면 제한된 국가재정으로 국가적 차원에서 꼭 필요한 경제정책은 추진할 수 없게 된다는 것이다.

대통령은 지방이기주의의 발호로 파생되는 여러 가지 폐해를 없애거나 줄일 필요가 있다고 생각했다.

그러나 여야정당의 지역대표 국회의원들의 뿌리깊은 지방이기주의적 행태를 대통령의 설득이나 경고로 줄이는 데는 한계가 있었다. 따라서 그러한 형태를 줄일 수 있는 제도적 장치를 마련하는 것이 필요하다고 생각했다.

부정·부패의 복마전이 된 돈 선거

여섯째는, 대통령 및 국회의원선거를 위한 정당의 정치자금 조달과정에서 정경유착에 의한 부정부패가 조장되고 있는 현상이었다.

영국과 미국의 부패수준은 산업혁명기와 일치했고 부(富)와 권력의 새로운 형성기와 일치했으며 이 두 기간에 걸쳐 정치제도는 악용되었고 쇠퇴했다.

경제개발은 새로운 부와 권력의 원천을 창조해 냄으로써 부패를 조장했다. 부패는 새로운 부를 축적한 새로운 집단들이 정치의 세계에 참여하려는 노력의 산물이었다. 즉, 부패는 이들 새로운 집단들이 변칙적인 방법으로 정치체제에 등장하는 수단이 된 것이다. 신흥 부자들은 돈으로 국회의석을 사서 차지함으로써 새로운 정치체제의 참여자가 되었다. 또한 선거권을 얻은 대중은 투표권을 이용해 자신들의 직업을 얻거나 지역 정치기구로부터 지원을 받음으로써 부패를 조장했다. 가난한 사람들은 자신이 가지고 있는 투표권을 돈을 받고 팔았고, 부자는 자신이 가지고 있는 돈으로 투표권을 샀다. 투표와 공직이 사적 이득을 위해 매매됨으로써 정치는 부패했고, 공직은 타락했다.

갈브레이드(Galbraith) 교수는 기업과 정치인의 유착에 대해 다음과 같이 언급했다. "미국의 경우, 석유기업의 영웅시대에 있어서는 상·하원 의원이 매수되거나 보수를 받음에 따라 그 주 또는 그 지방 공업사회의 대변인 구실을 했다. 재정적인 원조를 행한 기업들은 그 덕분에 원하는 바를 쉽게 얻을 수 있었으며 기업의 정치 간섭이 절대적인 것은 아니었으나 그것이 일상적으로 마땅한 것이라는 신념을 획득하기에는 충분한 것이었다."

1971년 9월 23일의 기자회견에서 프랑스의 퐁피두 대통령은 정치자금문제에 대해 이렇게 말한 바 있다.

"정당의 수입원은 일반적으로 생각하는 것과 같지 않다. 그것은 일반사람들에게는 선뜻 납득이 가지 않겠지만 매우 다양하며 반드시 배덕적인 것만은 아니다. 나로서는 이것을 통제하는 것이 매우 바람직하다고 생각하지만, 그렇다고 해서 사태가 호전되는 것은 아닐 것이다."

정치인과 정당은 그들의 수입원과 회계장부를 공개해야 한다는 법을 제정하여 통제해도 정치자금조달을 둘러싼 비리가 깨끗이 없어지지는 않을 것이라는 이야기다. 자금조달 수법이나 조달대상이

워낙 다양하기 때문이라는 것이다.

이처럼 오늘의 선진민주국가들에 있어서도 과거 선거제도를 도입한 초기부터 오랫동안 선거는 정치자금을 둘러싼 부정과 부패의 온상이 되었고 오늘날에도 퐁피두 프랑스 대통령의 말대로 정당의 수입원을 통제한다고 해서 사태가 호전되지 않고 있다.

이러한 현상이 가장 두드러지고, 또 가장 자주 되풀이되고 있는 국가들이 바로 2차 세계대전 뒤 서구 민주주의제도를 본뜨고 있는 개발도상국이었고, 우리나라도 여기서 예외가 아니었다.

건국 뒤 우리가 서구의 자유민주주의를 본뜬 뒤 실시된 선거는, 그것이 대통령선거든 국회의원선거든 정당 간의 이른바 '정책대결'이 아니라 '돈의 대결'이었다. 즉, 그것은 돈으로 표를 사고 파는 돈 쓰는 선거였다. 돈이 정당을 움직였고 돈이 선거의 승패를 갈랐다.

'돈은 왕이다' 이 말은 민주사회의 정치현실을 나타내는 풍자다. 일반적으로 돈은 권력을 획득하고 유지하기 위한 수단을 사는 데에 쓰인다. 돈으로 양심, 신문, 방송, 정치인 등을 살 수 있다.

선거에서는 돈이 표를 얻는 1차적 수단이다. 기존 정당들은 선거비용 조달통로를 독점함으로써 표의 분산을 막는다.

상대방보다 돈 많은 후보자가 반드시 선거에서 승리한다는 법은 없다. 그러나 포스터, 전단, 대회장 임대료, 여행, 텔레비전, 전화 등에 쓰여지는 돈은 선거전에서 불평등 조건을 형성하게 된다. 따라서 돈이 많은 후보자가 돈 없는 후보자보다 절대적으로 유리하다. 결국, 돈은 권력으로 가는 길을 열어주고 권력은 돈벌이 기회를 제공한다. 따라서 권력을 추구하는 정치인들에게 가장 필요한 것은 돈이다.

우리나라의 정당과 정치인들이 부정부패하게 된 가장 큰 원인은 바로 이 정치자금이라고 해도 과언이 아니다. 정부수립 뒤 실시된 역대 대통령선거를 보더라도 2대 때인 1952년에는 중석불사건이 있었고, 3대 때인 56년에는 국방부 원면사건이 있었으며, 60년 3·15 선거 때에는 산업금융채권과 농협금융채권사건이 있었고, 63년 선거에서는 4대 의혹사건이 있었다. 이러한 정치자금과 관련된 부정부패는 국회의원선거 때에도 그대로 이어졌다.

그래서 선거 때마다 정치자금 조달방법이 부정과 얽혀서 정치문제가 되어 정치파동이 끊이지 않았고 정국을 파국속으로 몰아넣기도 했다.

정당을 조직하고 유지관리하기 위해서는 막대한 '돈'이 필요하게 되고, 더욱이 선거를 치르려면 천문학적인 액수의 돈이 필요하게 된다. 이와 같은 정당운영비와 선거비용은 정치자금 가운데에서 가장 크고 중요한 비중을 차지하고 있다.

일부 학자들은 이러한 정치자금을 '민주주의의 비용'이니 '정치의 모유(母乳)'니 '정치활동의 원동력'이라고 하면서 민주정치에 있어서 불가결한 조건이라고 말한다.

그러나 정당은 생산조직이나 영리단체가 아니라, 엄청난 자금을 모금해서 운용하는 철저한 비영리 소비단체다. 따라서 정당이 공식적이고 양성적인 자금 확보방안만으로 충분한 정치자금을 조달할 수 없을 때, 음성적이고 비공식적인 자금조달의 길을 찾게 되고 그 과정에서 정당과 기업이 유착하게 되고, 그 결과 이른바 금권정치(金權政治)나 정치부패가 활개치게 된다.

기업이 비공개로 제공한 음성자금은 정당의 자주성을 크게 약화시키고 그 기능을 왜곡시킨다.

'돈이 나오는 곳에서 명령이 나온다'는 말이 있다. 정치자금을 제공한 기업은 반드시 그 이상의 반대급부를 요구한다.

정치자금은 그것을 제공하는 사람의 입장에서는 일종의 투자이고 따라서 이윤을 기대하는 것은 당연한 일이다.

정치인들은 정치자금을 대준 사람의 말을 듣지 않을 수 없다. 정당이 쓰는 자금이 기업체에서 나온 돈으로 충당될 때 그 정당은 그 기업체의 보호자로 전락하고 정치는 돈에 봉사한다.

기업인들은 정당에 막대한 정치자금을 제공하고 그 대가로 그 정당에 대한 발언권을 얻고, 국회의원들을 매수해서 기업에 유리한 법률을 만든다. 기업의 돈은 선거결과와 국회의 결정마저 왜곡시킨다.

기업은 국회의원들의 부패를 그들에 대한 통제의 수단으로 이용한다. 공공건설이나 주택사업을 둘러싼 정치인과 기업의 유착은 그러한 부패의 전형적인 예다. 국회의원들은 출신구의 기업을 지원해 주고 편의를 봐주면서 그 대변인 역을 자임하기도 한다.

지방자치단체에서 관장하는 공사에는 의례 그 지역출신의 국회의원이 개입하여 그가 지명하는 기업체로 하여금 공사를 수주할 수 있도록 도와 주고 그 대가로 정치자금을 받는다.

건설업자, 부동산업자는 정치자금의 가장 중요한 원천이며, 돈으로 영향력을 사는 대표적인 사람들이다. 이들은 여야정당의 이른바 실세 국회의원들과 긴밀한 유대관계를 유지하고 있다.

정당의 고위지도자들은 거액의 선거자금을 헌납하는 기업들과 개인적으로나 사회적으로 잦은 접촉을 한다. 그리하여 그 규모가 크든 작든 간에 이처럼 공인되지 않고 비밀의 장막에 가려진 경제력과 정치권력의 야합이 존재하게 마련이다.

기업의 경영자들이 기업을 성장시키고 경제인으로서 성공을 거두려면 기업의 성장과 발전에 중요한 영향을 미치는 결정을 하는 정부로부터 호의적인 대우를 받는 것이 불가결하다. 특히, 기업에 대한 정부의 지원과 규제가 증가하고, 기업의 흥망성쇠가 정부의 결정에 좌우되는 사례가 늘어남에 따라 그러한 필요성은 더욱 증대한다.

그래서 기업은 정부를 정치적으로 지원하고 있는 여당에 대해 보다 많은 정치자금을 제공하고 여당을 통해 정부의 우호적인 결정을 얻어내려 하는 것이다. 따라서, 정치자금의 모금은 여당에게 유리하고, 야당에게는 불리하다. 야당은 법규에 위반되는 방법으로 정치자금을 모을 수가 없다. 뿐만 아니라, 정권획득의 전망이 없는 상황에서 어떤 기업인도 야당을 도와 줄 생각을 하지 않는다. 그리고 정부나 여당이 용인하지 않는 돈을 야당에게 주는 기업인은 정부의 보복과 제재를 받게 되는 위험부담을 안게 된다.

이러한 상황에서 야당이 갹출할 수 있는 정치자금의 가장 큰 원천은 전국구 국회의원 의석의 판매대금이다. 여기에 야당이 합법적으로 모금한 정치자금과 야당정치인들이 기업으로부터 음성적으로 거두어들이는 검은 돈이 추가된다.

입후보자들이 선거를 전후한 기간에 음성적으로 조달하여 뿌리는 돈은 경제의 정상적 흐름을 왜곡시킬 뿐만 아니라, 이른바 지하경제를 형성하여 국민경제에도 악영향을 미친다.

어떤 입후보자도 선거자금의 출처나 규모를 밝히지 않아 누가 얼마나 많은 돈을 뿌렸는지는 알 수 없다. 이런 돈은 거의 모두가 음식이나 여행이나 선물제공 등 소비성 향응경비로 쓰인다. 선거용 자금수요로 늘어나는 통화의 압력을 메우기 위해 정부는 다른 부문의 자금을 축소할 수밖에 없다.

그러나 통화긴축으로 영향을 받게 되는 부문에 문제가 생기고 항의가 뒤따른다. '선거'에서 이겨야 할 정부와 여당이 이를 외면할 수 없게 된다. 그 결과 통화는 늘어나고 물가는 오르는 악순환이 시작된다. 선거의 해악은 통화팽창 문제만이 아니다.

산업인력이 선거운동으로 빠져나간다. 모든 것을 총동원하는 이른바 총력선거전에서는 '자금'과 '사람'을 얼마나 많이 동원할 수 있느냐에 따라 승패가 좌우된다.

우리의 선거풍토에는 자발적인 선거운동원이 없다. 모든 선거운동원들은 입후보자로부터 돈을 받은 만큼 선거운동을 한다. 후보자가 제공하는 돈의 액수에 따라 이 후보자에게 저 후보자로 옮겨다니는 이른바 선거꾼들이 설치고 선거가 과열될수록 그들의 임금은 올라간다.

선거운동을 위한 인력수요와 고용단가의 상승은 산업인력의 공동화를 초래하고 이는 전반적인 임금의 상승을 가져오며 선거철의 들뜬 분위기는 산업현장에서 근로의욕을 떨어뜨린다.

이처럼 이른바 정경유착에 의한 부정부패는 비단 정당과 정치인 그리고 기업에 국한된 문제가 아니라 그것이 관료사회 등 사회전반을 오염시킴으로써 국가의 기강을 좀먹고 일반국민의 사기를 저하시킬 뿐 아니라 경제건설과 자주국방 건설 등 부국강병 정책을 추진하는 데에도 악영향을 미치고 있었다. 그래서 대통령은 돈선거의 폐해는 반드시 없애야 한다고 생각하고 있었다.

문제는 척결방법이 없다. 정치자금 조달에 대한 법률을 엄격하게 강화하는 것도 하나의 방법이 될 수 있다는 주장도 있었다.

철저한 공영제를 실시한다든가 선거사범을 좀 더 엄하게 처벌하면 부정부패 없는 깨끗한 선거가 이루어질 수 있다는 것이다. 그러나 법망은 아무리 조밀하게 짜놓아도 빠져나갈 구멍이 생기기 마련이다. 따라서 돈선거로 인한 부정부패를 근절하기 위해서는 선거사범처벌을 강화하면서 보다 근원적인 차원에서 부정부패를 근절하거나 최소화 할 수 있는 제도적 장치를 마련할 필요가 있다는 것이다.

대통령이 정당, 의회, 선거제도에서 유발되는 폐해를 혁파하고 새로운 정치제도를 창출해야 되겠다는 결심을 하게된 결정적인 계기는 제7대 대통령선거였다.

제6장 제7대 대통령선거

4·27 대통령선거 전야의 불온한 상황

1971년 대통령선거와 국회의원선거를 전후한 시기에 우리나라에서도 빈부문제를 둘러싼 노조의 총파업이나 급진좌파의 민중주의운동으로 인한 소요사태가 나타나기 시작했다. 빈부문제는 비단 우리나라뿐만 아니라 그 무렵 자유진영에 속한 대부분의 개발도상국가들이 급속한 경제성장 정책을 추진하는 과정에서 일어난 공통적인 현상이었다.

특히 우리나라의 경우는 제1차, 제2차 경제개발 5개년계획이 성공적으로 완수되는 단계에서 불가피하게 나타난 일시적인 현상으로 인식되고 있었다.

2차 세계대전 뒤 미국의 대외정책은 경제발전을 통한 빈곤의 제거와 질병과 문맹의 퇴치가 정치적 발전과 정치적 안정에 필요 불가결하다는 믿음에 그 바탕을 두고 있었다. 경제적 후진성과 폭력 사이에는 부정할 수 없는 상관관계가 있으며, 전국적으로 만연된 빈곤은 정치적 불안정의 원인이 되며 정부를 파괴하고 민주정치를 불가능하게 만든다. 따라서 경제발전을 이룩하는 것이 정치안정을 이룩할 수 있는 길이다. 경제적 지원은 경제발전을 촉진시키고 경제발전은 정치적 안정을 조장한다. 이러한 믿음이 미국의 대외지원계획에 관여하는 미국관리들의 사고에 깊이 스며들고 있었다.

그리하여 2차 세계대전 뒤 20년 동안 개발도상국가들에 대한 미국의 정책은 주로 경제적, 사회적 발전을 촉진시키는 데 그 목표를 두고 있었다.

그 무렵 경제학자들은 국민총생산(GNP)의 성장을 경제발전의 시금석으로 보고 있었다.

그들은 개발도상국가에 있어서 빈곤의 감소문제는 불균형성장의 성과가 저소득층으로 자동적으로 적하(滴下)되거나 그렇지 않은 경우에는 국민총생산(GNP)이 어느 수준에 다다르고 난 뒤에라야만 본격적으로 해결될 수 있다고 가정하였다. 즉 떡(부)이 평등하게 분배될 수 있으려면 먼저 떡(부)이 생산되어야 하고, 보다 커져야만 한다는 것이다.

이른바 '적하' 현상은 경제의 고도성장이 이루어지면 빈민층을 포함한 국민 전체의 소득이 늘어남으로써 빈곤이 사라진다는 것을 뜻하는 것이다.

즉, 국민총생산(GNP) 증가의 혜택을 직접 받는 상류계층에 충분한 떡(부)이 생기면 고용증대와 재분배적인 조세제도 등을 통해 성장혜택, 즉 떡(부)이 하류계층에게도 짧은 시차를 두고 광범위하게 흘러들어가 빈곤이 자동적으로 사라질 수 있고, 빈부격차나 불평등이 해소될 수 있다는 것이다.

1960년대의 10년간 대부분의 개발도상국가들은 '국민총생산(GNP)'의 성장률 증대가 빈곤과 불평등을 해소할 수 있는 최선의 방책이라고 믿고 경제성장에 주력했다.

그 결과 많은 개발도상국가들은 국민총생산(GNP)의 전반적인 연평균 성장률에 있어서 5% 이상을 달성했다. 연 5%의 국민총생산의 성장은 국제연합의 제1차 10개년 개발계획의 양적 목표였고, 19세기 서구와 북미가 이룩한 경제성장률의 약 두 배에 이르는 수준이었다. 따라서 제3세계가 1960년대에 이룩한 성장은 상당한 '발전'

거리에 나붙은 제7대 대통령선거 벽보 박정희, 김대중, 박기출, 성보경, 이종윤, 진복기, 김철 등이 입부호했다(선거일은 1971. 4. 27).

이었다.

그러나 1960년대 말기에 이르자 1인당 국민총생산의 증가로 측정된 그 '발전'의 혜택은 직업, 소득분배 및 절대빈곤의 기본적인 완화라는 관점에서 볼 때 모든 국민의 생활에까지는 다다르지 못하였음이 드러났다.

국민총생산(GNP)이 늘어났다고 해서 자동적으로 공평한 소득배분이 이루어진 것은 아니었다. 오히려 부유하고 많은 교육을 받고, 높은 지위의 직업을 가진 사람들이 가난하고 교육받지 못하고, 낮은 지위의 직업을 가진 사람들보다 더 많은 소득을 얻게 되고, 더 많은 부를 소유하게 되었다.

경제성장과정에서 그 성장의 혜택이 자동적으로 빈민층에 적하되기는커녕 거꾸로 중산층과 부유층으로 적상(滴上)되는 현상이 나타낳다는 것이다. 즉, 성장의 혜택이 빈민층으로 하향 확산되기보다는 부유층으로 상향 확산되었고, 그 결과 늘어나는 국민소득 가운데에서 부유층이 차지하는 비율은 늘어나고 빈민층이 차지하는 비율은 줄었다.

도시의 빈민지대는 존속되었고, 많은 사람들은 전반적인 번영의 뒤안길에 방치되고, 소외된 사람들이 양산되었으며 불평등은 지난날 존재하지 않았던 곳에 출현했고, 존재했던 곳에서는 더욱 커졌으며, 부유층은 더욱 부유해지고 빈민층은 더욱 빈곤해져서 이른바 부익부빈익빈의 현상이 생겼고, 사회는 부유층과 빈곤층으로 갈라졌다는 것이다.

이러한 현상은 1960년대에 매우 높은 경제성장률을 이룩한 나라로 공인된 브라질, 멕시코의 경우에 가장 두드러지게 나타났다.

멕시코의 경우 과거 15년 동안 해마다 6~7%의 GNP성장을 이룩했는데 이것은 전통적인 기준에서 볼 때 눈부신 결과였다. 그러나 그와 함께 실업도 늘었으며 빈부격차는 분명히 확대되었다.

그 결과 1960년대에 아시아와 아프리카와 남미의 개발도상국가들은 15년 전보다 훨씬 심각한 정치적 불안과 혼란과 쇠퇴를 겪었다.

그 무렵 세계은행은 20개의 남미국가들을 가난한 나라와 부유한 나라로 나누고 있었다. 1966년도에 6개의 가난한 나라들 가운데에서는 단 한 나라만이 폭동을 경험한 데 반해 다른 14개의 부유한 국가들 가운데 다섯 나라가 폭동을 겪었다. 공산주의 운동이나 기타 과격한 폭동사태가 쿠바, 아르헨티나, 칠레, 베네수엘라에서 강하게 일어났다. 이들 4개국은 20개 남미국가들 가운데에서 가장 부유한 나라들이었으나 빈부의 격차 또한 가장 큰 나라들이었다. 따라서 이들 국가에서 일어난 폭동이나 공산주의 운동은 그 원인이 경제적 빈곤에 있다기보다는 국민총생산(GNP)의 성장정책이 가져온 빈부

격차와 불평등 그리고 근로자와 저소득층 등 빈곤계층이 느끼는 상대적 박탈감인 것으로 설명되고 있었다.

급속한 경제성장이 이루어지면 사람들은 자기의 소득이 당장 늘지 않더라도 시간이 지나면 조만간 자기의 소득도 늘 것이라고 기대한다. 이것은 이른바 '굴속 효과' 때문이라는 것이다.

굴속 효과란 4차선의 터널 속에 들어간 자동차 운전자가 앞차들이 빠지지 않아 서 있게 되었을 경우 옆차선의 자동차가 빠져나가면 자기 차선에서도 자동차들이 빠져나가게 되리라는 기대를 가지고 자기 차례가 올 때를 참고 기다린다는 것을 뜻한다.

그러나 시간이 지나도 자기 차례가 오지 않으면 굴속 효과가 없어져서 사람들의 인내심은 사라지고, 기대는 좌절과 불만으로 바뀌게 된다. 왜냐하면 다른 사람들의 소득은 늘어나는데 자기의 소득은 늘어나지 않거나 소득이 늘어나더라도 그 증가율이 다른 사람보다 낮아 자기의 소득이 다른 사람의 소득에 비해 상대적으로 낮아서 자기는 빈곤하다고 느끼게 되기 때문이다.

사회현상으로서의 빈곤은 단순히 가처분소득과 생계비를 비교해서 인식되는 것이 아니라 전반적인 사회발전 수준을 기준으로 인식된다.

사람들은 자신들의 수입이 의식주생활을 해나가는 데 충분하다고 하더라도 자기의 소득이 사회의 일반적인 소득수준에 미치지 못한다면 자기는 가난하다고 생각한다. 왜냐하면 자기는 그 사회 안에서 품위를 유지하며 생활하는 데 필요한 소득수준 이하의 생활을 하고 있다고 믿기 때문이다.

냉장고와 에어컨과 승용차가 생활필수품이 된 사회에서 그러한 물품을 가지고 있지 못한 사람들은 자기소득으로 먹고 사는 데는 걱정이 없어도 냉장고와 승용차를 가지고 있는 사람에 비해서는 상대적으로 더욱 가난하게 되었다고 생각하게 되는 것이다.

일찍이 칼 마르크스는 다음과 같은 명언을 남겼다.

"자기가 살고 있는 집이 크든 작든 간에 자기 집 주변에 들어서 있는 집들이 모두가 비슷하게 조그마한 것들이라면 자기 집은 곧 그에게 거주에 소용되는 모든 사회적 여건까지도 채워주는 것으로 생각된다. 그러나, 자기의 조그만 집 옆에 궁전과 같은 거대한 주택이 들어선다면, 자기의 집은 더욱더 작아져서 마침내는 조그만 오두막집과 같은 기분을 가져다주게 된다."

한 사회에서 그 구성원들이 차지한 위치는 언제나 상대적인 것이며, 이러한 위치에 대한 만족감이나 박탈감은 마침내 다른 구성원들의 위치와 비교해 상대적으로 더 좋다든가 나쁘다고 생각하는 데서 생기는 것이다. 이것이 이른바 상대적 박탈감(相對的 剝奪感)이다.

상대적 박탈감이라는 말을 처음 쓴 사람은 테드 로버트 구르(Ted Robert Gurr)였다. 그는 이것을 가치기대와 가치능력 사이의 격차감이라고 정의했다.

가치기대는 사람들이 정당하게 획득하여 누릴 권리가 있다고 믿는 재화나 생활조건을 뜻하며, 가치능력은 사람들이 현실적으로 그러한 재화나 생활조건을 획득하거나 유지할 수 있는 능력을 의미한다.

경제개발을 추진하고 있는 많은 개발도상국가에 있어서는 '기대' 수준은 올라가는데 '능력'은 그만큼 향상되지 못하고 일정수준에 머무는 답보상태가 유지되고 있다. 이것이 이른바 '상승기대의 혁명'이라는 것이다. 급속한 산업화로 많은 부를 축적한 사회계층이 생기고 보다 나은 물질적인 생활양식이 번창하면 그 전시효과로 가난한 계층의 기대수준도 올라가게 되고, 기대가 올라가면 사회정의, 복지 향상, 정치참여 등 평등에 대한 요구가 커진다. 그러나 이러한 기대 상승과 이것을 충족시킬 수 있는 능력이 보장되지 못하면 그 격차는 불만의 강도를 높이고 정치적 폭력의 근원이 된다. 즉 이러한 상대적 박탈감은 데모와 파업 등의 사회적 소요와 정치적 암살, 소규모의 게릴라전이나 쿠데타 등의 조직적인 음모, 그리고 내란 등 각종 민중투쟁의 원인이 되고 있다는 것이다.

1970년을 전후한 시기에 우리나라에서도 소위 '상승기대의 혁명' 징후가 나타나기 시작했다.

지난 10여 년 동안 세계에서 가장 급속한 고도의 경제성장을 지속해 오는 과정에서 계층 간, 지역 간에 소득격차가 생겼고, 빈부문제와 노사문제가 71년의 4·27 대통령선거에서도 쟁점이 되었다.

1960년대에 두 차례의 경제개발 5개년계획을 추진하는 과정에서 해마다 고도의 경제성장이 지속되는 동안 우리나라에도 이른바 '굴속 효과'라는 것이 있었다. 즉 경제성장으로 사람들은 다른 사람들의 소득이 늘어나는 것을 보면서 자기의 소득도 곧 증가할 것이라는 기대와 희망을 가지고 자기 차례가 오기를 기다렸다.

지속적인 경제성장으로 부가 커지면 언젠가는 자기에게 돌아올 부도 커질 것이라는 믿음이 있었기 때문에 사람들은 어려움과 희생을 감수하면서 열심히 일했고 정부의 경제정책에 적극 협조했다. 그리하여 경제성장에서 창출되는 부를 당장 나누어 가지기보다는 우선 부를 더 크게 키운 뒤에 나누어 가지자는 '선성장 후분배' 정책에 대한 국민들의 이해와 지지가 형성되어 있었다. 특히 우리 근로자들은 소득의 재분배 요구를 자제하고 저임금과 열악한 작업환경 등의 어려움을 참고 앞날을 기약하고 있었다.

그러나 그들의 자제와 인내, 그리고 침묵은 오래 이어지지 못했다.

70년대를 전후한 시기에 상황은 급변하기 시작했다.

60년대 후반까지는 고도성장과 고용증대로 소득증가와 분배개선이 이루어지고 있었으나 70년대에 접어들면서 사회계층 간에 소득격차가 생겨서 분배가 악화되자 근로자들의 인내심은 좌절감으로 기울었고, 기대는 불만으로 바뀌었다. 굴속 효과가 없어진 것이다. 그리하여 부의 분배문제를 둘러싸고 사회적 갈등이 표면화되었다.

정부의 경제정책을 믿고 참고 협력하였으나 아무리 기다려도 자기들의 소득증대 기대가 줄어들 기미가 보이지 않을 뿐 아니라 다른 계층에 비해 상대적으로 소득이 줄어들고 있다고 생각한 근로자들은 이른바 상대적 박탈감을 느꼈고 정부의 '선성장 후분배' 정책을 거부하고 좌절과 분노를 과격한 행동으로 표출시켰다. 그들은 노동조합운동을 강화하고 복지향상과 분배정의를 요구했다.

공장근로자들은 그동안 경제개발을 위해 누구보다도 피땀 흘려 일했고, 많은 고통과 희생을 감수했으므로 이제는 그들이 지불한 노력과 희생에 상응하는 정당한 보상을 받을 권리가 있다고 주장했다.

급속한 경제성장의 성과가 늘어나고, 경제성장에 있어서 자신들 존재가치가 상승함에 따라 근로자들은 높은 임금과 좋은 근로조건을 요구하기 시작한 것이다.

사람은 자기가 사회에서 필요불가결한 존재라는 것을 발견했을 때 누구나 자신의 존재에 대해 새로운 가치를 부여한다.

경제발전이 그들의 참여와 노력 없이는 불가능하다는 것을 깨달으면서 근로자들은 가난하고 무력했던 과거로부터의 해방을 추구했다. 그들은 풍요한 사회 속에 사는 자신을 발견했고, 생활의 물질적 조건을 개선하려는 욕구를 분출시켰다.

그러나 경제개발의 초기에는 근로자들의 이러한 욕구는 급속히 늘어나는데 그것을 채울 수 있는 능력의 증가속도는 훨씬 느리기 때문에 그러한 욕구와 그 만족도 간에, 혹은 욕구와 생활수준 간에 격차가 생겼고 이 격차는 근로자들의 좌절과 불만을 야기시켰다.

이러한 좌절과 불만은 그동안 억제되어 왔던 임금의 인상과 복지

향상에 대한 요구로 이어졌다. 그들은 생산성보다 높은 임금인상을 요구하고 이러한 요구를 태업이나 파업 등의 과격한 행동을 통해 관철하려 했다.

근로자들이 생산성보다 높은 임금을 요구하고 그동안 정부가 추진해 온 '선성장 후분배' 정책이 근로자들의 생활조건을 다른 계층의 그것에 비해 악화시키고 있다고 주장하면서 그들의 복지향상과 부의 공평한 분배요구를 관철하려고 실력행사를 시작함에 따라 정부는 중대한 선택의 문제에 맞닥뜨렸다. 즉 경제정책의 우선순위를 계속 경제성장에 둘 것인가 아니면 부의 공평분배에 둘 것인가 하는 것이었다. 이것은 참으로 어려운 선택의 문제였고, 하나의 딜레마였다.

근로자의 임금수준을 생산성을 넘지 않는 수준에서 유지하는 것은 국제경쟁력이 약화되어 수출이 줄게 되고 경제의 꾸준한 성장은 둔화되고 성장이 둔화되면 실업이 늘어나 근로자를 포함한 전체 국민의 소득이 줄게 된다. 뿐만 아니라 경기침체와 이로 인한 대량실업은 사회불안과 혼란을 증대시키고 이러한 불안과 혼란은 경기침체를 더욱 심화시키는 악순환이 되풀이 된다.

그렇다고 정부가 경제성장을 우선적으로 추진하기 위해 분배를 계속 미루게 되면, 근로자들은 그들의 분배요구를 관철하기 위해 가두시위와 폭력에 호소할 것이고, 그 결과 산업평화가 파괴되고 생산이 멈추어 경제성장이 저해된다.

한마디로 경제성장을 위해 자본축적이 절실히 요구되는 경제현실의 제약을 고려할 때 근로자들의 복지요구만을 채워 주기는 어려운 일이었고, 또 근로자들의 복지를 향상시켜야 할 필요성을 감안 할 때 경제성장만을 계속 추진하는 것도 어려운 일이었다. 따라서 성장과 복지의 어느 한쪽에만 우선 순위를 두는 것은 바람직하지도 않앉고 또 가능하지도 않았다.

마침내 최선의 선택은 성장과 복지를 함께 병진시키는 것이었다.

그래서 정부는 70년대 초반부터는 근로자들에 대한 응분의 보상을 약속하고 성장정책과 함께 복지정책도 단계적으로 추진해 나갔다. 근로자들에게 경제성장의 혜택이 보다 많이 보다 공평하게 돌아가도록 하는 소득분배와 교육기회와 고용기회를 보장하는 방향으로 경제정책과 교육정책을 추진했다.

그 결과 우리나라는 개발도상국가 가운데에서는 부의 분배가 가장 잘 이루어지고 있다는 평가가 세계은행을 비롯한 국제기구에 의해 공인되고 있었다.

그러나 한번 분출하기 시작한 근로자들의 분배요구와 폭력을 동원한 노사투쟁은 쉽게 가라앉지 않았다.

근로자들이 이러한 요구와 행동이 가장 비극적인 형태로 표출된 것이 바로 전태일의 분신자살사건이었다.

1970년 11월 13일, 서울 청계천 평화시장의 재단사인 전태일이 근로조건 개선을 요구하면서 분신자살하는 사건이 일어났다. 전태일은 70년 9월 초에 자신의 월급을 털어서 종업원들을 상대로 여론조사를 실시했다. 여기서 그는 대부분의 종업원들이 13시간에서 16시간씩 과중한 노동을 하고 있고, 90여 명이 폐결핵 등 기관지 계통의 질병을 앓고 있으며, 100여 명이 신경성 위장병으로 식사를 제대로 못하고 있음을 밝혀냈다. 그는 10월 7일 노동청에 작업환경 개선을 요구하는 진정서를 냈고, 10월 23일에는 피복근로자 2만여 명이 작업환경 개선을 요구하며 농성데모를 했다.

11월 13일 전태일은 재단사 10여 명과 함께 노동시간을 9시간으로 단축할 것과 야간근무수당을 지급할 것과 작업환경 개선 및 매년 건강진단을 실시할 것을 업주대표들에게 요구한 뒤 농성에 들어갔다. 이때 경찰이 농성을 제지하자 전태일은 근로기준법을 준수하고 내 죽음을 헛되이 하지 말라는 유언을 남긴 뒤 온몸에 석유를 뿌리고 분신자살한 것이다.

그는 직장생활 가운데에 써 두었던 일기장에서 대통령에게 호소하는 글을 남겼다. 평화시장에서 일하는 2만여 명 근로자의 대부분은 평균 18세 여성이며, 이들은 하루에 15시간 작업을 한다.

우리 근로자들은 근로기준법의 혜택을 받지 못하고 있다. 우리는 기계가 아니다. 일요일은 쉴 수 있게 해달라는 것이었다.

전태일이 말한 근로기준법 등 그 무렵의 노동관계법들은 6·25전쟁 때 부산에 피란간 정부가 '경제적 필요'가 아니라 '정치적 필요'에 따라 제정한 것이었다. 즉, 전쟁 가운데에 북한이 남한의 근로대중 등 서민을 북한에 동조하도록 만들기 위해 북한은 '노동자의 천국'이라는 대남선전을 강화하자 정부는 남한이 북한보다 더 살기좋은 노동자천국임을 보여 줄 필요가 있다고 생각하여 근로시간이나 휴일 관련 규정 등 우리 기업들이 도저히 지키기 어려운 이상적이고 비현실적인 근로기준법을 제정했고, 그것이 그 뒤 별 수정 없이 그대로 존속해 온 것이다.

사건 뒤 서울의 주요대학에서는 전태일의 자살을 근로자를 착취하는 자본가에 대한 죽음의 항거라고 주장하면서 근로조건 개선운동을 펼치고 학생운동과 노동운동을 연계시켜 대정부 반체제투쟁을 벌이려는 움직임을 보였다.

그 무렵 기성복 도매시장인 평화시장에서 기성복을 생산하는 기업주는 자본금 1~2백만 원 가지고 미싱 백여 대 놓고 백여 명의 근로자를 고용하고 있는 생계형 자영업자들이었다.

따라서, 근로자나 기업주나 허리띠 졸라매고 일거리만 있으면 하루 24시간도 마다 않고 일하던 그런 시절이었다. 기업주들은 근로자들이 열심히 일한 만큼 임금을 지불했고 근로자들은 돈을 더 벌기 위해 시간 외 근무나 야간작업을 자청했다. 다시 말해서 기업주들은 근로자들의 생산성에 상응하는 임금을 제공했고, 근로자들은 보다 많은 임금증대를 위해 생산성 향상에 힘쓰고 있었다.

그러나 전태일의 분신자살사건은 대학과 노동계와 종교계가 근로자의 인권문제 해결을 위해 집단적인 노동운동을 하게 되는 결정적인 계기가 되었다.

급속한 공업화에 따라서 우리나라의 근로자들은 양적으로만 증가한 것이 아니고 하나의 큰 사회집단으로 성장했고, 그 힘이 강화되어 자신들의 힘을 의식하게 되었으며, 임금인상과 복지향상을 위해 기업주에 맞서 투쟁할 때 그들을 지원할 수 있는 노동조합을 결성했다.

그리하여 노동조합은 근로자의 권익을 보호하는 강력한 조직이 되었다. 노동조합은 파업을 한다면 큰 비용증가와 이윤감소가 된다고 위협함으로써 기업주가 임금의 상승과 이윤의 저하를 수락하는 것을 강요하는 힘을 발휘할 수 있었고, 근로자의 강제감원에 맞서는 힘이 되어주었다. 그것은 개개의 노동자로서는 가질 수 없는 힘이었다. 노동조합이 이렇게 조합원에게 유용한 조직이 되자 조합원수가 늘어났고 조합원수가 늘어남에 따라 노동조합은 강력한 정치적 힘을 발휘했다. 노동조합은 기업 속에서의 그 역할이 절대적인 것이었던 만큼, 국가에 대한 그 영향에 있어서도 반정부적인 것이었다. 노동조합은 자금은 갖고 있지 못했지만, 그 대신 투표권을 가지고 있었다. 노동조합은 기업가로부터 소외되어 왔던 지식인 계층에서 그 맹우를 찾았고, 기업인들은 이제 노동조합과 지식인이 지배하는 국가의 정치적 편성에 복종하는 허약한 입장에 놓여지게 되었다고 생각했다. 따라서 기업주는 노동조합의 존속을 불안하게 생각하고 노동조합이 없으면 좋겠다고 바라고 있었고, 이러한 소망은 노동조합에 대한 기업인의 저항을 낳았다. 그리하여 기업주와 노동조합은 갈등과 투쟁의 관계에 얽히게 되었다.

본디 우리나라의 노동조합운동은 산업화 과정에서 생성된 것이 아니라 일제탄압하의 반식민지투쟁 수단으로 탄생했고, 해방 뒤에는 노동조합이 공산주의자들의 앞잡이가 아니면 공산주의 세력에 맞서는 반공단체로 대두했기 때문에 다른 나라의 노동조합보다는 정치성향이 강했다.

이러한 강한 정치성향과 소득불균형에 대한 근로자들의 불만을 해소하고 그 권익을 보호해야 한다는 사명감을 앞세워 우리의 노동조합은 보다 높은 임금과 보다 많은 복지혜택을 쟁취하기 위해 과격한 투쟁을 펼쳤다. 그 결과 산업평화가 파괴되고 생산이 멈추고 사회혼란이 일어났다.

특히, 1971년 4·17 대통령선거 전후한 시기에 기업마다 강성노동조합이 결성되어 폭력적인 노사투쟁이 잦아지고 빈부격차 문제가 사회문제로 떠오르면서 야당과 급진적인 운동권학생 그리고 재야반정부세력은 자본주의 체제를 부정하는 반체제투쟁을 전개했다. 반체제운동권학생들이 산업현장에 침투하면서 노동조합운동에는 급진적 이데올로기가 강력하게 나타났다. 그것은 근로자들의 좌절의 결과일 뿐 아니라 그들의 행동을 위한 무기이기도 했다. 노동운동은 과격한 무정부주의적 행동을 선동했고 근로자들은 폭력에 호소했다.

그들은 그들이 살고 있는 현재의 정치, 경제, 사회체제에서는 그들의 욕구에 대한 어떠한 해답도 얻을 수 없고, 그들의 고민에 대한 어떠한 치유책도 발견할 수가 없으며, 따라서 그들의 미래에는 희망은 없고 절망만이 있을 뿐이며, 사회에서 완전히 소외된 무산계급이 되었다는 계급의식을 스스로 강화했다. 그리하여 그들은 현존하는 정치, 경제, 사회체제에 대해 불만과 분노를 폭발시켰다.

근로자들의 불만과 분노는 결코 빈곤이나 낮은 신분에서만 생기는 것이 아니었다. 그것은 체제에 의해서 그들이 사회적 지위를 획득할 권리가 박탈되었다는 의식, 사회로부터 버림받았다는 의식에서 고취된 사무친 원한에서 분출되는 것이기도 했다.

노동의 분화는 다른 직업간에 존엄의 격차를 가져왔다.

공장근로자와 버스기사는 대학교수나 의사보다 낮은 평가를 받는다. 그래서 번영된 민주주의국가에서 빈곤의 문제는 인간의 기본적 욕구를 채운다는 차원으로부터 인간의 존엄을 지킨다는 차원으로 옮아갔다. 저소득근로자, 또는 무주택자들에게 진정으로 상처를 주는 것은 생활고라기보다는 인간으로서의 존엄이 무시당하고 있다는 것이다.

사회는 재산을 갖지 못한 사람들을 대접하지 않았다. 정치인은 그들을 이용하려고만 할뿐 아무런 도움을 주지 않았다.

경찰과 사법기관도 그들의 권리를 무시했다. 경쟁과 자조와 자립을 존중하는 사회에서 그들이 좋은 직업을 얻는다는 것은 거의 불가능한 일이었다. 그들에게는 교육을 통해서 출세하거나 다른 방법으로 자신의 잠재적 능력을 개발할 기회가 주어져 있지 않았다. 고소득계층과 저소득계층, 부유한 사람과 가난한 사람의 차별이 존재하고, 또 직업에는 귀천이 있다고 간주되고 있는 한, 근로자들과 저소득층은 그들의 생활이 어느 정도 물질적으로 풍요롭게 되었다고 하더라도 사회적 차별의 상황이 시정되거나 그들의 존엄이 침해받고 있는 현상이 극복될 수 있다고 생각하지 않았다. 그래서 근로자들은 그들의 존엄과 권리를 지키기 위해 파업을 했다.

그들은 이렇게 말한다. "우리는 지금 받고 있는 임금보다 훨씬 더 가치 있는 인간이다. 우리가 우리 회사에 벌어주고 있는 이익이라던가, 다른 업종에서 같은 일에 지불되는 급료 등을 생각하면 우리의 임금은 부당하게 낮게 책정되어 있다. 우리는 소나 말이 아니며, 인간으로서의 존엄이 짓밟혀지고 있다." 그들은 그들의 식비나 자녀학비 때문에 임금인상을 요구할 뿐 아니라, 그들 자신의 가치가 무시되고 있다고 생각하기 때문에 임금인상을 요구한다는 것이다.

다시 말해서 근로자들의 분노는 임금수준 그 차체 때문만이 아니라 경영자의 임금제시액이 그들의 존엄을 존중하고 있지 않다고 생각하기 때문에 폭발하는 것이며, 그래서 그들의 투쟁은 결사적인 것이 된다는 것이다.

소크라테스는 자기 자신의 가치를 보다 높게 평가하는 인간일수록 부당한 처우를 받았을 때는 한층 더 화를 내는 법이라고 설명하면서, 분노와 자존심의 관계를 밝히고 있다. 비록 기아와 추위, 그 밖의 어떠한 경우를 당하더라도 이와 같은 인간의 혼은 부글부글 끓어올라, 바르다고 생각하는 편에 서서 싸운다. 이러한 사람들은 자신이 얼마 간의 가치를 갖고 있다고 확신하고 있으며, 타인이 그것을 침해하거나 부정하는 행동을 하면 분노한다는 것이다.

파업을 하는 근로자들은 분노한 군중이다. 이들은 그들의 존엄을 위해서, 그들의 권익을 위해서 총파업에 동참했다. 그리고 급기야 정부가 이룩한 경제발전 속에서 성장한 근로자들은 경제발전을 가능하게 만든 정치와 경제체제에 융합되지 못하고 그 체제를 붕괴시키려는 반체제운동에 가담했다.

그러나 보다 심각한 문제는 이른바 '부익부, 빈익빈'이라는 구호를 내걸고 근로자와 빈곤층에 침투하여 과격한 노사투쟁과 빈부투쟁을 부추기고 자본주의 경제체제를 부정하는 반체제운동의 핵심적인 배후주도세력이 조직적인 급진좌파집단이라는 데 있었다. 이들이 구사하는 대중선동의 기술, 그들이 쓴 전투적인 언사, 그들이 부르짖은 과격한 구호는 야당의 부수적 정치이념과는 거리가 먼 직업적인 혁명가의 면모를 보여 주는 것이었다.

그들은 폭력혁명을 선동하면서 피의 강을 건너, 죽음의 산을 넘어 민주회복을 하자고 절규했다. 꽃다운 청춘의 젊은이들이 선동정객의 더러운 정치적 야욕을 채워주기 위해 손목의 혈관을 찢어 피를 흘리고, 시멘트바닥에 몸을 던지거나 석유를 몸에 붓고 불을 질러 목숨을 버리는 행동을 영웅적 행동이라고 미화하고, 인간의 죽음을 정략에 악용하는 자신들의 비인간적 행위를 민주회복운동이라고 했다.

선량한 근로자들에게 계급의식을 고취시켜 계급투쟁을 선동하여 사회질서를 파괴하고 국민생활을 위협하는 불법적이고 폭력적인 파업에 나서게 하면서 그들은 국민의 여론과 역사의 필연성이 자기들의 편에 있으며 자기들을 따르는 사람은 민주주의의 수호신이 될 것이지만, 자기들에게 거역하는 사람은 독재의 앞잡이로 몰락한다고 선전함으로써 광신적인 사이비종교의 흉내를 내고 있었다.

자기의 정치적 야욕을 채우기 위해 고귀한 인간의 생명을 희생시켜 반체제투쟁의 제물로 삼으려는 자들의 입에서 민주회복이니, 자유니, 인권이니 하는 말이 서슴없이 나오는 역설적인 사태는 이 나라의 민주주의 발전과 국가건설을 저해하는 위험천만한 일이 아닐 수 없었다.

만일 이들 급진좌파분자들이 근로대중과 빈곤계층을 선동하여 반체제투쟁을 폭력화하여 내란이나 민중혁명을 획책한다면 이를 막기 위해 군부가 쿠데타를 일으킬 가능성이 커지게 된다. 만일 이러한 사태가 현실화되면 우리나라도 남미나 동남아시아의 개발도상국가들과 마찬가지로 민중혁명과 군부쿠데타의 악순환에 빠지게 된다.

대통령은 이러한 일이 또 다시 있어서는 안 된다고 생각했다. 이것은 대통령이 5·16혁명 뒤, 몇 차례의 정치적 위기에 맞닥뜨렸을 때마다 확고하게 지켜온 소신이었다.

우리가 북한의 침략적 도발을 억지하고 중화학공업과 방위산업 등 부국강병을 위한 핵심사업들을 차질 없이 추진해 나가야 할 중대한 시기에 그러한 내부변란이 생긴다면 이것은 북한의 전쟁위협이라는 외부요인과 마찬가지로 국가재앙을 가져올 치명적인 내부요인이라고 판단하고 있었다. 이러한 상황에서 4·27대통령선거가 시작되었다.

김대중의 선거공약

1969년 10월 19일, 3선개헌안이 국민투표에서 통과된 직후 야당인 신민당의 김영삼, 김대중, 이철승은 이른바 '40대 기수론'을 내걸고 71년 대통령선거에 출마하겠다고 나섰다.

신민당 당수인 유진산은 이들을 '입에서 젖냄새가 나는 친구'들이라고 가볍게 보아 넘기려 했으나 이들의 새바람을 잠재우기에는 역부족이었다.

1970년 9월 29일 우리나라의 정당사상 처음으로 당내 경선으로 신민당의 대통령후보 지명대회가 열렸다. 1차 투표에서 김영삼이 과반수득표를 하지 못하자 김대중은 같은 호남출신인 이철승과 제휴하여 2차 투표에서 역전승을 거두었다.

1963년과 1967년의 두 차례 대통령선거에서 대통령은 조국의 근대화, 경제건설, 자주국방 등의 선전구호와 상징자원을 효과적으로 구사했다. 그러나 야당의 윤보선은 대통령의 선전공세에 대항할 수 있는 새로운 상징적 무기를 갖지 못하고 '군사독재' '부정부패' '정보정치' 등 상투적인 선전구호로 대통령을 공격할 뿐 대통령의 국가발전정책에 대한 대안을 제시하지 못했다. 그 결과 두 차례 선거에서 대통령이 승리했다.

그러나 유진산총재가 추천한 김영삼을 누르고 대통령후보에 지명된 44세의 김대중은 윤보선과는 달랐다. 그는 반대를 위한 반대만을 일삼던 윤보선과는 달리 색다르고 신기한 선거구호와 대중에 영합하고 대중의 인기를 노리는 정책다발을 들고 나왔다.

김대중은 70년 10월 16일 가진 기자회견에서 향토예비군 폐지, 노자(勞資)공동위원회 구성, 비정치적 남북교류, 4대국 보장안을 선거공약으로 제시했다.

대통령선거일이 근 6개월이나 남아있음에도 불구하고 김대중은 10월 24일부터 11월 22일까지 한달에 걸쳐서 대도시유세를 강행하여 조기 선거붐을 일으켰다. 11월 1일의 전남 광주시유세 때는 온 시가가 철시하고 수십만 명의 군중이 나와 김대중에게 환호했다. 여기서 이른바 '김대중바람'이 일어났다. 그는 대도시유세 때마다 청장년층이 가장 싫어하는 향토예비군을 폐지하겠다고 공약함으로써 그들의 열렬한 지지와 호응을 얻었다. 김대중이 예비군폐지를 주장한 이유는 대충 다음과 같은 것이었다. 즉, 향토예비군은 국민의 생업에 막대한 지장을 주고 있고, 국민에게 이중의 병역의무를 부과하는 것이며, 국방에는 쓸모가 없는 것이다. 예비군은 나라를 지키는 예비군이 아니라 공화당을 지키는 정치예비군으로 타락했다는 것이다.

김대중은 또 한국의 안보를 미국, 일본, 중국, 소련이 보장하도록 한다는 이른바 '4대국 보장안'이라는 것을 안보외교정책으로 제시하고 이 방안은 우리나라가 평화애호국가라는 인상을 국제사회에 심어주기 위한 것이라고 주장했다. 이것은 그 당시의 국제정세하에서는 실현가능성도 없는 것이었고 위험한 발상이었으나, 지금까지 대통령이 추진해 온 안보외교정책에 비해서는 새로운 정책구상이라는 생각을 갖게 하기에는 충분한 것이었다.

그는 통일정책에 있어서도 새로운 제안을 했다. 즉, 대통령은 장기집권을 위해 북한의 위협을 과장하고 있다고 하면서 김일성과의 통일회담을 개최할 것을 제의했다.

그는 이 통일회담이 김일성이 남침의사를 포기한다는 선언을 한 뒤라야만 가능하다는 조건을 달기는 했으나, 북한의 위협을 부정하고, 대통령이 장기집권을 위해서 위기의식을 조작하고 있다고 공격하고 있었다.

김대중은 대중선동가의 재능을 발휘했다. 즉, 그는 자신의 이름을 따서 '대중민주주의', '대중경제', '대중복지'라는 구호를 들고 나왔다.

이것은 60년대의 급속한 공업화에 따른 도시와 농촌, 부유층과 빈곤층의 소득격차를 과장하여 빈곤층의 환심을 노리는 선거전략이요 구호였다. 그 무렵 우리 경제는 고도성장을 이어 가고 있었으나 아직은 사회복지를 실현할 수 있는 단계에 진입한 것은 아니었다. 그러나 김대중에게는 그런 것은 문제가 아니었다. 그가 중요시한 것은 가난한 대중에게 효과적인 호소력을 지니고 있고, 득표효과가 있는 선거전략과 선거공약이었다.

그는 전국 유권자의 환심을 골고루 사기 위해 지역별, 계층별로 가려운 데를 긁어주려는 인기영합주의로 일관했고, 유권자의 이해에 관련된 선심공약을 남발했다.

예컨대 황지(黃地)와 같은 탄광지대에서는 노조자유설립주의를 보장하고, 근로자임금과 최저생계비 인상을 주장하는 등 근로자의 권익에 관련된 선심작전을 시도했고, 동해안 일대에서는 어로 저지선 문제로 어민들의 환심을 노려 선심공약을 했다.

그는 또 젊은 세대의 환심과 표를 노리고 학생교련 폐지, 중앙정보부 폐지를 공약했다.

71년 새해 들어 3월 2일 부산에서 가진 기자회견에서 김대중은 대통령 3선제 폐지를 위한 개헌을 하겠다고 말했고, 3월 16일 제주도유세에서는 자기가 집권하면 부통령제를 신설하고, 향토예비군을 완전 폐지하겠다고 주장했다.

4월 15일 부산유세에서 김대중은 대통령이 민주주의와 복지주의, 민족주의를 외면하고 있다고 주장하면서 11개 항목의 집권공약이라는 것을 내놓았다.

거국내각 구성, 대통령 3선제 폐지와 공무원 봉급 2배 인상으로 부정부패 방지, 정치보복 금지, 세금 2할 인하, 2중 곡가제 실시, 비료값 3할 인하와 자유판매제 실시, 노동조합과 농협의 민주화, 어업기술의 혁신, 병역연한 2년으로 단축, 중앙정보부 해체, 투옥된 혁신계 인사석방과 정치정화법 미해금자 해금 등이 그것이다.

야당은 선거전 초반에 전남 광주에서 일기 시작한 이른바 '김대중 바람'에 편승하여 지방의 일선 공무원들에게 이번에는 야당이 틀림없이 집권하게 된다고 호언하면서 야당이 집권하게 되면 군수자리, 경찰서장 자리를 주겠다고 공작을 하고 돌아다녔다. 정부가 공무원을 선거에 관여시킨다고 공격하는 야당이 뒤에 돌아서서는 마치 정권을 잡은 듯이 공무원들에게 공직을 약속하고 야당을 지원하라고 은밀하게 선동하고 있었던 것이다.

김대중은 대중의 인기를 얻기 위해 대중에 영합하여 국가안보를 위해서는 절대로 해서는 안 될 일을 해야 한다거나, 또는 할 수 없는 일을 할 수 있다는 등 현실성 없는 정책을 남발했다.

북한의 김일성이 휴전협정이 이루어진 그때부터 지난 17년 동안, 또다시 우리 대한민국을 침략하기 위해 전쟁준비를 계속해서 이제는 끝났다고 큰소리를 하고 있었다. 그러나 김대중은 누구를 믿고 그러는지 북한괴뢰는 앞으로 10년 동안 전쟁을 도발하지 않을 것이니까 걱정할 필요가 없다고 공언했으며, 그렇기 때문에, 향토예비군이라는 것은 필요가 없고 따라서 폐지하겠다, 학생들의 군사훈련도 필요가 없다, 국군도 감축하겠다, 남북교류를 시작해서 평화통일을 해보겠다, 우리나라의 국가안보를 4대국에다가 맡겨서 보장받겠다고 했다.

북한이 휴전선에 전투부대를 전진배치하고 무장게릴라를 남파하여 양민을 학살하고 국가시설을 파괴하고 있는데 대해 대통령은 그것이 무력적화통일을 위한 북한의 전단계 침략행위라고 경고했다.

그러나 김대중은 북한이 휴전선에 전투부대를 배치한 것은 '방어를 위한 것'이며, 무장게릴라의 남파를 침략행위로 보는 것은 '과잉반응'이라고 주장했다. 그는 강대국 간에 긴장완화가 이루어지고 있기 때문에 남북한 간에도 긴장이 완화되고 평화가 정착될 것이다. 따라서 정부가 북한의 전쟁도발을 억지하기 위해 추진하는 자주국방계획은 그 현실적 근거를 상실했으므로 중단되거나 취소되어야 한다고 주장했다.

향토예비군이나 교련은 대통령이 독재를 하기 위한 것이요, 야당을 탄압하기 위해서 위기의식을 조작하기 위한 것이라는 것이다.

그러나 북한의 여러 가지 형태의 무력도발이 이어지고 있는 그 당시의 상황에서 김대중의 위기의식조작 주장은 누구도 수긍하기 어려운 정치선동이었다.

그 무렵 북한은 남침준비를 완료하고, 무력적화통일의 결정적 시기가 도래했다고 공언하면서 무장게릴라를 남파하여 양민을 학살하는 만행을 자행하고 있었다. 그 무렵 한반도가 지구상에서 가장 위험한 화약고라는 사실은 세계적으로 공인되어 있었다.

그것은 결코 대통령이 독재를 하거나 야당탄압을 위해서 꾸며낸 상황이 아니라는 것을 국민들은 다 알고 있었다.

1968년 1월 21일, 북한의 무장특공대 김신조 일당이 청와대를 기습하기 위해 청와대 뒷산에까지 침투해 들어왔을 때, 국군이 30명이나 되는 무장공비를 다 사살하고, 그들의 무기를 일반에 공개했는데도 야당은 이 사건을 대통령이 야당을 탄압하기 위해서 위기의식을 조작하려는 음모라고 터무니없는 비난을 했다. 그러나 김대중의 위기의식조작 주장은 정부가 한 일을 덮어놓고 반대하고 중상하는 야당의 상투적인 주장이라고 가볍게 보아 넘기기에는 너무나 중대한 발언이었다.

대통령은 향토예비군을 없애겠다, 학생교련도 폐지하겠다, 4대국보장을 받겠다, 남북교류를 하겠다는 김대중의 공약은 이것이 김대중의 집권으로 현실화될 경우 대한민국은 무장해제한 상태에서 북한의 침략에 노출됨으로써 마침내 공산화의 재앙을 피할 수 없게 된다고 보고 있었다. 그래서 대통령은 대도시유세 때마다 김대중이 주장하는 경제정책과 안보정책의 위험성을 낱낱이 설명했다.

대통령의 김대중 공약 비판

1971년 제7대 대통령선거를 앞두고 대통령은 67년 대통령선거 때와 마찬가지로 서울을 비롯한 9대 도시의 유세 때 행할 연설문 초안의 요지를 직접 작성하였다.

대통령은 직접 작성한 연설문 초안요지의 복사본을 대변인실에 내려보내 관계비서관실과 협력하여 연설문 초안에 기재된 각종 통계를 확인하고, 각 시·도에 대한 연두순시 때 강조한 지역개발사업들을 정리, 보강하라고 지시했다.

대통령은 이렇게 확인, 보강된 자료에다가 적절한 속담을 추가하여 연설문 내용을 더 손질해 완성했다. 그 내용은 A4용지로 82쪽이었고, 유세현장에서 행한 연설은 그 보다 훨씬 더 방대한 내용이었다. 이 내용은 〈박정희대통령 연설문집〉의 제8집에 수록되어 있으며 누구나 찾아볼 수 있다.

대통령은 4월 10일 대전에서 대도시 유세를 시작했다. 김대중은 이보다 거의 6개월 앞선 70년 10월 16일부터 선거유세를 시작했다. 따라서 김대중의 선거공약은 이미 널리 알려져 있었다. 대통령은 충분한 시간을 갖고 김대중의 공약들을 검토하여 중점적으로 비판해야 할 내용을 선별했다.

4대국보장론, 향토예비군 폐지론, 학교교련 폐지주장, 대중경제론을 비판하고, 제3차 5개년계획에 의한 장기적인 국가발전 비전을 제시했다.

여기에 수록된 연설문은 9개 도시에서 행한 연설문 전문 가운데에서 중요한 선거쟁점별로 그 내용을 간추린 것이다.

첫째, 4대국보장론

대통령은 4월 10일 대전에서 시작한 대도시선거유세의 첫날, 김대중의 4대국보장론은 정말 한심한 소리라고 비판했다.

"최근 우리나라 야당에서 들고 나온 집권공약이란 것을 보았어요. 여러분들도 잘 보았을 것입니다. 그것을 보니까 아주 큰일날 소리가 몇 가지 나와 있습니다.

우리나라의 국가안보를 4대강국에다 떠맡기자는 4대국보장 운운하는 이야기가 나오고, 또 야당이 집권을 하면 향토예비군을 무조건 없애 버리겠다. 또는 남북교류를 당장에 시작하겠다는 것입니다. 나는 이런 소리를 듣고 이 사람들이 아직도 정신을 차리지 못하고 있구나 하는 생각을 했어요. 이거 아주 큰일날 소리입니다.

우리 대한민국이란 나라는 본디 땅덩어리가 조그만 데다가, 그나마 남북이 두 동아리로 나뉘어 북에는 이 지구상에서 가장 호전적이고 도전적인 북한괴뢰집단이 도사리고 앉아 있고, 또 그 뒤에는 중공이다, 소련이다 하는 세계에서도 가장 힘이 센 공산대국들이 김일성 괴뢰집단을 적극적으로 밀어주고 있다. 따라서 이러한 강대국들 틈바구니에 살고 있는 우리나라는 우리 힘만 가지고는 앞으로 자주국방을 어떻게 한다, 국가안보를 어떻게 한다하는 것은 도저히 불가능하고 자신이 없으니까 공연히 안 될 일 가지고 우리가 버둥거리지 말고 차라리 우리나라의 문제를 몽땅 들고 이 사람들을 찾아가서 여러분들한테 잘 부탁합니다 하고 갖다 맡기자는 주장입니다.

그 사람들한테 의지해서 사는 것이 오히려 편안하고 행복할지도 모른다는 사고방식입니다. 한 마디로 말해 우리나라의 운명을 그 사람들한테 갖다 맡기자는 것입니다. 정말 한심한 소리입니다.

4대국이라는 것은 여러분들이 아시는 바와 같이 미국, 일본, 중공, 소련 이 네 나라를 말합니다. 미국은 물론 우리와 가장 가까운 우방입니다. 과거에 우리가 어려울 때도 많은 도움을 받아 왔고 지금도 도움을 받고 있으며, 또 앞으로도 여러 가지 도움을 받을지도 모릅니다. 그러나, 우리가 힘이 모자랄 때 우방으로부터 도움을 받는다는 것은 잘못이 아닙니다. 우리보다 훨씬 더 국력이 강한 나라도 자기의 재력이 모자란 경우 어떠한 문제는 우방으로부터 원조를 받습니다.

미국같이 세계에서 가장 강대한 나라라 할지라도 어떠한 면에서

박정희 후보의 대도시 유세 장면(대전) 박 후보는 김대중의 집권공약 4대국보장론, 향토예비군 폐지론, 학교 교련 폐지주장 공약을 조목조목 비판했다.

는 우방의 도움과 협조를 받고 있습니다. 그러나, 그렇다고 해서 우리나라의 모든 문제를, 우리 국가 민족의 운명마저 우방이라고 해서 미국에다 맡길 것인가, 나는 여기에 대해서는 단연코 반대입니다.

그런 것은 절대로 찬성할 수 없습니다. 하물며 과거에 중공과 소련이 우리에게 어떤 짓을 했는데 그들에게 우리의 운명을 맡기겠습니까? 우리나라 속담처럼 고양이보고 고기를 지키라는 것이 차라리 낫지, 중공이나 소련에게 우리 문제를 전적으로 맡기고 거기에 의지해서 어떻게 살 수가 있겠습니까?"

대통령은 이어서 만일 야당이 집권해 4대국에게 우리의 국가안보를 보장해 달라고 요청할 경우, 중공은 그 보장조건을 한미방위조약 폐기, 주한미군 철수, 유엔사해체 등 북한의 주장을 그대로 들고 나올 것이라고 설명했다.

"만약, 우리나라 야당이 집권을 했을 때, 그들에게 보장을 해달라고 했을 때, 과연 그 사람들이 어떻게 나오겠습니까? 내 짐작에는 중공이나 소련에서는 보장하겠다고 할 거예요. 중공한테 가서 이야길 하면 하겠다고 그럴 거예요. 아마, 우리 한국 측에서 최소한 이런 정도의 이야기를 해야 되겠죠. 우리 대한민국은 절대로 무력을 가지고 북진통일을 할 생각은 없소, 그런데 이북에 있는 김일성이 기회만 있으면 무력을 가지고 남침을 하려고 노리고 있고, 또 무장간첩이나 게릴라를 침투시켜 우리를 못 살게 굴고 있으니, 당신들이 제발 김일성을 불러다가 야단을 한 번 치고 다시는 이런 일을 못하도록 해주십시오, 그러면 우리 대한민국의 문제는 당신들에게 전적으로 일임하겠습니다, 라고 할 거예요. 내 짐작으로는 이런 이야기를 했을 때 모택동이 같으면 그렇게 하겠다고 할 것입니다. 단 여기 조건이 있다. 즉, 대한민국이 몇 가지 조건만 수락한다면 우리 중공이 앞장을 서서 발벗고 나서 4대국보장을 추진하겠다, 이렇게 나올 것입니다. 그 조건은,

첫째, 앞으로 대한민국 문제에 대해서는 이제 4대국이 서로 의논하여 잘 봐주기로 했으니까 당신들 대한민국과 지금 미국 사이에 한미방위조약이라는 것은 필요 없게 되었으니 그것을 당장 폐기하시오.

둘째, 대한민국에 지금 미군이 와서 주둔하고 있는데, 과거에는 필요했을지 모르지만 지금은 필요 없습니다. 4대국이 모두 상의해서 하기로 되어 있으니까 미군은 당장 철수하시오. 만약에, 앞으로도 꼭 대한민국에 외국 군대를 주둔시킬 필요가 있다면 그때 가서는 미군만 주둔할 것이 아니라, 미국 군대, 일본 군대, 중공 군대,

소련 군대 4대국 군대가 공동 주둔을 하도록 합시다.

셋째, 김일성을 불러서 다시는 그런 엉뚱한 짓을 못하도록 내가 단단히 침을 놓을 테니까 당신들 대한민국도 이제부터는 김일성보고 과거처럼 북한괴뢰니 김일성 도당이니 하는 김일성이 듣기 싫어하는 소리는 하지 마시오. 그리고 북한괴뢰 정권도 합법적인 정부라고 인정을 하시오. 그래서 남북한이 대등한 입장에서 서로 싸우지 말고 잘 해 나가시오.

넷째, 당신들 서울에는 언커크인가 뭔가 와 있죠? 그것은 유엔에서 나왔는데 이제 유엔은 관계 없게 되었소, 이젠 4대국이 다 하기로 했으니까 해체하고 돌아가라고 그러시오.

이상의 네 가지 조건을 대한민국 정부가 수락한다면 우리 중공이 발 벗고 앞장서서 적극적으로 추진할 용의가 있소, 했을 때 우리 대한민국에서 받아들입니까?

여러분들!

받아야 됩니까? 안 받아야 됩니까? 이거야말로 우리나라 속담에 혹 떼러 갔다가 혹 붙여 오는 격이 되어 버렸습니다. 혹도 하나만 붙여온 게 아니고 둘, 셋, 네 개를 붙여 왔습니다. 이것이 바로 우리나라 야당에서 내건 집권공약이고 그 집권공약 가운데에도 가장 중요한 국가안보에 대한 기본 외교정책이라는 것입니다."

대통령은 이어서 냉혹한 국제사회에서 생존하려면 '부국강병'을 해야 한다는 점을 강조했다.

자기 나라의 국가이익을 위해서는 피도 눈물도 없는 국제사회에서 믿을 사람은 아무도 없으며, 우리 자신을 믿어야 하고 우리의 축적된 국력을 믿어야 하며 우리의 문제는 우리 스스로 해결해야 한다는 것이다.

"오늘날, 우리가 살고 있는 이 국제사회의 생리는 우리 야당들이 생각하는 것처럼 그렇게 안이하게 생각해서는 안 됩니다. 우리가 선의로 생각한다면 이런 생각은 아주 순진하고 소박한 생각이라고 할 수 있을는지 모르지만, 국제정치라는 것은 그렇지 않습니다. 냉혹하기가 짝이 없습니다. 자기나라의 국가이익과 자기민족의 이익을 위해서는 피도 눈물도 없는 것이 바로 오늘날 국제사회의 생리입니다. 믿을 사람은 아무도 없습니다. 그럼 누구를 믿느냐, 싫든 좋든 우리 문제는 우리 스스로가 해결해야 하며, 우리는 우리 스스로를 믿어야 합니다. 우리 스스로의 무엇을 믿느냐, 우리들의 축적된 힘을 믿어야 합니다. 국력을 믿어야 합니다. 따라서, 우리 스스로의 운명은 우리 스스로의 힘으로써 우리 자신이 해결해 나가고 개척해 나가야 겠다는 각오를 하지 않으면 오늘날과 같이 생존경쟁에 치열한 국제사회에서는 생존해 나가기조차 어려운 것입니다.

　그렇다면, 우리가 이처럼 치열한 국제경쟁에서 이기고, 또 다가오는 70년대의 어려운 고비를 넘기는 길은 무엇이겠습니까? 대답은 하나밖에 없습니다. 우리의 힘을, 우리의 국력을 배양해야 한다는 것입니다.

　이 길밖에는 없습니다. 그러면, 국력이라는 것은 뭐냐, 나라의 힘이란 것이 뭐냐, 국력이라는 것은 여러 가지가 있겠지만, 그중에서도 가장 근간이 되는 것은 첫째 국방력이 있어야 되고, 둘째 경제력이 있어야 됩니다. 우리의 국군을 보다 더 강한 국군으로 만들고 250만 향토예비군을 보다 더 강한 예비군으로 만들어서 일단 유사시에는 언제든지 국방에 직접 동원할 수 있는 태세를 갖추어야 되겠습니다.

　경제도 마찬가지입니다. 지금 우리가 추진하고 있는 경제계획을 보다 더 강력히 추진해야 겠습니다. 우리의 입장에서는 국방과 경제는 말은 다르지만 뜻은 같습니다. 국방이 튼튼해야만 경제건설이 되며, 또 경제건설이 잘 되어야만 우리의 국방력을 더 강화할 수 있는 것입니다. 옛날 사람 말대로 부국강병을 해야 되겠다는 것입니다. 앞으로 다가오는 어려운 고비를 넘기고 민족의 시련을 극복하기 위해서는 우리는 국방력과 경제력을 강화해 여기에 대비해야 되겠습니다. 이것을 하기 위해서는 또 한 가지 중요한 것이 있어요. 그것은 곧 우리 국민들의 강인한 정신력입니다. 요즘 우리가 구호처럼 부르짖는 자주국방이나 자립경제도 결국은 힘, 즉 국력을 배양하자는 이야기입니다. 일면 국방, 일면 건설하는 것도 우리의 힘을 기르자는 것입니다.

그러나 국민 여러분!

국력은 결코 일조일석에 생기는 것이 아닙니다. 또한, 가만히 앉아서 저절로 되는 것은 결코 아닙니다. 이것을 위해서는 기나긴 세월에 걸쳐서 우리의 꾸준한 노력이 이어져야 합니다. 또한, 우리 국민들이 단합을 해야 되겠고, 어떠한 어려운 일이 닥쳐오더라도 이것을 뚫고 나갈 수 있는 강인한 의지가 있어야 하며, 도전이 있더라도 이것을 밀고 나갈 수 있는 불굴의 용기가 있어야 하며, 어려움을 참을 줄 아는 인내력도 있어야 합니다.

이러한 정신력이 밑받침되어야만 참다운 경제력, 국방력, 나아가서는 우리의 국력을 배양할 수 있는 것입니다. 또한, 이러한 정신력은 투철한 우리 민족의 자주정신과 민족의 주체의식이 그 밑바탕되어야 합니다. 이러한 정신적인 바탕이 없는 국방력이나 경제력은 결국은 사상누각과 마찬가지입니다."

둘째, 향토예비군 폐지론

1971년 4월 15일, 춘천유세에서 대통령은 향토예비군이 없어도

60만 국군이 있으니 국방은 문제없다고 예비군을 폐지하겠다는 야당의 주장은 우리나라의 국방을 대단히 위태롭게 하는 것이라고 비판했다.

"지금 일부 야당정치인들은 향토예비군을 없애겠다고 합니다. 그 사람들은 이런 소리를 하고 있습니다. 향토예비군이 없어도 국방은 문제없다, 우리나라는 60만이라는 군대가 있지 않느냐 하는 것이에요. 물론 60만 군대가 있습니다. 세계에서도 가장 막강한 60만 우리 국군이 있습니다. 그러나, 북한괴뢰는 그런 군대가 없느냐 하는 것입니다. 우리 국군과 같은 정규군은 북한괴뢰도 가지고 있고, 육군은 숫자가 우리보다 조금 적지만 공군은 우리보다 훨씬 더 많은 비행기를 가지고 있고, 또 150만이나 되는 노농적위대를 가지고 있습니다. 노농적위대는 이미 14년 전에 조직되었으며, 그 조직이나 훈련면이나 장비면에서 볼 때, 우리 향토예비군보다는 훨씬 더 앞서고 있다는 것입니다. 그들은 일단유사시에 150만 노농적위대를 48시간 내에 100개 사단으로 편성할 수 있도록 되어 있습니다. 1년에 훈련을 몇 시간 하느냐, 무려 500시간을 합니다. 지금 우리 향토예비군은 1년에 80시간 훈련을 받지요. 장비도 우리 예비군은 지금 소총밖에 못가지고 있지만, 북한의 노농적위대는 중장비를 가지고 있습니다. 그것뿐만이 아닙니다. 몇 년 전에 서울에 침입했던 소위 김신조 일당의 124군부대라는 게릴라부대, 또 여러분들 기억에 아직도 생생한 삼척, 울진에 상륙했던 무장유격대 등등 하여, 지금 그와 같은 게릴라부대를 얼마나 가지고 있느냐 하면, 3만 명을 대기시켜 놓고 기회만 있으면 남침을 하려고 노리고 있습니다. 최근에는 이 게릴라부대를 저 중남미라든지, 며칠 전에 신문을 보니까 '실론(현 스리랑카)'이란 나라까지 수출해서 말썽을 일으키고 있습니다.

만약에 이런 때에 우리 예비군을 없앤다면 앞으로 그들이 침투했을 때 어떻게 대항할 수 있겠습니까? 김일성의 전략은 간첩이나 무장공비 등 게릴라를 침투시켜서 후방을 파괴하고 양민을 살상하여 교란함으로써, 민심을 불안하게 하는 등 사회를 혼란하게 하여 휴전선 부근에 있는 우리 국군의 주력을 우리 후방의 치안유지에 투입하게 함으로써, 전방이 허술하게 되는 것을 노리고 있습니다. 여러분들도 아시겠지만, 재작년 삼척, 울진 지방에 무장공비 약 120명이 들어왔는데, 이들을 잡는 데 석 달이 걸렸습니다. 현역군의 몇 개 사단 동원뿐만 아니라, 그 일대에 있는 우리 향토예비군 수십만까지 동원되어 석 달 걸렸습니다. 무장공비를 잡는 것은 그렇게 간단한 문제가 아닙니다."

4월 23일, 전주유세에서 대통령은 국군은 전방을, 향토예비군은 후방을 지키자는 것이 우리 국방의 기본전략이라는 점을 강조했다.

"북한괴뢰는 6·25때 무력으로 우리 대한민국을 적화통일하려고 하다가 실패하자, 휴전 직후부터 지난 17년 동안 또다시 우리나라를 침범하기 위해서 전쟁준비에 광분해 온 것은 세상이 다 아는 주지의 사실입니다.

이 자들은 70년대 초기를 '결정적인 시기'라고 여러 번 장담했습니다. 70년대 초야말로 6·25와 같은 무력남침으로 적화통일을 할 수 있는 좋은 기회라는 뜻입니다.

그래서, 지난 몇년 동안 이 자들은 무장간첩을 남파시켜서 대한민국의 실력을 시험해 왔습니다.

여러분들이 지금도 기억하고 계실 줄 믿습니다만, 67년부터 갑자기 휴전선으로, 또는 해안선으로 무장간첩들이 대거 침투해 들어왔습니다. 그 해에 철도 폭발사건이 세 번이나 있었습니다. 그 다음해 68년에 들어서자마자, 정월 21일 날 소위 김신조 일당의 게릴라부대를 서울에 침투 시켰습니다. 또, 그해 가을에는 동해안의 삼척, 울진지구에 게릴라부대를 100여명 침투 시켰습니다. 그 외에도 무장간첩이 수없이 해안선과 휴전선을 뚫고 남침해 왔습니다.

그 무렵에 나는 북한괴뢰의 이러한 침투를 어떻게 하면 막을 수 있겠느냐는 문제를 여러 가지로 오랫동안 연구한 결과, 막강한 60만 국군이 있기는 하지만, 이 60만 국군만 가지고 김일성이 획책하는 게릴라의 침투에 의한 후방교란을 완전히 막기는 매우 어렵다는 결론을 얻었습니다. 그래서, 이에 대한 대비로 향토예비군을 만들어 후방 방위를 우리 향토예비군들이 맡아야 되겠다고 생각했던 것입니다. 후방에 간첩이 들어오면 물론 경찰을 동원하고 군대를 동원할 수도 있습니다. 그러나, 많은 게릴라들이 여러 군데 동시에 침투했을 때, 이것을 전부 소탕하려면 전방에 있는 우리 국군을 많이 후방으로 돌려야 하고, 그 결과 전방의 방어태세가 소홀해지고 허술해지는 것입니다. 이것을 노리는 것이 바로 김일성입니다. 그럴 경우, 북한괴뢰는 150만 노농적위대와 김신조 부대와 같은 특수훈련을 받은 약 3만 명의 게릴라부대와 45만 북한군을 즉각 동원하여 남침을 하려고 노리고 있는 것입니다. 북한의 이러한 준동을 분쇄하기 위해 국군은 전방을, 향토예비군은 후방을 지키자는 것이 우리 국방의 기본 전략입니다. 적의 게릴라부대가 후방에 침투했을 때 이것을 가장 효과적으로 막을 수 있는 것이 향토예비군 조직이 아닙니까! 향토예비군은 68년 봄에 창설되어 전국 방방곡곡에 거미줄과 같이 배치가 되어, 김일성이 남파한 무장간첩을 들어오는 족족 체포하거나 사살하여 깨끗이 소탕하였습니다.”

4월 24일, 부산유세에서 대통령은 스위스의 민방위체제에 대해 설명했다.

스위스는 영세중립국이다. 그러나 스위스 국민들은 만 50세까지 우리의 향토예비군 같은 민병대에 편성되어 매년 훈련을 받고 침략을 받았을 때는 48시간 내에 70만 대군으로 편성되게 되어 있다.

이러한 무서운 국방체제를 갖추고 있기 때문에 2차대전 때 히틀러는 스위스만은 침략하지 않았다. 스위스는 지난 200년 동안 전쟁이 없어도 국방태세를 조금도 늦추지 않고 있다.

그런데 우리는 20년 전 북한의 남침을 받았고 그들의 무장공비가 해안과 휴전선으로 계속 침투해 오고 있다. 이런 때에 향토예비군을 없앤다는 것은 말이 안 된다는 것이다.

"여러분들이 아시는 바와 같이, 유럽에 가면 스위스라는 나라가 있습니다. 조그마한 나라입니다. 국토 면적은 우리 남한보다도 훨씬 작고 인구는 불과 한 500만 조금 넘는 나라가 있습니다. 우리 수도 서울 인구만한 나라입니다. 이 나라는 지난 200년 동안 영세중립을 선언하고 전쟁 없이 평화롭게 살아온 나라입니다. 오랫동안 전쟁은 없었지만 이 나라 국민들은 만 50세까지 우리나라의 향토예비군과 같은 민병대에 편성되어 모든 남자들이 매년 훈련장에 가서 훈련을 받고 일단 유사시, 외적의 침략을 받았을 때에는 48시간 내에 70만 대군으로 편성되게 되었습니다. 영세중립을 선언한 까닭도 있겠지만 그것보다 이러한 무서운 체제를 갖추고 있기 때문에 그 주변에 있는 모든 나라가 감히 스위스를 침범하겠다 하는 생각을 가지지 못합니다. 2차 세계대전 중 유럽의 거의 모든 나라가 나치 독일의 침략을 당했으나 스위스만은 전란의 참화를 면할 수 있었습니다. 히틀러가 왜 침략을 하지 않았느냐 하면, 비록 나라는 조그마하고 인구는 적지만 국방력과 방위정신이 무서웠기 때문입니다. 한번 건드리다가는 벌집을 쑤신 것과 마찬가지라 큰코다칠 가능성이 많았기 때문에 히틀러와 나치 군대는 다른 국가를 전부 침략을 하면서도 스위스만은 피했던 것입니다.

그렇기 때문에 그 국민들은 오늘날 200년 동안 평화를 누리고, 그 평화 속에서 경제를 건설하고 산업을 발전시켰으며, 오늘날 세계에서 가장 잘사는 나라 가운데에 하나가 되었습니다.

200년 동안 전쟁이 없어도 스위스 사람들은 국방태세를 조금도 늦추지 않고 있는데 우리 대한민국은 불과 20년 전 공산당의 남침을 받았고 무장공비가 해안으로, 휴전선으로 계속 침투해 오고 있는 이때 향토예비군을 없앤다는 것이 말이 되겠습니까?"

4월 25일, 서울유세에서 대통령은 68년 김신조 일당의 청와대습격기도 무렵 야당이 보여 준 황당한 행태를 지적하고, 서울에 무장간첩 10개 팀 300명이 동시에 들어온다면 서울 시내는 발칵 뒤집어지고, 국민들은 안심하고 생업에 종사할 수 없을 것이며, 기업은 투자를 하거나 공장을 건설하려는 엄두를 내지 못할 것이며, 외국인은 합작투자나 경제협력을 할 생각을 하지 않게 된다는 점을 강조했다.

"우리 한 2, 3년 전의 일을 한번 상기해 봅시다. 68년 1월 21일 김신조 부대 31명이 휴전선을 뚫고 세검정으로 해서 서울에 침입을 했습니다. 불과 31명입니다. 그때 시민 여러분들이 얼마나 놀랐습니까! 이것을 잡는 데에 얼마나 많은 시일이 걸렸습니까. 한 달 이상이 걸렸어요. 얼마나 많은 병력이 동원되었느냐, 그땐 아직까지 향토예비군이 창설되기 전입니다. 전방에 있는 몇 개 사단이 동원되었고, 서울시는 물론이요, 경기도 일원에 있는 경찰 전투부대가 전부 동원되었습니다. 그때 우리나라 야당 사람들이 무슨 소릴 했느냐 하면, 그것은 이북에서 내려온 간첩이 아니라 정부가 무슨 조작을 해가지고 서울 시민을 깜짝 놀라게 하고 야당을 탄압하기 위한 조작이 아니냐 하는 소리를 국회의사당 단상에서 공공연히 했습니다.

그때 31명이 들어왔는데도 우리 서울시민들이 그렇게 놀랐고, 이것을 잡는 데 그 만한 인원이 동원되었고 그만한 시일이 소비되었는데, 만약 김신조 일당같은 무장간첩이 서울에 10개 팀이 동시에 침투했다고 한번 가정해 봅시다. 세검정 쪽으로 하나 들어오고, 관악산 쪽으로 하나 들어오고, 미아리 쪽으로 하나 들어오고, 인천 쪽에서 하나 들어오고, 이렇게 모두 300명쯤 해서 10개 팀이 한꺼번에 들어왔다고 해봅시다. 아마 서울 시내가 발칵 뒤집어질 것입니다.

여러분들이 오늘처럼 안심하고 생업에 종사하고 건설하고, 여러분들의 귀여운 자녀들을 학교에 보낼 수 없을 것입니다. 또 우리나라 사업가들은 안심하고 투자를 하고 공장을 짓거나 건설할 생각이 없어질 것입니다. 외국 사람들이 안심하고 투자하거나 합작투자하거나 경제협력할 생각을 갖지 않을 것입니다. 현재 김일성이는 이런 부대를 3만 명을 가지고 있습니다. 이런 게릴라부대가 서울뿐만 아니라 서울에 10개 팀, 동해안에 한 20개 팀, 서해안에서 한 2, 30개 팀, 남해안에서 몇 개 팀 해서 동시에 몇천 명이 들어왔다고 해봅시다. 대한민국 사회가 어떻게 될 것 같습니까? 그러나 지금은 250만 향토예비군이 조직되어서 전국 방방곡곡에 거미줄처럼 쳐 있기 때문에 아마 이렇게 들어오기가 어려울 것이고, 또 들어온다 하더라도 순식간에 우리는 이들을 전부 소탕할 수 있을 것입니다.

여기에서 만약 250만 향토예비군을 없앤다고 한다면, 이것은 김일성이 무장간첩을 집어넣도록 대문을 활짝 열어주는 결과밖에 안되는 것입니다.”

셋째, 학교교련 폐지주장

1971년 3월에 들어서자 서울에 있는 일부 대학의 대학생들은 교련철폐와 학원자유화라는 구호를 외치며 가두데모 등 실력행사를 하기 시작했다. 학생들은 '교련복 화형식'을 거행했고, '교련철폐', '학원자유화'를 외치는 시위를 21일까지 계속했다.

4월 14일에는 홍릉의 서울연구개발단지 기공식에 참석하기 위해 그 무렵 청량리에 있던 서울대사대 앞을 지나가는 대통령의 승용차에 대학생들이 돌을 던지는 난동이 있었다. 차에서 내린 대통령은 '서울대학생들이 왜 이래' 하면서 대학본부로 걸어 들어가서 교무처장에게 '학생들을 잘 지도하라'고 당부한 뒤 행사장으로 갔다.

이날 70여 명의 투석 학생들이 동대문경찰서에 연행되어 조사받고 있었는데 대통령의 전원석방지시로 그날 밤 안으로 모두 귀가조치되었다.

4월 20일, 수원유세에서 대통령은 야당과 학생들이 학생교련제도를 아무리 반대해도 학생군사훈련을 실시한다는 원칙은 절대 양보할 수 없다고 강조하고, 다만 얼마동안 실시해 봐서 모순이 발견되거나 학업에 지장이 있다면 이를 시정해 나가겠다는 뜻을 밝혔다.

이 제도는 문교당국, 모든 대학의 책임자들이 오랫동안 연구해서 학업에 큰 지장이 없을 것이라는 판단하에 결정된 것이지만, 실행해보다가 문제가 있으면 수정 보완할 수 있다. 그러나 실시해 보기 전부터 군사훈련을 반대하고 거리에서 데모를 하는 학생들의 목적은 교련반대가 아닌 다른 저의가 있다고 봐야 한다는 것이다.

"요즘 서울에서 학생들의 데모가 가끔 나옵니다.

학생들 교련하기 싫어하는 것도 나도 알아요. 지금 학생들 연령에, 더군다나 요즘 봄철, 이런 벚꽃이 피고 날이 따뜻할 때는 점심만 먹고 나면 졸리고, 선생님들 강의도 듣기 싫은 것은 누구나 마찬가지인데, 나와서 교련받아라, 안 나오면 점수가 깎이고 졸업에 영향을 준다, 아주 귀찮은 것입니다. 그러나 학생들에게 몇 마디 충고를 하고 싶습니다. 북한괴뢰는 대학생은 고사하고 고등학생, 중학생, 심지어 초등학교 아동들까지 군사훈련을 하고 있습니다.

여학생들에 대해서도 군사훈련을 하고 있습니다. 작년 11월달 평양에서 열린 소위 공산당 제5차 전당대회에서 김일성이 무슨 소리를 했습니까?

"이제 우리는 모든 전쟁 준비를 완료했다"고 했습니다.

김일성이 전쟁 준비한 것은 누구를 상대로 한 것이겠습니까? 바로 우리입니다. 우리 대한민국을 상대로 한 전쟁 준비가 지금 끝났다는 것입니다.

물론, 오늘날 북한괴뢰라는 존재가 없고, 또 북한괴뢰라는 존재가 있다고 하더라도 그들이 우리를 침략하겠다는 야심이 없다는 것을 우리가 확실히 확인할 수만 있다면, 학생들의 군사훈련까지는 하지 않더라도 괜찮을지도 모릅니다. 그러나, 적이 저렇게 지금 우리를 노리고 초등학교 아동들까지 군사훈련을 하고 있는데, 우리나라 대학생이나 고등학교 학생은 군사훈련을 하지 않아도 북한괴뢰가 쳐들어오면 문제없이 막을 수 있다고 누가 장담할 수 있겠습니까?

물론, 학생들한테는 어디까지나 군사훈련보다는 학업이 중요하다는 것을 잘 알고 있습니다. 이 문제는 정부가 결정할 때에 즉흥적으로 결정한 것이 아닙니다. 문교당국과 모든 학교의 책임자들이 여러 달 동안 연구를 해서, 이 정도면 학생들 학업에 큰 지장이 없을 것이라는 결론을 내려서 시작한 것입니다.

그러나, 사람이 만든 제도라는 것은 모든 것이 100% 완벽할 수는 없는 것입니다. 실행해 보다가 모순이 발견되면 그것은 고칠 수도 있는 것입니다. 그러나 우선 해 봐야 안다는 것입니다. 적어도 몇 달 동안 실시해 봐서 제도가 확실히 모순이 있고 학생들의 학업에 큰 지장이 있다면, 정부와 학교당국이 진지하게 검토해서 이것을 고칠 수도 있는 것입니다. 그런데 해보기도 전부터, 군사훈련을 받기 전부터 반대를 하고 거리에 나와서 데모를 하는 이러한 학생들의 목적은 교련 반대가 아니라, 다른데 그 저의가 있다고 봐야 합니다."

대통령은 이어서 지금 우리 학원에는 공산당의 간접침략의 마수가 뻗치고 있고 우리 학생들을 악용하려 하고 있으며, 또 대통령선거와 국회의원선거를 앞두고 있는데 이런 시기에 학생들이 법질서를 문란하게 하고 사회를 혼란하게 만드는 것은 올바른 행동이 아니라는 점을 강조했다.

"우리나라 학원에는 확실히 지금 공산당의 간접침략의 마수가 일부 뻗치고 있다는 것을 국민 여러분이 잘 아셔야 됩니다. 오늘 아침에 육군보안사령부에서 발표한 학원 내에 침투한 학생 간첩들의 전모를 아마 들으셨으리라고 생각합니다. 따라서, 지금 적이 우리 학생들을 여러 가지로 이용하고 악용하려고 하는 이런 시기에 순수한 학생들이 그러한 것도 모르고, 그들의 선동을 받아서, 공연히 불필요한 소란을 피워서는 안 되겠다는 것입니다.

일단 모든 학생들은 자기 학교에 돌아가서 우선 공부를 해야 합니다. 선거가 끝나고 난 뒤 앞으로 얼마 동안 이 제도를 실시해 보다가, 모순이 발견되거나 학생들 공부에 지장이 있다면, 우리가 검토해서 수정할 수가 있다는 것입니다.

더군다나, 민주국가에 있어서 가장 중대한 행사인 대통령선거와 국회의원선거를 앞두고 있는 이런 시기에, 학생들이 거리에 나와서 국가의 법질서를 문란하게 하고, 세상을 혼란하게 하는 것은, 어느 모로 보나 올바른 행동이라고 할 수 없는 것입니다.

더군다나 여기서 우리가 더욱 못마땅하게 생각하는 것은, 이러한 학생들의 교련 반대에 편승해서, 야당이 우리가 집권을 하면 학교교련을 당장 폐지하겠다고 떠들면서 돌아다니는 것입니다. 아까도 이야기했지만, 나도 우리 학생들한테 좋은 소리 듣고 인기를 얻자면,

"요즘 생각해 보니까 정부의 생각은 잘못됐어. 교련은 당장 그만두겠어"라고 말할 수는 있습니다. 그러나 우리나라의 국가 장래를 생각해서 나는 결코 그런 소리를 할 수 없다는 것입니다.

학생들이 아무리 반대한다 하더라도, 학생에 대한 군사훈련을 한다는 원칙에 대해서는 정부는 절대 양보할 수 없습니다. 다만, 운영면에 있어서 모순이 있을 때에는 정부와 학교당국이 연구해서, 앞으로 서서히 시정해 나가겠다는 것을 확실히 말씀드리겠습니다."

4월 21일, 청주유세에서 대통령은 우리가 자유를 원하고 민주주의를 지키기를 원한다면 우리를 노리는 적을 막을 수 있는 힘을 배양해야 하며, 여기에 대학생들이 앞장서야 한다고 학생들에게 충고했다.

"학생들이 교련하기를 싫어합니다. 일부 학교에서는 학교교련 반대데모를 하고 소란을 좀 피우고 있는 곳도 있습니다. 학생들이 조금 반대하자 야당 사람들은 우리가 집권하면 학교군사훈련 없애겠다고 나섰습니다.

그러나 여기에 여러분들이 잘 알아야 할 것은, 우리를 노리고 있는 북한괴뢰의 학생들은 지금 무슨 일을 하고 있느냐는 것입니다. 김일성대학을 위시해서 북한의 중학교, 심지어 초등학교까지, 여학

교까지 군사훈련을 하고 있습니다. 이북의 노농적위대에 속한 학생들은 일년에 500시간 이상 훈련을 합니다. 그리고 대학생들에게 여름 석달 동안 강제로 근로봉사를 시킵니다. 하여튼 그자들도 걸작입니다. 그들은 학생들의 노력을 착취하기 위해서 천 번 삽질하고 한 번 허리펴기운동, 즉 삽질을 천 번하고 난 뒤에 한 번 허리를 편다는 구호를 내걸고 있습니다.

허리를 펴지 말고 그저 뼈가 빠지도록 일을 하라는 것입니다. 또 초등학교 5학년, 6학년 아동들에게 사격훈련을 시키고 있습니다. 그 사람들이 노리고 있는 적이 누구냐 하면, 바로 우리, 우리를 노리고 있는 것입니다. 김일성이 일본과 전쟁하려고 준비하는 것도 아니고, 하물며 중공이나 소련하고 전쟁하려고 준비하고 있는 것도 아닙니다. 목표는 바로 우리 대한민국이요, 우리들입니다. 물론 학생들이 공부를 하는 데 큰 지장이 있어서는 안 되겠지만, 오늘날 우리 조국이 이러한 현실에 처해 있다는 것을 누구보다도 잘 아는 대학생들이 조국수호에 앞장서야 할 것이 아닙니까? 조국이 있어야 대학이 있고, 조국이 있어야 학문이 있는 것 아닙니까?

우리 대한민국이 공산당한테 먹히고 적화된 다음에도 우리 대학생들이 요즈음 말하는 것처럼 자유와 민주주의, 학원의 자유라는 것이 존재할 줄 압니까? 그때 가서는 김일성 대학생처럼 천 번 삽질하고 한 번 허리펴기운동에 강제로 끌려나가야 될 것입니다. 우리가 자유를 원하고 민주주의를 지키기 원한다면, 우리를 노리는 적을 막을 힘을 배양해야 할 것입니다. 그러기 위해서는, 이 나라의 지성인인 대학생들이 앞장을 서야 될 것입니다.

2차 세계대전 때 이런 이야기가 있습니다. 나치 독일이 런던을 폭격하자, 영국의 모든 대학생들은 국가에서 소집영장도 발부하기 전에 자기들끼리 출전결의를 했습니다.

"책은 덮어놓고 우리 모두 일선에 나가서 나라를 지켜야 되겠다, 우리 영국이라는 조국이 있어야 우리 대학도 있고, 조국이 있어야만 학문이 있는 것이 아니냐! 조국을 지키는 일이 무엇보다도 더 앞서야 된다, 그러니 우리 전부 나가자!"

그들은 불구자들이나 몇몇 불가피한 사정으로 일선에 나갈 수 없는 사람을 제외하고는 전부 자진해 출전했습니다. 오늘날 영국의 대학에 가면 강당에 2차 세계대전 때 자진하여 일선에 나가서 조국을 지키다가 죽은 학생들의 명패가 있습니다. 오늘날 학생들은 강당에 들어갈 때마다 숙연한 기분으로 머리를 숙이고 선배들한테 경의를 표한다고 합니다. 이것이 영국대학의 전통이며 역사입니다. 이러한 정신적인 바탕 위에 학문을 배우고 공부를 하고 기술을 배워야 그것이 참다운 학문이요, 참다운 기술이요, 참다운 지식이라고 나는 생각합니다."

넷째, 대중경제론

1971년 4월 23일, 제1차 방송연설에서 대통령은 대중경제라는 것은 극심한 경제혼란과 공황을 가져오게 될 것이라고 비판했다.

김대중은 1년 국가예산에 가까운 5천억 원의 선심사업을 공약했는데 이 사탕발림공약을 실천하려면 돈을 찍어내거나 화폐개혁을 해야 한다. 그러면 인플레가 발생하고 수출이 막혀 공장이 문을 닫게 되고 실업자가 늘어나는 공황상태를 각오해야 한다. 이런 때 예비군을 없애서 북한의 무장공비가 도처에서 날뛰며 파괴행위를 자행한다면 가공할 사태가 일어난다는 것이다.

"또 야당은, 대중경제라는 것을 내놓고, 우리나라 1년 예산에 가까운 5천억 원을 선심사업에 쓰겠다고 나오고 있습니다.

예산의 원천인 세금은 덜 받겠다고 하면서, 어디서 그 막대한 재원을 얻어오겠다는 것인지 무책임하고도 경솔한 주장이라 아니할 수 없습니다.

저 무수한 사탕발림공약을 억지로 집행하려고 덤빈다면, 야당은 지폐를 남발하거나 그렇지 않으면 화폐개혁을 하지 않을 수 없을 것입니다.

그렇게 되면 물가가 뛰고, 수출이 막혀 공장이 문을 닫게 되고 실업자가 늘어나는 극심한 경제혼란이 일어날 것이며, 급기야는 일대공황을 각오하지 않을 수 없을 것입니다.

이렇게 될 때, 우리 사회는 그럴싸한 구국의 구호를 외치며 거리를 날뛰는 각종 데모사태로 극심한 혼란을 겪게 될 것이며, 설상가상으로 야당 주장대로 예비군마저 없앤다면, 도처에서 날뛰는 무장공비와 간첩의 파괴행위까지 겹치게 되는 실로 가공할 사태가 올 것입니다."

다섯째, 야당공약은 국민 속이는 사탕발림이다.

4월 10일, 대전유세에서 대통령은 야당의 공약이라는 것은 국민을 속이는 사탕발림이며, 실현가능성이 없는 무책임한 소리라는 점을 설명했다.

"다가오는 70년대에는 여러분들이 잘 아시는 바와 같이, 대단히 중요한 시대입니다. 특히, 70년대 중에도 그 전반기, 앞으로 한 3, 4년이라는 것은 여러 가지로 중요하고 어려운 고비라고 우리는 보고 있는 것입니다. 왜냐, 김일성이 이 시기를 딱 노리고 있다는 것입니다. 북한괴뢰는 70년대 전반기를 무력남침의 결정적인 시기라고 보고 있습니다. 북한이 노리고 있는 이 시기와 우리가 추진하고

자 하는 3차 5개년계획은 시기적으로 일치하고 있습니다. 우리는 이 고비를 잘 넘겨야 됩니다.

이 고비를 잘 넘기기 위해서 현 단계에서 우리가 해야 할 가장 중요한 것이 무엇이겠습니까? 여기에는 두 가지가 있는데, 하나는 우리 사회에 혼란이 있어서는 안 되겠다, 안정이 절대 필요하며 또 하나는 우리가 추진하고 있는 이 과업이 중단되어서는 안 되겠다, 즉 중단 없는 전진이 절대 필요하다는 것을 강조하지 않을 수가 없습니다. 지금 이러한 상황에서 야당은 정권을 내놓으라고 야단들입니다. 박 대통령은 대통령을 두 번이나 했으니까 이번에는 그만두어야 한다, 공화당정부가 그 동안 여러 가지 실수도 있었고 부정부패도 많았으니까 이제 정권을 내놓아야 되지 않겠느냐, 이러한 이야기를 많이 합니다.

물론, 본인이 대통령을 두 번 한 것은 사실입니다. 다만, 여러분들이 두 번 뽑아주셨기 때문에 대통령을 한 것입니다. 그러나 재작년에 앞으로 내가 벌여 놓은 이 과업을 매듭짓기 위해서 국민 여러분들에게 한 번 더 해도 좋겠습니까 하고 물었습니다.

그랬더니 잘하면 한 번 더 시킬 수도 있다. 이래서 이번에 나온 것입니다. 여러분들한테 허가를 받고 나온 것입니다.

실수가 많았다고 하는데 물론 공화당정부가 일하는 동안에 실수도 있었습니다. 짧은 기일 내에 거창한 과업들을 추진하다 보니 사람이 하는 일이라 실수가 없을 수가 없습니다. 설거지를 하다 보면 그릇을 깬다는 속담도 있습니다. 모든 설거지를 우리 공화당정부가 했기 때문에 그릇을 깰 때도 있었습니다. 부정부패가 많았다고 합니다만, 물론 정부 내에 그 동안 부정부패가 있었던 것도 사실입니다. 국민 여러분에게 이것을 위해서는 시일이 좀 필요하다고 말했지만 나에게 시간을 좀 더 주십시오, 그러면 내가 행정부에 있는 동안에 이것을 기어코 뿌리뽑고 말겠다고 여러분들에게 약속했습니다. 그러니까, 앞으로 국민 여러분들은 좀 더 두고 보시면 알 것입니다.

그러나, 부정부패가 조금 있다고 해서 지금 정권을 야당한테 주는 것이 과연 나라가 잘 되는 길이냐 하는 것은 문제입니다. 물론, 야당 사람들에게 물으면 더 잘 한다고 그럴 것입니다. 야당한테 정권을 넘기면 과연 그 사람들이 말한 것처럼 실수도 없고 부정부패도 하나 없이 거울처럼 깨끗하고 맑은 정치를 할 수 있겠습니까?

여러분들, 어떻게 생각하십니까? 만약에 국민 여러분들이 전부가 다 그렇게 생각하신다면 그건 도리가 없습니다. 정권을 내놓아야 되는 것입니다. 그러나 내가 볼 때는 그렇지 않습니다. 천만의 말씀입니다. 야당에게 지금 정권을 맡긴다면 그들은 그것을 절대로 해내지 못합니다. 아마 야당한테 정권을 맡긴다면 실수를 공화당정부보다도 최소한 10배 내지 20배는 더 할 것입니다. 그 사람들은 물론 말로는 다 하죠. 말로는 안 되는 것이 없는데 말만 가지고는 정치가 되는 것이 아닙니다. 말로는 하루아침에 만리장성이라도 쌓을 듯이 이야기하지만 나는 그렇게 보지 않습니다. 왜 못하느냐 하면 야당은 아직까지 정권을 인수할 태세가 되어 있지 않기 때문입니다.

우리 공화당이 집권을 오래하고 싶어서 아전인수격으로 이야기하는 것이 아니라, 본인은 우리나라 야당을 누구보다 더 잘 알기 때문입니다. 야당은 지금까지 정권을 인수할 태세가 되어 있지 않으며, 또 정권을 담당할 능력도 없습니다. 무얼 가지고 그것을 증명할 수 있느냐고 물을 것입니다. 그것은 야당이 이번에 내놓은 집권공약을 보시면 명백해집니다. 그것은 정책이 아닙니다. 정책이 아니고 뭐냐, 내가 볼 때엔 그것은 선거 때 국민을 속이기 위해 내놓은 하나의 사탕발림이고 인기전술이고 전혀 실현가능성이 없는 무책임한 소리들입니다. 이런 무책임한 소리들만 하는 사람들에게 정권을 맡길 수가 있겠습니까?"

4월 15일, 춘천유세에서 대통령은 지금 야당은 자기들이 정권을 맡아야 되겠다고 주장하지만 야당에게 정권이 넘어가면 두 가지가 염려된다는 점을 역설했다.

첫째, 지금 야당에게 정권이 넘어가면 또다시 4·19 직후와 같은 감투싸움, 파벌싸움에 정신이 팔려서 과연 열심히 일을 할 수 있겠느냐 하는 것이 염려된다는 것이다.

"지금 야당 사람들은 유세를 다니면서 이번에는 자기들이 정권을 맡아야겠다고 주장하고 있습니다. 박 대통령은 그동안에 두 번 대통령을 했으니까 이번에는 그만하라, 이제 우리가 맡아야 되겠다, 이런 이야기입니다.

지금 우리는 북한괴뢰의 도전을 비롯하여 안팎으로 어려운 시기에 처하여 국민들이 모두 힘을 합쳐 국력배양을 위해서 3차 5개년 계획을 추진하고자 합니다.

이러한 시점에서, 야당에게 정권을 맡겨서 과연 앞으로 이 어려운 벅찬 일들을 잘해 나갈 수 있겠느냐 하는 것이 문제입니다. 그러나 이 시기에 야당에게 정권이 넘어가면 큰 혼란이 일어나리라고 나는 생각합니다. 왜냐 하면, 야당에게 정권이 넘어가면 그들은 이 나라를 위해서 무엇을 어떻게 잘해 보겠다는 생각보다도, 과거의 생리로 보아서 또다시 4·19 직후와 같은 감투싸움이다, 파벌싸움이다, 이런 것을 하지 않겠느냐, 이런데 정신이 팔려서 과연 일을 열심히 하겠느냐 하는 염려를 안 할 수가 없기 때문입니다.

우리는 4·19 뒤에 야당이 하는 모습을 똑똑히 보았습니다. 지금 우리 야당 안에는 파벌이 12개도 더 있습니다. 이 사람들이 지금 정권을 잡으면 이제 정권을 잡았으니까, 20년 동안 야당생활을 했으니 이판에 한몫 보자고 우리 파벌에게는 어떤 배당을 해주어야겠다, 적어도 장관자리 댓개는 우리 파벌에다가 돌려라, 도지사 자리 2개를 주어야겠다, 그거 안 주면 말 안 듣겠다, 또 다른 파벌에서도 똑같은 소리를 한다, 또 어떤 파벌에서는 그러면 너희들끼리만 다 나눠 먹으면 우린 무엇을 하란 말이냐, 이런 식으로 파벌싸움 하다가 아마 아무일도 못할 것입니다. 이렇게 되면 나라에 아주 대혼란이 일어나고, 이런 혼란이 일어날 때 가장 피해를 입고 골탕을 먹는 것은 다른 사람이 아니라, 바로 그 사람들을 뽑아준 국민 여러분들입니다. 속담에 고래 싸움에 새우등 터지는 격으로 골탕을 먹는 것은 우리 국민들입니다. 또한 그것을 보고 가장 좋아할 사람이 하나 있는데 누구겠습니까? 아마 이북에 있는 김일성일 것입니다."

둘째, 지금 야당이 정권을 잡게 되면 현재 정부가 추진하고 있는 모든 건설사업은 중단되고 말 것이라는 것이 걱정된다는 것이다.

"야당이 집권한다면 내가 볼 때 우리가 지금 추진하고 있는 모든 건설사업은 중단되고 말 것입니다.

나는 이것을 걱정합니다. 왜냐하면, 지금 야당 사람들이 이야기하는 걸 들어보면, 전혀 실현가능성이 없는 무책임한 소리를 많이 하고 있습니다. 국민들이 좀 싫어하고 귀찮아하는 일은 덮어놓고 모두 하지 않겠다고 하며, 그러면서도 여러분들이 좀 해주었으면 하는 그런 일은 또한 덮어놓고 다 해주겠다는 것입니다.

예를 든다면, 여러분들이 제일 싫어하는 걸 내가 알고 있어요. 세금 내는 것을 제일 싫어하는데, 가는 곳마다 세금 안 받겠다, 세금 깎아 주겠다고 합니다. 물론 세금을 깎아 줄 수 있으면 깎아드리는 것도 좋은데, 그러나 야당 사람들과 같이 이야기하는 대로 다 해줄 수 있는 일 같으면 야당이 그런 소리하기 전에 우리 정부가 다 했을 것입니다. 현재 우리 재정형편으로서는 할 수 없기 때문에, 정부에서는 여러분들에게 미안하지만 앞으로 좀 더 참아 주십사 하는 얘기를 하는 것입니다.

그런데 이 사람들의 이야기 가운데 걸작이 하나 있어요. 세금은 안 받겠다고 하면서도 돌아다니면서 해주겠다고 하는 공약은 여러 수백 가지입니다. 지금 야당 사람들이 다니면서 하는 공약을 우리가 한번 집계를 해보니까, 금년 1년만 하더라도 그 공약을 다 이행하자면 약 5천억 원이라는 돈이 듭니다. 금년도 우리나라 정부예산이 5천 3백억 원이지요. 그렇다면, 야당이 집권하면 여러분들에게 약속을 했으니까 공약사업을 다 해야 됩니다. 다 하자면 5천억이 더 있어야 되겠는데, 그 5천억 원을 어떻게 만드느냐, 그 방법은 단 한 가지, 여러분들로부터 세금을 받는 길밖에는 없습니다.

그러나 여러분들은 아마 세금을 내지 않을 것입니다. 왜 안 내느냐, 그 사람들 언제는 세금 깎아준다고 그러더니, 또 무슨 세금이 이렇게 많이 나오느냐 하고 여러분들은 아마 안 낼 것입니다. 그러나 약속을 해놓고 돈은 없다, 안 할 수는 없다, 해야 되겠다, 무슨 방법으로 돈을 만들어 내느냐, 야당이 하듯이 그렇게 무책임한 식으로 한다면 한 가지 방법은 있습니다.

대전에 있는 조폐공사에 가서 기계를 24시간 돌리라고 하면 한 석달 동안 돌리면 한 5천억 원 정도 돈이 나올 거예요. 이것으로 여러분들에게 약속한 사업을 전부 다 해준다, 그렇게 했을 때, 우리 경제는 어떻게 될 것 같습니까? 인플레가 일어나 물가가 아마 지금의 몇 배로 뛸 것입니다. 그러면, 우리 경제는 다 망하고 말 것입니다. 경제가 완전히 파탄상태에 빠집니다. 이것이 무슨 경제정책입니까? 요즈음 야당 사람들이 이야기하는 대중경제라는 것이 이런 것인지는 모르지만, 이건 완전히 망하는 경제입니다."

여섯째, 제3차 5개년계획의 다목적 미래상

4월 10일, 대전유세에서 대통령은 3차 5개년계획 기간에 우리나라는 중화학공업 시대로 진입하게 된다는 사실을 설명했다.

"3차 5개년계획은 내년부터 시작됩니다. 현재 우리나라 공업은 경공업을 위주로 하고 있는데 3차 5개년계획 기간에 우리나라의 공업은 어떻게 되겠느냐, 앞으로 우리나라의 공업은 중공업 시대에 들어가게 될 것입니다. 지금 건설 중에 있는 석유화학 계열공장은 대략 내년 말이 되면 준공이 되며, 그밖에 지금 건설 중에 있는 종합제철이라든지 또 금년 안에 착수할 종합기계공장, 특수강공장, 주물선공장, 또는 앞으로 우리나라에서 20만 톤짜리, 30만 톤짜리 대형선박을 만들 수 있는 대규모 조선공장, 이런 것이 앞으로 2, 3년 내에 거의 착수되거나 완공이 되리라고 우리는 봅니다.

그때 가면 우리나라 공업은 중화학공업 시대에 들어가서, 아시아에 있어서는 일본 다음 가는 훌륭한 공업국가가 될 수 있다고 봅니다. 이렇게 되면 국민 여러분들이 일할 수 있는 일자리가 많이 늘어나서 3차 5개년계획 추진기간에 새로이 일자리를 얻는 사람이 220만으로 늘어날 것입니다. 그러면, 우리나라의 실업자는 거의 다 없어진다는 얘기가 되겠습니다. 근로자 여러분들의 노임도 그만큼 향상되고, 생활도 그만큼 좋아질 것입니다. 봉급생활을 하는 사람이라 할지라도 부지런히 일하고 활약하는 사람은 봉급을 가지고 월부 자동차를 사고, 주말이면 가족과 함께 즐길 수 있는 사람들이 많이 늘어나는 살기 좋은 시대가 올 것입니다. 근로자에 대한 사회복지 시설이나 사회보장제도가 많이 확대되어 나갈 것이라고 전망하는 것입니다.

우리나라의 중소기업들도 이러한 중화학공업, 대규모기업과 밀접한 연관을 갖게 되어 보다 더 발전할 단계에 들어가리라 봅니다. 중소기업에 대해서 정부는 금년부터 중점적으로 육성을 시도하고 있습니다. 몇 년 전만 하더라도 정부가 중소기업에 대해 지원한 액수는 1년에 불과 한 5억 원 정도였지만, 금년부터는 적극적인 중소기업 육성을 위해서 연간 100억 원이라는 내자가 투자될 것이고, 기계공업 육성을 위해서도 150억 원이라는 돈이 투자될 것이며, 수출산업을 담당하고 있는 중소기업을 위해서 거의 1억 달러라는 외화를 지원할 계획입니다. 이러한 노력이 앞으로 이어진다면 중소기업이 보다 빠르고 활발하게 성장할 것이라고 보는 것입니다."

4월 20일, 수원유세에서 대통령은 3차 5개년계획이 끝나면 우리 농촌은 잘사는 시대로 접어들게 된다고 예상했다.

"이번 3차 5개년계획에서 정부가 가장 역점을 두는 것이 농촌문제입니다. 3차 5개년계획이 끝나면 농촌은 아주 살기 좋은 곳이 될 수 있을 겁니다. 정부는 농촌에 대해서 집중적인 투자를 하려고 계획하고 있습니다. 앞으로 5년 동안에 걸쳐서 약 2조 원이라는 돈을 농촌에 투입하여, 계획이 끝날 무렵에 가면 농가의 소득은 증대되고, 우리나라는 식량을 자급자족할 수 있게 될 것입니다. 또, 우리나라의 모든 농토는 바로 이곳에 있는 수원농업시험장의 농토처럼, 거의 대부분이 경지정리가 되어 농촌에 기계가 들어가는 기계화 시대가 도래하게 될 것입니다. 농촌의 초가집은 거의 없어지고 웬만한 농촌에는 전부 전기가 들어가게 되어, 텔레비전이나 냉장고를 갖는 농가가 많이 생길 것이고, 또 부지런하게 일한 농가는 자가용차를 갖게 되는 시대가 올 것입니다.

　지금도 고등소채를 재배하고, 비닐하우스를 활용해서 돈을 많이 번 농가에서는 자가용차를 가지고 있는 곳도 여기저기 나오기 시작했습니다. 이 3차 5개년계획이 우리 계획대로 추진만 되면, 우리나라의 공업, 농업, 국민소득 등은 이상과 같이 달라질 수 있을 것입니다.

　그러나, 이것은 모든 국민들이 노력을 해야만 하는 것이며, 가만히 앉아 놀아도 누구든지 이렇게 다 잘살 수 있게 되는 것은 아닙니다. 그런 방법은 없는 것입니다. 노력하고 땀 흘려 일한 분들한테만 일한 혜택이 돌아갈 것입니다."

　4월 25일, 서울유세에서 대통령은 3차 5개년계획이 끝나면 우리나라 경제는 완전히 자립경제가 된다는 점을 강조했다.

　"3차 5개년계획이 끝나면 우리나라 경제는 완전히 자립경제가 됩니다.

　지금까지 우리는 외국에서 많은 원조를 받아 우리의 살림살이를 꾸려왔습니다. 지금도 우리는 일부 외국의 원조를 받고 있는 것이 사실입니다. 60년대 초에만 해도 우리나라 재정의 약 50%를 우방의 원조에 의존하며 우리 살림살이를 꾸려왔습니다만, 금년도에는 97.4%까지는 우리 돈으로 꾸려나가고, 불과 2.6%만을 외국 원조에 의존하고 있는 것입니다. 우리의 경제자립도가 이만큼 성장했지만, 아직까지 완전자립은 하지 못하고 있는 실정입니다. 그러나, 앞으로 3차 5개년계획이 끝나면 그야말로 완전히 자립경제가 이루어져, 우리나라는 전세계의 중진국 가운데에서도 상위에 속하는 그러한 나라가 될 수 있다고 봅니다. 그때 가면, 우리 국민소득은 현재 여러분들의 국민소득보다도 배 이상으로 올라가며, 수출도 약 36억 달러까지 올릴 수 있습니다. 물론 우리의 노력여하에 따라서는 그보다훨씬 더 올라갈 수도 있습니다. 그때 가면, 수출 외에서 벌어들이는외화까지 합치면, 연간 약 40억 달러 외화를 벌 수 있다고 봅니다.

요즈음 일부 국내인사들 가운데에는 현 정부가 경제건설은 많이했지만, 대부분 외국에서 차관을 해 와서 건설한 것이 아니냐, 앞으로 어떻게 이것을 갚을 작정이냐 하는 걱정을 하는 사람이 없지 않습니다만, 3차 5개년계획이 끝날 때 우리나라가 외국에서 벌어들이는 외화는 42억 달러가 될 것이고, 아무리 줄잡아 보더라도 그때가서 우리가 외국에 갚아야 될 원금과 이자는 얼마냐 하면, 4억 5천만 달러밖에 안 됩니다. 42억 달러를 벌어서 4억 5천만 달러를갚는다는 것은 절대 무리한 계획이 아닙니다. 또한 다른 나라의 예를 보더라도 이것은 충분히 갚을 수 있는 상태입니다. 그러니까, 요즈음 일부 야당 사람들이 무슨 외채가 얼마고, 또 그것을 우리나라돈으로 따져서 국민 여러분한테 쪼개면 한 사람에게 빚이 얼마고하는 터무니없는 소리를 합니다만, 이것은 말도 안 되는 소리입니다. 외채를 갚는 것은 문제가 없습니다.”

대통령은 이어서 3차 5개년계획이 끝나서 우리의 국력이 크게 강화되면 그때 비로소 남북평화통일에 대한 길이 열릴 것이며 지금당장 남북교류를 하자는 주장은 잠꼬대 같은 소리라고 천명했다.

“3차 5개년계획이 끝남으로써 우리나라 국민경제는 완전 자립이이룩되고, 우리 국력은 그만큼 성장되고, 우리의 국방력도 그만큼강화되어서, 그때 가면 북한의 김일성이 감히 무력을 가지고 우리 대한민국을 뒤집어엎겠다고 하는 생각은 아마도 바꾸지 않으면 안될 것입니다. 하고 싶더라도 힘을 가지고는 대항하기가 불가능해질 것입니다. 그때에 가면 비로소 남북평화통일에 대한 이야기를 슬슬 꺼내도 좋을 것입니다. 김일성이 무력으로 대한민국을 전복하겠다 하는 생각을 가지고 있는 한, 무력포기를 했다하는 확증을 우리가 가지지 못하는 한, 김일성이 보고 남북교류를 하자, 서신교환을 해 보자 하는 것은 전부 잠꼬대 같은 소리입니다.

여러분들, 아직도 기억이 나시죠, 금년 봄에 일본 북해도에서 동계 올림픽대회가 있었을 때 한필화라고 하는 북한의 여자선수가 거기 나왔는데, 우리 남한에 있는 그 여자선수의 오빠가 자기 친누이동생을 만나기 위해서 북해도까지 찾아갔다가 끝내 만나지 못하고 돌아온 이 비극적 사실을, 서울시민 여러분들은 생생하게 기억하고 있을 줄 압니다.

한 어머니 뱃속에서 나온 친 동기가, 이것도 다른 정치적인 집회도 아닌 체육대회에 나와서, 북한괴뢰의 감시원들이 옆에서 입회해도 좋으니까 동기간에 잠깐 만나볼 수 없느냐 하는 요구도 끝내 거절하고, 이것을 정치적으로 악용하겠다는 북한괴뢰들하고 지금 남북교류를 해서 도대체 무엇을 하자는 것입니까? 김일성이 무력을 가지고는 도저히 대한민국을 뒤집어엎을 수 없다 하는 생각이 들었을 때, 그때 가서 슬슬 평화통일에 대한 이야기를 꺼내 보자는 것입니다.

그렇기 때문에 나는 70년대 후반에 가야만 우리의 남북평화통일에 대한 길이 서서히 열릴 것이라고 보는 것이며, 이것이 평화통일에 대한 나의 견해입니다."

4월 22일, 광주유세에서 대통령은 2차 세계대전 뒤 모든 산업시설이 파괴된 폐허 위에 독일국민들이 아데나워 수상의 지도에 따라 피눈물나는 노력을 함으로써 불과 20년만에 세계에서 가장 잘사는 나라가 되었다는 사실을 설명하고, 우리도 피땀 흘려 노력해야 한다는 점을 역설했다.

"요즈음, 야당 사람들은 도처에 돌아다니면서 여러 가지 듣기 좋은 소리를 여러분들에게 많이 합니다. 그 사람들 이야기를 한참 듣고 앉아 있으면 가만히 있어도 배가 부를 것 같고 하루아침에 벼락부자가 될 것 같은 이야기를 여러분들한테 많이 합니다. 마치 주머니에 만병통치약이라도 넣어가지고 다니면서 여러분들이 원하는 일이라면 즉석에서 모든 것을 해결해 줄 것처럼 이야기하는데, 경제건설이라든지 국가발전이라든지 하는 문제는 이러한 식의 무책임한 소리만으로써는 절대 되는 것이 아닙니다. 어떻게 해야 되느냐, 우리가 지난 몇 년 동안 해온 것과 마찬가지로 어려움을 참고, 한 번 더 허리띠를 졸라매고 땀 흘려 노력해야만 잘살 수 있는 것이지, 가만히 앉아서 듣기 좋은 소리, 사탕발림 소리만 듣고 앉아서는 백날 들어봤자 헛배만 불렀다가 이야기를 다 듣고 나면 시장기만 나는 것입니다. 오늘날, 이 지구상에서 지난 몇 년 동안에 그 나라가 급격히 발전해서 기적을 이루었다, 세계에서 가장 잘사는 나라다, 하는 이야기를 듣는 나라들이 여러 나라 있습니다. 그 가운데는 독일도 있고, 우리 이웃에 있는 일본도 있고, 또 기타 여러 나라들이 있습니다. 우리가 이런 나라를 잘 볼 것 같으면 가만히 편안하게 앉아서 저절로 잘살게 되었고 부자가 된 나라는 하나도 없습니다.

독일의 예만 보더라도 2차 세계대전이 끝난 직후 전국의 모든 산업시설은 전부 파괴되고 약 1천만이라는 인구가 죽거나 부상당하거나 한, 그야말로 처참한 상태에 빠졌습니다. 그러한 독일을 오늘날과 같이 건설한 사람은 아데나워 수상이었습니다. 아데나워 수상이 수상으로 취임해서 독일국민들에게 이런 말을 했습니다. "독일국민들은 단결하라, 독일국민들은 지금부터 피와 땀으로 조국재건을 위해서 총궐기하자, 우리 독일은 장차 밝은 희망이 있다, 땀과 피와, 땀과 노력만이 독일을 재건할 수 있다." 국민들에게 가만히 앉아 있어도 쌀 갖다 주고 식량 갖다 주고 돈 주고 잘살게 해주겠다고 하지 않았습니다. 지난 20 몇 년 동안 독일국민들은 피눈물나는 노력을 했습니다.

독일사람들은 담배를 피울 때도 세 사람이 모여야만 성냥개비 하나를 써서 같이 불을 붙였다고 합니다. 독일여자들은 그때 짧은 치마를 입었는데, 멋을 내기 위해서가 아니라 옷감을 절약하기 위해서 그렇게 했던 것입니다. 치마를 한 치씩 절약하면 그만큼 독일나라 물자가 절약되고 저축이 되고 독일이 빨리 부흥할 수 있기 때문에, 전 여성들이 여기에 호응했습니다. 우리가 듣자면 구두쇠라는 소리를 들을 정도로 피눈물나는 노력을 한 결과, 독일은 어떻게 되었느냐, 오늘날 전 세계에서 가장 잘사는 나라가 되었습니다. 1년에 수출이 300억 달러를 돌파하는 어마어마한 국가로, 패전 이후 불과 20여 년 동안에 다시 일어났습니다. 우리 한국도 지금 급속한 속도로 성장하고 있습니다. 그러나, 우리는 이 정도로 만족해서는 절대로 안 되겠으며 일본이나 독일의 수준을 따라가야 하겠습니다.

듣기 좋은 소리만 하고 앉아서는 백날 이야기해도 우리나라의 건설은 안 됩니다. 만약에 우리나라 야당 사람들처럼 여러분들 듣기 좋은 소리만 하고 달콤한 소리만 하고 앉아서도 건설이 될 수만 있다면 나도 여기에 앉아서 하루 종일 여러분들한테 듣기 좋은 소리만 하겠습니다. 그러나 듣기 좋은 소리만 해가지고는 건설이 안 됩니다. 그것을 하기 위해서 어떻게 해야 하느냐, 1차, 2차 5개년계획에 여러분들이 땀 흘리고 노력한 것을 다시 한 번 회상하셔서 증산, 수출, 건설, 근면, 저축하면서 또 다시 몇 년 동안 땀 흘리고 노력해야 합니다. 그래야만 우리나라의 국방이 보다 더 튼튼해지고 우리 경제가 급속히 성장하며, 여러분들의 살림살이가 그만큼 늘어나고 살살 수 있는 세상이 올 수 있는 것입니다. 그때 가면 김일성이도 감히 우리 대한민국을 힘으로 침범하겠다는 생각을 가지지 못할 것입니다. 우리는 이것을 지금 하자는 것입니다."

대통령의 선거제도개혁 결단

첫째, 야당의 중상모략

4·27대통령선거가 막바지에 이르자 야당은 대통령의 당선이 확실해진 대세를 역전시켜보려고 이른바 '깜짝 폭로'전을 전개했다. 하나는 대통령이 이번에 당선되면 총통제를 만들어 종신집권을 하려 한다는 것이고, 다른 하나는 대통령이 수백억 원의 축재를 했다는 것이었다.

4월 24일 부산유세에서 대통령은 먼저 야당의 총통제 주장을 일축했다.

"요즘에 야당 사람들이 여러 가지 무책임한 소리를 많이 하고 다닙니다. 특히, 우리 야당은 선거 막바지에 가면 유권자 여러분의 판단을 흐리게 하는 별별 기교를 다 쓰고 다니는 것이 버릇인데 63년 제5대 대통령선거 때, 바로 오늘같이 투표 며칠 전, 야당에서는 '박정희란 사람은 빨갱이다'라는 삐라를 수백만 장 만들어 비행기로 서울, 경기도 일대에다가 뿌렸습니다. 투표 하루 전에 유권자들의 판단을 흐리게 하는 이런 장난을 한 전력을 가지고 있는 것이 오늘날 우리 야당인 것입니다. 이 사람들이 최근에 와서는 '박정희 대통령이 당선되면 총통제를 만들어가지고 영구집권을 할 것이다'라는 말을 하고 다닌다고 합니다. 나는 총통제라는 것이 무엇인지 모릅니다. 총통제라는 것이 자유중국 장개석이 총통이고, 스페인의 프랑코 장군이 총통이라는 소리를 들었는데, 그 총통이 대통령과 무엇이 다른지 나는 잘 모르지만 아마 이 사람들이 하는 얘기는 '앞으로 박 대통령을 이번에 당선시키면 이 다음에 또 나오고 그 다음에 또 나와서 죽을 때까지 해먹는다'라는 것 같습니다.

국민 여러분!

나는 이 자리에서 여러분들한테 내가 하나 다짐할 일이 있습니다. 재작년 1969년도에 국민투표를 했습니다. 그때 내가 여러분들께

"내가 벌이고 있는 방대한 사업이 아직까지 매듭지어지지 않았습니다. 이것을 매듭짓고 마무리하기 위해서는 내가 한 번만 더 나왔으면 좋겠는데, 한 번만 더 나가도 좋겠습니까?"

하고 물었습니다. 그러니까 여러분들은

"그래, 한 번만 더 나가도 좋다" 하면서 여러분들이 도장을 찍었습니다.

"여러분들이 야당 사람들 말처럼 총통제를 만들어가지고 열 번이라도 해먹어도 좋다"는 뜻이 절대로 아니라는 것을 나도 잘 알고 있습니다."

대통령은 이어서 야당의 수백억 축재 주장을 반박했다.

5·16혁명 전에 살던 신당동의 30평짜리 기와집이 나의 재산목록의 전부다. 내가 수백억을 축재를 했는지 안 했는지 부산시민과 경남도민이 밝혀 달라, 만일 그런 돈이 있다면 그것을 몽땅 부산시와 경상남도에 반씩 나누어 주어 집 없는 사람을 위한 아파트도 건설

하고 우리 농민들의 영농자금으로 쓰도록 하겠다는 것이다.

"또, 요즘에 와서 이런 소리를 했습니다.

'박정희 대통령은 돈을 수백억 축재를 했다' 물론, 요즘 야당들이 정부 내 공무원들의 부정부패에 대해서 여러 가지 공격을 많이 합니다. 사실, 부정부패가 있는 것도 사실입니다. 내가 정부에 있는 8년 동안 가장 머리를 쓰고 신경을 쓴 것이 바로 우리 사회에 있어서 부정부패 문제였습니다. 부정부패를 뿌리뽑는 데 남몰래 가장 고심한 것이 바로 나라고 나는 자부하고 있습니다. 그 동안, 알게 모르게 처벌도 하고 적발도 하고 단속도 했지만, 솔직히 말씀드려서 여러분들에게는 대단히 죄송하지만, 아직까지 우리나라의 부정부패가 완전히 뿌리뽑히지는 않았습니다. 앞으로 여러분들이 나한테 한 번 더 기회를 주신다면 기어코 이것을 뿌리를 뽑고 물러나겠다는 것을 봄에도 여러분들께 약속했습니다. 그런데 요즘에 와서 야당 사람들이 말하는 부정부패라는 것의 한계가 무엇이냐 하는 것이 애매합니다.

'박 대통령이 몇백억 축재를 하고 있다'고 하는데, 나의 재산목록이라는 것은 청와대는 대통령을 그만 하면 국가에 다 반납하는 것이니까, 5·16전에 내가 살던 신당동에 있는 한 30평짜리 기와집뿐입니다.

지금 아마 땅값이 올라서 그때보다는 비쌀 테지요. 이것밖에 내 재산은 없다고 생각하는데 야당 사람들은 몇백억 있다는 것입니다. 누가 고맙게도 나도 모르는 사이에 몇백억을 만들어 놨는지 모르겠는데, 만약 그렇다면 여러분들과 약속을 하겠습니다.

부산시민 여러분들과 경상남도 도민 여러분들이 이걸 기어코 밝혀서, 그것이 박아무개의 재산이라는 문서만 내게 가져오면 절반 딱

잘라서 절반은 부산시에다 드리고 절반은 경상남도에 드리겠습니다. 그 절반으로 부산시장은 저 산등성이에 있는 판잣집부터 없애고 고층 아파트를 지어 집 없는 부산시민들께 전부 공짜로 드리게 하겠습니다. 나머지 반으로는 경상남도 도민들, 우리 농민들에게 영농자금으로 공짜로 드리도록 하겠습니다."

둘째, 대통령의 '마지막 선거' 선언

대통령은 4·25 서울유세와 4·26 제2차 방송연설에서 느닷없이 이번 4·27선거가 대통령으로서는 '마지막 선거'라고 천명했다. 대통령은 대도시선거유세에 나서기 몇 달 전부터 유세장에서 행할 연설문의 초안을 심사숙고하여 직접 작성하였는데 여기에는 '마지막 선거'라는 말은 없었다. 그러면 왜 선거 하루이틀을 남겨두고 그런 말을 했는가? 그것은 세칭 공화당 김종필 사단의 '권고' 때문이었다.

이들은 선거전 초반에 있었던 '김대중 바람'은 중반 이후 잦아들었지만 대통령이 총통제를 만들어 영구집권하려고 한다는 야당의 막판 선전공세가 먹혀들어가 여론이 대통령에게 불리하게 움직이고 있다는 주장을 하면서, 이러한 분위기를 역전시켜 확고한 승리의 전기를 잡기 위해서는 이번 선거가 대통령으로서는 '마지막 선거'라는 공약을 해야 한다고 주장한 것이다.

그러나 친김세력이 이러한 주장을 한 속셈은 따로 있었다. 즉, 그들은 다음 선거에는 출마하지 않겠다는 대통령의 공약을 받아냄으로써 75년도의 대통령선거에는 김종필이 후보자로 나설 수 있는 길을 열어놓자는 데 있었던 것이다. 대통령이 75년 불출마공약을 해야 한다는 친김세력의 주장에 대해서는 반김세력도 반대하지 않았다.

반김세력은 외교국방은 대통령이 관장하고 내정은 내각이 맡는 의원집정제 개헌을 해서 김종필의 75년 대통령출마와 친김세력의 집권을 봉쇄하고 대통령을 다시 추대하고 내각의 실권은 자기들이 장악하려는 계산을 하고 있었다.

대통령은 친김세력과 반김세력이 숨기고 있는 이러한 속셈을 누구보다도 잘 알고 있었다. 또 대통령 3선개헌안에 대한 국민투표에서 절대다수의 국민들이 찬성표를 던졌을 때 국민들은 대통령의 계속집정을 지지하고 이를 기정사실로 받아들이고 있었으므로, 야당의 총통제 운운하는 데 마음이 흔들려서 여론이 불리하게 돌아가리라고는 보지 않았다.

뿐만 아니라, 비서실 등 관계기관에서 파악하고 있는 전국의 여론 동향에서도 대통령의 승리가 확실한 것으로 나타나고 있었다. 따라서 선거에서의 필승을 위해 굳이 75년 불출마공약까지 할 필요가 없다는 것도 대통령은 알고 있었다.

그럼에도 불구하고 대통령은 공화당의 양대세력의 소망대로 75년 불출마공약을 했다. 이에 친김세력과 반김세력은 서로가 75년에는 자기들이 집권할 수 있는 길이 열리게 되었다고 흡족해했다. 이들은 대통령의 불출마공약은 2년 전의 3선개헌에 따라 앞으로 두 번 더 대통령선거에 출마할 수 있는 권리를 포기하는 것이라고 믿었기 때문이다. 그러나 이들은 그것이 그들의 오판이라는 사실을 알지 못하고 있었다.

대통령은 69년 3선개헌 무렵 5·16군사혁명 직후에 자신이 착수한 부국강병을 위한 핵심사업들의 완성시기를 4차 5개년계획이 끝나게 될 1980년대 초반으로 전망하고 있었다.

대통령은 3선개헌 때 "내손으로 벌려놓은 방대한 건설사업을 내 책임으로 매듭지어 보자"는 뜻에서 나를 버리고 국가를 위해 십자가를 지겠다고 호소하여 국민의 동의와 지지를 얻었다. 그런데 대통령은 4월 25일 이번 선거가 '마지막 선거'라고 선언한 것이다. 왜 그랬는가? 그것은 대통령이 선거과정에서 마음속에 굳힌 결심과 관련이 있었다.

대통령은 야당의 대통령후보인 김대중이 6개월여 동안 대도시에서 펼친 대중선동의 선거유세 행태를 지켜보면서 또 다시 이러한 선거를 되풀이해서는 나라가 위태롭게 된다고 판단했다. 대통령선거에서 촉발되는 폐해를 없애거나 최소화할 수 있도록 대통령선거제도를 근본적으로 혁신해야겠다는 결심을 굳혀놓고 있었다.

대통령이 '마지막 선거'라고 했을 때 그 선거는 바로 수만 명이 넘는 군중이 운집한 대도시의 유세장에서 벌어지는 대중선동의 선거를 의미하는 것이었고, 대통령으로서는 이러한 선거를 하는 것이 이번이 마지막이라고 한 것이다.

대통령은 심사숙고 끝에 정선된 표현으로 '마지막 선거'를 다음과 같이 설명했다.

"유권자 여러분!
오늘 이 자리에서 분명히 말씀드리거니와, 내가 이런 자리에 나와서 여러분에게
"나를 한 번 더 뽑아 주십시오"
하는 정치연설은 오늘 이것이 마지막이라는 것을 확실히 말씀드립니다."

따라서 대통령이 말한 '마지막 선거'라는 표현은 공화당의 이른바 친김세력과 반김세력이 생각하듯이 대통령이 앞으로 두 번 더 대통령선거에 출마할 수 있는 권리를 포기한다는 것을 뜻하는 것은 아니었다.

대통령은 4월 26일 제2차 방송연설에서 앞으로 4년 동안 자신이 '계속집정'을 하겠다는 뜻을 분명히 천명했다.

"선거를 내일로 앞두고, 오늘 우리가 처해 있는 이 현실을 다시 한 번 직시해 봅시다.

나는 솔직히 말해서, 우리 야당은 정권인수태세를 갖추지 못하고 있으며, 또 우리 여당도 정권인계의 자세를 갖추지 못하고 있다고 생각합니다.

따라서 이 판국에 정권을 바꾼다는 것은 '일대 혼란'을 면할 수 없다는 것을 우리는 내다보아야 할 것입니다.

지금 이 시점에서, 우리가 가장 경계해야 할 것은 혼란이라는 내부의 적이며, 이 혼란은 자칫 잘못하면, 우리가 소중히 지니고 있는 '조국근대화의 꿈'을 송두리째 깨고 마는 파국에 직결될지도 모르는 것입니다.

이것은 결코 선거를 앞둔 내 위주의 입장에서가 아니라 우리 국민 전체의 입장에서 본 현실적인 오늘의 문제라 아니할 수 없습니다.

나에게 마지막 기회가 될 이번 선거에서, 국민 여러분들이 다시 한 번 나를 신임해 주신다면, 나는 앞으로 4년의 임기 동안, 1차적으로는 나에게 부과된 제3차 5개년계획이라는 국가목표 달성의 사명을 다하여, 국민이 보다 잘살 수 있게 할 것이며, 또 한편으로는 보다 대국적인 '중단 없는 전진'을 위해 정치적으로 나는 여당에 대해서는 정권을 계승할 유능한 후계인물을 육성하는 데 힘쓸 것이며, 또 야당에 대해서는 정권인수의 태세를 갖출 수 있도록 온갖 노력과 지원을 다할 것입니다.

그리하여, 언젠가는 북한과 대결할 우리의 '민족주체세력', '민주정치세력' 형성의 터전을 확고히 할 것입니다.

이것은 현실적으로 나에게 부과된 평화적 정권교체를 위한 정치인으로서의 나의 사명이며, 또 보다 알찬 민주주의 발전과 승리를 위한 자유인으로서의 나의 사명임을 나는 통감합니다."

셋째, 대중선동정치의 광풍

대통령은 수만 명의 운집한 대도시의 유세장에서 득표운동을 위한 정치연설을 하는 것은 대통령으로서는 이번이 마지막이라고 천명했다. 왜 그랬는가?

그것은 4·27대통령선거 과정에서 두 가지의 새롭고 충격적인 선거폐해가 드러났기 때문이었다.

그 하나는 영·호남의 지역분열과 국론분열이 완전히 고착되었다는 사실이었다.

1967년 대통령선거에서 나타나기 시작한 후보자연고지 중심의 지역주의가 가장 노골적으로 표출된 것이 바로 4·27대통령선거 때였다. 이때 나타난 지역주의는 선거 때면 일상 나타나는 단순한 지역주의가 아니었다. 그것은 공업화 과정에서 자기지역이 소외된 데 대한 불만과 분노에 의해 강화된 적대적인 지역주의였다.

경제개발의 혜택에서 제외당하고 소외된 지역의 사람들은 지역출신의 정치지도자나 지식인들이 그들의 뒤떨어진 상황을 최대한으로 활용하고, 그들을 포용하고 보호해 줄 새로운 지역주의의 형성을 주장할 때 이에 귀기울이고 경청하고 지지한다.

집단은 그것이 이익집단이든, 지역집단이든, 그 집단과 동일시 될 수 있는 지도자를 열망하고 그를 지지한다.

집단은 그 지도자와 공생하고 일체화되기 위해서 그 지도자를 추종하고 그에게 복종한다. 그 지도자가 위대하면 그 추종자도 그만큼 위대해진다. 자신의 위대함을 확신하는 지도자는 그에게 복종하는 집단의 추종자들을 매혹한다.

호남지역 주민들은 김대중을 그들 지역집단의 지도자로 생각하고, 그에게 지역발전의 희망과 기대를 걸었으며 그의 말에 복종하고 그를 열광적으로 지지했다. 따라서 호남지역은 김대중의 확고부동한 정치적 기반이 되고 있었다.

영남지역주민들도 마찬가지였다. 이들은 대통령이 단지 그들 지역집단의 지도자일 뿐아니라 한국근대화를 성공적으로 추진하고 있는 전국민의 지도자라고 생각하고, 영남지역의 보다 큰 발전은 물론이고 국민경제의 지속적인 고도성장을 위해 대통령의 계속집권이 불가결하다고 믿고 있었다. 따라서 영남지역은 대통령의 반석같은 정치적 지지의 터전이었다.

그리하여 영호남지역에서 여당과 야당은 지역사회의 집단의식과 지역사회에 기반을 둔 정치조직과 정치활동을 강화하고 대중을 동원했다. 이에 따라 영호남지역에서는 다른 지역에 비해서 높은 수준의 정치참여가 폭발했다. 그리고 여당과 야당의 정치인들은 선거에서의 승리를 위해서 주민들의 지역감정에 호소하고 지역주의를 자극하는 발언을 서슴치 않았다. 여당은 "야당후보가 이번 선거를 백제와 신라의 싸움이라고 주장해서 전라도 사람들이 똘똘 뭉쳤으니, 우리 경상도 사람들도 똘똘 뭉치자"고 했다.

야당은 "호남사람이 받은 푸대접은 1,200년 전부터이다. 서울 가면 구두닦이, 식모는 모두 전라도 사람이며, 남산에서 돌을 던져 차가 맞으면 경상도요, 사람이 맞으면 전라도다"고 선동한 것이 그 하나의 예다. 여당과 야당은 지역적 연고를 정치의 도구로 쓴 것이다. 여당은 지역감정을 이용해 영남지방에 여당의 방어선을 구축했으며, 야당은 호남지역의 경제적 차별과 푸대접에 초점을 맞춘 지역감정을 이용해 정치세력집단을 규합했다. 야당과 여당은 영호남지역 유권자들의 지역감정을 자극함으로써 지역적 응집력과 지역적 적대감을 강화시켰다.

영호남주민의 상호적대감은 자기지역출신 후보에게 표를 몰아주는 행동으로 이어졌고, 이것은 다시 서로의 적대감을 정당화하고 확산시켜 주었다.

여당과 야당은 이처럼 지역주민의 원초적 감정을 자극함으로써 표를 모으려 했다. 그 결과 대통령은 경상남북도에서 4분의 3정도의 압도적인 지지를 받았고 김대중은 전라남북도에서 3분의 2에 가까운 지지를 받았다.

결국, 대통령선거에서 여당과 야당의 이러한 투표전략은 영호남인들의 지역감정을 더욱 심화시키는 중대한 요인이 되었다.

이러한 지역감정 때문에 영남권과 호남권출신은 서로 상대지역에서 국회의원 출마를 하지 못했다. 당선가능성이 없었기 때문이었다.

지역감정과 상호적대감은 영남권과 호남권의 지역사회 간에 협조관계를 붕괴시켰고, 반목과 갈등을 심화시켰다.

양대 정당의 정권투쟁이 지역집단 간의 갈등과 겹쳐 상호대립하는 두 지역이 선거를 선과 악의 싸움으로 보았고 그 결과 정치적 신념에 따라 다른 정당으로 옮기는 것은 그 지역의 배신자로 낙인찍혔다.

사회집단의 연대가 지역에 의해 양극화되고 이러한 지역적인 분열의 구분선에 따라 정치적 연대가 형성되는 경우 양당제는 사회의 통합을 돕기보다는 사회의 분열과 대립을 격화시킬 수가 있다.

1971년 대통령선거를 계기로 우리의 양대 정당은 지역적인 구분선에 따라 분열되고 있었다. 양대 정당은 저마다 거의 완전히 분리된 두 개의 지역적 단위를 대표하고 있었는데 그 무렵에 생긴 국론분열은 양대 정당의 지역주의적인 선거전의 필연적인 결과였다. 여당인 공화당과 야당인 신민당의 지역적인 분열은 국론분열을 가져왔고 국민통합을 저해했다.

따라서 대통령선거나 국회의원선거에 있어서 이러한 지역감정과 적대적인 지역주의가 그대로 방치되어 지역분열과 국론분열이 더 악화된다면 그것은 정치적, 사회적 안정을 파괴함으로써 자립경제 건설, 자주국방 건설 그리고 민주주의 기반조성 등에 치명적인 저해요인이 되고 만다는 것이 대통령의 판단이었다.

4·27대통령선거에서 나타난 또 하나의 중대한 선거폐해는 우리나라 헌정사상 처음으로 민주주의의 사멸을 가져온다는 이른바 대중선동정치가 그 모습을 드러냈다는 사실이었다.

김대중의 가장 중요한 선거전략은 '대중선동'이었고, 대중선동의 수단은 김대중에 의해서만 조종되고 통제되는 여러 갈래의 비밀결사와 대중조직이었다.

김대중은 선거일 6개월을 앞두고, 그러니까 거의 반년 동안 전국의 주요 도시를 돌면서 수십만 명을 동원한 대규모의 군중집회 선거유세를 함으로써 온 나라를 선거열풍으로 들끓게 만들었다.

김대중은 선동가의 주된 무기인 대중영합의 수법을 구사했다. 그는 유권자 대중의 인기에 영합했고, 그들의 비위를 맞추었다.

중요한 국가정책에 대한 자신의 입장을 인기에 맞추어 결정했다.

국가의 발전을 위해 필요한 정책이라고 하더라도 대중의 인기가 없으면 반대하고, 반대로 국가의 발전과 안전을 저해하는 정책이라고 하더라도 대중의 인기가 있으면 이를 지지했다.

그의 언행이나 결정은 자신의 판단이나 지성에 따라 이루어지는 것이 아니라 유권자 대중의 환심을 사고, 인기를 얻을 수 있느냐 없느냐에 따라 좌우되었다.

김대중은 선거에서 한표라도 더 얻기 위해서 이해관계를 달리하는 모든 사회계층과 사회집단의 환심을 사려고 서로 모순되는 정책을 마구 공약했다. 부자에게도 추파를 던지고 가난한 사람에게도 손짓을 하며, 근로자와 농어민, 공무원과 군인 등 모든 계층의 인기를 얻기 위해 달콤하고 무책임한 집권공약을 쏟아냈다.

김대중은 유권자들이 원하는 것이라면 현실적으로 실현될 수 없는 일이나 또는 해서는 안 될 일을 무책임하게 약속함으로써 유권자대중들에게 그들의 욕망을 채워 줄 인물이라는 환상을 안겨 주었다. 그래서 유권자대중들은 곤충이 빛을 찾는 것처럼 본능적으로 그들이 원하는 것을 약속하는 선동가 김대중에게 몰려들었다. 선거유세장에 모인 유권자대중들은 대부분 냉철하고 논리적으로 생각하지 않으며, 또 주체적인 판단능력을 결여하고 있기 때문에 선동가의 대중조작과 조종 그리고 그의 말에 쉽게 빨려들어갔다.

김대중의 대중선동수법이 가장 뚜렷하게 드러난 것은 이른바 '야간 대중유세'였다. 그것은 야간에 조성될 수 있는 심리적 충동을 최대한 이용하여 대중을 선동, 조정하는 히틀러의 수법을 그대로 본뜬 것이었다. 희대의 선동가 히틀러는 대중의 감정을 거의 미칠 지경으로 흥분시켜 대중을 자기 마음대로 조종하는 대중선동극을 연출했다.

목소리 하나만으로 수많은 사람을 열광케 하고 분노와 증오로 불타게 하며 공포와 폭력의 광란 속에 몰아넣었고, 대중의 격앙된 감정을 자극하여 이들을 파괴적 투쟁으로 유도하고 폭도를 선동해서 방화와 폭행을 자행케 하고 자신이 조성한 폭력과 혼란의 탁류에 편승해 자기의 정치적 야망을 이루려고 했다.

김대중은 바로 이러한 수법을 구사했다. 투표 하루 전날인 4월 26일 김대중은 서울대학교 운동장에서 '야간유세'를 했다. 그런데 유세가 끝난 뒤 폭력난동이 벌어져 그 와중에 2명이 사망하는 유혈

사태가 발생했다. 김대중은 정부의 기관원이 자기를 해치려고 폭력난동을 자행했다고 주장했다. 그러나 그의 주장은 새빨간 거짓말이었다.

김대중은 선거전 초반인 71년 1월 28일에도 자기 집에 폭발물사건이 터지자 이것을 정부의 정치테러라고 주장했다. 그러나 경찰과 검찰 조사결과 김대중의 조카인 김홍준이 범인임이 밝혀져 2월 10일 구속됐고, 김홍준이 범죄사실을 자백함으로써 그 사건이 선거를 앞두고 벌인 자작극임이 드러났다.

경찰은 야간유세장의 난동사건도 김대중 측의 자작극이라 보고 있었다.

그것은 김대중 측의 지하조직과 비밀결사단이 폭력난동을 자행하고 한두 사람이 희생되는 사태를 연출한 뒤 이 사건은 중앙정보부 요원들이 야당 대통령후보를 해치려한 것이라고 선전함으로써 투표일 하루를 앞두고 대통령을 궁지에 빠뜨리고 유권자들의 투표방향을 김대중에게 유리하게 역전시키려는 김대중 후보 측의 마지막 자작극이었다는 것이다.

그렇지 않아도 대통령은 김대중의 대규모 대중집회유세와 야간유세는 대단히 위험한 것이라고 우려하고 있었다. 왜냐하면, 68년부터 남한에 무장게릴라를 남파하여 양민학살과 파괴를 자행하고 남파간첩들에게 우리 정부의 요인 암살을 지령해 온 북한의 김일성이 우리의 대통령선거 때, 대중집회유세장이나 특히 야간유세장에 무장간첩이나 게릴라를 잠입시켜 무차별 테러를 자행하거나 야당의 대통령후보를 저격하는 사태라도 생길 경우, 걷잡을 수 없는 혼란이 생길 것이고 이러한 혼란을 틈타서 김대중의 공작원이 '정부기관원이 김대중을 해치려 했다'고 선동하면 분노한 김대중 지지군중은 순식간에 폭도로 돌변해 폭동을 일으킬 위험성이 있다고 보고 있었기 때문이었다. 따라서 정부의 기관원이 김대중의 야간유세장에서 폭력난동을 자행하는 일은 있을 수 없는 일이었고, 또 사리에도 맞지 않는 이야기였다.

김대중은 빈곤층과 실업자와 근로자 등 이른바 무산대중을 주요한 선동대상으로 삼아 정권획득을 노렸다는 점에서는 히틀러와 일치했다. 그러나, 김대중과 히틀러는 그들이 추구하는 목표에 있어서 근본적인 차이가 있었다.

히틀러는 공산주의를 적대시하는 우파성향의 정치인으로써 국가사회주의 건설을 지향했다. 이에 반해 김대중은 북한의 주장에 동조적인 좌파성향의 정치인으로서 남북한연방제를 추구하고 있었다. 이것은 김대중의 집권공약을 보면 누구도 부인할 수 없는 사실이었다.

향토예비군 철폐, 학생교련 폐지, 병역연한 2년 단축, 김일성과의 통일회담 추진 등 그의 안보통일 정책은 무력적화통일을 획책하고 있는 북한을 앞에 두고 우리 스스로 무장해제를 하자는 것이었다.

대중민주주의, 대중경제, 대중복지라는 구호를 내세우고 세금 20% 인하, 비료값 30% 인하, 공무원 봉급 2배 인상, 교과서 무상배부, 부유세와 특별행위세 신설 등 그의 경제정책은 가진 자들의 재산을 박탈하고 이것을 무산대중에게 분배하겠다는 남미좌파들의 사회주의 정책과 다름없는 것이었다. 다시 말해서 김대중은 빈부 간의 갈등과 투쟁을 부추기고 빈민대중을 선동하여 정권을 쟁취하려 했다.

플라톤은 일찍이 빈부 간의 계급투쟁을 아테네 사회의 중요한 재앙이라고 보았다. 아테네가 상업의 발전에 의해 부(富)를 회복하자 산업가들과 상인들과 금융가들이 부의 정상에 올라서게 되었고, 그 결과 부자와 빈자간의 격차가 차츰 더 벌어지게 되었다.

플라톤이 표현한 대로 아테네는 '서로 투쟁하는 두 도시, 즉 그 하나는 가난한 자들의 도시이며 또 다른 하나는 부자들의 도시'로 양분되었다. 가난한 자들은 입법(立法)과 조세(租稅)와 혁명을 통해 부자들을 약탈할 계획을 세웠다. 부자들은 가난한 자들에 대한 자체방어 체제를 조직했다.

플라톤은 '통치'란 전문적인 직업이며 특별한 능력이 요구된다고 믿고 있었고, 올바르게 통치할 수 있는 사람들이 정치를 해야만 국가가 부강해질 수 있다고 생각하고 있었다. 그러나 과두 정치가들은 통치를 부자들의 특권으로, 민주주의자들은 통치를 가난한 자들의 특권으로 여겼다. 그리고 이 두 당파에서 통치의 능력과는 무관한 여러 가지 이유로 정부가 선택되었다. 그 결과 국가의 기구는 계급 이해추구의 도구가 되었다.

국가의 법률은 공평하지 못했고, 어떤 집단의 특수한 목적에 종속되고 말았다. 이러한 이유에서 플라톤은 아테네의 민주정치를 신랄하게 비난했다. 사람들은 스스로 지배하기를 주장했고 특정한 전문가의 정책결정을 수락하는 것을 반대했고, 민회(民會)가 모든 중요한 결정을 내렸다. 그 결과 민중은 무능했으므로 권력은 선동정치가의 손아귀에 넘어갔으며, '통치'란 현명한 정치가의 특권이 아니라 민중을 부추기고 그들의 기호에 영합할 줄 아는 대중선동가의 특권이 되었다는 것이다.

플라톤은 이 대중선동가는 자기의 특권을 유지하기 위해 사병을 조직하여 민중을 억압하고 자기에게 반대하는 모든 사람들을 숙청하여 결국 독재자로 변신했다고 지적하고 아테네 민주주의를 사멸시킨 것은 바로 대중선동 정치인이라고 개탄했다.

민주주의국가의 선거에 있어서 빈곤층 대중에게 영합하고 이들을 선동, 조정하여 이들의 환심과 인기를 차지하는 데 능숙한 대중선동가가 그러한 수법으로 권력의 자리에 버젓이 올라앉은 일은 20세기에 있어서도 여러 나라에서 되풀이되었다.

1930년대의 독일에서 히틀러로 하여금 정권을 장악하게 한 폭발적인 사회적 세력은 반항적인 하급중산계층이었다. 이들은 부유한 계층으로부터 부당한 처우와 냉대를 받으면서 고립되어 있는 불우하고 가난한 계층이었다. 그들은 아무도 그들을 구제해 주는 사람이 없었기 때문에 '국가사회당'을 조직하여 정치지배권을 장악함으로써 스스로를 구제하려고 했던 것이다. 독일에 이와 같은 불만계층이 존재하고 있었기 때문에 히틀러는 국가사회주의 독재체제를 확립할 수 있었던 것이다.

1946년 아르헨티나에서는 페론이 집권한 뒤 자신의 권력기반으로 도시노동자들을 조직화하기 위해 민중주의를 시도하였고 그것은 도시노동자계급의 과도한 정치적 활성화를 가져왔고 강력한 노동조합은 과도한 임금인상요구를 관철하여 국민소득의 보다 큰 몫을 차지하기 위해 전투적인 힘을 동원했다. 그 결과 인플레의 심화, 투자와 생산의 위축, 상품의 국제경쟁력 약화로 수출이 둔화되었다.

결국 정치권에 의해 악용되는 민중주의 운동은 군부의 정치개입을 자초하여 민중주의운동과 군사쿠데타가 악순환 되는 가운데 정치적 불안과 경제적 위기의 악순환이 이어졌고, 그 결과 경제는 성장이 멈추고 침체의 늪으로 빠져들었다. 그리하여 1차 세계대전 뒤 국민소득 기준으로 세계 10대 선진국 대열에 올라있던 아르헨티나는 엄청난 외채와 극심한 인플레 그리고 깊은 불황에 허덕이는 빚더미 나라로 전락했다. 그래서 학자들은 이러한 현상을 '아르헨티나병'이라고 지칭하고 있으며, 민중주의운동의 폐해를 말할 때 그 대표적인 국가로 아르헨티나를 꼽고 있다.

그리고 2차 세계대전 뒤 서구민주주의와 자본주의경제 체제를 도입하여 경제발전을 추진한 개발도상국가들도 거의 대부분 빈부투쟁으로 인한 국가위기에 직면하여 민중혁명과 이를 막으려는 군사쿠데타의 악순환에 빠지고 말았다.

증오에 찬 빈부투쟁은 자유로운 정당활동이나 공명한 선거를 실시하는 데 필요한 최소한의 합의를 형성할 수 없게 했고 의회민주주의의 정상적인 운영을 불가능하게 만듦으로써 민주주의는 뿌리를 내리지 못하고 질식사했다.

일찍이 아리스토텔레스는 민주정치를 중산계급지배와 동일시하였고 중산계급이 건재함으로써 비로소 민주정치가 건재할 수 있다고 지적했다. 토크빌 또한 부와 지식이 극소수의 사람들의 손에 집중되어 있는 사회구조는 민주주의에 도움이 되지 않는다고 갈파한 바있다.

국민들 간에 소득이 불평등하게 배분되는 경우에는 어떠한 나라도 민주적 정부형태를 장기간 유지할 수 없다는 것이다.

계급 간의 대립현상이 진행됨에 따라서 우파인 보수당은 자유기업제도의 수혜자(受惠者)들을 대변하고, 좌파인 혁신정당은 가난하고 억압받는 무산자들을 대변하여 좌·우파의 대립이 서로 융화될 수 없을 정도로 심각해지면 심각해질수록 의회민주주의는 그 기능을 할 수 없게 된다는 것이다.

우리나라는 아직 빈부갈등의 폐해를 시정할 수 있는 여건이 마련되어 있지 않은 상황에서 김대중에 의한 대중선동정치의 출현을 보게 된 것이다.

대통령은 만일 김대중이 빈부 간의 갈등과 투쟁을 부추기고 빈민대중을 선동하여 정권을 잡는 데 성공한다면 그의 대중선동정치도 우리나라의 민주주의를 사멸시킬 수 있다는 점에서 매우 위험한 일이라고 우려했다.

그러나 대통령이 김대중의 선동정치가 민주 한국의 앞날을 위해서 위험한 일이라고 걱정한 것은 그것이 민주주의의 존속차원뿐만 아니라 국가의 존립차원에서 중대한 문제를 제기하고 있다고 보고 있었기 때문이었다.

북한의 주장에 호의적이거나 동조적인 선거공약과 함께 그가 대중집회에서 벌인 선동적인 유세행각은 이 나라에 지역분열, 빈부투쟁, 국론분열, 정치불안, 사회혼란 등의 선거폐해가 극에 이르도록 만듦으로써 나라 전체가 파열되는 듯한 위험한 상황이 수개월 동안 이어졌다.

대통령은 이러한 사태는 바로 김일성이 직접 또는 간접침략으로 남한을 공산화할 수 있는 여건이 조성되었다고 오판하고 또다시 불장난을 저지를 위험성이 있는 그런 상황이라고 우려했다.

그 무렵 김일성은 공식석상에서 75년까지는 한반도를 무력으로 적화통일하겠다고 외치면서 전쟁준비에 광분하고 있었다. 75년은 10월 유신 이전의 구헌법대로 한다면 대통령과 국회의원의 선거가 있는 해다. 선거의 해는 사회혼란과 정치불안 그리고 행정공백 등으로 우리의 국력이 가장 약화되는 시기다. 특히 71년도의 대통령선거는 국가가 흔들릴 정도의 대혼란을 가져왔다.

만일 75년도의 대통령선거 때에도 71년도의 대통령선거 때와 같은 대혼란이 재연된다면 김일성이 대대적인 게릴라전이나 서울 점령을 목표로 하는 국지전이나 또는 6·25때와 같은 무모한 전면전을 도발하는 국가위기가 발생할 가능성을 배제할 수 없다는 것이다.

"도대체 그런 선거가 어디 있는가, 다시 한 번 그런 식으로 대통령선거 하다가는 나라가 결판나겠다. 군중이 수십만이 모여 있는데 김일성이 마음만 먹으면 무슨 짓을 못하겠는가?

여당후보가 저격당하는 것도 큰일이지만 반대로 야당후보가 당하면 당장 내란이라도 일어날지 모른다. 이북 무장공비가 우리나라 경찰복 같은 것을 입고 수류탄이라도 터뜨리면 어떻게 막겠는가? 그런데도 꼭 이런 식으로 대통령을 뽑아야 하는가?"

이것은 71년 6월 초 대통령이 가장 신뢰하는 법무장관 신직수에게 선거제도개혁의 필요성을 강조하면서 남긴 말이다.

그래서 대통령은 그러한 국가존망의 위기가 발생하기 전에 이에 대비할 수 있도록 대통령선거제도의 폐해를 없애거나 최소화할 수 있는 제도개혁을 할 필요가 있다는 생각을 하고 있었다.

대통령은 1978년 5월 18일 저녁에 쓴 일기에 71년 4·27대통령선거과정에서 선거제도개혁을 결심하고 있었음을 보여 주는 글을 남겼다.

"71년도 우리나라 7대 대통령선거 양상을 상기한다. 일부 인사들은 그것이 아주 잘하는 민주선거라고 했다. 그러나 그것은 매우 위험한 방식이다. 특히 지척에 북한을 두고 있으면서 그러한 선거를 해야 한다고 주장하는 사람들은 정신이 나간 사람이라 하지 않을 수 없다. 비단 우리나라뿐 아니라 다른 나라에서도 그런 방식은 이제 지양되어야 할 것으로 믿는다. 민주주의를 잘 한다고 남으로부터 칭찬들으려다가 자칫하다가는 국권이 송두리째 넘어가는 모험을 하는 것은 지극히 어리석은 짓이라 하지 않을 수 없다."

본디 선거는 이론적으로는 국민주권을 확인하는 의식(儀式)이라고 하지만, 실제에 있어서 선거라는 의식 그 자체는 하나의 연극에 지나지 않는다는 주장이 있었다.

1968년 미국에서 실시된 대통령선거에 대해 유진 매카디 상원의원은 "그것은 대통령선거가 아니라 민의를 타진해 보기 위한 연극이었다"고 논평했다. 또 하버드대학 생물학 교수로 노벨상 수상자인 조지윌드는 다음과 같이 말했다. "험프리와 닉슨 둘 가운데 하나를 선택해야 할 뚜렷한 명분이 없다. 그러나 투표에는 선택이 따른다. 우리에게 진정한 의미의 선거란 없는 것이다. 있다면 단순한 의식(儀式)이 있을 뿐이다."

한편 민주주의는 정부를 구성하는 방법이며, 절차다, 따라서 주기적으로 선거를 치르고 정부가 바뀌기만 하면 그것이 민주주의를 하는 것이다, 선거가 국론을 분열시키고 사회혼란을 야기하고 경제파탄을 가져와도 그것들은 민주주의의 비용이며 대가라고 생각해야 한다는 주장을 하는 학자도 있고 정치인도 있다.

그러나 그러한 주장은 절차 또는 의식으로서의 선거 그 자체만을 절대시 하고 선거의 폐해를 무시하는 이른바 선거지상주의자들의 편견이라는 비판을 받고 있다.

모든 선거에서는, 그것이 대통령선거든 국회의원선거든 여러 명의 입후보자 가운데에서 최다득표자가 당선된다.

즉, 선거출마자의 능력이나 성분이 어떻든 간에 선거에 출마하여 최다득표를 얻게 되면 대통령이나 국회의원으로 당선된다. 그러나 이것은 국가와 국민의 안녕과 복지를 위해 헌신적으로 봉사하는 책임 있는 국민의 선량을 선출한다는 선거 본연의 목적에 어긋날 뿐 아니라, 국가와 국민을 위해서는 위험한 정치적 재앙으로 귀착될 수 있다.

또 모든 선거에서는, 그것이 선진국의 선거든, 개발도상국의 선거든 정치불안과 사회혼란의 광풍이 불고, 인플레와 경기침체의 고질병이 재발되어 나라 전체가 요동치고 국정이 크게 흔들린다. 이러한 선거의 폐해와 그 후유증은 부강한 선진국으로서도 감당하기 어려운 정치적, 경제적, 사회적 부담을 증대시켰고 이를 수습하는 데 많은 노력과 시간이 필요했다. 그래도 선진국들은 이런 시련을 막강한 국력을 바탕으로 잘 극복해 나갔다. 그러나 개발도상국의 경우 선거의 폐해와 그 후유증을 스스로 극복하기에는 그들의 국력이 너무나 빈약했고, 그들의 정치적 수완이 너무나 미숙했다. 그 결과 개발도 상국가에 있어서 선거를 한번 치르고 나면 부정선거 시비로 정치투쟁이 격화되고 대중선동가는 가난한 근로대중을 선동하여 민중혁명을 획책하고 군부의 장교들은 이를 막기 위해 구데타를 감행했다. 그 결과 민주주의는 질식되고 말았다. 그리하여 이른바 선거지상주의자들이 말하는 '민주주의 비용'이라는 것은 개발도상국에 관한한 '민주주의의 무덤'으로 귀결되고 말았다. 선거를 할 때마다 나라가 결딴이 났다. 그래서 '선거망국론'이 나온 것이다.

따라서 선거를 하고 정부를 바꾸기만 하면 그것이 민주주의를 하는 것이라고 주장하는 선거지상주의는 무책임하고 위험한 발상임이 드러났다.

정치의 현실에서 실제로 나타나는 선거의 폐해를 경험한 많은 학자들은 선거의 위험성은 너무나 분명하다고 말한다.

토크빌(de Toequeville)은 그의 저서인 《미국의 민주주의》 제8장에서 미국의 대통령선거는 그 차체로서 큰 위기라고 쓰고 있다. 그는 미국의 광대한 국토가 작은 동요들이 큰 내란으로 발전되는 것을 막으므로 주기적인 선거의 격변에서 생존할 수 있었다고 믿고 있었다.

그래서 선진민주국가들은 정치불안, 사회혼란, 금권정치, 선동정치 등 여러 가지 선거폐해를 시정하려는 노력을 오랫동안 꾸준히 해 왔다. 그러나 선거제도의 혁신을 이룩한 나라는 찾아보기 어려운 실정이다.

대통령은 4·27대통령선거에서 드러난 선거폐해를 보면서 우리가 민주주의를 하고 선거를 하는 것은 국가의 발전을 위해서 하는 것이지 국가를 결딴내려고 하는 것이 아니다, 따라서 국가발전을 저해하는 선거의 폐해는 반드시 없애야 하며, 이를 위해서 선거제도를 개혁할 필요가 있다고 생각했다.

그렇지 않아도 대통령은 71년 초에 주한미군 제7사단이 철수하고 미국의 군사원조도 조만간 종료되어 앞으로는 군사분야뿐만 아니라, 경제분야에 있어서도 모든 것을 우리의 자원과 우리의 노력으로 해결해 나가야 한다고 보고, 이를 위해서는 기존의 선거제도, 정당제도, 의회제도에서 유발되고 있는 폐해를 없애거나 최소화할 수 있도록 제도개혁을 해야 되겠다는 구상을 해왔다.

그러던 차에 4·27대통령선거에서 김대중이 전개한 대중선동정치의 위험성을 보면서 이 구상을 실행해야 되겠다는 결단을 내린 것이다.

제7장 정치제도개혁의 구상

서구민주주의 위기

　대통령은 중요한 국가정책을 결정할 때는 언제나 사전에 그 필요성, 그 가능성, 그 예상효과 등을 면밀하게 검토했으며, 이를 위해서 외국의 성공과 실패의 사례, 저명한 학자들의 이론 등을 습득하여 필요한 지식을 축적했다. 그리고 이러한 지식을 바탕으로 해서 정책의 입안에서부터 그 집행과 성과를 거두는 전 과정에 걸쳐서 단계별 실천계획을 세워 추진해 나갔다. 경제개발 5개년계획사업이나 국토종합 개발사업, 고속도로 건설계획이나 포항종합제철 건설, 방위산업 육성사업이나 새마을사업 등 한국의 자립경제와 자주국방의 상징적 사업은 그 구상과 계획과 실행에 이르기까지 대통령이 직접 주도했다.

　대통령은 앞으로 우리가 북한 공산주의자들의 침략적 도발을 억지하고 농어촌근대화와 중화학공업건설, 과학기술교육확대와 방위산업육성 등 부국강병을 위한 핵심사업을 성공적으로 완수하기 위해서 정당제도와 의회제도 그리고 선거제도의 폐해를 없앨 수 있는 제도개혁을 손수 준비했다.

　대통령은 영국, 미국, 프랑스 등 선진민주국가들에 주재하고 있는 한국대사들로부터 그 나라들이 과거에 전쟁, 내란, 경제공황 등의 국가위기를 극복하기 위해서 도입했던 위기정부제도와 그들 나라에서 운영되고 있는 정당제도와 의회제도, 선거제도의 실태, 그리고 서구민주주의의 위기설 등에 대한 여러 학자들의 연구자료를 받아 보았다. 그리고 이러한 자료들을 검토, 연구하여 우리나라 정치제도 혁신의 기본계획에 대한 구상을 정리했다.

대통령이 각별한 관심을 가지고 검토한 것은 서구민주주의의 발상지인 서구에서 이른바 서구민주주의의 위기론이라는 것이 확산되고 있고 정치제도의 개혁문제가 제기되고 있는 현상이었다.

1960년대와 1970년대에 선진민주국가에서는 정치권위의 실추와 행정수반의 무력화 또는 무능화의 현상이 심각한 수준에 이르렀고, 그러한 현상은 일시적이고 우발적인 현상이 아니라 민주주의 정치제도의 구조적인 취약성의 산물이라는 점에서 그것은 서구민주주의의 위기로 인식되고 있었다.

"민주정치가 근대적인 형태로써 문명세계에 도입된 이래의 그 현실적 역사는 민주정치의 앞길에는 끝없이 양양한 장래를 가지고 있다는 예상을 갖게 하는 아무런 실적도 보여 주지 못하고 있다. 그런 실적을 보이기는커녕 도리어 우리들의 경험은 민주정치에는 매우 허약한 점이 있는 관계로 그것이 출현된 뒤부터는 모든 정치형태가 종전보다도 훨씬 더 불안정하게 되었다는 것을 보여 주고 있다."

이것은 일찍이 헨리 메인 경(Sir Henry Maine)이 한 말이다.

메인 경이 지적한 허약성의 원인은 행정권의 무력화(無力化)에 있다. 민주정부는 강하다기보다는 단지 팽창했을 뿐이며 각 부처의 관료주의와 특수한 이익단체의 압력에 맞서기에는 너무나 허약한 존재라는 것이다. 이러한 현상은 의원내각제를 채택하고 있는 나라에서 두드러지게 나타났다.

의회제도는 다수결의 원칙에 기반을 두고 있지만, 산업사회가 이루어지고, 다양한 사회집단이 형성됨에 따라 다양한 이익과 의견들이 대립하여 자기들의 특정이익이나 의견만을 주장하고 다른 이익이나 의견을 배격하는 비타협적인 경향이 늘어났고 그들의 이익이나 의견을 수용하지 못하는 기존 정당들을 불신하고 반정당운동을 일으키거나 새로운 정당을 창당했다. 그 결과 어느 국가도 선거에서 안정세력을 확보하지 못한 채 심각한 정치불안에 시달리고 있는가 하면, 심지어는 공산주의와 좌파세력의 득세로 민주주의 존립자체가 위협받고 있는 나라도 있었다.

결국 소수파의 지지를 받는 정당들의 연립정권이 들어섰고, 이들은 동요하는 연합에 의하여 겨우 지탱되고 있었다.

이처럼 불안정한 연립정부로부터 안정성과 효율성을 기대할 수는 없었다. 연립정부가 관심을 갖는 것은 오로지 보다 오래 버티는 것이었다. 따라서 정파 간의 대립과 분열을 야기할 수 있는 쟁점을 회피하는 데 급급했고, 해야 할 중대한 국사는 처리되지 못했다. 국회는 무능한 존재가 되었고, 국회의 무능은 정부의 무능으로 이어졌다.

이러한 국회의 불안정과 무능 못지않게 중대한 문제는 국회의 비능률이었다. 국회가 어떤 결정이나 입법을 하는 경우에 필요한 절차를 밟는 데 많은 시간이 걸렸다. 이념과 정책을 달리하고 있는 정당들 간의 타협과 절충은 장기간의 토론과 논쟁을 거쳐 이루어졌다. 따라서 국회에서 하나의 결정이 이루어지고 중요한 입법이 확정되는 그 과정은 시간 소모적이고 비능률적이었다. 이러한 국회의 비능률은 행정수반이 필요한 국가정책을 적시에 신속하게 처리할 수 없게 만들었다.

오늘날 지구의 거리는 단축되었고 사건은 너무나 빠르게 전개되고 있고, 사회적 변화도 가속도적으로 빨라지고 있으며, 이런 것이 또한 행정수반에게 신속한 결정의 압력을 가하고 있다. 교통통신의 발달에 의해 시간과 거리가 단축된 결과, 현대의 행정수반은 과거의 행정수반이 겪은 것보다 엄청나게 많은 사건과 분쟁과 정보를 경험한다. 따라서 오늘날의 행정수반은 하루에도 여러 차례 중요한 결정을 내려야 한다. 비능률은 결코 허용될 수 없는 시대가 되었다. 국회의 불안정과 무능과 비능률은 전쟁이나 내란이나 경제공황과 같은 위기에는 국가의 생존을 위태롭게 한다.

독재체제를 상대로 싸우는 민주주의 체제는 1940년 6월 프랑스의 패전이 입증하듯이 비참한 모습을 보였던 것이다.

19세기 말과 20세기 초의 20여 년 동안에도 그랬지만, 20세기 후반에 서구의 의회민주주의제도가 낳은 병폐와 위기는 단순히 그러한 병폐와 위기에 대한 국민들의 실망과 불만을 유발하는 데 그치지 않고 의회제도 자체에 대한 불신으로 이어졌다.

기존 의회제도와 조직은 현대사회보다 훨씬 느리고 단순했던 사회에 적합하게 만들어졌기 때문에 변화의 속도가 빠르고 정치적, 경제적, 사회적으로 다양하고 복잡한 사회에 대응하기에는 너무나 느리고 잘 맞지 않게 되어버렸다. 그리고 선거주민들의 구성에 있어서 다양화가 진전된 결과 의회의원은 '대표'로써 선출되어도 이미 선거민 전체의 일치된 여론을 대변하고 있다고 공언할 수 없게 되어 지역대표의원제도는 개념 그 차체가 문제된다는 것이다. 다시 말해서 13세기의 대의제가 20세기의 사회에 적합할 수 없게 되면서 지역대표제 민주주의제도만이 아니라 그 근저를 지탱하고 있는 사상자체가 시대에 뒤떨어졌다는 것이다.

토인비는 그의 저서 《역사의 연구》에서 산업혁명 뒤 참다운 선거구는 지역단위가 아니라 직능단위가 되고 말았다고 지적하고 정치제도에 있어서 미지의 세계에 속하는 직능대표제를 의회의 모체인 영국은 탐구하려 하지 않고 있으며, 따라서 새로운 시대가 요구하는 새로운 정치제도의 창시자는 그 어떤 '의회모체'의 숭배자는 아니라고 다음과 같이 예단했다.

"의회의 구조를 연구해 보면 그것은 지역별 선거구 대표자의 집합이라는 것을 알 수가 있다. 이것은 그 제도가 생긴 연대와 장소를 보면 능히 짐작할 수 있다. 즉, 중세 서구세계의 왕국은 작은 도읍이 산재해 있었던 촌락공동체의 한 집합체였으며, 이러한 사회의 정치조직에 있어서 사회적, 경제적 목적을 위한 중요한 집단은 인근지역 집단이었고 그것들이 자연스러운 정치조직의 단위가 되어 있었다. 이와 같은 중세 대의제의 기초는 산업주의의 충격에 의해 그 기초가 무너지고 말았다.

오늘날 산업화된 영국의 유권자에게 그의 이웃이 누구냐고 묻는다면 아마도 전국 어느 곳에서 살고 있든 그의 이웃동료는 동업의 철도원이 아니면 동업의 광부라고 대답할 것이다. 진짜 선거구는 지역단위가 아니라 직능단위가 되고 말았다. 그러나 직능대표제는 정치제도상 미지의 세계에 속해 있으므로 안온한 노후의 생을 누리고 있는 '의회의 모체'는 새삼 그와 같은 미지의 세계를 탐구할 마음을 먹지 않고 있다.

영국인이 다시 한 번 새 시대가 요구하는 새로운 정치적 제도의 창조자가 되어서 17세기의 업적을 능가할 수는 없으리라고 생각된다. 새로운 제도가 발견되어야만 할 때 그것을 발견해내는 길은 두 가지뿐이다. 하나는 창조의 길이고 다른 하나는 모방의 길이다. 그런데 누군가가 모방의 대상이 될 수 있는 창조적 행위를 수행하지 않는 한 모방은 불가능하다.

이미 그 막이 열린 서구사회 역사의 제4기에 있어서 누가 새로운 정치제도의 창조자가 될 것인가? 현재로서는 이 목표달성을 위한 그 어떠한 특정 후보자가 존재하고 있다는 유력한 증거가 눈에 띄지 않고 있다. 그러나 다소의 확신을 가지고 예견할 수 있는 것은 새로운 정치제도의 창시자는 그 어떤 '의회 모체'의 숭배자는 아니라는 점이다."

대통령은 직능대표제가 우리나라의 정당제도와 의회제도 그리고 선거제도에서 유발되고 있는 폐해의 상당부분을 해소하는 데 필요하고 유용한 제도가 될 수 있다고 판단하고 있었다.

행정수반의 무력화현상은 대통령중심제를 채택하고 있는 미국에서도 심각한 문제가 되고 있었다.

1960년대의 10년 동안에 미국에서는 다음과 같은 경향들이 나타났다. 기존의 정치, 경제, 사회기구의 권위는 도전을 받았고, 행정부의 권력집중에 반발하여 의회 및 지방정부와 그 행정관서의 권한 확대를 주장하는 경향이 크게 증대되었다.

정치인과 공무원의 오직(汚職)이나 추문을 폭로하는 진보주의자들의 논리가 바로 1960년대의 사상적 흐름에 담겨진 주제들이었다. 그 시기는 민주주의의 물결이 하늘로 치솟아 오르고 평등주의의 파도가 대지를 뒤덮은 시기였다.

그 무렵 민주주의의 물결은 정부의 활동을 실질적으로 증대시킨 반면 정부의 권위는 실제로 감소시키는 결과를 가져왔다.

정부가 국민의 소리에 민감해야 한다는 민주사상은, 정부는 국민의 요구를 들어주어야 한다는 기대를 낳았다.

개인이나 집단들이 정부에 대해 요구하는 사례가 증대했다.

모든 사회집단, 모든 지역집단의 사람들은 자기들의 이익을 증진하고 보호하기 위해 정부의 지원을 당연한 권리처럼 요구하고, 압력을 가했다. 그 결과 정부는 '과중한 부담'을 지게 되고 경제적인 면에서나 사회적인 면에서 정부의 역할은 증대되었고 정부지출은 뚜렷하게 늘어났다. 이러한 정부활동의 증대는 정부의 힘을 증대시켜 주었다기보다는 무능과 취약성을 가져왔다. 개인이나 집단들이 그들의 목적달성을 위해 쓰는 정치적 수단이나 전술도 다양화되어 가두시위, 동맹파업, 폭력행사가 일상화되었다. 그 결과 정부의 기능은 마비되고, 국가의 재정은 팽창되어 인플레가 유발되었으며, 사회적 혼란은 생산과 건설을 정체시켜, 경제는 침체의 수렁에 빠지게 되었다.

의회나 언론계에는 새로운 세대들이 출현했는데 이들은 대통령 또는 의회의 기성권위에 도전했다. 특히 월남전에서 패색이 짙어지면서 반전여론에 민감한 의회가 사실상 권력을 독점함에 따라 의회와 여론의 압력으로 말미암아 대통령은 무력화되었다.

행정부와 의회의 두 권력 간의 균형관계가 깨지고, 행정부의 권력은 약화되고, 의회의 권력은 강화되었다.

국가의 가장 중대한 문제는 전쟁과 평화, 치안과 폭력, 질서와 반란에 대한 문제이며, 이러한 문제를 해결하는 책임과 권한은 행정부 수반에게 귀속되어 있으며 의회는 이러한 권한을 행사할 수 있도록 조직되어 있지 않다.

따라서 대통령이 의회의 지배적인 영향력의 증대로 인해 그 권한을 행사할 수 없게 되면 국가는 중대한 위기에 직면할 수밖에 없다.

이처럼 민주정부를 무력하게 만드는 가장 커다란 요인은 외부의 침략위협이나 좌익이나 우익에 의한 내부의 전복위협뿐만 아니라, 절제의 한계를 모르고 극단으로 치닫는 과잉정치참여와 민주주의 열풍이 거센 사회에 있어서 민주주의의 내부적 역학(力學) 그 자체에 1차적인 요인이 있는 것으로 공인되고 있었다. 즉 민주주의 정치제도는 본디부터 안정을 해치는 힘의 요소를 그 자체 내에 내포하고 있기 때문에 자기 파괴적인 경향이 있다는 것이다.

민주주의의 덕목들인 자유와 평등과 개인주의, 민주주의의 본질적 요소인 정치참여와 정치경쟁 등 민주주의의 고유기능에서 민주정부를 취약하게 만드는 여러 가지 경향들이 파생된다는 것이다. 권위 부정, 지도층에 대한 불신, 정당의 약화와 분열, 정부활동의 균형 잃은 확대로 인한 인플레이션 경향 등은 민주주의의 자기 파괴적 요인 때문에 필연적으로 나타난다.

따라서 민주적 정부는 반드시 자신을 존속시키고 자신을 교정하는 방식으로만 기능하는 것이 아니라, 이러한 경향을 대두시킴으로서 외부의 어떤 기관이 견제를 하지 않을 경우 이 경향이 결과적으로는 민주주의를 붕괴시키게 된다는 것이다.

다시 말해서 민주주의는 그 과정에서 그 어떤 제한을 가하는 것이 어렵기 때문에 민주주의 과정만 끝없이 되풀이될 때 그것은 국가의 통치권을 지나치게 약화시켜 정치체제의 안정을 파괴하고 사회혼란을 야기하여 정부의 통치 그 자체를 불가능하게 만듦으로써 결국은 국가를 쇠퇴와 파멸의 길로 빠뜨리게 된다는 것이다.

그래서 고대 그리스의 철학자들은 가장 안정된 국가체제는 모든 정부형태의 좋은 요소들을 종합한 혼합형태의 정부라고 생각했다.

플라톤은 군주정은 자의적 권력에 의해 멸망했고, 방종한 민주주의는 자유의 남용에 의해서 파멸했던 사실을 설명하면서 군주정이 중용을 지키고, 지혜로 권력을 절제하거나 민주정이 질서로 자유를 절제하는 데 만족했더라면 번영을 계속했을 것이라고 말했다. 다시 말하면, 군주정이 아닌 국가는 군주정의 원리, 즉 법률에 복종하는 현명하고 정열적인 정부의 원리를 수용하고, 민주정이 아닌 국가는 민주적 원리, 즉 자유의 원리와 대중이 참여하는 권력의 원리를 수용하는 혼합형태의 정부체제를 수용했다면 국가가 멸망하지 않고 꾸준히 발전할 수 있었으리라는 것이다.

아리스토텔레스(Aristotle)는 그의 저서인 《정치학》에서 과두정과 민주정의 경험에서 나타난 문제점을 검토한 뒤 최선의 정부형태는 과두정과 민주정의 요소를 현명하게 결합한 혼합형태의 정치체제인 폴리티(polity)라는 결론을 내렸다.

과두정이 과두화하면 할수록 그것은 더욱 억압적인 도당에 의해 통치되는 경향을 띠게 되며, 민주정이 더욱 민주화되면 될수록 그것은 폭민에 의해 지배되는 경향을 띠게 된다, 그리하여 과두정이나 민주정은 모두 폭군정으로 타락하는 경향을 지니고 있으며 폭군정은 그 자체가 나쁠 뿐만 아니라 성공할 가능성도 없으며 파멸의 위기로 치닫게 된다, 가장 단순화된 정치체제는 한 사람의 개인에 의존하는 체제이며 독재는 모두 실제에 있어서 '절대단명'하다, 단순한 형태의 정부는 가장 퇴화하기 쉽다, '혼합국가체제'가 보다 안정화할 가능성이 많다는 것이다.

20세기 후반 서구민주국가들의 학자들도 고대 그리스의 철학자들과 마찬가지로 최상의 국체는 그 조직에 있어서 몇 가지 다른 통치원칙을 결합한 것이라는 견해를 피력했다.

엑스타인(Harry Eckstein)은 《안정된 민주주의의 이론》이라는 논문에서 민주정치체제는 적당히 비민주적인 요소를 내포함으로써 안정성을 유지할 수 있으며, 너무나 민주적일 때 그 체제는 오래 유지될 수가 없다고 강조하고, 영국의 민주정치가 가장 안정성을 갖는 이유는 '대중정치'와 '엘리트정치' 그리고 '법치주의'가 혼합되어 있기 때문이라고 보고 있다.

하버드(William Harvard)는 미국의 헌법도 선출된 군주제도(대통령제도), 귀족정치제도(상원제), 민주정치제도(하원제)의 혼합이라고 보고 있다.

배비트는 그의 저서 《민주주의와 지도자》에서 미국에 있어서의 민주주의의 횡포를 경고하고 전통적인 선거로써 구성되지 않는 대법원과 같은 부분적으로 귀족적인 제도를 찬양하면서, 직접민주주의와 헌법에 의한 민주주의를 구별했다. 즉, 직접 민주주의는 루소나 제퍼슨에 의해 시작된 것으로서, 이들은 인간성에 대해서 환상을 가지고 있었다고 지적하고 헌법에 의한 민주주의는 민중의 의지를 제한하고자 하는 버크와 조지 워싱턴에서 시작된 것이라는 것이다.

직접민주주의는 민중의 일시적 감정적인 반응을 억제하고 유예시키는 것이 불가능함으로 이를 억제하고 유예시키는 제도가 필요하다는 것이다.

미국의 건국초기에 존 애덤스(John Adams)는 "민주주의는 결코 오래 이어지지 않는다. 민주주의는 곧 스스로를 낭비하고 탕진하고 살해한다. 이제까지 자멸하지 않는 민주주의는 한 번도 없었다."

"민중은 국왕과 마찬가지로 폭군적이다"라고 갈파했는데 미국의 헌법을 만든 '건국의 아버지'들은 애덤스의 가설을 승인하고 헌법을 보수적인 것으로 만들었다.

미국에서는 1913년까지 만해도 하원의원만 직접선거에 의해 선출되고 대통령, 상원의원, 사법부 판사는 각각 선거인, 주정부, 임명 등에 의해 간접적으로 선출되었다.

특히 사법부의 대법관들은 선거로 선출되지 않으며, 민주주의적인 다수에게 책임을 지지 않는다. 그러나 사법부는 선거에 의해서 선출된 상하양원의 민주주의적 다수가 가결한 법안을 위헌(違憲)이라고 판결한다. 존 애덤스는 헌법과 상원은 민주정치에 대한 문지기라고 강조했고, 워싱턴은 직접민주주의를 주창한 제퍼슨에게 상원의 역할에 대해 다음과 같은 명언을 남겼다.

"커피를 식히기 위해서는 이를 쟁반에 붓는 것이 좋고, 법안의 열을 식히기 위해서는 이를 상원이라는 쟁반에 붓는 것이 좋다."

프렝켈(E. Fraenkel)은 '민주적인 헌법국가에 있어서의 대표적 구성요소들과 국민투표적 구성요소들'에 대한 그의 연구에서 특히 순수한 국민투표체제와 마찬가지로 순수한 대표체제의 위험들을 구명했다. 그에 의하면 대의기관은 부패에 의해서 도당으로 굳어져 버릴 위험을 자초하여 대표적 성격을 잃을 가능성이 있으며 국민투표체제에는 독재로 타락할 경향이 있다는 것이며, 따라서 현대 헌법국가에로의 발달은 국민투표적, 국민대표적인 민주통치체제의 요소들을 혼합시킴으로써 이루어졌다는 것이다.

대통령은 70년대에 일어나고 있는 국제정세에 급격한 변화와 이에 편승한 북한의 전쟁도발 위험의 증대, 그리고 국내에서 점증하고 있는 산업평화의 위협 등에 대비하고, 제3차, 제4차 5개년계획을 추진하여 부국강병을 위한 핵심사업들을 매듭짓기 위해서는 무엇보다도 사회질서와 정치안정을 유지하는 것이 긴요하다고 판단하고 있었다.

따라서 가장 단순한 민주주의 정치제도의 파괴적인 폐해를 혁파하고 사회질서와 정치안정을 장기적으로 유지할 수 있는 혼합형태의 정부가 우리나라의 실정에서는 바람직한 국가체제가 될 수 있다고 생각했다.

프랑스 제5공화국의 본보기

19세기 후반부터 20세기 초반까지 오랜기간 동안 민주주의의 자기 파괴적인 요인들 때문에 정부의 통치가 불가능상태에 빠져 있었던 프랑스는 1950년대 후반에 민주주의의 정당제도와 의회제도 그리고 선거제도에서 유발되는 폐해를 혁파하고 혁신적인 정치제도개혁을 통해 안정되고 능률적이며, 강력한 정부를 수립했다. 그것이 바로 프랑스 제5공화국이었다.

대통령은 프랑스 제5공화국의 정치제도에 대해 깊은 관심을 가지고 집중적으로 검토했다.

프랑스는 바로 1789년 대혁명을 통해 민주주의를 탄생시킨 나라다.

1870년부터 70년 동안 이어진 프랑스 제3공화국은 의회만능의 내각책임제였다. 상하양원의 국회는 정부를 마음대로 만들기도 하고 갈아치우기도 했다. 난립된 군소정당들이 내각불신임결의권을 시도 때도 없이 남용함으로써 내각의 평균수명은 6개월밖에 안 되었다. 2차 세계대전 뒤 수립된 제4공화국도 12년 동안 22개의 정부가 수립되었다가 붕괴되었다. 특히 제4공화국에서는 공산당이 의회 내에서 원내다수당이 되었다. 이러한 국내적 혼란의 와중에 1958년 해외령(海外領)인 알제리아 주둔군과 식민자들이 폭동과 내란을 일으켜 정부전복을 기도했다.

프랑스 국민의회는 이 국가위기를 타개할 수 있는 유일한 인물로 드골 장군을 지목하고 수상에 임명하고 새로운 헌법을 제정하는 권한을 포함한 비상대권을 부여했다.

1958년 9월 드골은 국민투표로 새 헌법을 확정했다. 이것이 이른바 '드골 헌법'이다. 이 헌법에 의해서 대통령중심제의 프랑스 제5공화국이 탄생했다.

드골은 프랑스에는 국가의 성격과 국가가 구체화해야 할 가치들에 대한 근본적인 문제들에 대해 정당들이 너무나 깊이 분열되어 있기 때문에 그들은 꾸준한 연정을 형성할 수 없다. 공화국이 이 문제를 해결하기 위해서는 정당을 뛰어넘어 존재하는 '국민적 조정자'로서 행정권을 구체화하는 대통령이 필요하며 행정권은 의회로부터 독립해야 한다는 점을 강조했다.

드골은 자신의 소신에 따라 과거 군소정당의 난립으로 정권교체가 극심하여 국정을 마비시켰던 의원내각책임제를 지양하고 국민적 조정자로서의 강력한 대통령중심제도를 채택했다.

이 제도는 다당제 아래에서 의회의 다수를 구성하는 것이 곤란한 상황에서 늘 붕괴될 위험에 노출되어 있는 불안정한 정부를 의회에서 독립한 안정되고 강력한 정부로 만든다는 데 그 목적이 있었다.

그리하여 프랑스 제5공화국의 드골 헌법하에서는 국가의 최고 영도자인 대통령의 지위와 권한이 강화되고, 정치의 안정과 국정의 능률을 보장하는 제도적 토대가 마련되어 대통령의 능력과 예지에 의하여 국가와 국민의 앞날이 결정되게 되어 있었다.

일찍이 프랑스정정의 위기에 대해 버크는 "변화의 수단을 가지지 못한 국가는 보존의 수단을 가지지 못한 국가와 다름이 없다"고 갈파한 바가 있는데, 프랑스 제5공화국은 국가보존의 수단이 될 수 있는 변화의 수단을 강력한 대통령중심제에서 구한 것이다.

드골 헌법 제5조부터 제19조에서는 대통령의 권한을 규정하고 있다. 공화국의 대통령은 그의 조정에 의하여 국가의 계속성과 정부기구의 정상적인 기능을 보장한다. 그는 국가의 독립, 영토의 완전상태, 프랑스연방의 협정과 조약의 보호자가 되어야 한다. 대통령에게는 '조정자'로서의 기능을 수행할 수 있도록 방대한 새로운 권한이 부여되었다. 대통령은 의회를 해산할 수 있고, 행정부와 상하양원의 제의에 따라 정부기구조직에 대한 법률안을 국민투표에 회부할 수 있다.

또 제3, 4공화국에서 행정부를 무력화시켰던 의회를 약화시키기 위해 의회의 권한은 축소되고 행정부의 권한은 상대적으로 강화되었다. 의회의 회기는 가을에 2개월 반, 여름에 3개월을 초과할 수 없었다. 다만, 수상은 필요에 따라 비정기회의소집권을 가지고 있으며, 의회도 다수결에 의해 특별회의를 소집할 수 있었다. 의회의 모든 제안은 정부나 의원들이 제출할 수 있었으나, 의원의 제안은 세금삭감이나 경비증가문제를 포함할 수 없었다.

드골 헌법에 있어서 가장 중요한 것은 동헌법 제16조에 의해 마련된 대통령의 비상대권제도다.

드골 헌법의 기초자로 알려진 미셸 드브레(Michel Debre)는 1958년 8월 27일 상원에서 행한 연설에서 "이 조문은 최악의 상황이 도래하여 공권력의 정상적인 운영이 중단될 경우, 국가의 정통성과 권위를 보장하는 데 그 목적이 있다. 우리는 오늘날 정치적, 기술적 이유로 날로 늘어나는 공권력 운영의 급작스러운 중단위험을 눈앞에 두고 있다"고 말하고, 최고의 위험시에는 프랑스의 독립성, 영토의 보전, 공화국의 안녕을 책임지고 있는 국가원수인 대통령이 다른 구속을 받지 않고 자율적으로 행사할 수 있는 비상대권이 필요하다는 점을 강조했다.

즉, 과거의 긴급권 이론에서는 국가원수 또는 행정수반은 사전예방적이며 자율적인 권한을 갖지 못하고 입법부의 사전 혹은 사후통제를 받게 되어 있었으나, 드골 헌법 제16조는 대통령이 국민적 영도자로서 국가위기에는 국가이익의 판단자가 되어 비상대권을 자율적으로 행사할 수 있게 해야 한다는 것이다.

드골은 1958년 10월 4일 한 연설에서 제5공화국 헌법 제16조는 1940년 6월 프랑스 국민이 겪은 국가위기상태와 핵무기와 같은 현대무기의 발달로 국가의 모든 제도가 완전히 멈출 수 있는 가능성에 대비하기 위한 것이라고 비상대권제도를 설치한 이유를 밝혔다. 드골이 말한 1940년 6월의 국가위기란 바로 2차 세계대전 때 프랑스가 독일군에 유린되는 국가존망의 위기를 뜻하는 것이다. 따라서 드골은 이 비상대권제도가 서구민주주의국가들이 제1차, 제2차 세계대전 때 전체주의 침략세력과 대결하는 과정에서 정착시켜 온 이른바 '위기 정부'를 제도화한 것임을 강조한 것이다.

세계대전 때 영국과 프랑스는 전쟁을 막을 수 없었을 뿐만 아니라, 전쟁수행에 필요한 준비를 하는 데도 비능률적이었고 사태를 유리하게 이끌어가지 못하고 자유롭고 민주적인 국가로서 살아남게 되리라는 가망조차도 보증할 수 없는 무능의 병에 걸려 빈사상태에 빠지고 말았다.

이러한 국가존망의 위기에서 그들은 전쟁 등 국가의 비상사태는 평시의 민주주의제도로는 극복할 수 없으며, 따라서 국민의 안전과 자유를 보호하기 위해서는 정부가 단호하고 책임 있는 조치를 빨리 취할 수 있도록 입헌적 구조를 변경할 필요가 있다고 판단했다. 이러한 판단에 따라 그들은 행정부수반의 권한을 강화하고, 의회의 구조와 운영을 개선하여 빠르고 능률적인 정책결정과 집행의 능력을 보유한 강력한 정부를 구성했다.

이것이 바로 그들이 전쟁에서의 승리와 민주주의체제의 존립을 위해 꼭 필요하거나 불가피한 것이라고 생각해서 채택한 '위기정부제도'였다.

위기정부제도의 핵심은 행정부수반에게 비상조치를 취할 수 있는 비상대권을 부여하고 있다는 데 있었다.

서구의 위기정부들은 국가위기를 극복하기 위해 전통적인 평시의 민주주의 기준이나 원칙에 비추어 보면 비민주적인 것이라고 할 수 있는 독단적인 절차와 강압적 수단에 호소했다.

즉, 전쟁에서의 승리를 얻기 위해 여러 제도들의 기능을 정지시켰다.

의회가 정부의 결정에 참여하는 일은 거의 없었으며, 민간지도자들은 사실상 군부에 의해 지배되고 있었다. 사회 각 방면에서 규율과 기강이 설득과 토론과 비판적 정신을 압도하였고, 국민의 기본권은 제한되었다.

모든 선진민주국가들은 전쟁뿐 아니라, 내란이나 경제공황과 같은 국가적 위기에서도 예외 없이 위기정부제도를 채택했다.

내란은 파괴적인 폭동을 일으키는 폭도들이 정부의 권위에 공공연히 도전하거나 또는 정부를 비합법적으로 탈취하려던가 정부를 전복시키려할 때 일어나는 현상이다. 따라서 사회의 분열과 파괴를 막고 사회통합과 공공질서를 유지하기 위해 정부가 폭도를 진압할 수 있는 강력한 권한을 행사하는 것은 불가피하다는 것이다.

또한 경제침체로 인한 경제적 재난은 전쟁이나 반란과 마찬가지로 국가의 존립과 민주정치제도의 정상적인 운영에 직접적인 위협임이 입증되었다. 특히 1929년과 1930년 사이에 있었던 세계적인 경제위기는 국가의 최고 통치자가 혁신과 통합의 기능을 수행해 줄 것을 요구하였고 그것은 곧 행정부수반의 권한을 크게 강화하는 결과를 가져왔다.

한 마디로 국가가 적국의 침략을 받든가 혹은 불만을 품은 일부 시민의 반란이 일어난다든가 또는 세계적인 경제불황과 같은 국가적 위기에 직면하면 정부는 위기를 극복하고 국가와 국민을 구할 수 있는 조치들을 재빨리 취하기 위해 보다 많은 권한과 폭넓은 재량을 가지고 심지어는 독재적으로 행동할 수 있다는 것이 바로 위기정부제도다.

의원내각제에 있어서는 입법부와 행정부의 통합이 당연한 것으로 받아들여졌고, 내각독재는 대통령독재보다 더 쉽게, 더 확실하게 확립될 수 있었다. 대통령중심제에 있어서는 대통령의 지위와 권한이 크게 강화되었다.

오늘날 모든 민주국가들은 헌법으로 국가적 위기에 국가의 최고 통치자에게 국가위기를 극복하는 데 필요한 비상권한을 부여하고, 필요에 따라 국민의 일부 자유를 유보하거나 제한할 수 있다고 규정하고 있다. 국가위기에서 국가를 보존하기 위해서는 3권의 분립보다는 그 통합이 필요하고, 개인 기본권의 일부 제한이 불가피하다는 것이다. 그리하여 행정부는 단순히 3권 가운데 하나가 아니라 정치체제 그 자체의 핵심체로 등장했다.

현대의 모든 국가의 헌법과 정치체제를 비교분석한 듀커섹크는 선·후진국을 막론하고 전쟁의 영향, 경제와 사회계획의 필요성, 제결정과 법규 증가 등의 이유 때문에 권위구조, 즉 행정부 우위체제가 지배적이라는 결론을 내리고 있다.

정치체제는 권위구조와 정치경합구조로 이루어져 있다. 권위구조는 통치기구 또는 정부를 뜻하며 정치경합구조는 정당체제를 뜻한다.

구미선진국의 경우, 통치기구와 정당체제의 관계에 따라 정치안정과 정치변화의 성격과 방향이 좌우된 나라는 바로 프랑스다.

즉, 프랑스 제3, 제4공화국의 경우처럼 통치기구에 비해 정당체제가 상대적으로 우위를 차지하여 불균형상태를 초래할 때에는 걷잡을 수 없는 정치적 불안과 무정부상태의 혼란을 겪었다.

그러나 제5공화국의 드골 헌법하에서는 정당체제에 비해 통치기구가 우위를 차지함으로써 정치안정이 이루어지고 짧은 기간 내에 정치, 경제, 군사, 과학기술, 문화예술 등의 모든 분야에서 전면적인 변화와 비약적인 발전이 촉진되었다.

드골은 확고한 정치안정의 토대 위에서 과거의 섬유공업과 경공업위주의 산업구조를 중화학공업을 주축으로 하는 현대적인 산업구조로 바꾸는 산업혁명을 주도했다.

드골은 정치개혁에 의한 '프랑스의 영광'과 산업혁명을 통한 '21세기의 프랑스'를 국가발전의 지표로 내세웠다.

드골은 그가 집권한 10년 내에 현대적인 산업을 일으켰고, 독자적인 핵개발을 통해 자주국방의 힘을 비축함으로써 '프랑스의 영광'을 되찾았다.

한때 일부 정치학자와 정치인들은 드골의 정치체제는 드골이라는 특출한 지도자에게 꼭 맞는 맞춤형 정치체제로서 드골 이후에는 지속되지 못할 것이라고 예단했다. 그러나 안정된 행정부에 대한 프랑스 국민의 요구가 변함없이 이어지고 있고, 강력한 대통령의 일관성 있는 지도력을 요청하고 있는 현대 민주국가의 국내외 위기가 상존함에 따라 드골 체제는 드골 이후에도 존속되고 있다. 드골은 갔으나 드골 헌법과 그가 만든 정치제도는 살아 있는 것이다.

드골 헌법의 핵심내용은 정당의 분열과 당쟁으로 인해 안정된 정부를 형성하지 못하고 있는 고질적인 병폐를 혁파하기 위해 정당과 의회가 지배하는 의원내각제를 폐지하고 정당과 의회의 분열과 당쟁에 초연하여 안정의 바탕 위에서 국정을 능률적으로 수행할 있는 강력한 대통령중심제도를 채택하고, 전쟁, 내란, 경제공황 등의 국가위기에 대비하기 위해 위기정부제도의 핵심요소인 긴급초치권을 대통령에게 부여한 것이다.

한 마디로 기존의 정당 지배체제를 약화시키고 통치기구 지배체제를 강화한 것이다.

드골 대통령이 이러한 제도개혁을 단행한 목적은 그 무렵 핵무기로 무장한 미·소양국의 핵전쟁에 대비해서 핵개발 등 자주국방력을 강화하고, 뒤떨어진 산업을 일으켜 공업화를 촉진하려는 데 있었다.

대통령은 오늘날 우리나라의 현실에서 가장 필요하고 유용한 제도개혁을 하는 데 있어서는 프랑스 제5공화국의 정치제도가 적절한 본보기가 될 수 있다고 생각했다.

그 하나는, 우리나라와 프랑스는 정당과 정당정치인들의 분열과 당쟁으로 국력을 탕진, 외세의 침략을 당하여 나라를 잃었고, 또한 나라가 혼돈과 쇠퇴의 나락에서 헤어나지 못한 불행한 역사적 경험을 공유하고 있었으며, 드골 대통령의 정치제도개혁은 바로 이러한 쓰라린 과거와의 완전한 단절을 상징하고 있었다.

그래서 우리의 불행한 과거와의 단절을 이룩하려는 대통령은 프랑스 제5공화국의 정치제도야말로 우리가 본받을 가치가 있는 것이라고 생각했기 때문이었다.

다른 하나는, 프랑스 제5공화국의 강력한 대통령중심제도는 바로 대통령이 오래 전부터 우리나라에 필요한 것이라고 생각해 온 강력한 대통령중심제도와 큰 차이가 없는 것이라고 보고 있었기 때문이었다.

1961년 5·16군사혁명 직후 대통령은 제2공화국의 몰락을 가져온 가장 큰 원인의 하나는 제도적인 면에서 의원내각제도, 상하양원제도, 지방자치제도 등 세계의 최빈국인 우리나라의 현실에서는 도저히 실현될 수 없는 서구민주주의 정치제도를 그대로 본뜬 데 있었다고 판단하고 있었다. 그중에서도 가장 중요한 원인은 4·19혁명에 편승하여 집권한 민주당이 제1공화국의 대통령중심제도를 폐지하고 내각책임제도를 채택한 데 있었다고 생각했다. 그래서 제3공화국에서는 대통령중심제도를 채택하는 것이 바람직하다고 생각했다.

그러나 그 무렵 대통령이 생각한 대통령중심제도는 행정부와 입법부와 사법부가 엄격하게 분립된 미국식 대통령중심제도가 아니었다. 그것은 행정수반인 대통령의 권한을 크게 강화하고 의회와 정당의 권한과 활동을 약화시키고 축소시킨 강력한 대통령중심제였다. 절대빈곤과 북한과의 휴전상태에서 시급한 경제건설을 추진하고 국방력을 강화하기 위해서는 강력한 대통령중심제가 불가결한 것이라고 판단하고 있었기 때문이다.

대통령은 서구민주주의 정치제도는 그것이 내각책임제든 엄격한

3권분립의 대통령중심제든 그 무렵의 우리나라 현실에서는 성공적으로 뿌리내릴 수 없다고 판단하고 있었다. 왜냐하면 우리나라에는 민주주의가 성장, 발전할 수 있는 경제적, 사회적, 정치적 여건이라고는 아무것도 없다고 보고 있었기 때문이다.

서구민주의제도의 모방은 최상의 경우라 해도 결코 찬미할 수 없는 원작의 서투른 모작에 지나지 않았으며 최악의 경우에는 서로 상용(相容)할 수 없는 요소의 결합으로 조화를 이루지 못한 불량한 조립체가 되고 말았다는 것이며, 민주주의제도가 제대로 기능을 발휘할 수 있는 정치적, 경제적, 사회적, 문화적 조건이 없는 상태에서는 의욕이나 희망만 가지고는 민주주의가 이루어질 수가 없다는 것이 입증되었다는 것이다.

따라서 우리가 해야 할 일은 서구민주주의 정치제도를 형식적으로 본뜰 것이 아니라 그것이 이 땅에서 성장하고 뿌리내릴 수 있는 여러 가지 여건을 조성하는 데 우선순위를 두고, 우리나라의 현실에 기반을 두고 우리의 국가적 과제를 해결하는 데 필요하고 유용한 정치제도를 마련해야 한다는 것이 대통령의 소신이었다.

그러나 대통령은 이러한 자신의 소신을 관철할 수가 없었다. 우리의 미약한 국력과 한미동맹에 대한 고려 때문이었다.

그 무렵 미국은 한국을 아시아에 있어서 민주주의의 진열창(show window)을 만들겠다는 계획을 세우고 경제·군사원조를 제공하고 있었으며 미국식 민주주의 정치제도가 정착되기를 바라고 있었다. 따라서 우리나라가 유럽식 의원내각제나 미국식 대통령중심제와 다른 강력한 대통령중심제를 채택할 경우, 미국으로서는 한국도 동남아시아에서 유행하고 있는 권위주의체제를 선택하는 것 아니냐는 의혹을 갖게 될 것이며, 그렇게 되면 한미 동맹관계에 긴장이 생기고 미국이 경제·군사 원조의 중단을 고려할 가능성을 배제할 수 없었다.

만일 정치제도문제로 미국이 경제·군사원조를 중단한다면, 우리는 그것을 감당할 국력이 없었다. 따라서 미국의 경제·군사원조가 이어지는 동안 이것을 최대한 활용해서 자립경제와 자주국방 건설을 완수해야 되겠다는 구상을 갖고 있는 대통령으로서는 우리나라 정치제도의 자주적인 선택문제로 미국과 대립하는 것은 바람직하지도 않고, 현명한 일이 아니라고 판단했다.

그래서 대통령은 1961년 11월 중순에 케네디 미대통령과의 정상회담을 위해 방미했을 때 약속한 바도 있고 또 62년 헌법개정안에 대한 공청회와 전문가들의 토론에서 압도적인 지지를 받은 대통령중심제를 채택했다. 그리하여 이것이 제3공화국의 헌정체제가 된 것이다.

그러나 그렇다고 해서 대통령이 강력한 대통령중심제도에 대한 소신을 포기한 것은 아니었다. 앞으로 우리나라가 근대화과업을 하루속히 완수하여 부국강병의 목표를 이루기 위해서는 지난날 많은 부작용을 가져온 바 있는 서구민주주의 정치제도를 우리 실정에 맞게 개혁해야 한다는 소신을 간직하고 있었다.

대통령은 5·16혁명 직후 출간된 〈지도자 도(指導者道)〉라는 소책자에서 서구민주주의제도가 우리 현실과 맞지 않아 부작용을 초래했다는 사실을 지적하고 새로운 제도를 만들어야 한다는 점을 강조했다.

"서구민주주의제도가 우리 한국과 같은 후진국 사정과 조화되지 못하고 갖가지 부작용을 초래하였음은 이미 우리가 절실히 통감하여왔던 사실이다. 겨우 봉건사회의 범위를 벗어나자 급작스럽게 완전한 민주사회로 전환하자니 순치(馴致)될 리가 없다. 따라서 우리는 어떠한 형태이던 하나의 새로운 제도를 설정하여야 할 것이다."

대통령은 1963년 9월에 출간된 저서 《국가와 혁명과 나》에서 미국은 서구식 민주주의가 우리의 실정에서 실현될 수 있을 것으로 기대하거나 한국의 미국화를 기대해서는 안 된다는 점을 지적하고, 자유라는 이상과 미국의 경제원조를 밑거름삼아 한국 고유의 주체성과 확고한 자아의식을 확립하고 그 위에 자율적 사회가 이루어져야만 한국 민주주의에 대한 미국의 희망이 성취될 수 있다고 천명했다.

"미국은 서구식 민주주의가 우리의 실정에는 맞지 않는다는 것을 이해하여야 한다. 백보를 양보하여 하나의 민족사회가 현대 민주주의제도를 받아들일 수 있는 정도의 제반여건을 갖추고 있다고 하더라도 자주국가인 이상 무조건 동화될 수는 없으며 그 사회의 전통과 문화와 조화를 이루어야 한다.

하물며 경제적으로 정치적으로, 사회적으로 충분한 여건을 갖추지 못한 우리의 현실에서 서구민주제도가 실현될 수 있을 것으로 기대하는 것은 무리한 일이 아닐 수 없다. 그것은 마치 연륜을 무시하고 하루아침에 성인이 되기를 바라는 것과 같다. 그리고 이러한 과정을 거치지 않는다면 유해한 부작용만 자초하는 것이 되고 말 것이다.

우리는 미국의 민주주의의 이상과 경제원조의 의욕을 높이 사는 바이나 그렇다고 이를 통해 한국사회의 미국화를 기대해서는 안 된다. 자유라는 이상과 미국의 경제적인 원조를 밑거름으로 하여 한국 고유의 주체성과 확고한 자아의식을 확립하고, 그 위에 자율적인 사회가 이루어져야만 비로소 미국의 참된 희망은 성취되는 것이요, 또한 외적과도 대결할 수 있는 견고한 방파제가 구축될 수 있을 것이다."

1963년 제5대 대통령선거유세 때 대통령은 민족적 민주주의 또는 한국적 민주주의를 강조하면서 서구민주주의 정치제도는 우리의 실정에 맞게 고쳐야 한다는 신념을 피력했고 그 뒤에도 제헌절이나 광복절 등 기회 있을 때마다 계속 우리나라의 현실에서는 강력한 대통령제도가 바람직하다는 것을 강조해 왔다.

이제 70년대 초에 우리가 직면한 국가위기에 대비하기 위한 제도개혁을 구상하면서 대통령은 그 동안 강조해 온 강력한 대통령중심제보다는 프랑스 제5공화국의 강력한 대통령중심제도가 국가위기를 극복하는 데 있어서 훨씬 더 효과적인 것이라고 평가하고 이것을 우리나라 제도개혁의 본보기로 삼는 것이 바람직하다고 생각한 것이다.

제도개혁의 기본계획

대통령은 그 시대의 국가적 과제를 해결하는 데 있어서 기존의 제도가 유용하지 못한 것으로 판명되었을 경우 이것을 개혁하여 새로운 제도를 창출하는 것은 국가지도자의 중요한 책무라고 생각하고 있었다. 즉 국운을 책임지고 있는 통치자에게 있어서 지도력과 창조력의 궁극적 형태는 새로운 가치와 제도를 창출하는 데 있다고 믿고 있었다.

한 사회가 추구하는 가치는 그 사회의 발전을 자극하고, 한 사회가 선택한 제도들은 그 사회의 발전을 관리한다.

사회의 가치는 국민의 의지와 행동을 바람직한 방향으로 인도하며, 사회의 제도는 국민들을 발전과 성장의 길로 이끌어간다. 따라서 한 사회가 어떤 가치를 추구하며, 그 가치를 실현하기 위해 어떤 제도를 선택하느냐 하는 것이 바로 그 사회의 발전을 좌우하게 된다.

사회의 가치는 논리의 조작이나 상상의 산물이 아니다. 그것은 잘 살아보려고 몸부림치는 국민들의 가장 급박하고 일상적인 필요와 요구를 반영한 것이며, 이러한 가치를 실현하기 위한 수단이 바로 제도다. 즉 제도는 선험적으로 생겨난 것이 아니라 그것들이 생겨난 사회와 국민들이 공통적으로 추구하는 가치를 구현하려는 실천적인 노력의 과정에서 형성되고 발전하는 것이다.

　따라서 모든 제도는 그 시대와 특수한 역사적 상황의 산물이다. 세계의 모든 나라와 국민들은 그들이 타고난 국민성, 그들의 삶의 터전인 지리적 조건, 그들이 성취한 경제발전, 그들이 도달한 지적 수준, 그들이 이루려는 국가목표, 그들이 소중하게 생각하는 가치, 그들이 영위하고자 하는 삶의 방식, 그들이 공유하는 인생관, 이 모든 것에서 서로 다르다. 이처럼 나라와 국민이 서로 다르기 때문에 지금도 나라마다 다양한 제도를 유지하고 있다.

　서구사회가 민주주의 발상지라고는 하지만 나라마다 정치제도가 다르며, 그것은 바로 나라마다의 특수성이 반영되고 있기 때문이다.

　또한, 한 사회의 모든 제도는 그 사회가 추구하는 가치와 목표를 가장 효과적으로 이룰 수 있을 때 가장 좋은 제도로 평가되고 그 사회의 가치와 목표의 실현을 불가능하게 할 뿐 아니라 여러 가지 부작용을 낳음으로써 국가발전과 생활조건의 향상을 저해할 때, 가장 나쁜 제도로 평가된다. 다시 말해서 모든 제도는 그것이 채택된 구체적인 역사적 상황과 시대에 그것이 국가의 발전과 국민의 안녕과 복지에 얼마나 기여하였는가를 기준으로 그에 대한 평가가 이루어진다. 그리고 이러한 평가에 따라 그 제도가 존속되기도 하고 또는 개혁되기도 하며 새로운 제도에 의해 대체되기도 한다.

　대통령은 1970년대 초 행정수반인 대통령이 수호해야 할 최고의 가치는 국가와 국민의 '생존'이라고 판단하고 있었다.

북한의 김일성이 70년대 초반에 무력적화통일을 하겠다고 국내외에 공언하면서 전쟁도발의 기회를 노리고 있는 위기상황에서 대통령이 수호해야 할 가치 가운데에 국가와 국민의 생존보다 더 높고 더 큰 가치는 있을 수 없다고 믿고 있었기 때문이다.

그리고 국가와 국민의 생존을 수호하기 위해서는 대통령의 직무수행능력을 마비시키거나 무력화시킬 수 있는 정당제도, 의회제도, 선거제도의 폐해를 혁파하고 새로운 제도를 창출해야 한다고 생각했다.

기존 정치제도의 폐해를 그대로 방치해둔다면 시도 때도 없이 당쟁과 극한투쟁을 일삼고 있는 무책임한 정치인들이 대통령의 직무수행능력을 마비시키거나 무력화시키는 사태가 언제나 일어날 수 있다고 믿고 있었기 때문이다.

대통령이 기존의 정당제도, 의회제도, 선거제도의 폐해를 혁파하고 새로 창출할 필요가 있다고 구상하고 있는 정치제도는 '위기정부제도'와 '직능대표의원제도' 그리고 국회의 상위기관인 '대의기구' 등이었다.

이 세 가지 제도가 대통령이 구상한 제도개혁 기본계획의 핵심내용이었다.

첫째, 위기정부제도의 도입이다.

대통령은 우리가 70년대에 직면한 국내외 위기를 극복하고 부국강병을 위한 핵심사업을 중단 없이 완수하기 위해 대통령의 지위와 권한을 강화할 필요가 있다고 판단하고 있었으며 이를 위해 무엇보다도 먼저 위기정부제도를 채택하고 대통령에게 강력한 긴급조치권을 부여해야 한다고 생각했다.

즉, 천재지변 또는 중대한 재정, 경제상의 위기에 처하거나, 국가의 안전보장, 또는 공공안녕질서가 중대한 위협을 받거나 받을 우려가 있어서 신속한 조치를 취할 필요가 있다고 판단될 때 대통령은 내정, 외교, 국방, 경제, 재정, 사법 등 국정전반에 걸쳐 필요한 긴급조치를 할 수 있도록 해야 한다는 것이다.

대통령은 국가비상사태에 필요하다고 인정할 때에는 헌법상의 국민의 자유와 권리를 잠정적으로 정지하는 긴급조치를 취할 수 있고, 또 정부나 법원의 권한에 대한 긴급조치를 할 수 있으며, 이러한 긴급조치는 사법적 심사대상이 되지 않고, 국회의 사전 또는 사후통제를 받지 아니하며, 사전예방책으로 대통령이 자율적으로 취할 수 있게 해야 한다는 것이다.

국가위기에 국가보위와 국민의 생명과 재산을 보호해야 하는 헌법상의 책임을 수행하기 위한 대통령의 권한 행사는 국회에서의 정치적 논쟁이나 법원에서의 법적 시비 대상이 되어서는 안 된다는 것이다. 이것은 과거에 대통령의 긴급권에 대한 국회의 사전, 사후통제와 법원에서의 사법적 심사에 따른 여러 가지 폐단을 없애기 위한 것이었다.

오늘날 모든 선진민주국가들은 전쟁이나 내란 또는 경제공황과 같은 국가위기를 극복하기 위해 행정수반에게 비상대권을 부여하고 있다.

지금 우리나라는 무력적화통일을 공언하는 북한의 침략위협 때문에 6·25 이후 최대의 전쟁위기에 직면해 있다.

뿐만 아니라, 이 나라의 자유민주주의체제와 자본주의경제체제를 부정하고 북한공작원들의 인민민주주의 혁명에 동조하고 있는 좌파성향의 지식인과 종교인들이 반체제 민중운동을 조직하여 정부전복을 획책하고 있다.

따라서 국가의 안전보장, 사회질서확립, 공공복리증진을 위해서는 위기정부제도를 도입하고 대통령에게 긴급조치권을 부여하는 것이 절대로 필요하다는 것이다.

대통령은 또한 대통령에게 국회해산권과 중요한 국가정책에 대한 국민투표부의권을 부여할 필요가 있다고 생각했다.

즉, 대통령이 중요한 국가정책을 추진하는 데 필요로 하는 예산안이나 법률안을 심의 의결할 수 없을 만큼 국회가 분열하여 극한투쟁을 일삼는다든가 국회의원들의 등원거부로 국회가 오랜 기간 문을 닫고 있다든가 또는 국회가 대통령의 지위나 권능을 변경하거나 무력화시키기 위한 개헌을 추진할 때 대통령은 국회를 해산하거나 국가정책이나 개헌문제를 국민투표에 부의하여 이에 대한 국민의 판단과 의사에 따르도록 한다는 것이다.

이것은 국회의 독단이나 횡포, 또는 국회의 지배적인 영향력으로 인해 대통령이 그 직무를 수행할 수 없거나 무력화되는 사태를 막고, 행정부와 입법부 간의 대립과 분쟁을 해결하기 위한 것이다.

둘째, 직능대표국회의원제도의 신설이다.

대통령은 과거 10여 년 동안의 국정운영과정에서 직접 겪은 정당제도와 의회제도 그리고 선거제도의 폐해는 그 상당부분이 국회가 4년마다 직접선거로 선출되는 여·야 정당의 지역대표국회의원만으로 구성되어 있는 것에 그 원인이 있다고 보고 있었다. 즉 직업적인 정당 정치인의 재생산, 지역분열과 지역이기주의, 돈선거로 인한 부정부패, 여야 정당의 극한투쟁, 국회의 불안정과 비능률 등의 폐해가 정당의 지역선거구와 지역대표의원제도에서 유발되고 있다는 것이다. 따라서 이러한 폐해를 최소화하기 위해서는 지역대표국회의원의 수를 줄이고 그 선거의 빈도도 줄일 필요가 있다. 즉 국회의 구성과 국회의원선거제도를 개혁할 필요가 있다는 것이다.

대통령은 토인비가 현대산업사회에서는 국회의원의 선거구가 지역단위에서 직능단위로 바뀌었다고 지적한 사실에 주목하고 국회의 구성과 국회의원선거제도를 개혁하는 데 있어서는 직능대표제도가 유용한 것이라고 생각했다.

이를테면, 정당에 소속되지 않고 지역연고와 관계 없는 직능대표 국회의원제도를 신설하고, 지역대표와 직능대표를 2：1의 비율로 해서 국회를 구성한다. 그러면 국회에서 계속 군림해 온 정당의 지역대표국회의원과 그 선거구가 상당수 줄어들게 되고 사회 각 분야의 전문적인 인재들이 직능대표로 국회에 진출할 수 있는 길이 열릴 수 있다. 그리고 지역대표국회의원과 그 선거구가 줄어들면 지방이기주의의 발호현상이나 돈선거로 인한 부정부패도 상당히 줄어들수 있다는 것이다.

또 지역대표의 임기를 현재의 4년에서 6년으로 연장한다. 그러면 선거의 빈도가 줄어들어 빈번한 선거로 인한 여러 가지 폐해가 크게 해소될 수 있다는 것이다.

그리고 하나의 지역선거구에서 1위, 2위 득점자 2인이 당선되도록 한다. 그러면 여야정당이 지배적인 지역선거구에서 여야정당의 후보자가 함께 당선될 수 있는 길이 열려 여야정당이 지역적으로 분열되는 위험성이 완화되고 여야 정치투쟁은 지역대결의 구도에서 벗어날 수 있으며 선거과열에 따르는 여러 가지 폐해가 많이 해소될 수 있다는 것이다.

그리고 직능대표국회의원은 대통령을 선출하는 선거인단에서 대통령이 추천하는 각 분야 전문 인재들을 일괄 선출하도록 한다.

그러면 직능대표들은 제3의 원내교섭단체를 구성하여 여야 양대정당의 극한투쟁을 조정할 수도 있고, 또 여당과 협조하여 원내안정 다수의석을 형성함으로써 여야정당의 당쟁이나 국회의 지배적인 영향으로 인해 대통령이 그 직무수행능력이 마비되거나 무력화되는 위험에서 벗어나 국정을 소신대로 강력하게 추진해 나갈 수 있게 된다는 것이다.

그리고 직능대표의 임기는 3년으로 한다. 그러면 3년마다 변화하는 산업사회의 요구를 반영할 수 있는 인재들을 국회에 진출시킴으로서 지역대표 임기를 6년으로 연장한 데서 생길 수 있는 국회의 정체화를 막을 수 있다는 것이다.

그리고 국회의 회기를 1년에 150일 정도로 제한하고, 국무총리 및 국무위원 출석요구는 본회의나 위원회의 과반수의결로 하게 한다. 그러면 행정부처의 업무처리지연과 국회의원과 공무원의 결탁에 수반되는 부정부패 등 이른바 만년국회의 여러 가지 폐해를 막을 수 있다는 것이다.

셋째, 국회의 상임기관인 대의기구의 창설이다.

대통령은 또한 직능대표국회의원제도를 신설한 데 이어 국회의 상위기관으로 가칭 '통일주체국민회의'라는 새로운 대의기관을 창설한다는 구상을 갖고 있었다.

통일주체국민회의는 그 대의원의 정당가입이 금지되고 국민의 직접선거에 의해 선출되는 국민의 주권적 수임기관으로서 대통령을 선출하고, 국회의원 3분의 1의 직능대표를 대통령의 추천에 따라 선출한다.

그러면 대통령의 직접선거에서 유발되는 대중선동, 정치불안, 사회혼란, 지역분열, 국론분열, 정경유착, 국력낭비 등 이른바 선거망국의 폐해를 없앨 수 있다는 것이다. 그리고 대통령이 추천한 직능대표국회의원은 정당의 배경이나 지역연고가 없는 사회 각 분야의 전문 인재들로서 정당과 지역이익이 아니라 국민과 국가 전체의 이익을 대변하고 국회의 안정과 능률을 높일 수 있다는 것이다.

그리고 통일주체국민회의는 조국의 평화통일을 추진하기 위해 온 국민의 총의에 의한 국민적 조직체로서 통일에 대한 중요정책을 심의하고 국회가 의결한 개헌안에 대한 최종 확정권을 갖도록 한다. 그러면 가장 중대한 국가정책인 평화통일문제와 또 가장 중요한 정치문제인 개헌문제에 대한 정당의 분열과 정치적 논쟁으로 인한 국론의 분열과 혼란을 막을 수 있다는 것이다.

제도개혁의 역사적 배경

대통령은 정치제도혁신에 대한 기본계획을 완성한 뒤 가장 신뢰하고 있는 측근인 신직수 법무장관을 청와대로 불러 내년도 후반에 정치제도혁신을 위한 개헌을 단행할 생각이라고 말하고, 개헌안 준비작업을 맡아줄 것을 당부하면서 왜 개헌을 하기로 결심했는지 그 역사적 배경과 제도개혁의 목적에 대해 다음과 같이 소상하게 설명했다.

"미국은 주한미군과 주월미군을 철수시키면서 아시아에서 발을 빼고 있다. 미국의 군사원조도 조만간 종료된다. 따라서 앞으로는 군사 분야뿐만 아니라 경제 분야에 있어서도 모든 것을 우리의 자원과 우리의 노력으로 해결해 나가야 한다.

김일성은 앞으로 몇 년 내에 미국이 월남주둔미군을 완전 철수시키면 월남은 공산화될 것이고, 주한미군도 5년 내에 완전 철수하면 무력적화통일의 기회가 올 것이라고 생각하고 기습남침이나 남조선에서의 인민민주주의 혁명을 획책하고 있다. 북한의 직접, 간접 침략의 위협은 다음 대통령선거의 해인 75년경까지 그 어느 시기보다도 극심해질 것이다. 그리고 국내적으로는 최근 심화되기 시작한 급진적인 노조들의 파업과 폭력투쟁으로 생산현장에서 산업평화가 파괴되는 현상이 더욱 악화될 것으로 예상된다. 게다가 지난 71년 대통령선거에서 더욱 심화된 지역분열, 계층간 대립, 국론분열, 국력 낭비 등의 폐해는 더 이상 방치할 수 없는 수준에 이르고 있다. 지금 이 땅에는 국가위기의 징후들이 국내외에서 밀려오고 있다. 그래서 이러한 국가위기의 요인들에 대처하기 위해 지난 8월 5일 71년도 '을지연습'에서는 북한의 기습남침에 대응할 수 있는 실전훈련을 했고, 연말에는 국민들에게 우리가 미증유의 국가위기에 직면한 사실을 알리는 국가비상사태를 선언하고 위기극복에 필요한 입법조치 등 대비책을 마련할 생각이다.

나는 북한의 전쟁도발에 대비하여 만반의 준비를 하는 한편 70년도에 8·15선언에서 밝힌 대로 북한에 대해서 무력적화통일 야욕을 포기하고 조국의 평화통일을 위해 우리와의 대화에 응해 올 것을 내년에도 계속 촉구할 생각이다.

지난 9월 20일부터 남북한적십자사회담이 진행되고 있는데 이 회담대표를 통하여 우리 정부는 남북한정부 당국자 간의 회담을 비밀리에 제의하여 11월 20일부터 남북한실무자들이 판문점에서 비밀접촉을 하고 있다. 이 비밀접촉에서 북측이 우리의 제의를 받아들이면 새해에는 남북정부 간에 한반도 평화문제 등에 대한 대화의 문이 열릴 것이다. 그러나 대화를 하게 된다고 해서 김일성이 무력적화통일 야욕을 포기할 것이라고 속단해서는 안 된다. 70년대에는 반드시 무력적화통일을 하겠다고 벼르고 있는 김일성으로서는 이 대화를 이용해서 또 다른 흉계를 꾸밀 가능성이 있다고 봐야 한다.

남북대화를 하게 되면 국민들은 이제 전쟁위험은 없어지고 평화가 정착되고 곧 통일이 이루어질 것이라고 생각하는 성급하고 들뜬 분위기가 조성되어 반공정신이 해이해지고 승공태세가 이완될 것이다. 야당은 대화를 하고 평화가 정착되고 있으니 반공법이나 국가보안법, 예비군이나 대학교련 등은 당장 폐지해야 한다고 주장할 것이다.

북한은 우리 내부의 이러한 내부변화를 이용하여 간첩을 대량 남파, 이 땅에 심어놓은 지하 공산당과 연대해 사회혼란을 조성할 것이다.

우리는 앞으로 이러한 사태발생을 예상하고 이에 대한 대비도 해야 한다.

앞으로 우리와 북한과의 전쟁이나 대화에 있어서 가장 중요한 것은 북한을 압도하는 우리의 국력이다. 전쟁에서 승리할 수 있는 것도 절대우위의 국력이며, 대화를 성공적으로 이끌어 나갈 수 있는 것도 그러한 국력이다.

우리는 이 70년대에 북한에 대해 모든 분야에서 절대우위의 국력을 길러야 한다.

72년부터는 제3차, 제4차 5개년계획을 추진한다. 이 기간 동안에 중화학공업육성, 방위산업육성, 새마을운동, 과학기술교육확대, 수출의 획기적인 증대 등 부국강병을 위한 핵심적인 사업들을 매듭지을 계획이다.

이 핵심사업은 군사적으로는 북한을 압도하는 절대우위의 국력을 배양하여 자주국방력을 강화하고, 정치적으로는 숙련된 기술자와 기능인과 각 분야의 전문가 등 중산층을 육성함으로써 민주주의 발전의 기본여건과 토대를 구축하며, 경제적으로는 앞으로 10년 이상 지속적인 고도성장을 이룩하여 80년대에 선진공업국가권에 진입한다는 국책사업이다.

그러나 한 가지 명심해야 할 일이 있다. 우리가 북한의 직접, 간접의 침략적인 도발을 억지하면서 부국강병을 위한 핵심사업을 완

수하여 획기적인 국력증대를 이룩하기 위해서는 기존의 정당제도와
의회제도 그리고 선거제도에서 유발되고 있는 여러 가지 폐해를 혁
파하고 새로운 정치제도를 창출할 필요가 있다는 것이다.

지난 60년대에 자립경제 건설과 자주국방 건설을 추진하는 과정
에서 행정부가 추진하는 정책을 둘러싸고 여야정당들은 당쟁과 극
한투쟁을 일삼아왔다. 그 결과 행정부는 아무일도 할 수 없는 마비
상태에 빠지는 일이 빈번히 발생함으로써 국책사업들이 지연되고
중단되거나 폐기되었다. 자립경제 건설과 자주국방 건설에 필요불
가결한 외자도입 정책이 야당의 반대투쟁과 저지로 지연되거나 저
지된 일을 생각하면 지금도 가탄할 일이었다는 생각을 금할 수 없
다.

특히, 야당은 한일회담 반대투쟁을 계기로 학생들의 반정부저항
운동에 편승하여 정부전복을 획책했다. 그들은 국군의 월남파병, 경
부고속도로 건설, 포항제철 건설 등 정부가 추진하는 중요한 정책이
나 건설사업마다 계속 결사반대하면서 반정부투쟁을 계속했다.

야당은 정부가 추진한 중요한 국가정책에 대해서 어느 하나도 찬
성한 것이 없고 반대투쟁을 하지 않은 것이 없었다.

나는 이러한 폐단이 되풀이되고 있는 근본적인 원인은 우리가 채
택하고 있는 서구민주주의의 정당제도와 의회제도 그리고 선거제도
에 있다고 보고 있었다.

우리나라는 제1공화국에서부터 제3공화국에 이르기까지 이른바
정당국가체제를 유지해 왔다. 제3공화국 헌법하에서는 대통령과 국
회의원에 출마하려면 정당에 가입하고 정당의 공천을 받아야 하고,
특히 국회의원이 당적을 이탈하면 의원직을 상실하게 되어 있었다.
다시 말하면 국민들은 정당을 통해야만 국회의원이 될 수 있고, 국
회는 정당의 지역선거구에서 당선된 지역대표 국회의원들만으로 구

성하도록 되어 있었다. 무소속출마를 금지하고 복수정당을 육성함으로써 정당정치를 구현한다는 것이 그 근본취지였다.

그러나 정당제도, 의회제도, 선거제도는 그것이 도입된지 20여 년이 지났으나 민주주의 발전에 기여하기는커녕 오히려 정부의 국책사업추진을 저해하는 여러 가지 폐해를 유발했다.

지난날 망국을 자초한 그 고질적인 당파투쟁이 무색할 정도로 당파싸움에 영일이 없었고, 여야정당들은 국회에서 모든 문제에 대해서 대립각을 세우고 극한투쟁을 했다. 여야정당의 극한투쟁은 국회의 불안정과 비능률과 무능화를 초래했다.

여야정당은 선거 때마다 부정부패, 지역분열, 정치불안, 사회혼란을 조장했다. 그리하여 우리의 정당제도와 의회제도, 그리고 선거제도에서 유발되는 온갖 폐해는 우리의 국가건설과 민주주의 발전에 커다란 걸림돌이 되고 저해요인이 되고 있었다.

그것은 부강하고 경험 있는 선진국가의 정치적 수완이나 경제적 재원을 가지고도 쉽게 해결하기 어려운 우리의 국가건설과업을 추진하기에는 너무나 불안정하고 비능률적이며 또 너무나 낭비적이고 소모적인 제도였다. 한 마디로 말하면 그것은 '우리나라의 현실과 처지에는 안 맞는 제도'라는 것이 내 생각이었다.

이러한 정당국가체제의 폐해들을 그대로 두고 과연 우리가 무력 적화통일을 획책하고 있는 북한의 침략적인 도발을 효과적으로 억지할 수 있겠는가, 또 우리의 자립경제 건설과 자주국방 건설을 능률적으로 신속하게 추진할 수 있겠는가, 정당제도와 의회제도 그리고 선거제도에서 유발되고 있는 여러 가지 폐해를 혁파하고 우리나라의 현실에 맞고 우리의 국가적 과제들을 해결하는 데 필요하고 유용한 새로운 정치제도를 창출할 필요가 있지 않은가하는 생각을 해왔다.

나는 70년대 초에 국가위기를 직감케 하는 여러 가지 징후들이 국내외에서 나타나고 있는 것을 보면서 늦기 전에 정치제도의 혁신을 단행해야 되겠다는 결심을 굳혔다.

70년대에 들어서면서 우리의 앞길에는 국제적으로나 국내적으로나 국가위기의 요인들이 중첩되기 시작했다.

주한미군 1개 사단 철수, 미·중공 접근 움직임, 미국의 월남포기 등 미국의 새로운 아시아 정책 때문에 우리의 국가안보를 과거처럼 미국에만 의존할 수 없을 정도로 주변정세가 급격하게 변화하고 있었다. 그 무렵 나는 이른바 '닉슨 독트린'에 따른 미국의 신고립주의 정책을 우려하였고, 특히 주월미군의 철수를 보면서 동맹국에 대한 방위공약을 준수할 미국의 의지와 능력에 대해 의구심을 갖고 있었다. 이러한 우려와 불신은 그 무렵 아시아에 있어서 미국의 지원을 받고 있던 동맹국들의 지도자들도 모두 공유하고 있었지만, 북한 공산주의자들과 지척에서 대결하고 있는 우리의 경우 나의 우려와 불신은 비할 데 없이 컸다.

국제적 긴장완화와 동서화해의 추세가 진전되고 있었으나 그것이 한반도의 평화를 보장하는 것은 아니었다. 오히려 미·소 긴장완화로 생긴 한반도의 힘의 공백상태를 이용해서 적화통일 야욕을 달성해보려는 북한의 침략음모와 준비는 결코 단순한 상상의 산물이 아니라 현존하는 명백한 위협이었다.

우리는 북한의 단독남침에 대해서는 우리 단독의 힘으로 이를 억지하기 위해 자주국방력을 강화하고 있었으나, 아직은 그러한 자주국방력을 갖추지 못하고 있는 상황에서 미국은 주한미군을 철수시키면서 아시아에서 손을 떼고 있었다.

무력적화통일을 위해 주한미군철수를 집요하게 주장해 온 북한의 김일성은 전쟁준비에 광분하고 있었고, 남한에 무장공비를 침투시켜 양민을 학살하고 파괴활동을 강화하고 있었으며, 간첩을 남파하여 지하공산당을 조직, 이른바 인민민주주의 혁명을 획책하고 있었다.

한편, 국제시장의 변화는 우리의 수출에 어두운 그림자를 던져주고 있었다. 1967년부터 신보호주의 정책을 추진해 온 미국은 71년 8월에는 10%의 수입과징금을 부과하고 섬유류의 수입규제 조치를 강화했으며, 이것이 캐나다, 호주, 덴마크 등에 연쇄반응을 일으켜 우리의 수출에 큰 타격을 주고 있었다. 뿐만 아니라 영국의 구주공동시장기구 가입과 블록경제권의 확장과 강화, 국제통화의 불안, 다른 개발도상국가들의 성공적인 공업화 등으로 국제시장은 변화하고 국제경쟁은 치열해지고 있었다.

설상가상으로 이러한 냉혹한 국제여건 속에서 우리 국내에서는 급속한 경제성장에 수반하여 빈부갈등과 노사투쟁, 지역분열과 국론분열 현상이 나타나기 시작했다.

그 결과 정당 간, 계층간, 지역 간에 첨예화된 대립이 발생하였으며, '분파적 이기주의'와 계급귀속주의와 지역할거주의라는 위험한 분열요인이 국론분열을 심화시키고, 만성적인 정치적 불안과 폭력적인 사회적 소요사태, 그리고 산업평화파괴의 위험성을 가중시키고 있었다.

따라서 70년대에 우리가 직면하고 있는 이러한 국내외의 위기상황은 우리가 60년대에 극복해 온 국내외의 위기상황보다는 훨씬 더 위험하고 심각한 국가위기였다.

이러한 국가위기상황에서 야당의 정치지도자라는 사람들은 개인의 자유가 억압되고 있다고 주장하면서 제한 없는 자유를 허용하면 국가안보도, 경제건설도, 민주발전도 저절로 이루어질 수 있다고 국민을 오도하고 있다.

무제한의 자유만 허용되면 안보도, 정치도, 경제도 모두 잘 될 수 있다는 야당정치인들의 주장은 나라를 망치는 위험하고 무책임한 궤변이다. 어떻게 자유의 간판하나 들고 침략자를 무찌르고 경제를 일으킬 수 있다는 말인가?

그들은 민주당정권 때 개인의 자유는 법률로도 제한할 수 없는 신성불가침의 권리라고 주장하면서 무제한의 자유를 허용하고 '자유의 신천지'가 도래했다고 큰소리쳤다. 그 결과 어떻게 되었나? 이 나라는 방종과 무법과 폭력이 난무하는 무정부상태에 빠졌고, 이틈을 타고 북한의 남파간첩들과 이 땅의 용공세력이 합세하여 정부타도를 획책함에 따라 국가는 존망의 위기에 처했고, 결국 구국을 위해 군부가 나섰던 것 아닌가?

이러한 사태가 또 다시 이 땅에서 되풀이되어서는 안 된다.

그렇게 되면 우리는 후진국의 굴레에서 영원히 벗어날 수 없다.

야당정치인들은 우리 역사에 있어서 망국의 치욕을 자초했던 당파싸움의 악습만을 되풀이하고 있다.

오늘날 우리나라의 야당정치인들이 국가안보문제까지도 당리당략으로 악용하고, 위험천만한 주장으로 국민을 선동하며 정부의 국정수행능력을 마비시키는 작태는 반드시 바로잡아야 한다.

오늘날 모든 민주국가의 국민들은 위기에 국가를 보위하기 위해 그들의 자유를 어느 정도 희생하거나 포기할 준비가 되어 있음을 경험을 통해 입증해 주고 있다.

그들은 장래의 어떤 위기, 예컨대 경제불황이나 내란이나 전쟁 등의 위기를 극복하기 위해 그들의 통치자들이 내리는 비상조치에 대해 불안을 느끼지만, 그보다는 국가의 존립과 국민의 생존을 위협하는 위기에 대해 보다 큰 불안을 느낀다.

그들은 그러한 재난으로부터 국가를 보위하고 국민의 자유를 수호하고 보장하는 것은 통치자의 제1차적 책임이며, 통치자는 이 책임을 수행하기 위해 비상조치권에 호소하지 않을 수 없다는 것을 충분히 납득하고 있다. 즉 통치자의 비상조치권은 국민의 자유를 침해할 위험성이 있지만, 자유수호를 위해서는 그것이 불가피하고 불가결한 것이라고 이해하고 있는 것이다.

그들은 강력한 비상권한을 지닌 정부지도자가 민주적이고 합헌적인 정부와 지도자일 수 있고, 또 민주주의 수호를 위해서는 그 어떠한 희생도 결코 지나친 것이 아니며, 민주주의 그 자체의 잠정적인 희생조차도 당연히 감수해야 한다고 믿고 있다.

오늘날 위기에 있어서 민주국가들의 중요한 관심사는 정부의 비상권한을 강화하느냐의 여부가 아니라, 행정수반이 강력한 비상권한을 효과적으로 사용하느냐 못하느냐 하는 그 능력과 책임에 관한 것이다.

왜냐하면 비상권한의 사용을 주저하거나 두려워하는 행정수반을 가졌던 국가들은 중대한 위기에서 살아남지 못했기 때문이다.

다시 말해서 위기에 처한 민주국가들은 정부의 비상권한을 강화할 뿐 아니라 그러한 권한을 유효하게 사용할 수 있는 결단력과 용기와 지도력이 있는 행정수반의 존재가 필요하다는 것을 인정하고 있는 것이다.

우리나라는 국토가 협소한 데다 휴전선을 사이에 두고 북한과 대치하고 있어서 국가의 안전과 국민의 생명과 자유가 항상 북한의 군사적 위협에 노출되어 있다. 우리는 준전시하에 살고 있다.

지난 20여 년 동안 준전시상태가 지속되어 왔고, 또 앞으로 평화통일이 되기까지는 10년 또는 20년 이상 그러한 준전시상태가 일상화될 수밖에 없는 것이 우리의 현실이다.

해방 뒤부터 오늘에 이르기까지 무력적화통일을 획책하고 있는 북한의 침략위협은 건설과 생산과 자유의 힘으로 평화통일을 추구하고 있는 대한민국에 있어서 항시적인 국가위기의 근원이 되고 있다.

그 어느 때보다도 6·25남침과 같은 북한의 전면적인 기습공격이나 서울점령을 위한 국지전 도발이나 게릴라투입에 의한 공공의 안녕질서파괴, 그리고 침투간첩 등 공산당지하조직의 폭동선동의 위험이 상존하고 있다.

그러나 우리는 전쟁, 내란, 경제공황 등의 비상사태에 효과적으로 대비할 수 있는 제도와 정신자세를 갖추지 못하고 있을 뿐 아니라 서구민주국가들이 평화시의 이상형이라고 생각하는 고전적인 자유민주주의 정치제도를 그대로 유지하고 있다. 이러한 정치제도를 그대로 두고는 전쟁을 억지할 수 없다.

이러한 상황에서 여야정당의 극한투쟁으로 인해서 국회의 불안정과 비능률과 무능화상태가 지속된다면 그것은 곧바로 행정수반인 대통령의 직무수행능력을 마비시키거나 무력화시키는 사태로 이어짐으로써 유사시 국가존망의 위기가 발생할 위험성이 있다.

전쟁이나 내란 또는 경제공황 등으로 인해 파괴적이고 망국적인 사태의 발생이 분명하게 예감되는 국가위기상황에서 그 위기를 극복할 수 있는 제도와 체제를 갖추는 것은 국가통치자의 제1차적인 의무이며 책임이다. 그것은 국가와 국민의 생존을 위해서 그렇게 하지 않을 수 없다는 점에서 불가피한 것이며, 반드시 그렇게 해야 한다는 점에서 당위적인 것이다.

지금 북한의 전쟁도발 위협은 날로 가중되고 있다. 만일 우리가 북한의 6·25남침 전야처럼 설마 설마하면서 북한의 전쟁도발을 억지할 수 있는 대비책을 미리 준비하지 않고 있다가 또 다시 북한의 기습남침을 당한다면 이번에는 우리가 공산당한테 먹히고 말 것이다. 부국강병을 위한 핵심사업은 공염불이 될 것이다.

그래서 나는 우리의 정당제도, 의회제도, 선거제도의 폐해들을 혁파하고, 북한의 전쟁도발을 억지할 수 있고, 또 부국강병을 위한 핵심사업들을 추진하는 데 필요한 새로운 정치제도를 창설해야 되겠다는 결단을 내리고 제도개혁의 기본계획을 내 나름대로 정리해두었다.

　직업적인 정치인들은 정치란 권력투쟁의 세계라고 생각하고 있는데 나는 그렇게 보지 않는다.

　국토의 분단과 절대빈곤 그리고 전쟁의 위험 속에 살고 있는 우리나라의 특수한 현실에서 정치의 목적은 국가의 안전과 국민의 복지이며, 정치의 실체는 창조와 생산이 되어야 한다고 생각한다. 즉 우리나라에 있어서 정치는 단순히 사회적, 경제적 현상을 유지하거나 그 변화를 뒤따라가는 것이 아니라, 민족의 생존과 안전, 조국의 번영과 통일이라는 국가목표를 달성하기 위해 창조적이며 생산적인 노력을 지속해 나가야 한다는 것이다.

　이처럼 창조적이며 생산적인 정치의 바탕 위에서 침략자에 희생되고, 가난에 굶주리며, 강대국에 농락당해 온 이 나라와 이 민족을 부강한 나라, 부강한 민족으로 성장, 발전시키고, 이를 자손만대에 유산으로 남긴다는 것, 이것이 바로 10년 전 우리가 주도한 5·16구국혁명의 목적이었고, 또 내년도 후반기에 헌법개정을 통해 구현하고자하는 정치제도혁신의 목적이다.”

　대통령은 이 제도개혁 기본계획과 그동안 정리해두었던 관련 자료들의 복사본을 신직수에게 넘겨주면서 철저한 보안을 유지하고 믿을 만한 헌법학자의 조언을 얻어 헌법개정안을 만들라고 지시했다.

　그리고 이 개헌안이 국민투표에서 확정되면 그동안 우리가 모방해 온 서구민주주의의 정당제도와 의회제도 그리고 선거제도에서 유발된 폐해들이 상당부분 혁파됨으로써 우리는 북한의 전쟁도발을 억지할 수 있고 부국강병을 위한 핵심사업들을 성공적으로 마무리할 수 있다는 확신을 피력했다.

신직수는 법무부의 엘리트 실무자들로 작업반을 구성하고 서울대 교수인 한태연과 갈봉근 등 공법학자의 자문을 얻어 대통령의 제도개혁 기본계획을 토대로 헌법개정안을 만들어 대통령의 재가를 받았다.

국민의 신뢰에 대한 확신

대통령은 유신헌법에 대해서 야당이 격렬한 반대투쟁을 전개할 것으로 예상하고 있었다. 자신들의 정치생명에 중대한 영향을 미칠 것이 분명한 새 헌법에 대해 그들이 사생결단의 기세로 나오리라는 것은 뻔한 일이었다.

그리고 미국의 진보주의적인 정치인과 언론인들도 민주화 운운하면서 압력을 가해올 것이라고 내다보고 있었다. 그러나 대통령은 야당의 반대투쟁이나 미국 진보주의자들의 압력에는 개의치 않고 제도개혁을 위해 기민하고 단호한 결단을 내렸다.

그러면 무엇이 대통령으로 하여금 10월유신을 결행할 수 있게 만들었는가? 몇 가지 요인이 있었다.

첫째는, 제도개혁의 필요성과 개혁동기의 순수성에 대한 대통령의 확신이다.

대통령은 자신의 개인적인 욕망을 채우기 위한 불순한 동기가 아니라 자신이 착수한 조국의 근대화와 부국강병의 목표를 국민의 뜻에 따라 자신이 계획한 시간 내에 달성하겠다는 애국·애족의 순수한 동기에서 시대가 요구하는 제도개혁을 단행한다는 믿음을 간직하고 있었다.

둘째는, 대통령의 군인정신과 혁명가의 정신이다.

군인의 사명은 외적의 침략으로부터 조국과 민족을 수호하는 일이며, 이 막중한 사명을 수행하기 위해서 목숨을 초개(草芥)와 같이 버릴 수 있는 희생정신과 애국심이 군인정신의 정수인 것이다. 대통령은 이러한 군인정신에 투철한 군지휘관으로 반평생을 군에서 보냈다. 대통령은 또한 반대세력의 저항이나 반대를 피해 안이한 길을 택하는 직업정치인이 아니라, 국가존망의 위기에 구국의 대의를 위해 생명을 걸고 몸을 일으킨 혁명가였다.

대통령은 혁명가로서 직업적인 정치인들과는 근본적으로 다른 시간관념을 갖고 있었다.

정치인들은 오늘의 세대에 자기들의 부귀영화를 누리는 것을 목표로 삼았으나, 대통령은 내일의 세대에 후손들의 평화와 번영과 자유를 보장해줄 수 있는 부강한 복지국가를 건설하는 것을 목표로 삼고 있었다.

정치인들은 '임기'라는 단기적인 시간관념에 사로잡혀 있었으나, 대통령은 '시대'라는 장기적인 시간관념을 지니고 있었다.

따라서 정치인들은 다음선거에서 당선되기 위해 정치에 '시간을 소모' 했으나 대통령은 부국강병의 시대를 열기 위해 생산과 건설과 수출에 '시간을 활용'했다.

대통령은 60년대에 혼신의 힘을 다해 근대화작업을 추진하여 이른바 '한강의 기적'을 이룩했다. 그리고 이러한 성장과 발전의 추세를 70년대에까지 지속시켜 나간다면 80년대 초에는 대망의 새 시대를 열 수 있다는 자신과 신념을 가지고 대통령 3선개헌을 결심하고 국민투표를 통해 이에 대한 국민들의 지지를 확보했다.

대통령은 이러한 국민적 지지의 바탕 위에서 70년대의 국내외 위기를 극복하고 부국강병을 위한 핵심사업을 추진하기 위해 정치제도 개혁을 결단했다.

그것은 '임기'만을 생각하고 정치와 선거에 시간을 허비하는 정치인들로서는 상상조차 할 수 없는 일이었다.

그것은 50년 또는 100년 뒤의 후손들을 생각하며 조국근대화와 부국강병의 꿈을 실현하기 위해 압축된 시간을 활용해온 혁명가만이 할 수 있는 결단이었다.

셋째는, 자신의 결정에 대해 절대다수의 국민들은 반드시 지지해 줄 것이라는 대통령의 믿음이다.

대통령은 그의 전생애를 통해 언제나 안전보다는 위험을 택하여 그것에 도전했다.

어떠한 상황에서나 그는 모험이 걸린 쪽을 선택했고 자기 스스로 위험에 가까이 다가서서 자신의 모든 것을 걸고 승부를 결판냈다.

5·16군사혁명이 그렇고, 민정참여 결정이 그러하며, 한일 국교정상화가 그러했고, 국군의 월남파병이 그러했으며, 대통령 3선개헌이 또한 그랬다. 대통령은 이처럼 자신의 정치생명이 걸린 절체절명의 위기에 정면으로 도전하여 그것을 극복했으며, 그 과정에서 자신의 신념을 관철했고, 국가발전의 실적을 쌓아올렸다.

위기를 극복하고 업적을 성취할 때마다 그의 자신감은 증가하였고, 그에 대한 국민의 신뢰와 지지도 상승하였다.

모두가 두려워하는 위기에 감연히 맞서 이를 극복해냈다는 그 성취감 속에서 그는 확고한 자신감을 얻게 되고 국민들은 그에게 신뢰와 지지의 박수를 보낸 것이다. 그것은 위기로부터 몸을 도사려 피하거나 결단의 순간을 미루는 우유부단한 지도자로서는 결코 누릴 수 없는 신뢰였고 지지였다.

대통령은 국민들의 이러한 신뢰와 지지는 유신헌법에 대한 국민투표에서도 변함없이 반영될 것으로 확신하고 있었다. 대통령의 이러한 확신은 1969년도의 3선개헌 국민투표와 71년도 4·27대통령선거에서 국민들이 보여 준 대통령의 '계속집정'에 대한 변함없는 신뢰와 지지에 그 근거를 두고 있었다. 즉, 대통령의 지속적인 통치의 정통성이 확고부동하다는 것이다.

일찍이 막스 베버(Max Weber)는 사람들이 별다른 저항감 없이 받아들일 수 있는 지배형, 즉 통치자의 정통성을 세 가지로 분류했다.

신성시되는 전통적 질서나 가치관으로부터 도출된 '전통적 지배'와 현존하는 안정된 법질서에 바탕을 둔 '합법적 지배' 그리고 통치자의 비범하고 초인적인 재능과 능력 등을 사람들이 우러러보는 데서 성립되는 '카리스마적 지배'다.

'전통적 지배'는 전통적인 관습에 의해서 국민의 인정과 지지를 받는 정통성을 뜻하는 것으로 통치자의 기원에 대한 신화를 통해 강화된 것이다.

'합법적 지배'는 합법적으로 형성된 국민의 합의에 따라 국민의 이익과 공익을 대표함으로써 국민의 인정과 지지를 받는 정통성으로 선거에 의해 보장된다.

'카리스마적 지배'는 통치자의 뛰어난 능력과 인격에 대한 신뢰에 의해 국민의 인정과 지지를 받는 정통성이다.

그러나 20세기에 들어와서는 정통성에 대해 막스 베버의 세 개 유형과는 다른 개념이 등장했다. 립세트(Lipset)는 경제발전을 이룩할 수 있는 통치자의 능력과 그에 대한 국민의 지지 사이에는 깊은 관계가 있다고 주장했다. 즉 오늘날 통치자의 가장 중요한 책무는 경제발전을 성취하는 것이며, 이러한 책무를 잘 수행하는 통치자는 국민의 지지를 얻음으로써 정통성을 갖게 되고, 그러한 능력이 없는 통치자는 정통성을 상실한다는 것이다. 그는 정통성을 상실한 구체적인 실례로 가나(Ghana)와 나이지리아(Nigeria)등을 지목했다.

이른바 '발전국가'라는 개념을 처음 소개한 존슨(Chalmers Johnson)은 성공적인 발전국가에 있어서 그 지도자들이 가지는 정통성은 막스 베버가 말하는 전통적, 합법적, 카리스마적 지배 중의 어느 하나의 근원에서 비롯되는 것이 아니라고 주장하고, 그것은 오히려 국가의 업적에서 발생하는 것이지 권력을 장악하게 된 방식에서 비롯되는 것이 아니라는 지론을 피력했다.

발전국가 지도자의 정통성은 그가 집권하는 형식적 규칙에서가 아니라 그가 국민을 위해 이룩해낸 업적에서 생긴다는 것이다.

일반적으로 '공동체의 보이지 않는 정신'이라고 하는 정통성은 권력을 신성화하며, 국민들은 정통성 있는 집권자에 대해 자발적으로 복종한다. 국민들은 그들이 집권자를 신뢰하고 그의 정통성이 확고할 때 자신들의 희생과 고통을 요구하는 국가정책을 수용하고 이를 추진하는 데 수반되는 희생과 고통을 참고 견디어 낸다. 이러한 국민의 신뢰와 협력을 바탕으로 집권자는 새로운 국가정책을 수립하여 추진할 수 있다. 그리고 그러한 정책이 성공적으로 추진되어 국가발전이 이루어지면 통치자에 대한 국민의 신뢰와 지지는 더욱 두터워지고, 집권자의 국가정책 수행능력은 더욱더 증대된다. 이처럼 집권자가 국가발전의 성과를 이룩하면 국민들은 통치자를 신뢰하고 집권자는 이러한 국민의 신뢰를 바탕으로 더 큰 국가발전을 이룩해내는 집권자의 성취능력과 국민의 신뢰증대의 선순환 과정이 지속될 때 국가발전은 지속될 수 있다는 것이다.

2차 세계대전 뒤 빈곤과 문맹에 시달리고 있는 대부분의 개발도상국가에 있어서는 국민들이 근대화와 국가건설 등 국가적 과제해결의 열쇠를 독립투쟁의 경력과 공로가 있는 카리스마적인 지도자에게서 찾는 경향이 강했다.

그러나 개발도상국가들이 안고 있는 경제개발과 정치안정의 과제들을 카리스마적인 지도자가 해결하지 못하자 그에 대한 국민의 신뢰와 지지는 의외로 급속하게 소멸되고, 빈곤과 정치불안과 사회혼란 속에 민중혁명과 이에 대응하는 군부쿠데타의 악순환이 되풀이되었다.

우리나라도 1960년대 초에 4·19혁명과 5·16군사혁명을 겪음으로써 다른 개발도상국들과 다를 바가 없었다.

그러나 5·16군사혁명을 계기로 우리나라는 다른 개발도상국가들과는 전혀 다른 길을 걸어왔다.

경제개발 5개년계획을 추진하는 과정에서 대통령의 업적성취능력과 국민의 신뢰와 지지의 선순환이 지속적으로 이루어진 것이다.

1961년 5·16군사혁명 뒤 대통령은 조국의 근대화작업에 착수했다. 그것은 경제발전을 이룩하여 빈곤의 고통을 없애고, 국력을 증강하여 전란의 위험을 예방하자는 데 1차적인 목적이 있었다. 대통령이 제1차 경제개발 5개년계획을 성공적으로 완수함에 따라 대통령에 대한 국민의 신뢰는 높아졌고, 이러한 국민의 신뢰와 지지를 바탕으로 대통령은 제2차 5개년계획을 추진해 이것을 성공적으로 마무리 짓고, 제3차 경제개발 5개년계획을 준비하고 있었다. 그리고 그 무렵 우리나라는 세계 각국으로부터 '한강의 기적을 이룩했다'는 높은 평가를 받고 있었다.

사실 야당정치인들이나 지식인들은 이름 없는 한 장군 출신인 대통령이 경제개발과 국방력증강에 있어서 그토록 짧은 기간 내에 그토록 엄청난 성과를 거둘 수 있으리라고는 상상조차 하지 못했다. 그들은 그것이 불가능한 일이라고 비판했고, 사사건건 반대하고 훼방했다. 그러나 그들이 불가능한 일이라고 성토해 온 일들이 모두가 가능한 일이 되었다.

▲김성진 청와대 대변인이 이른바 10월유신이라 이름지어진 박정희 대통령의 특별선언 및 계엄령선포를 발표하고 있다 (1972. 10. 17).

全國에 非常戒嚴令 선포

平和統一지향改憲案 27日까지公告

▶ 전국에 비상계엄령선포를 보도한 〈조선일보〉 지면

　　경제개발과 자주국방 건설이 순조롭게 진행되고 그 성과가 가시화되자 대통령의 집권초기에 그의 능력에 대해 다소 회의적이었던 사람들은 대통령과 그의 정책에 대한 열렬한 지지자로 돌아섰다. 그의 집권초기부터 줄곧 대통령을 독재자라고 비판해 온 정치인이나 지식인들조차도 대통령이 성취한 업적과 기적이 자신들의 눈앞에서 전개되고 있는 것을 보고는 자신들이 생각하고 있는 것이 그릇된 것이 아닐까, 자신들의 평가척도가 잘못된 것이 아닌가 하고 자문하지 않을 수 없게 되었다.

대통령이 없었더라도, 다른 누가 집권했더라도 그런 성과가 가능했으리라고 생각하는 사람은 야당지도자를 자처하는 사람 말고는 이제 찾아볼 수 없게 되었다. 그리하여 절대다수의 국민들은 대통령의 지지자가 되었다.

그것은 선동이 아니라 업적을 통해서 성취된 것이다. 만일 대통령이 대중연설가로서 최면적인 웅변이나 선동으로 대중을 그저 취하고 열나게 만드는 재주밖에 없었다면 그는 결코 지속적으로 국민의 절대적인 지지를 얻지는 못했을 것이다.

1969년도의 대통령 3선개헌안에 대한 국민투표의 결과와 71년도의 제7대 대통령선거의 결과는 우리 국민들이 왜 대통령에게 '계속집정'의 기회를 열어 주었는가 하는 것을 분명히 보여 주고 있었다.

우리 국민들은 대통령이 자기가 시작한 조국의 근대화작업과 부국강병과업을 자기의 손으로 매듭짓고 싶다는 결의를 표명했을 때 대통령이라면 능히 그러한 일을 해낼 수 있으리라는 것을 신뢰하고 이에 대해 지지와 성원을 보냈던 것이다.

대통령은 이러한 국민의 지지는 유신헌법에 대한 국민투표에 있어서도 변함이 없으리라고 확신하고 있었다.

대통령은 이러한 확신에 따라 유신헌법개정안을 확정했다. 이것이 바로 1971년 12월 6일 대통령이 국가비상사태를 선언하기 직전에 이루어진 일이었고 그로부터 11개월 뒤인 1972년 11월 22일 국민투표에서 국민의 적극적인 지지로 결정된 유신헌법개정안이다.

▲ 개헌안을 심의하기 위해 박정희 대통령 주재로 청와대에서 열린 비상국무회의(1972. 10. 27)

비상국무회의에서는 이날 오전 전문 및 12장 126조 부칙 11조의 헌법개정안을 이날 자로 공고했다.

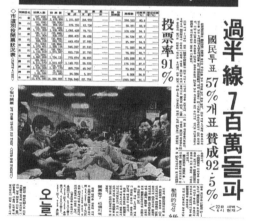

「維新憲法」확정

投票率 91%

過半線 7百萬突破

國民投票 57%개표 贊成 92.5%

＜22日 새벽 4時 현재＞

▶ 유신헌법 확정을 보도한 신문지면(1972. 11. 22)

10월유신과 정치제도 개혁의 결실

우리나라가 중화학공업 시대로 진입하여 종합적인 산업구조를 발전시킬 수 있는 기초를 확보한 시기는 70년대 10월유신의 시기와 일치한다.

10월유신에 의한 정치제도 개혁으로 대통령의 지위와 권한이 강화되고 국회의 구성과 운영이 혁신됨으로써 정치안정이 제도적으로 확립되었다.

여야정치인들의 사고방식과 행태가 건설적인 방향으로 전환되었고 생산적인 정치풍토가 조성되었다.

정치인들의 부정부패도 감소되었다. 정치가 활개쳐 경제를 망치는 폐해도 축소되었다. 공무원의 기강은 확립되고 국정의 능률은 향상되었다. 국민들의 생산적인 힘은 분출했고 우리 경제의 국제경쟁력은 강화되었다. 그리하여 우리는 유신개혁이 없었더라면 도저히 극복할 수 없었을 국내외 위기를 극복하였고, 해결하지 못한 채 중단했을 많은 국가적 과제들을 해결했다.

무엇보다도 중요한 것은 우리가 심각한 전쟁의 위협을 막고 민족의 생존과 안전을 수호할 수 있었다는 사실이다.

우리는 월남의 공산화에 고무된 북한 공산주의자들의 무력적화통일 획책으로 야기된 국가의 위기를 극복할 수 있었고, 경제의 고도성장을 지속시킬 수 있었다. 석유위기로 2차 세계대전 후 가장 큰 경제위기라고 지적되었던 70년대 전반기의 세계적 불황속에서도 우리는 매년 11%라는 놀라운 성장률을 과시했고, 더욱이 많은 선진국들의 경제가 답보 또는 축소되었던 1974~75년에도 8%라는 높은 성장을 이어 갈 수 있었다.

즉 60년대에 이루어진 제1차, 제2차 5개년계획의 개발성과를 토대로 제3차 경제개발 5개년계획이 추진된 72년부터 78년에 이르는 기간은 자립경제와 자주국방 건설에 있어서 경이적인 성장과 발전이 이루어진 역동적이고 생산적인 시기였다. 이 시기에 공업화는 도시를 중심으로 촉진되었으며 도시에서 발전한 공업화의 여력은 농업발전의 재원이 되어 우리 농촌의 마을마다 새로운 생산력과 소득을 창출했다.

대통령은 이 8년 동안의 유신시대에 경제성장의 기본 전제가 되는 정치안정과 국법질서를 확립했다. 특히 정치참여의 확대와 분배확대를 요구하는 강성 노조와 사회집단들의 반정부폭력투쟁과 이 땅에서 소위 인민민주주의혁명을 획책하고 있는 북한 지하당에 포섭된 좌파성향 운동권 학생들의 준동에 대해 헌법과 법률이 정하는 바에 따라 단호하게 응징함으로써 사회질서와 정치안정을 유지했다. 이러한 안정의 바탕 위에서 중화학공업 건설과 과학기술 발전, 방위산업 육성과 새마을운동 그리고 수출증대 등 부국강병을 위한 핵심사업들을 차질 없이 추진해 나갔다.

그 결과 우리 경제는 20여 년의 짧은 기간에 지속적인 고도의 압축성장을 이룩해 선진국 경제를 따라 잡기 시작했다. 경제발전이 촉진됨에 따라 우리의 국력은 크게 신장되었다. 북한 공산주의침략세력과 사활이 걸린 투쟁을 하고 있는 위기의 시대에 우리의 가장 화급한 과제는 국력의 증강이었다. 이것은 10월유신의 가장 중요한 목표였다. 이 목표를 추구하는 과정에서 우리의 국력은 벌써 모든 면에서 북한의 국력을 압도하는 규모와 수준으로 증강되었다.

1945년 8월 15일 해방 당시 북한은 남한보다 거의 2배나 잘살고 있었다. 북한은 훌륭한 공업지역이었다. 해방 당시 전기생산량은 수풍발전소에서 70만 kW, 부전강, 장진강 발전소에서 20만 kW였다. 진남포에는 공업지대가 있었고, 흥남에는 비료공장이 있었으며 성진에는 정어리공업단지가 있었다. 또 1인당 소득도 남한의 2배가 넘었다. 1960년도만 해도 북한의 1인당 소득은 남한의 2배가 넘었다. 우리나라의 1차, 2차 5개년계획이 끝난 1972년도까지도 북한은 남한보다 잘사는 편이었다. 그러나 우리의 제3차 5개년계획이 시작되면서부터 상황은 역전되기 시작했고 제3차 5개년계획이 끝난 1978년경에는 모든 면에서 우리의 국력이 북한의 국력에 월등히 앞섰다.

그리하여 남북한 간의 이른바 체제경쟁은 남한의 승리로 끝났다. 즉 민주주의와 공산독재의 그 어느 체제가 국민을 더 잘살게 할 수 있고, 더 잘살 수 있는 여건을 가진 사회인가를 입증하는 개발과 건설과 창조의 경쟁에서 북한은 영원히 남한의 경쟁상대가 될 수 없게 되었다. 그리고 시간이 지날수록 점점 커지는 국력의 격차 때문에 김일성이 그의 무력적화통일 야욕을 채울 수 있는 기회도 사라지게 되었다. 그리하여 5·16혁명 직후부터 대통령이 총력을 기울여 온 남북대결은 대한민국의 완승으로 귀결되었다.

2차 세계대전 후 대부분의 개발도상국들은 정치적 불안정의 고질을 해결하지 못하고 지금까지도 빈곤과 혼란을 거듭하고 있었다. 그러나 대통령은 정치 안정 없이는 경제성장도 없고 자주국방도 없다는 확고한 신념과 의지를 지니고 정치안정을 보장할 수 있는 제도개혁을 통해 자신의 통치시대에 달성하려고 결심하고 있던 자립경제와 자주국방의 목표들을 달성함으로써 부국강병의 꿈을 이루게 되는 단계에 도달했다.

그런데 상당수의 우리 국민들은 대통령이 자립경제와 자주국방을 건설한 것은 '잘한 일'이고 큰 업적이라고 생각하지만, 대통령이 10월유신과 계속집정을 한 것은 '잘못한 일'이고 큰 실책이라고 생각한다는 말을 하고 있다. 이러한 사실은 국내언론기관에서 10년 주기로 실시하는 여론조사에서도 확인되고 있다.

그러나 우리 국민들이 10월유신과 대통령의 계속집정은 자립경제와 자주국방 건설과 서로 원인과 결과라는 인과관계로 연결되어 있는 하나의 과정이라는 사실을 이해한다면 원인과 결과를 따로 떼어 놓고 정반대의 평가를 하는 것은 사리에 맞지 않는다는 것을 알 수 있을 것이다.

10·26 이후 5명의 대통령이 이 나라를 통치했다. 이들은 1961년 부터 1979년까지의 18여 년에 걸쳐 대통령이 정치, 경제, 군사, 외교, 교육문화, 과학기술 등 모든 분야에 다져놓은 발전의 기반을 뒤흔들어 놓았다. 그러나 대한민국은 굳건하게 버티고 있다. 그 힘은 어디서 나오는 것인가? 그것은 세계 10대 경제대국으로 성장한 우리의 경제력에서 나오고 있다. 그것은 잠수함과 탱크와 전투기를 우리 손으로 생산하는 우리의 국방력에서 나오고 있다. 그 경제력, 그 국방력은 언제 어떻게 이루어졌는가? 72년부터 착수된 제3차 경제개발 5개년계획과 이어서 계속 시작된 제4차 5개년계획이 성공리에 추진되는 기간에 중화학공업과 새마을사업, 방위산업과 과학기술교육의 획기적인 발전이 이루어져 방대한 국력이 축적되었고, 이것이 우리 경제와 국방력의 지속적이고 급속한 성장과 발전을 가능하게 만드는 새로운 동력이 됨으로써 이루어진 것이다.

그리고 이러한 새로운 성장동력은 80년대는 물론이고 그 뒤 10년 이상 우리 경제의 꾸준한 고도성장과 발전을 이끌어 온 민족의 큰 자산이 되었다.

이것을 가능하게 만든 제도적 토대가 바로 10월유신에 의해 창출된 새로운 정치제도와 대통령의 '계속집정'이었다.

10월유신은 60년대에 끊임없는 당쟁과 비능률과 낭비의 폐해를 유발하여 정상적이고 안정적인 국정운영을 가로막아 온 서구민주주의 정치제도를 혁신하여 국정의 안정과 능률과 생산성을 보장할 수 있는 새로운 정치제도를 창출하는 것이었다.

60년대와 70년대에 우리나라와 같이 놀라운 경제발전을 이룩한 나라로는 홍콩, 대만, 싱가폴 등이 국제적으로 공인되어 있었다. 이들은 모두 유능한 집권자가 안정되고 생산적인 정치를 가능케 하는 제도적 토대 위에서 계속집정을 한 나라들이라는 공통점을 갖고 있었다.

결국, 20세기 후반에 한국에서 이루어진 '세계의 기적'은 대통령의 지도력과 계속집정 그리고 10월유신에 의해 새로 창설된 안정적이며 생산적인 정치제도의 합작품이었던 것이다.

"박정희 대통령의 경제정책과 정치개혁은 만약 그것들이 없었을 경우 처해 있을 빈곤과 혼란을 극복하는 데 유용한 것이었고, 결정적인 것이었다. 그리고 그것은 한국인들을 대통령의 찬양자로 만들었다."

이것은 1980년대 초에 한국을 방문한 미국의 한 경제학자가 남기고 간 말이다. 그의 이 말은 대통령 업적의 본질을 가장 간결하고 극명하게 표현하고 있다.

즉, 대통령이 중화학공업 등 부국강병을 위한 경제정책을 추진하고 서구민주주의 정치제도의 폐해를 혁파하고 새로운 정치제도를 창설했기 때문에 우리는 빈곤과 혼란을 극복하고 번영과 안정을 이룩할 수 있었고, 그래서 국민들은 대통령을 칭송하고 있다는 것이다.

미국의 외교전문잡지인 〈포린어페어스(Foreign Affairs)〉 1977년 10월호에 발표한 기고문에서 프랑크 기브니(Frank Gibney)는 한국의 경제발전상을 소개하면서 절대다수의 한국인들은 치유불가능한 당쟁을 혐오하고 강력한 지도력을 강조한 대통령의 한국정치에 대한 진단과 처방에 전적으로 동의했다고 다음과 같이 논평했다.

"지금까지 대통령의 국내 억압은 선택적이고 절제하는 편이었다. 일부 한국인들은 이를 우려하고 있는 것이 사실이다.

그러나 한국의 지배적인 분위기는 경제발전에 대한 낙관주의다.

절대다수 국민들의 생활은 10년 전과는 비교도 안 될 만큼 향상되었다.

지금 당장 선거가 실시된다면 박 대통령은 서울을 제외하고는 전국에서 압도적인 다수표로 당선될 수 있을 것이다.

서울의 거리는 한국산 자동차가 홍수를 이루고 있으며 하루가 다르게 고층 건물들이 서울의 중심부와 변두리에서 신축되고 있다. 서울과 울산, 창원, 포항의 공업단지, 그리고 그곳에 들어선 중화학공장들은 경제의 성장과 번영을 상징하고 있다.

수출은 1960년의 4천만 달러에서 1970년 초에는 100억 달러를 달성했고, 성장률은 10년간 연평균 11%를 웃돌았다.

오늘날 한국의 성공적인 경제개발은 제3세계 경제개발의 모델이 되고 있다.

금년 초 세계은행의 조사팀은 다음과 같은 결론을 내리고 있다.

즉, 과거에 농업에 의존해 왔고, 재정이 빈약해 재정을 거의 외국원조에 의존해 왔던 가장 가난한 개발도상국의 하나인 한국은 최근 15년 동안에 걸쳐 지속적인 높은 소득증가률을 보이고 있으며, 이러한 소득증가는 외채상환능력을 날로 증가시켜 앞으로 5년 또는 10년 안에 현재의 외채를 해소할 전망이 밝은 산업화된 중진국으로 성장했다는 것이다.

박 대통령은 한국의 치유불가능한 당쟁을 혐오했으며, 강력한 지도력의 필요성을 강조했다. 절대다수의 한국인들은 박 대통령의 한국정치에 대한 이러한 진단과 처방에 전적으로 동의했다."

이러한 평가들은 대통령의 정체제도개혁에 대한 정적들의 공격이 아무리 되풀이되어도 그것이 왜 대통령의 권위와 업적에 손상을 입히는 데 그토록 무용한 것인가를 잘 설명해 주고 있다.

일찍이 우리의 선조들은 민족중흥의 새 역사창조에 대한 염원을 유신(維新)이라는 말로 표현하는 예가 많았다.

1127년 고려 인종(仁宗) 5년에 국력배양을 위한 '유신지교'(維新之敎) 15조가 내려졌다. 조선조 이태조 6년에는 권양촌(權陽村)이 정삼봉(鄭三峰)이 지은 경제문감(經濟文鑑)을 위한 서문 속에서 이태조의 성덕(聖德)과 신공(神功)을 기리며 '유신(維新)의 다스림을 일으켜 만세의 기초를 세웠다'고 했다. 그 뒤 영조(英祖)는 즉위 직후 교서(敎書)를 내려 비록 옛 나라이나 유신(維新)의 새 출발 기회를 맞이하여 티를 벗기고 때를 씻어 공생(共生)의 인정(仁政)을 펴는 바라고 했다.

고종이 즉위하던 해인 1863년 음력 12월 그믐날 조대비(趙大妃)는 교서에서 구방유신(舊邦維新)의 대명(大命)이라고 하며 새로운 정신자세를 밝힌 데 이어 열흘 뒤인 음력 정월 초 10일에 내린 교서에서는 풍습이 날로 그릇되고 생민국계(生民國計)가 형편 없음을 통탄하고 모두가 함흥유신(咸興維新)의 뜻을 마음에 지니고 국민 각자가 그 직책에 충실하기를 간곡히 타이르고 있다.

이것이 바로 1868년 일본의 명치원년(明治元年)보다 5년 또는 4년 전의 일이다.

그러나 조선은 유능한 지도자와 주체세력이 없어서 함흥유신에 실패하여 국력이 쇠퇴했고, 일본은 강력한 지도자와 주도세력이 메이지유신에 성공하여 국력을 크게 증강시켰다.

역사적으로 군사적인 위협에 직면하여 일련의 개혁을 했다는 이른바 '방위적 근대화'가 수없이 많다. 루이 13세 치하의 프랑스와 필립 2세 치하의 스페인 등은 16세기부터 17세기에 걸쳐 강력한 중앙집권제를 확립하고 이웃나라와의 전쟁에 필요한 자금을 확보하기 위해 영토 전역에 걸쳐 권력을 통합하고 강화했다.

군대의 육성을 위한 엄청난 경제적 수요에 응하려고 한 것이, 중앙정부가 봉건적인 지방정권을 타파하여 '근대적인' 국가구조를 만들어 낸 계기가 되었다.

일본도 그랬다. 19세기에 서구국가들이 압도적으로 우월한 근대산업과 군사력을 앞세워 일본으로 침투해 왔을 때 유신정권은 단시일 내에 국내의 다원적인 봉건세력을 해소하여 이들을 천황의 권위 아래 통합하고 동양에서는 처음으로 중앙집권적 민족국가를 수립하고 부국강병 정책을 추진했다. 그들은 메이지유신에 앞장섰던 대정인을 정치와 경제의 중심무대에 등장시켜 국가자본주의를 육성했으며, 제국주의 체제를 확립했다.

그들은 일본을 해외열강과 어깨를 같이 하는 지위에 올려놓는다는 목표를 세우고 이를 달성하기 위해 확고한 주체성 위에서 정치적인 혁신과 경제적인 성장 그리고 사회적인 개혁을 수행하여 서구세력의 침탈을 막아 냈을 뿐 아니라 세계를 깜짝 놀라게 할 속도로 서구 열강과 어깨를 겨루는 제국주의 국가로까지 급성장했다. 그리하여 제국주의 일본은 급격히 증강된 국력과 근대화된 군사력을 동원하여 이른바 '대동아공영권' 운운하며 동북아와 동남아 침략에 나섰고, 태평양전쟁을 도발했다.

대통령은 우리나라가 지난날 제국주의 일본의 식민지로 떨어진 근본이유는 그 중요한 시기에 우리 선조들이 근대화에 실패했기 때문이라고 믿고 있었다. 따라서 오늘의 우리 세대와 내일의 우리 후손들이 또다시 외세의 침탈을 당하지 않으려면 우리 세대에 조국을 근대화하여 국력을 기르고 그 국력을 바탕으로 국가와 민족을 수호할 수 있는 강력한 군사력을 보유하고 있어야 한다는 생각을 가슴 깊이 간직하고 있었다.

한 마디로 조국근대화를 통해 부국강병을 이룩해야 한다는 것이다.

1961년 5·16군사혁명 후 대통령은 4대 혁명과업을 결정했다.

그 첫째는, 반공을 제1의 국시(國是)로 삼는다는 것이었고, 둘째는, 국가기강과 사회질서를 바로잡는다는 것이었으며, 셋째는, 자립경제건설에 총력을 기울인다는 것이었고, 넷째는, 평화통일의 국력을 기른다는 것이었다.

대통령은 미국의 경제원조와 군사원조가 있는 동안 우리는 이것을 최대한 활용하여 하루 속히 자립경제와 자주국방의 건설을 매듭지어 놓아야 한다는 신념을 확고히 가다듬고 공업화를 통한 부국강병의 꿈을 실현하기 위해 경제건설에 착수했다.

대통령은 60년대와 70년대의 18여 년 동안 네 차례의 경제개발 5개년계획을 추진하여 자립경제와 자주국방의 건설을 매듭지음으로써 부국강병의 꿈을 실현할 수 있는 단계에 이르렀다.

그것은 실로 조선왕조의 함흥유신으로부터 근 100년만에 실현된 우리 민족의 염원이었고 대통령의 꿈이었다. 대통령이 세상을 떠난 지 어언 40여 년이 지난 21세기의 오늘에 이르기까지 우리나라는 대통령이 10월유신과 계속집정의 시기에 이룩해 놓은 자주국방의 힘으로 북한의 침략을 억제하고 있고, 대통령이 그 기반을 닦은 중화학공업의 제품을 수출하여 국민소득과 국부를 증대시키고 있으며, 보다 큰 발전과 복지를 추구하며 세계열강과 맞서 당당하게 경쟁하고 있다.

박정희 대통령은 10월유신 후 우리 정치인들에게는 가난과 혼란과 전란의 어려운 여건 속에 처해 있는 우리나라가 추구해야 할 국가적인 과제와 가치를 제시했고, 침략자와 대치하고 있는 준전시하에 우리가 누릴 수 있는 자유의 한계를 깨닫게 했으며, 그러한 상황하에서 국가적 과제를 가장 능률적으로 해결할 수 있는 정치제도가 어떤 것인가를 인식시켰다.

대통령은 또한 세계의 선후진국가들의 지도자들에게는 개발도상에 있는 나라에는 선진공업국의 제도와 가치가 맞지 않으며, 특히침략자와 대결하고 있는 나라는 평화와 안전을 누리고 있는 국가의가치와 제도를 모방할 경우 자칫 잘못하면 국가적 재앙을 자초하게된다는 역사적 사실을 깨달을 수 있게 하였다.

박정희 대통령의 통치철학은 과거의 것이 되고 말았다고 말하는사람이 있다. 그러나 대통령의 통치철학은 오늘날 많은 개발도상국가의 정치진로에 큰 영향을 미치고 있다. 개발도상국가에 있어서 서구민주제도의 부적합성, 정치와 경제와의 관계, 정부 형태와 선거제도, 자유와 질서의 관계, 그리고 정치인들의 정신적 자세에 대한 대통령의 철학은 시대에 뒤떨어져 쓸모없게 된 것이 아니다. 그것은오늘날 많은 개발도상국가에서 유용하고 현실적인 것으로 평가되고있다.

특히 중국과 동구권 국가들은 대통령이 정치의 안정과 정치인의생산적인 자세가 경제발전의 결정적 전제요건임을 체험을 통해 실증한 사실을 높이 평가하고 이러한 체험을 배워 실천하고 있다.

한 마디로 대통령의 통치철학은 여러 개발도상국가에서 근대화와민주화를 위한 실천적 철학으로 수용되어 우리가 생각하고 있는 것보다는 훨씬 큰 영향을 미치고 있다.

심융택(沈瀜澤)

고려대학교 법과대학 졸업. 고려대학교 대학원(법학석사). 미국 덴버대학 대학원 수학. 대통령 공보비서관(1963~71). 대통령 정무비서관(1972~79) 역임. 제10대 국회의원. 월간 『한국인』 편집 및 발행인 역임. 저서 『자립에의 의지—박정희 대통령 어록』.

崛起
박정희 경제강국 굴기18년
2 우리도 할 수 있다
심융택 지음
1판 1쇄 발행/2015. 8. 31
발행인 고정일/발행처 동서문화사
창업 1956. 12. 12. 등록 16-3799
서울 중구 다산로12길 6(신당동, 4층)
☎ 546-0331~6 (FAX) 545-0331
www.dongsuhbook.com

*

이 책의 출판권은 동서문화사가 소유합니다.
의장권 제호권 편집권은 저작권 법에 의해 보호를 받는 출판물이므로 무단전재와 무단복제를 금합니다.
사업자등록번호 211-87-75330
ISBN 978-89-497-1360-1 04350
ISBN 978-89-497-1358-8 (총10권)